U0683256

《刘诗白选集》编辑委员会

《刘诗白选集》专家组

刘诗白 著

选集

第九卷

现代财富论

四川人民出版社

图书在版编目（CIP）数据

现代财富论 / 刘诗白著. —成都：四川人民出版社，2018.12

（刘诗白选集；第九卷）

ISBN 978-7-220-10866-2

Ⅰ. ①现… Ⅱ. ①刘… Ⅲ. ①经济学－文集 Ⅳ. ①F0-53

中国版本图书馆CIP数据核字（2018）第184877号

XIANDAI CAIFU LUN

现代财富论

刘诗白　著

责任编辑　周晓琴　薛玉茹
封面设计　陆红强
版式设计　戴雨虹
责任校对　申婷婷　吴　玥
责任印制　王　俊

出版发行　四川人民出版社（成都槐树街 2 号）
网　　址　http://www.scpph.com
E-mail　scrmcbs@sina.com
新浪微博　@ 四川人民出版社
微信公众号　四川人民出版社
发行部业务电话　（028）86259624　86259453
防盗版举报电话　（028）86259624
照　　排　四川胜翔数码印务设计有限公司
印　　刷　成都东江印务有限公司
成品尺寸　170mm × 240mm
印　　张　32.25
字　　数　400 千
版　　次　2018 年 12 月第 1 版
印　　次　2018 年 12 月第 1 次印刷
书　　号　ISBN 978-7-220-10866-2
全套定价　3000.00 元（全 13 卷）

目录

刘诗白选集

专著

现代财富论

该专著由生活·读书·新知三联书店于2005年出版。

本卷概要

一、研究现代财富生产的由来

社会主义的根本任务是大力发展生产力，实现共同富裕，这就要求人们在建设社会主义过程中，坚持以经济建设为中心，聚精会神搞好社会财富的生产，在推进经济丰裕化中相应地和逐步地实现共同富裕化。改革开放以来，我国经济以9.4%的增长率持续地高速增长，国内生产总值由1978年的3624亿元人民币增加到2003年的11.67万亿元人民币，增长32.2倍，达到了人均1000美元。我国在财富快速增长的基础上实现了由温饱到小康的历史性跨越。但当前我国仍是发展中国家，坚持发展是硬道理，进一步增强财富的创造力，加快民富国强进程，是我国社会主义建设的历史性重任。

党的十六大提出了全面建设小康社会的宏伟目标：要求使经济更加发展、民主更加健全、科教更加进步、文化更加繁荣、社会更加和谐、人民生活更加殷实。实现上述要求的物质前提是生产力的提高和财富创造力的增强。中国特色社会主义建设要求人民财富丰裕化推进共同富裕化，实现全面小康要求我们寻找能充分地惠及十多亿人民的经济、社会发展模式。因此，在当前我们需要基于实践经验的总结，进行理论思考，寻找一种体现“以人为本”和科学发展观的最佳的财富生产模式。这是一种立足于中国国情的社会主义的人民财富增长模式，后者不仅表现在财富的数量，即人均GDP的增多，还表现在财富的质量，即生产资料和消费品的科技含量及其功效的提高；不仅要表现在财富结构的优化，即物质产品、服务产品以及知识文化产品的合理配置和产品的丰富多彩，还要表现在财富占有差别的缩小和共同富裕化上。

世界已进入21世纪，我国面对着十分难得的发展的重要战略机遇期，在今后20年内我们需要也有条件争取实现经济更好的发展和财富更有效的创造。我国正在进行社会主义条件下的人民财富最大化与最好增值方式的历史性的探索，这项实践探索要求我们对中国今后20年经济发展进行理性思考和理论创新，认真研究和从理论上弄清立足于当代世界和当代中国、体现全面小康要求的经济发展方式和财富创造方式。为此，我们需要加强马克思经济学理论的再学习，以马克思主义理论为指导，站在时代的高度，以广阔的历史视野，对财富创造这一人类社会基本实践进行经济学的考察：（1）深入研究现代社会财富的性质、结构、源泉和加快财富创造的经济机制和规律，特别是弄清当代发达市场经济和高科技经济条件下社会财富创造的新情况和新特点；（2）深入研究当代世界财富分配的新特征和我国社会主义条件下实现财富共同占有与分配的具体形式。以上也是《现代财富论》研究的主旨，是对现代财富生产的特征及其生产机制的研究。

二、对社会财富的形式和结构的分析

本卷从当代生产实际出发分析了社会财富的两大类别：商品财富和非商品财富，阐述了现代财富结构的多样性，指出在进行社会主义生产中人们应该以广阔的眼界来看待财富，要确立全面的财富观，谋求多样财富形式的协调发展和互相促进。

现代财富包括商品财富与非商品社会财富两大类别。作为政治经济学范畴的财富，它的内涵是生产品拥有的能满足人的需要的有用性。财富一词，更准确地说是社会财富一词，其本质规定性是劳动生产物，即劳动财富。

财富在市场经济形态下主要表现为商品财富，但是不从属于市场机制的产品性财富也是社会财富的组成部分。当代发达市场经济中，商品生产成为社会生产的一般形式，商品财富成为社会财富的占据统治地位的内容。但是，产品性财富，如基础教育产品、基础文化设施、社会福利、国防产品、生态环境基础设施等仍然是现代社会财富的构成要素，尽管后者在资本主义制度下是被挤压的和未获发展的财富形式。

市场经济中存在着商品性财富生产和产品性财富生产的互促，在资本主义制度下，上述两种财富的互促功能未能得到充分发挥。社会主义市场经济体制的确立，为商品性财富生产和产品性财富生产互促、互动创造了制度基础，搞好两种财富生产的互促、互动，将大大加强社会生产的财富创造力。

财富结构的多样是本卷中提出的一个重要命题。财富的结构决定于生产力、社会生产的状况和产业结构。当代世界正处在一个社会生产全面发展的时代。首先，物质生产在高技术基础上迅猛发展；其次，在国民总产值的比重中已成为最大产业的服务业由于信息技术的引进，获得新的发展势头；其三，高技术经济固有的科技创新机制，促进了科学知识产品的扩大再生产。同时，文化消费需求的快速增长推动了文化品、艺术品的生产的发展，促使文化产业兴起；由物质生产、服务生产、知识和精神生产三大部门组成的三维产业结构成为现代产业结构的特征。而物质产品、服务产品、知识和精神产品等三大类产品已成为现代社会财富的组成要素。就上述三大生产部门来说，它们自身又分化为多种多样的行业、亚行业；就三大类别的产品来说，每一产品类别又分化为众多的种，更多的亚种、属……提出财富结构多样性的命题，第一，是为了说明在社会分工规律和机制下，财富生产门类的多样化和社会财富具体形式的日益丰富多彩；第二，是为了指出在当代社会生产已经跨越了主要从事物质生产的时代，进入了三大生产部门并举，以服务生产、精神生产为主导以及服务产品和知识、文化产品成为社会财富的主导形式——本卷中称之为软财富——的时代；第三，是为了指出当代经济发展中出现了物质生产、服务生产、知识生产三大部门的互相促动，特别是知识生产——科学生产和文化生产——对物质生产和服务生产起着强有力的促进作用，后者体现在物质生产部门和服务生产部门的技术进步和高技术经济的出现和发展中，也体现在当代文化产业的快速发展中。

基于对现代财富多样性结构的理论阐明，本卷指出，社会主义条件下，在进行财富生产中，既要讲求社会财富量的增大，又要讲求财富质的提高，即产业升级和高科学含量产品的创造；还要求财富结构的优化，即在发展物质生产部门的同时，大力发展服务部门和知识生产部门。为此，人们首先应该确立一种全面的财富观念，特别是整体的财富观念，也就是说，要统筹商品财富和产品性财富二者的共同增长和谋求物质财富、服务财富和精神财富三者的结构协调和优化。

三、对现代社会财富源泉的多样性的论述

本卷提出社会财富源泉多样性的命题，阐述了劳动是社会财富的始源，参与生产过程的工具和自然对象——从广义的土地（地表、地下）到被使用的宇宙——也是财富的源泉；结合人类社会发展中生产方式的演进，论述了劳动力、工具力、管理力、科学力等在财富生产中的作用；基于当代经济走向知识经济的大趋势，本卷着重阐述了科学知识在现代财富创造中的重要作用。

亚当·斯密在《国民财富的性质和原因的研究》一书中，将财富的形成归之于劳动，表现出资本主义上升时期资产阶级杰出经济学家在经济学分析中敏锐的眼界，马克思基于历史唯物主义的方法论，科学地阐明了劳动是社会财富的本源，是商品价值唯一的源泉。马克思通过对创造产品的劳动过程的分析，阐明了产品及其使用价值是人的劳动、生产工具、劳动对象、厂房、土地等多种参与生产过程的生产要素作用的结果，由此提出："劳动并不是它生产的使用价值即物质财富的唯一源泉。"正如威廉·配第所说："劳动是财富之父，土地是财富之母。"[①]马克思阐述了财富源泉多样性的思想，他说"财富的主客观因素越是在更高程度上具备，财富就越容易创造"。

马克思在《资本论》中详尽地分析了19世纪机器大工业中的劳动过程，论述了机器在提高劳动生产率中的重要作用，特别是阐明了不断被应用和转化为更完善的机器和生产工艺的自然科学在创造使用

① 《马克思恩格斯全集》第23卷，人民出版社，1972年，第57页。

（价值）财富中的重要作用。本卷将马克思分析使用（价值）财富生产的方法应用于当代，提出如下论述：

简单的物质生产过程是包括劳动力、劳动工具、劳动对象在内的三维要素结构，就机器大工业生产方式来说，物质财富的创造力应该归之于劳动力、工具力、劳动对象力和科学力四要素。在现代发达市场经济和高技术经济的生产过程中，呈现出生产要素的多维化，除了劳动力、工具力、对象力、科学力而外，管理力、环境力等也成为生产过程的有效因素并且对产品使用价值和社会财富形成发挥重要作用，可见生产方式进步实现了社会财富新源泉的开发和富源的多样化。

本卷对人类社会经济发展，生产方式的演进总过程中财富源泉的被开发和利用的总趋势作出如下的归纳："大体说来，由主要依靠于人力，到主要依托于工具力，再到主要依托于科学力，体现了人类的财富生产力提高的历史轨迹。"在对人类利用工具力的理论分析中，本卷提出和依次考察了人类社会的财富生产的三种彼此递进的方式：（1）用手工工具生产财富；（2）用机器生产财富；（3）用高技术生产财富。

本卷强调：20世纪70～80年代的信息革命，拉开了用高技术生产财富的时代——即依靠科学力的时代——的序幕，人类社会已经寻找到一种充分发挥高技术力——最先进的工具力——的新的劳动、生产方式和寻找到财富生产的最丰饶的和不竭的源泉。

四、对自然财富在社会财富形成中的功能的阐述

本卷对自然财富在社会财富形成中的重要作用作出了新的阐述。自然是财富的重要源泉之一，也是当代经济发展中具有稀缺性的十分

珍贵的富源，如何科学地和有效地利用自然，使它真正成为世世代代利用不竭的富源，是当代经济发展中人类面对的和需要加以解决的重大课题。

本卷将自然财富确立为经济学范畴，提出了自然财富是社会财富形成的物质基础（物质源泉）这一命题，分析了自然财富在社会财富创造，提高劳动生产率，实现经济持续发展中的重要功能；本卷提出自然财富边际有限性的命题，要求大力寻找和实行节约自然的经济模式（生产方式和消费方式）和发展模式，把经济高增长和自然资源节约、环境的维护和优化相结合，把扩大再生产与自然再生产和生态循环相结合，以保持人和自然的协调以实现可持续的发展。

自然财富指：（1）自然物质，如土地、河流、森林及其生产物以及地下的矿藏；（2）自然力，包括水力、风力、阳光、核能、宇宙能，等等；（3）生态、环境、气候等，它们是用来满足人的生产需要以及消费需要的自然对象和自然生产条件。

自然财富具有重要的经济、社会功能：

第一，自然财富的丰饶与提高劳动生产力。自然财富首先表现为资源，它是生产工具和生活资料的源泉，从而，自然财富的丰饶，即它的高存量和优质，成为劳动生产力提高的积极动因。

第二，良好的自然生态体系是持续再生产的前提。自然财富的内涵，不仅仅指用来作为加工对象的自然资源，而且还包括由森林、草地、土壤、大气等多种自然物结构组成的生态体系。良好的生态体系是持续生产的自然基础，而在实行劫掠和破坏自然的生产方式下，会引起自然生态恶化，使可供社会生产使用的自然物质与自然力存量缩小，在这种情况下，就会出现社会生产的萎缩或者是社会生产以进一步侵蚀和破坏自然生态条件而强行扩张，导致经济持续发展的自然基础遭受更大破坏。可见，保持良好的生态循环，是社会再生产和经济循环顺利进行的前提条件。

第三，自然生态是人类生活环境的重要要素。优良的自然生态环境使人保持身心健康，改善生活质量和获得生活安康的条件，在社会物质丰裕化进程中，良好的自然生态环境可以提升财富的生活享受效应。

本卷对自然财富存量的有限性的论题进行了阐述，认为人类可以加以利用的自然财富，不是取之不尽、用之不竭的。对于人类社会发展的一定阶段来说，在特定的生产力水平下，能现实参与财富生产的地球自然资源，总是表现为一个有限的存量。自然物会随着生产中的物质耗费而发生耗损和减少，财富生产与自然物存量耗损的矛盾，就是社会生产所固有的一般矛盾。如果人们能采取“善待自然”的生产方式和消费方式，就能在经济发展中保持人与自然的协调，如果人们实行浪费自然的非理性的生产与消费，就会出现人与自然的对抗。

世界工业化、现代化进程中出现的深重的资源、生态环境的危机表明经济学的基本理论需要进一步发展，需要确立可利用自然是一个有限存量的命题。[①]要根据这一命题，培养和形成珍惜、爱护自然和节约自然耗损的观念和共识，用它来指导人类的生产和消费，改变和纠正见惯不惊的浪费自然、破坏环境的人类非理性行为。

自然财富是一个有限存量的命题，是以现有生产力水平不变为前提。生产力是最活跃的因素，随着社会生产力的提高，开发自然在广度和深度上的发展，可利用的自然财富量也就会相应扩大。基于此，

① 西方经济学家为阐述经济可持续发展的必要性和紧迫性，提出了自然物质存量有限性的论点。但不少西方学者看不见人类变革社会生产方式，实现人与自然协调发展的前景，他们撰写的环境经济学论著中更多地宣示了人类社会生产发展会走向末日的自然“物质极限论”的悲观理论。

本卷提出：自然财富存量的界限或边界可扩展性的第二个论题。

本卷指出：在社会发展中，人们总是：（1）以开发劳动来扩大现实的自然财富；（2）以科技进步来创造人工自然财富，如对原生自然物、环境进行加工、重构，由此形成的更肥沃的土地，生产率更高的种子、种畜，更优良、宜人的生态环境——人工自然。合理的生产方式能在消耗自然中维护自然和改造、创新自然，形成人工自然增量。技术进步和生产方式的进步是创造人工自然的物质基础。

人类实行的浪费与破坏自然资源的非理性生产，不只是物质生产力水平低所致，还有其经济制度上的根源。人类社会生产与自然之间物质变换的严重失调，总是一定的历史发展阶段的社会经济制度下的产物。后工业社会暴露得越发鲜明和愈演愈烈的世界性的资源、环境和生态“危机”，并不是完全由于生产技术的落后，也不是西方环保经济学者戴利所说的由于热力学的能量守恒定律的作用，而是与资本主义私人财产垄断制度和缺乏调控力的、不完善的市场体制和机制密切相关。

本卷指出：在社会主义中国，通过对基本自然财富的私人占有制的废止，通过构建完善的社会主义市场体制，有效地发挥市场机制和政府调控的功能，大力发展先进文化，提倡和塑造节约自然的理性的生活消费方式，特别是努力探索和走一条物质文明、精神文明、生态文明并举的新工业化、现代化道路，人们就可以逐步做到把节约自然和创新自然相结合，把低自然耗费和高经济增长相结合，把社会财富创造的极大化与持续化相结合。一句话，实行一种理性的、社会与自然相协调的世世代代造福于人民的持续的扩大再生产，是社会主义经济发展的要求。

五、对当代高技术生产方式的经济分析

《现代财富论》的最重要内容是对当代最新的财富生产方式——本卷称之为高科技生产方式或高科技经济——进行经济学的理论分析。本卷的有关篇章，从多个层面分析了高技术——书中称之为高技术力——在财富生产中的作用。

本卷认为，高科技经济指的是以信息技术为代表的高技术日益被广泛使用成为新的物质技术基础，并引起了生产方式、生产组织发生新变化的社会经济组织形式。由于高技术是现代科学知识的物化与体现，高技术的创新以及高技术的经济组织、管理与运行均是立足于科学知识的应用。因而，高科技经济一词，也就是人们通常使用的“以知识为基础的经济”或“知识经济”。高技术经济是20世纪末期信息革命以来西方工业经济出现的一次组织重构和升级，这一经济组织的演进也可称之为经济的高科技化。

本卷认为，作为经济学范畴的技术，它的一般的含义是机器设备、生产工艺、原材料三者的综合。技术的核心是机器设备，即生产“工具”或“手段”，也包括原材料，因而人们简称物质技术，但生产工艺、流程、机器运作程序，也是技术的重要内容。当代新出现的信息技术、生物技术、纳米技术、宇航技术、海洋技术、新能源等高技术，不同于传统机器工业技术，它是一种高技术（High Technic），也称为高科技。高技术是以信息技术为核心和基础，高技术经济是以信息技术及其他高技术为基础的经济。这一新的生产方式和经济组织形式，正在迅速地和大规模地被应用于生产，并有力地影响着当代的经济、社会和人们的生活。

（一）生产工具革命

高技术被作为生产资料——生产工具+原材料+生态环境，它带来了劳动生产方式的革命，首先是工具革命。（1）信息技术产生了人工智能机器，它拥有计算、选择、及时自动调控的功能，这种智能机的采用使传统的由人脑和人力直接操纵的生产转变为智能机自控的生产，由此使机器运行和生产作业摆脱了人力的束缚，能够实行高速运转，高精确加工，高难度（深水、高温）作业，长时期持续运行；（2）能进行微观与宏观的研发与生产。小至生物分子的结构、原子结构的分析以及对其进行加工、重组，大至宇宙结构的研发和宇宙力的纳入生产和加以利用；（3）能进行脑力所不能完成的数字的快速运算、无限大信息的加工和有效知识的选择与储存；（4）能发掘深层的自然财富（自然无机物与有机物与力），创造出人工物质，重构和创新环境和生态，创造出不竭的经济资源；（5）信息技术及其他高技术使机器设备具有高功率、小型化的性质，从而大大节约物质耗费。

（二）现代使用财富的创造

高科技生产力集中体现在当代高科技含量的新产品中，如信息产品、生物药品与生物食品、新合成原材料，等等，这些高科技知识含量产品的创造意味着一种崭新的现代使用价值的形成。拥有高效用的使用财富能使现代人的物质生活需要与文化、精神需要获得更充分的满足。

（三）劳动生产率的提高

体现在当代物质生产手段、新的生产工艺、新的企业组织、管理以及劳动力的智力素质之中的高技术，具有生产效率高、产品成本低的特征。高科技的使用实现了以劳动生产率提高为基础内涵的扩大再生产模式，它能在货币资本总量较小增长率的基础上，实现经济的较高增长率，从而减少高增长中的通货膨胀压力。

（四）刺激与扩大有效需求

高科技含量产品，作为现代新使用价值，它能刺激和创造出新的消费需求。

（五）企业组织的重构

信息、网络技术产生了网上直接交易，即BtoB商业模式，引起企业营销组织的重组，使营销组织“精干化”；信息网络技术实现了企业之间的迅速的信息流、商流和物流，由此推动了企业生产组织的重构，如将许多制造、研发、服务活动“外包”，零部件实行外购，而自己集中于优势的生产环节和核心业务，这样，原先的集生产、研发、销售为一体的“大而全”的庞大企业，变成了由企业与合伙人、承包商、供应商组成的集合体，它意味着一种厂际分工与协作的更加发达的形式的产生。信息、网络技术还引起企业管理方式与管理组织重构，传统的金字塔式的企业科层等级组织结构转变的扁平化结构，它既能节约企业组织及监督成本，又大大提高管理效率。

（六）信息技术与知识生产

计算机也被广泛使用于知识生产领域。如进行快速的数学运算，收集、处理和筛选可用信息；进行打字、文件修改、编辑和打印，绘制图片和传播图像与声音。计算机的上述功能使它成为当代科学研究的强大工具。此外，计算机还用于艺术创作，如绘画，制作电视卡通片即“网漫”，可用来作曲，创造出为大众，特别是为青少年所喜爱的、多种多样的新型电子文化、艺术产品。信息和网络技术还创造出新型电子教学，引起教学方法和教育体系的变革，促进教育的发展。可见，电脑不仅是进行知识生产的强大工具，而且，它产生新的知识生产方式，使社会知识生产能力增强，知识生产领域大大拓展，知识产品生产规模更加扩大，从而成为现代社会知识、精神财富快速增长的重要工具。

（七）信息技术与宏观调控

信息技术是进行宏观调控的工具。借助于信息网络技术，经济管理和调控机构能够迅捷掌握国民经济运行的各种势态，及时做出恰当的调控决策，以化解、疏理经济生活中的矛盾。

本卷指出，高技术经济的鲜明特征：不只是技术“高”，而且，技术进步步伐加快，表现为不断创新的技术。英特尔微处理器功能每18个月翻一番的摩尔定律是高技术不断创新的集中体现，不断创新的技术，使高技术经济成为真正的“不断创新经济”。不断的技术创新和一轮又一轮重大技术进步，不断地提高财富的生产力，有力地推动着经济和社会的发展，成为现代物质文明、精神文明不停顿发展的动因。

本卷指出，以信息技术为基础的高科技生产方式是当代最先进的生产方式，在当前经济发达国家高科技经济正在向纵深、全面发展，发展中国家也都在致力于推动传统工业经济向高科技经济攀升和追赶，走向高科技经济是新时期经济发展的大趋势。中国当前的重要任务是把握世界高技术经济发展带来的机遇，大力发展高新技术，紧跟世界科技创新潮流，加快产业升级，发展壮大自身的高新技术产业，将其作为桥头堡和制高点，带动工业化和促进现代化。搞好高科技的发展，是中国经济实现跨越式发展的关键。

六、对商品经济和市场机制的促进技术进步功能的分析

技术进步是财富生产力不断提升的决定因素。我国新时期经济的发展需要立足于技术进步的基础之上，加快技术进步是我国经济工作的重中之重。而要能做到切实有效地推进技术进步，就需要深入研究和在理论上弄清技术进步的经济规律。本卷中对技术进步的性质、源泉、经济动因、形式——技术渐进和技术飞跃——等问题进行了分析阐述。

本卷从历史的角度对人类早期社会千百年发展中细微的技术进步，到工业经济时代技术间歇性的进步，到当代最快速的技术进步，进行了对比考察和研究。指出原始经济、农业经济时代在总体上是技术长期停滞不前，尽管上古和中古的中国取得了较之西欧时间更早、数量更多的科技成果，但是这些科技成果却未能及时地更说不上快速地转化为现实经济中的技术进步。技术进步作为现实实践和作为实在范畴开始于工业革命和机器人生产时代。资本主义工业经济发展中，一方面出现了现代自然科学的兴起和发展，另一方面有自然科学知识以及应用技术知识的大规模和不断地转化为生产中的物质技术，即经济中的技术进步。20世纪出现了自然科学进步步伐加快，科学知识更大规模被合并于生产和现实经济中，20世纪末期的高技术经济发展中则出现了科学知识快速创新、快速转化（为生产力）和经济中技术的不断创新。

本卷强调指出，现实经济中的技术进步，不只是一个技术本身

的效率问题，也不只是掌握新技术知识的问题，而是一个经济体制问题。历史表明，只有市场经济体制及其机制，通过使有效率的技术，转化为主体净收益，从而驱动了近代和现代的技术进步。

本卷指出，市场经济条件下，市场与技术有如下特征：

第一，市场需求是技术进步的前提条件。为市场、为交换价值的生产，打破了自给自足经济中生产的局限性和物质技术的保守性，产生了市场需求拉动的生产扩张和原有物质技术有限生产能力的矛盾，这是市场经济体制下技术进步的经济动因。

第二，在市场经济固有的盈利极大化的企业体制下，使用新技术成为提高盈利率的手段，从而使技术进步有了主体利益的驱动，后者是推动技术进步的最强大的、内生的力量。

第三，市场经济固有的竞争和“优胜劣汰”机制，是促进技术进步的另一强有力的内生力量。

第四，“资本密集”工业技术，需要有大量资金投入。市场经济的股份制企业组织和信用、金融体制，为厂商进行技术革新提供了金融支撑。

本卷认为，当代市场经济的一整套制度安排，使效率更高的新技术产生出净收益，即超额利润，由此，启动了为追逐超额利润的资本投入和技术进步进程。资本主义工业化、现代化过程中机器工业技术进步的加速，正在于上述市场体制下新技术产生净收益的经济机制的作用。

当代高科技经济中的技术的不断创新，更是以发达的市场经济为制度基础，后者包括：（1）商品性知识生产体制；（2）风险资本形成、运行体制；（3）知识产权体制。此外，还包括培育智力劳动力的教育体制以及鼓励创新的文化等。正是发达的市场经济及其机制，驱动了当代科技的不断创新。

七、对现代知识生产及其经济、社会功能的理论分析

高技术经济的特征是技术不断的创新，技术创新的源泉是科学的不断进步。本卷指出："物质技术进步的源头是科学。如果单有促进技术进步的经济体制和机制，而缺少不断创新的科学知识，也不可能有现实经济中不断的技术创新。技术快速进步依托于科学知识的快速进步。"本卷中将当代科学知识的快速进步，归之于以市场体制为基础的现代知识生产的力量和效率，提出现代知识生产的命题和对知识生产的含义、性质及其经济、社会功能，特别是对商品性知识生产的性质与特点，包括知识商品的使用价值、知识商品价值、市值（市场价值）、知识垄断——科技（知识）垄断与文化（知识）垄断——与知识产品垄断价格等范畴进行经济学的分析，是本卷的重要内容。

本卷提出：一般含义的知识生产，是人们从事的创造知识产品——包括科学产品和文化产品——的活动，它存在于人类产生和人类智能成熟以来的任何时代。现代知识生产，是发达市场经济体制下的知识生产。（1）是立足于物质生产基础上的精神生产，知识生产的性质、特征、规模、方向都要适应物质生产的要求；（2）一部分知识生产立足于市场体制之上，成为商品性知识生产；（3）众多的知识生产部门出现，形成了新兴的知识产业；（4）发达的商品性知识生产与产品性生产并存和共同发展。

现代发达的商品性科技知识生产，表现在：（1）企业自身进行的知识生产。大公司，特别是高科技企业都建立有实验设施完善的研发机构，进行科技研发成为企业生产活动的重要内容，开发的科技成果

（专利权）的转让以及提供科技服务在企业销售额的增长中占有的比例越来越高。（2）由专业性的科技研发公司来进行的知识生产。大量兴起的各种研发、设计、咨询公司，它们对企业，特别是中小企业提供新产品设计、新技术研发以及新技术操作、使用等服务。（3）以合同形式委托大学及各种科研单位来进行的知识生产。（4）由个人（包括大学生及其他科技爱好者）来进行的知识生产。

当代发达的科技知识生产，是立足于市场经济体制基础之上和包含有产品性生产的大知识生产机器。除此而外，还存在发达的文化产品生产。

知识生产和知识产业——本卷称之为第四产业——的快速发展，引起了现代国民财富结构的变化，知识产品在总产品中所占比重日益增大，传统物质产品的比重下降。物质财富生产和知识财富生产并举和以知识生产促进物质生产，成为当代经济发展的大趋势，也是知识经济的特征。

现代知识生产是以部分知识生产活动商品化，即商品关系和市场机制被引进于知识活动为其鲜明特征，对这种知识生产活动商品化的现象和发展趋势，人们的看法是有分歧的。按照长期流行的传统认识，知识生产活动从属于商品交换以及价值规律，是市场的、消极的，甚至是破坏性的作用的表现，从而是需要加以禁止的人类行为畸化。但是立足于当代世界和我国社会主义市场经济的实践，从生产关系一定要适应于生产力性质的经济规律的理论角度出发，进行冷静的观察和科学的分析，人们会看到：如同商品关系引进于物质生产和服务生产，带来了上述两大领域生产力的发展和财富的快速增长一样，商品关系和市场机制被恰当引进于知识生产活动的领域，会激发主体知识、精神活动的积极性和创造性，从而促进知识产品生产力的提高。更具体地说：

（一）商品经济机制对知识生产的利益激励功能

商品经济机制的引入知识生产，首先是知识产品作为商品和进行市场交换，知识生产劳动创造的知识产品价值转换为个人收入，商品经济的价值规律的作用，不仅使主体劳动在收入形式上得到实现，而且使生产者获得物质利益，知识生产由此有了经济利益的驱动。主体从物质利益上对生产的关心是马克思的经济学原理，不仅适用于物质生产领域，也适用于知识、精神生产领域，特别是当代知识生产不再是由少数“知识贵族”去从事，而是有众多科学、文化劳动者共同参与，是知识劳动者谋取生计的职业活动。现代知识生产的这种性质，更要求有经济利益的驱动。

许多科技知识生产活动具有高难度和风险性。首先，重大科学研发周期长，重大基本理论取得新突破，往往需要旷日持久的时间。其次，劳动强度大，为攻克某些理论与技术难题，研究工作者进行实验和思考往往夜以继日。其三，科学活动风险性大。高科技研发成功率低，一些项目即使取得了科学成果，但在现实条件未具备时，缺乏应用价值，从而也不可能获得恰当的交换价值。科学劳动的上述性质，要求有能对科学知识生产提供物质保障的经济机制，而市场经济体制下的知识产权化（专利权制度）和知识资本化即股权化等制度安排，既为高难度、高风险的科学生产提供了强经济激励，又由此给以充分的物质保障，从而激发科学创新劳动，特别是耗时费力的高级科学创新劳动的热情。

（二）商品关系促进知识劳动分工的功能

科技知识商品化，有力地促进了科学知识生产的专业化分工，产生了当代多种性质、多门类、各有专攻的科学研发组织——事业单位和企业，形成了历史上前所未有的、分工和协作高度发达的当代科学知识大生产。亚当·斯密对商品交换会推动知识活动的分工作出了展望，他说：“随着社会的进步，哲学或推想也象其他各种职业那样，成为某一特定阶级人民主要业务和专门工作。此外，这种业务或工作，也象其他职业那样，分成了许多部门，每个部门，又各成为一种哲学家的行业。……各人擅长各人的特殊工作，不但增加全体的成就，而且大大增进科学的内容。”[①]实践表明，当代分工高度发达的现代知识人生产，以其“分工”、专业化生产和协作的“社会集体力”，成为当代科学知识快速进步的重要原因。

（三）企业化组织形式的提高生产效率功能

商品化与生产主体的企业化是并行发展的。在发达市场经济中，企业是基本的市场主体，大企业是生产的骨干。商品经济被引入知识生产，不仅仅表现为知识生产者的市场主体化，而且，还表现在以资本增值为目标，运用市场手段，组织智力劳动者，进行知识生产的企业的产生，从事多种类别知识生产的数量众多的企业，组成了现代知识产业。由于一方面现代公司企业具有资本积聚、规模效益和市场营销、资本运作等方面的优势；另一方面在知识生产的某些领域，如进行重大自然科学课题研究需要有先进实验室和研究团队，从而需要大量投资，这样就决定了知识生产大企业——贝尔实验室以及现代高科

① 亚当·斯密：《国民财富的性质和原因的研究》上册，商务印书馆，1972年，第10～11页。

技大公司——的应运而生。在当代发达市场经济条件下，一批大企业，借助于资本市场和风险资本提供的金融资源，利用兼并、重组等手段，实现快速增长，成为知识产业中的骨干。这些骨干大企业，组织、形成了科技结合劳动力，拥有强大的知识原始创新力，也由于其高效的经营管理劳动，使他们实现了一种高效率的和大规模的科学知识生产，后者表现在研发出的意义重大的科学成果上，以及取得的专利的数量上。上述情况表明，知识生产大企业拥有强大的知识生产力，成为具有重大意义的知识创新的策源地。

（四）市场的资源配置功能

市场性的科学活动是智力劳动者高度自主性的精神活动，个人特长和兴趣在研究方向、课题选择等方面起着重要作用；此外，当代科学活动由于参与者众多，从而带有分散性和自发性；为了有效地利用知识资源，生产出适应社会需要的、质量高、效用大的多种多样的知识产品，需要有能促使科学活动与现实经济需要相耦合的经济机制。市场机制是一种促使生产与需求相对接的有效机制，在实行商品性科学生产体制下，市场机制的吸引力和强制力，促使生产主体以市场为导向，进行适销对路的科学研发，实现科学活动与现实经济需要相对接。

如果说，计划体制下的科学活动及其成果，往往与现实需要相脱节，那么，实践表明，市场体制下面向市场的科学活动，不仅提高了科学产品生产率，而且，由于科学成果对准企业现实的需要，大量地被采用于生产，从而切实有效地在国民经济广大领域中推进了技术进步。这也表明，商品关系和市场机制起着科学活动导向和资源合理配置的功能。

以上几个方面表明，商品关系和市场机制不仅适用于物质生产，而且也适用于知识生产，包括科技知识生产和文化生产，完善的商品、市场体制拥有解放和发展知识生产力的功能。

当然，商品和市场绝非万能，市场失灵在现代市场经济中有众多的表现。知识产品——无论是科学产品还是文化产品——是一种精神存在，是一种特殊商品，这一特殊商品生产领域中市场失灵和负效应表现得十分明显：（1）市场力量驱动的知识生产畸化，其表现是负效用产品或负财富创造，如危害公众身心健康以至于危害社会的伪劣“知识、文化品”，尚未经过充分检验合格的高科技药品、食品等的推向市场，与人类伦理相违的“克隆”人以及反人道的毁灭性武器的研发和创造，等等。（2）知识垄断。知识产权制度对知识生产起激励作用，但它也产生知识垄断，阻碍知识的流通和有效使用，抑阻了知识这一“社会一般生产力”的功能的发挥。（3）商品性知识生产的基本矛盾，即参与科学产品使用价值形成的社会化劳动和参与科学产品价值创造的直接生产劳动（以及有偿原知中体现的劳动）的矛盾，[①]决定了商品性知识生产中固有的分配与财富占有不公。知识生产中的上述矛盾，在发达资本主义国家表现得十分鲜明。本卷认为，指出知识生产中的市场失灵，并非要否定市场对知识生产的积极作用，恰恰相反，实行社会主义市场体制不仅仅要在广泛的物质生产与服务生产领域引入商品关系和市场机制，而且，也有必要在一定的知识生产领域——自然科学生产与文化生产领域——引进商品关系和利用市场作用。我们既要看到市场失灵，但更要立足于兴利除弊，将市场的“搞活”与政府的“规制”、管理与调控相结合。在社会主义市场经济条

① 参见本卷第四章第二节。

件下，依靠体制创新，正确处理商品性市场机制中产生的矛盾和问题，将有效地发挥商品关系市场机制和提高知识财富生产力的功能。

八、对现代文化生产的性质、机制以及如何构建社会主义文化生产体制的分析

对现代文化生产及其经济功能进行经济学分析，是本卷的另一主要内容。

在现代发达市场经济中，特别是当前信息经济的发展，文化越来越被合并于生产，成为促进生产发展的重要经济资源，文化由此具有生产力的功能。而且，出现了发达的文化生产，形成了文化产业，文化生产成为当代社会大生产的一个新的组成部分，文化产品成为现代国民财富的重要内容。在当代，文化正在被大规模地合并、嫁接于生产，起着促进经济增长和财富增值的功能。

本卷将知识产品的内涵规定为科学知识产品和文化产品，本卷对现代知识生产的理论阐述，原则上也适用于现代文化生产。在第五章进一步对现代市场经济中文化生产的性质、机制进行了较系统的论述，特别是对商品性文化生产的特征、文化商品的意识形态性和商品性、文化品使用价值和价值、文化品的价值决定机制等问题进行了阐述；本卷中阐述了商品关系和市场机制，包括生产企业化、产业化在促进现代文化生产快速发展中的功能。此外，还分析了发达市场经济中文化促进经济发展的功能。

（一）商品关系与市场机制促进文化活动转化为经济生产

文化是社会的意识上层建筑，它主要在思想领域起作用，并且通

过迂回、曲折的路径反作用于社会经济。在人类社会经历的漫长的产品经济时代，文化带有与经济相疏远的性质，古代和中古社会文化知识的进步和精神财富的积累主要是在非生产领域中进行而与物质生产相脱节。

市场经济具有很强的生命力和渗透性，它不仅囊括了物质生产领域和服务生产领域，而且，也向文化、精神生产领域渗透、扩展，使一部分文化品成为商品，使作为单纯的精神活动的文化生产，转化为经济财富生产——商品使用价值物和价值物的生产。在当代发达市场经济中，出现了文化要素被大规模地合并于生产之中，实现了文化活动与经济生产的一体化以及文化、精神产品创造和经济产品创造的一体化。由此，文化不再是与生产相疏远，而是真正成为生产要素，成为国民财富增长的新源泉；文化生产也不再是单纯的精神活动，而是成为经济生产的新形式和促进经济发展的重要杠杆。

（二）文化品提升产品使用价值的功能

文化品具有可移植与可嫁接的性质，它的某些要素、结构和属性可以加以分解、重构使其融合于物质产品或服务产品之中，形成有文化含量的产品。

文化含量具有提升产品使用价值的功能。有文化含量的产品意味着某种文化要素和属性的渗入、整合于产品体之中，成为“在物质产品或服务产品上实现了的文化”。产品体结构中文化要素的渗入，由此使产品使用价值发生变化：它不仅具有原有物质产品或服务产品的属性，而且增添了文化品满足人的精神需要的属性，成为一种能使消费者需要得到更充分满足的高品位使用价值。在发展物质生产和服务业中，重视和着力并入文化要素，进行文化的深度嫁接，能带来产品品质的提升，实现一种集物质财富、科技财富与精神财富于一体的更高级的现代文明财富的创造。

（三）文化生产的创造价值和获取经济效益功能

在市场经济条件下，文化最重要的经济功能在于：文化生产能够创造价值和获得额外收益，通常称为创造经济效益。它是促进积累和经济增长的重要手段。

由于文化劳动具有高价值创造能力，加之以文化、精神产品垄断能获得额外收益，因此，文化生产越发达，国民总产品结构中文化品比重增大，特别是高级文化品增多，一国的国民生产总值也就越大。换一个说法，一国的文化劳动者队伍——其主体是直接从事文化创造的作家、艺术家、文化设计师，等等——在总劳动中的比重增大，特别是拥有庞大的高素质的和富有创造性的文化精英团队，一国的国民生产总值也就越大。当代发达国家，正是由于商品性文化生产发达和文化自由职业者阶层庞大，从而实现了年国民总产品的大规模创造。

（四）文化与生产相嫁接创造附加值的功能

文化品具有高市值，文化作为要素向生产领域渗入，嫁接出有文化含量的产品，能够大大提升产品的文化附加值。由此使生产者获取不菲的额外收益，这种利益机制促使文化资源与生产相嫁接，在深度和广度上扩展，在当代文化、艺术要素向物质生产、服务生产等广泛领域渗透的势头方兴未艾，文化越来越成为提高经济效益的手段。

本卷分析和勾勒出现代市场经济中出现的一种文化与经济的互动，这就是：一方面，在经济市场化深度发展的基础上，实现了更大范围的文化活动转化为经济生产，文化成为生产要素和新的经济资源，成为促进国民财富增长的新杠杆，这意味着文化获得生产力的性质；另一方面，在物质生产、知识文化生产、服务生产三种生产互促、互动下的现代经济的快速增长，为文化生产的进一步发展创造了物质基础和经济载体，由此促使文化生产与文化活动进一步兴旺发达。这种文化与经济的互促、互动是现代经济增长和社会发展的重要动因。而在社会主义条件下，借助于一个政府规制的和有调控的、完善的市场体制，人们能构建起文化与经济的相生相成、良性互动的社会经济机制。有效利用这一机制，既可以促进经济增长，又能够有效实现文化发展和文化育人。

本卷认为，在分析知识文化生产中的商品体制与市场机制的作用时，应该坚持唯物辩证法的两分法，既肯定商品关系与市场机制在促进知识、文化生产中的积极功能，又正视和揭示在这一特殊商品生产领域中的市场失灵和市场负效应。

本卷中提出了商品性文化生产的内在矛盾的命题，并以此为基础来分析商品性文化生产带来的各种矛盾。商品性文化产品，指的是市场体制下的文化商品，它具有艺术、社会价值与商品价值二因素，二者的矛盾表现在文化生产中一些创作者把对商业价值追求超越于和脱离艺术、社会价值创造的非理性的行为，如：粗制滥造，而不是艰苦创作、精益求精；追求数量，忽视质量；形式上标新立异，缺乏积极的思想内容；胡编乱侃脱离生活实际；等等，其结果是文化庸品、劣品的丛生。在推行文化全盘商品化和缺乏政府科学规制、有效管理和先进思想指导的自由主义的市场性文化生产制度下，文化市场上会出现庸品排斥良品的趋势，造成一方面庸品的畅销和市场份额的畸形扩张，另一方面使良品的市场份额日益缩小。这种“市场失灵”，带来文化的平庸化发展和腐朽文化的恶性膨胀，出现了文化产业繁荣发展中的文化衰败，上述情况在西方某些发达国家表现得十分鲜明。基于对文化全盘商品化和自由化的实践及其严重后果的考察，本卷指出：“市场机制对文化生产来说，是一把双刃剑，它既是促进文化生产发展的有力杠杆，但也有诱发文化艺术创作畸化的负效应。”

本卷强调指出：作为社会上层结构的文化，它的发展总是从属于社会发展，特别是从属于经济发展的需要。因此，人们不能脱离社会经济发展的客观规律，孤立地谈论文化发展和孤立地论述文化应该怎么样发展。市场经济是生产力发展的不可能超越的一种历史形式，部分文化生产的商品化是时代的大趋势。在我国进一步发展和完善社会主义市场经济，推进文化体制改革，促进文化产业发展的今天，提出商品性文化生产内在矛盾的论题，不是要提倡废弃文化生产的商品性，回归古代和中世纪田园式的文化自然生产和传统计划体制下僵化的文化生产，而是在发展商品性文化生产中需要兴利除弊。其关键是，构建起能实现社会效益优先、经济效益与社会效益相结合的完善的文化体制。

本卷提出，搞好社会主义文化建设，要大力发展各类文化事业和文化产业。在当前经济转轨期，要大力发展商品性文化生产，积极而有效地推进文化产业的快速、健康发展，努力创造中国现代文化经济。

社会主义条件下，政府对文化生产应实行分类管理，对一般的文化生产，特别是大众化层次的文化艺术活动，充分利用商品市场机制将其搞活，加快文化产业的发展，培育重量级的文化产业集团，大力推动中国大众文化生产的发展，有效发挥文化的经济价值的创造功能；对于高级的、特殊的文化艺术活动，如严肃的、高雅的艺术生产，以及中华文化遗产的发掘和抢救，少数民族优秀文化的发扬，则实行文化事业体制。基于商品性文化生产中的“市场失灵”，要扩大和加强文化公共物品的生产，形成完善的文化公共物品生产体系，加强包括国家歌剧院、图书馆、文化馆、博物馆等文化基础设施的建设，开展各种面向公众、特别是面向广大农民群众的文化活动和社区文化娱乐活动。要大力扶持从事精品创造的文化事业单位的发展，并把组织能成为市场主流产品的精品生产，特别是不逊于和超越“古典古代”品质的和无愧于当前伟大时代的“经典”作品的创作，作为某些文化事业单位的中心任务。

本卷强调指出：文化生产，特别是商品性文化生产，它的健康发展离不开制度的约束、政策的规制、政府的管理和思想的指导。为了求得文化财富最多最好的创造，以服务于社会主义事业，在商品性文化、精神生产领域，应该实行政府主导和有规制的商品生产模式，实行看不见的手、看得见的手和先进思想指导作用相结合。这样，我们就能够有效防止和克服市场负效应，形成生气勃勃、“活而不乱”“管而不死”的市场性的文化生产。精心构建和有效利用文化生产的这一新杠杆，我国文化生产将由此获得新的动力，加快发展，实现社会主义文化繁荣，而且，借助于文化生产力功能和文化与经济的互动，进一步加快我国经济的发展和优化人民财富的结构。

九、结合当代中国实际，对马克思劳动价值理论的新探讨

在市场经济体制下，社会财富主要表现为商品，从而具有价值。当代发达国家已经形成以服务、知识产品为主导，由物质生产部门、服务生产部门和知识生产部门组成的现代产业结构，现代国民财富结构也已经是以服务产品、知识产品为主要成分。面对当代经济的新情况，计划经济时代撰写的政治经济学教材中流行的对马克思劳动价值

理论的传统理解，即只有物质、实物化劳动才创造价值的观念已经不再适用。如何将劳动创造价值原理应用于当代实际，阐明和揭示现代财富内在的价值性，要求经济学人深化对马克思劳动价值理论的认识，并且结合现代生产实际，对劳动创造价值的机制作出科学的阐述。

本卷指出：只有物质、实物化劳动才创造价值的论点，并不是马克思的观点。马克思在阐述劳动价值理论时，提出了生产商品的抽象人类劳动物化为价值的重要论题，但是劳动“物化”概念的含义并不等同于劳动“物质形态化”“实体化”。马克思使用的“物化”概念的本质是“对象化”，劳动“物化”指的是商品生产中的抽象人类劳动这一商品关系的“对象化”，即“体现”“依附”于某一“东西”或“对象”之中，从而使抽象人类劳动这一看不见、摸不着的生产关系或“社会规定性”“体现”于一个劳动生产“物”或“对象”之中，并表现为这一个“物”或“对象”所拥有的价值规定性。《资本论》第一章第一节有关商品和使用价值是一个“物”的语句中，“物”也就是“对象”或“东西”，是泛指一切生产物和交易对象。而有关人类劳动“物化”的含义，不是指劳动实物化，而是指人类劳动“对象化”或“体现”，它既可以体现于物质实物形态的使用价值之中，也可以体现在多种多样非实物形态的使用价值之中。

本卷指出：把价值作为生产关系是马克思的劳动价值理论的精髓。亚当·斯密的劳动价值理论上的局限性在于他将商品价值范畴限制在“固定化”“实物化”“耐久性”的产品和具体劳动形式中，他还未进一步把握到形成商品价值的劳动是“无差别的抽象人类劳动”，是一个社会生产关系的范畴，是“抽象化”“对象化”的劳动。马克思把商品、价值、生产劳动等范畴都作为特定的社会生产关系来把握。处在19世纪工业化和制造业大发展的“生产物质化”大潮下，马克思在分析商品和价值形成时，也十分强调劳动的物质、实物性，但是作为辩证法大师的马克思把“一般”与“特殊”、“抽象”与“具体”的辩证法，贯彻于经济学范畴内涵的分析之中，他实际上提出和阐述了广义的商品理论。马克思提出了特殊商品的范畴和把劳动能力作为特殊商品。此外，他把金银、货币以及股票、债券等资本价值凭证称为“特殊商品”[①]，此外，他将进入市场交换的服务也视为商品[②]。马克思实际上阐述了广义的产品观[③]、商品观和生产观[④]，由此对商品使用价值范畴含义作出了广义的解释。对物质产品来说，商品使用价值应该归结为商品体的现实物质属性，但是在考察商品使用价值时，马克思没有囿于物质固定化形态，他还将某些人类劳动活动的功能视为使用价值。例如，他认为劳动力商品的使用价值是劳动的价值增值功能。马克思还将使用价值区分为“实物形式”和“运动形式”二类，[⑤]他在分析服务的使用价值时说：“只要我花费收入是为了消费它的（劳动的）使用价值，不管这个使用价值是随着劳动能力本身活动的停止而消失，还是物化、固定在某个物中。”[⑥]马克思提到“唱歌的使用价值”，他明确提出：“服务有一定的使用价值（想象的和现实的）和一定的交换价值。”他说：服务业劳动者提供的随生

---

① 马克思说：“货币不仅是一般商品，而且也是特殊商品。”见《马克思恩格斯全集》第46卷上册，人民出版社，1979年，第149、159页。

② 见《马克思恩格斯全集》第26卷I，人民出版社，1972年，第149页。

③ 马克思将活劳动称为“活劳动产品”。他说：“过去劳动和活劳动产品之间的交换”，见《马克思恩格斯全集》第26卷I，人民出版社，1972年，第183页。

④ 马克思提出和阐述了服务生产和“精神生产”命题。

⑤ 《马克思恩格斯全集》第26卷I，人民出版社，1972年，第147页。

⑥ 《马克思恩格斯全集》第26卷I，人民出版社，1972年，第157页。

随灭的服务也是一种“直接使用价值”[1]。马克思在1859年的《政治经济学批判》一书中指出，发达的分工“直接表现在使用价值的多种多样上，这些使用价值作为特殊商品彼此对立并包含着同样多种多样的劳动方式”[2]，显然，马克思将劳动者生产出来的满足各种社会需要的多品类商品体的属性，都作为使用价值。

可见，马克思提出和阐述了多样具体形式的商品生产劳动“物化”和“对象化”为价值的极其严谨、十分周全的劳动价值理论。这一理论既认定制造业中生产实物产品的劳动对象化为价值，还指出服务业中生产和提供非实物形态的服务劳动也形成价值；论述了劳动既可以在“有痕迹的”实物产品中对象化为价值，也可以在农业劳动生产的“无痕迹”的实物产品——如牛——中对象化为价值；[3]除此而外，运输业中的劳动只是使产品“发生位置变化”，但仍然也对象化为价值。[4]可见，马克思实际上阐述了多样性生产劳动抽象化、对象化为价值的广义的和全面的劳动价值理论，这一理论能够充分说明当代产业结构下，创造多种多样的使用财富的生产劳动都具有价值创造的功能。因而，在当代，马克思的劳动价值理论并未过时。

基于对马克思物化劳动创造价值的论题的理解，本卷结合我国实际，对社会主义市场经济制度下的劳动价值理论进行了新的探索。本卷提出：在我国社会主义市场经济制度下，众多的商品生产部门，

---

① 《马克思恩格斯全集》第26卷I，人民出版社，1972年，第165页。

② 《马克思恩格斯全集》第13卷I，人民出版社，1962年，第41页。

③ 马克思说：“具体劳动在一些商品上‘可能不留下任何痕迹’。从制造业商品来说，这个痕迹保留在原料所取得的外形上。而在农业等部门，例如小麦、公牛等产品所取得的形式，虽然也是人类劳动的产品，而且是一代一代传下来，一代一代补充的劳动的产品，但这一点在产品上是看不出来的。”见《马克思恩格斯全集》第26卷I，人民出版社，1972年，第164页。

④ 《马克思恩格斯全集》第26卷I，人民出版社，1972年，第164、445页。

无论是物质、实物产品生产部门，还是商业、金融及其他服务部门以及科学、文化产品生产部门，它们的广大从业和职能人员都参与了商品使用价值的形成和价值的创造。本卷认为，在我国出现了新型的生产、劳动关系和价值创造与分配关系，这种经济关系是中国特色社会主义建设中出现的新事物。以马克思的商品理论和劳动价值理论为指导，对我国社会主义社会中的新经济关系进行深入的理论分析和实事求是的阐明，将有助于揭示社会主义市场经济中劳动者利益关系的性质及其变动的规律，并为党和政府调节经济运行和生产、分配关系，正确处理社会主义社会人民内部的利益矛盾，构建社会主义和谐社会提供理论指导。

第一章

财富及其形式

一、现代社会财富的形式和结构

当代世界出现了传统工业经济的高科技化和经济进一步市场化的趋势，在经济发达国家呈现出物质生产、服务生产和知识、精神生产三大门类在市场经济体制基础上并行发展和互相促进的势态。立足于当代世界的新情况，政治经济学需要从社会大生产的角度来研究和阐述产品、商品、财富等范畴的内涵，特别是要研究现代财富的三维结构：物质产品、服务产品、精神知识产品（科学品、文化品、信息品）的总和，并对上述财富结构的特征、形成及其功能作出理论阐明；要研究现代市场经济中三大生产的互促、互动及其对经济运行带来的影响；要研究高科技时代，科技知识与文化资源商品化带来的更加复杂的收入分配问题及其对社会生活多个方面的正负效应。因此，我们要改变政治经济学理论中流行的传统的褊狭的物质产品观和物质商品观，即将产品、商品限制于物质、实物产品范围内，而否认非实物生产物是产品和商品的观念；我们需要将产品范畴加以拓宽，确立起工（农）业品、服务品、科学品、文化品等范畴。我们还需要阐述立足于现代社会大生产的生产劳动理论和劳动价值论，由此来揭示现代财富的生产和分配的规律。[①]

（一）现代财富的两大类别：商品财富与非商品财富

1. 商品财富是社会财富的基本形式

社会财富是劳动产品的总和。对社会财富的分析要从劳动生产物或产品开始。社会生产是人类为了满足自身需要而从事的有目的的劳动。社会生产的主体是人，生产的本质是劳动，生产的结果是生产品或劳动生产物，也称为产品。产品，作为劳动生产物，是人的劳动的客体化和对象化形态。

产品具有使用价值，即满足人的需要的有用性[②]，这种有用性或使用价值不是悬空的，而是体现在产品体中。[③]产品体也就是劳动的“对象化”形态，它具有多样性，或者是物质性，或者是精神性；或者有形体，或者是非有形体；或者是物质化体，或者是流动体；等等。例如，食品拥有的满足人的肠胃需要，即“充饥”的有用性，后者体现在食品自身的结构——如淀粉、脂肪、蛋白质构成——与色香味等自然属性之中，即固化的产品体中。钢琴音乐演奏拥有满足人的精神需要、给人以美的感受的有用性，后者体现于演奏表现出的音色、节奏、旋律之中，特别是它的精神、情感内蕴之中，是一个无形的有声

① 本卷着重分析现代财富的具体形式及其生产、交换机制，而现代财富的占有关系，即所有制和分配关系不是本卷研究的内容。

② 马克思说：“物的有用性使物成为使用价值”，见《马克思恩格斯全集》第23卷，人民出版社，1972年，第49页。

③ 马克思说：“这种有用性不是悬在空中的。……离开了商品体就不存在”，见《马克思恩格斯全集》第23卷，人民出版社，1972年，第49页。

体，主要是一个精神存在物。

一般而论，社会生产在于通过有用劳动去制造和形成特定的生产“物”及其中体现的某种特殊的使用价值，可见，产品的实质内容是使用价值，在任何社会形态和任何经济运行机制下，社会财富都是以使用价值为其实在内容，在市场经济条件下的社会财富则是以具有使用价值和价值二要素的商品所构成，是商品的总和，是商品财富。马克思这样说“使用价值总是构成财富的物质内容。在我们所要考察的社会形式中，使用价值同时又是交换价值的物质承担者”[①]，他又说“资本主义生产方式占统治地位的社会的财富，表现为‘庞大的商品堆积’”单个的商品表现为这种财富的元素形式”[②]。

我国正处在发展社会主义市场经济的历史阶段，在社会主义市场经济条件下，商品财富也是社会财富的一般形式。

2. 市场化和商品财富生产领域的扩大

市场经济是社会经济活动组织的一种方式，是人类社会经济发展的一个不可逾越的阶段。商品财富的生产也是人类社会财富生产的一个不可逾越的阶段和不能任意加以废弃的历史形式。

市场经济制度尽管具有深刻的内在矛盾，但毕竟是一个富有活力的财富生产的历史形式。市场经济的表现为：生产品的商品化，生产组织的企业化和生产活动从属于市场机制。市场经济改造和重塑了生产者，使它们成为拥有权、责、利的市场主体；市场竞争机制和价值规律的作用赋予企业以盈利最大化的目的，企业有了不断自我完善和不断创新的内在动力；组织的企业化和公司化促使资本聚集和壮大，

① 《马克思恩格斯全集》第23卷，人民出版社，1972年，第48页。

② 《马克思恩格斯全集》第23卷，人民出版社，1972年，第47页。

资本结构优化，生产规模扩大，产业升级加快；市场机制的调节功能使自发性的生产从属于不断变动的社会需求，从而优化资源的配置。可见，市场经济及其机制起着促进经济增长和财富增值的功能。

我国社会主义实践的正反经验表明：在实行传统的有计划的产品经济体制下，企业处在政府附庸地位，生产者缺乏积极性，经济活动缺乏活力，积累水平低，财富增长缓慢，而一旦实行市场取向的改革，商品经济和市场机制的引进，给经济注入了崭新的活力，由此出现了国民经济生气勃勃的发展和国民财富的快速增长。

市场经济要经历一个由低级到高级，由不成熟、不发达到成熟和发达的发展过程，这是一个经济市场化向广度和深度发展的过程，也是商品财富生产领域不断扩张的过程。近现代社会经济发展史表明：市场化首先是出现于物质、实物生产领域，通过市场导向的工业化，现代大工业和机械化大农业的发展，创造了作为现代工业文明的主要内容的物质、实物性大产业——制造业和农业，加快了物质财富的积累，商品性物质财富成为财富的主要形式。

在工业化发展过程中，市场化的机制也渗透和引进于服务领域，原先的非商品性的家庭服务转变为服务商品的交换；原来的个体服务经营转变为大规模的企业化经营；原来的门类较少的服务——主要是日常生活服务——转变为当代从生活服务到生产服务，以及包括教育、科技、管理等服务在内的、多种多样、包罗万象的服务产业，商品性服务产品成为现代国民经济总产品的主要部分。

在发达的市场经济中，市场化的强劲机制也逐步渗透到长期被人们视为“商品禁区”的文化、精神生产领域，文学、艺术创作、音乐演唱、戏剧演出、体育表演等，日益作为文化商品来进行生产和交换。在当代高科技经济中，科学研究和知识生产也越来越从属于商品生产的机制，知识生产的一些重要领域转化为商品性生产。尽管知识、精神生产的商品化存在着不少消极效果，但是商品经济的机制毕竟已成为有力促进当代文化、科学生产发展和优化知识资源配置的经济工具，商品性知识财富也已成为现代知识财富的重要组成部分。

当代世界正处在商品财富生产广度上和深度上发展的历史时期，市场经济的日益发展和发达，不仅使物质生产成为商品生产，而且也使服务活动和文化、科学生产活动的众多领域成为商品生产活动，而由物质、实物商品，服务商品和精神、知识商品组成的大商品结构，也就成为社会财富的主要内容，这一社会财富在其经济运行中取得价值形式，通常用GDP来加以核算和计量。

当代世界正处在一个社会生产全面发展的时代，其一，物质生产在高技术基础上迅猛发展；其二，在国民总产值的比重中已成为最大产业的服务业由于信息技术的引进，获得新的发展势头；其三，高技术经济固有的科技创新机制，促进了科学、知识产品的扩大再生产，同时，文化消费需求的快速增长推动了文化品、艺术品的生产的发展，促使文化产业的兴起；[①]上述物质生产、服务生产、知识和精神生产三大部门，成为当代——向高科技经济迈进的时代的产业结构的组成部分。我们正面对着物质产品生产，服务产品生产，知识、精神产品生产等三大生产齐头并进的时代，在发达的市场经济条件下，上述三大生产主要是立足于商品生产制度之上。

基于上述财富生产的历史发展趋势和规律，在我国发展社会主义市场经济的新时期，在社会生产的三大领域，进一步推进市场化改革，充分利用和有效发挥市场机制的财富增值功能，就是加快全面小

① 在本卷中我们把科学品和文化品的生产归结为知识、精神生产。

康社会建设，实现民富国强的必由之途。

3. 非商品性财富——社会财富固有的内容

财富作为具有满足人的需要的有用性之物，它不限于商品财富。首先，自然物质与自然力自我运行演化过程中产生的自然对象，也具有有用性，它是自然财富，但不是劳动生产物，也没有价值。马克思说："一个物可以是使用价值而不是价值。……例如，空气、处女地、天然草地、野生林等。"①

其次，在市场经济中并非一切劳动都用于生产商品，也并非一切劳动生产物都以交换方式进行经济流通。例如：

第一，家庭服务品。任何社会都存在以下两类家庭服务：第一类体现于实物性产品中的家庭服务劳动，如从事食品烹饪、庭园花卉种植，也会创造出一种固定性的物质产品和产品使用价值，由于它不是商品，也不通过商品交换进入经济流通。对于使用家庭佣工的户主来说，上述服务劳动不会给他带来任何价值增量，但是它却给他生产和提供了一个家庭有用品，这种家庭有用品是社会财富的一种附加形式。特别是对于家庭佣工来说，他以服务品→货币形式获取的工资收入将进入经济流通，他的收入剩余将体现为社会总产品的净增长，从而成为促进经济增长的要素。第二类体现于有用效果的家庭服务品，例如从事家庭清洁、照看婴儿和老人等——一部分是由家庭成员自己从事，一部分是由家庭佣工从事，尽管不创造物质、实物产品，但它仍然创造和提供有用效果，即非固定形态的使用价值，这意味着社会有用对象有了一个增量。这种典型的服务产品本身不是商品，但和第一类服务产品的生产一样，佣工的收入要进入经济流通，他的收入剩

---

① 《马克思恩格斯全集》第23卷，人民出版社，1972年，第54页。

余要表现为社会总产品增长，成为促进经济增长的要素。可见，从社会大生产和国民经济总产品形成的角度，特别是从国民经济运行的角度，我们应该把家庭服务品生产作为国民财富生产的一个部分。在我国社会主义市场经济条件下，家庭服务品还是扩大劳动就业的必要场所，是农村居民家庭增进收入的源泉，因而，确立家庭服务品生产是国民财富生产的一个部分的命题，更拥有现实的意义。

第二，社会公共服务品。社会越是文明和进步，从事义务性的社会服务的人越是踊跃，他们自觉提供义诊、义演、义务教育、义务科技服务，以及抢险、救急等高效用的服务，尽管这些服务品不表现为商品，也不具有商品价值，但它们是无偿使用的、现代社会公共服务产品。[①]在社会主义条件下，随着物质文明，特别是社会主义精神文明建设的发展，将大大推进社会公共服务品的扩大再生产。

可见，作为非商品的家庭服务品生产和社会公共服务品的生产，是现代社会财富的一个部分，在我国社会主义条件下，搞好和发展家庭服务生产起着增进社会财富生产的积极作用。

第三，市场经济制度下，特别是实行福利制度，形成了较完善的社会保障体系的国家，都存在发达的社会服务，主要是由政府提供国民教育、基本医疗、保健等公共物品。

公共物品是指在生产与分配领域中体现有政府力量与作用，[②]从而有别于从属于市场作用的私人物品。公共物品可以采取商品形式，

---

① 本卷使用的社会公共产品范畴，不同于经济学中的公共物品范畴，公共物品也可以具有商品的性质，社会公共产品是非商品性的，它是文明义务劳动的体现，其生产体现了社会成员间互相关爱、共济的关系，是一种最为先进的社会生产关系。

② “公共物品最主要的公共政策含义是，国家应当在提供这类物品中起一定的作用；否则就会出现供给不足的问题。”见胡鞍钢主编：《知识与发展：21世纪新追赶战略》，北京大学出版社，2001年，第7页。

这种商品性公共物品多半要使用财政资金，价格形成中体现有政府职能，以政府作用的多少，可将其分为纯公共物品、准公共物品等不同层次。由政府无偿提供的社会公共物品，如国民教育、贫困赈济、灾害救助，等等，不从属于市场机制，从而具有产品性质。在社会主义市场经济条件下，为了保障广大人民群众享有更多的社会福利，需要有更加发达的由政府参与组织生产与分配的产品性社会公共物品。

第四，在市场经济制度下，实行政府主导的环保、生态建设是实现经济持续发展，提高群众生活质量，增进社会文明的迫切需要。在社会主义制度下，更加需要也更加可能充分发挥政府在环保、生态建设中的主导职能。政府不仅要制定节约资源，保护环境、生态的法律制度，而且要承担和从事环保、生态基础设施建设。在宏观上，要承担改良国土质量，提高土地肥力，治沙防风，重点生态林木种植，江河治理，水资源开发、调动等任务；在微观上，要承担城市污水治理、空气净化、垃圾处理和绿化带建设等任务；这意味着政府不只是要为环境、生态保护行为立法，而且要承担、参与环境生态产品的创造及其分配的职能。这里提出的环境生态产品具有以下特征：（1）是总体产品，属于宏观经济范畴，例如环境一词，就是一个宏观经济范畴，它不同于作为微观经济范畴的各种具体环保产品，如节能产品、空气净化品等；（2）产品使用价值主要是宏观效用：如优质的空气和水资源对全体居民生活质量的提高效用和国民经济的持续发展效用；（3）是一种产品性的社会公共物品[①]。

第五，尽管现代发达市场经济中知识、精神生产日益市场化，但

---

① 环保产品的生产与分配也需要利用市场机制，为维护水资源而实行用水收费制度，在这里水取得商品形式，但只是形式上的商品，水的价格不是取决于政府投入水利建设的“成本价”，而是控制水需求的“调控价”。

是基于知识、精神生产固有的特征和特有规律，知识、精神生产的高级层次，如具有重大社会价值和科学价值的基本理论研究，特别是人文、社会科学的基本理论研究从来是作为社会共享的公共物品来提供。

当代自然科学的应用研究日益商品化，但是自然科学的基础理论研究的开展，不可能依靠市场力量；许多重大应用技术研究需要有巨大的资金投入；显然，由政府以社会公共物品生产方式来从事这种研发是最为合适的。除此之外，对重大研究课题，以公共物品生产形式由政府来组织研究机构，进行协作研发和攻关，能收到事半功倍之效。可见，在当代发达市场经济时代，社会公共物品性质的科学、技术知识，仍然是知识、科学财富的重要形式。社会主义中国实现科技特别是高科技的跨越式发展，更需要充分发挥产品性的公共物品生产的功能。

高层次的文学、艺术精品的创造，更是人的一种自由的精神活动，它不能从属于物质利益和市场调节。因而，为了保障文化精品，特别是经典性的鸿篇巨制的有效生产，采用社会的公共物品生产的机制和发挥政府在文化生产中的组织功能是十分必要的。我国社会主义条件下的新的文化复兴和繁荣，更需要充分发挥社会公共物品的作用。

此外，雕塑家、画家往往要保存和形成创作者个人精品储藏，用来进行公开展示，或捐赠艺术馆。任何一个国家，本国的高艺术、社会价值的文化珍品，多半是非卖品，归政府所有，供公共欣赏、享用。

可见，在发达的市场经济中，科学品、文化品、艺术品等知识精神产品，其中的重要组成部分仍将是一种产品性的公共物品，即使在发达的市场经济中，也存在多样的、非交换性的劳动生产物的创造活动，从而，社会财富除商品财富外，还包括非商品财富。在社会主义市场经济条件下，人们在大力发展商品生产，促进商品财富的最大增值的同时，还需要有效地组织产品性的公共物品生产，才能实现社会使用财富的最大化和充分发挥财富的富国裕民的功能。

（二）现代社会财富结构的多样性

以上，我们从产品的社会经济性质着眼，阐述了财富的两大类别：商品财富和非商品财富。在本节，我们基于产品体的性质及其功能，来分析和论述现代财富结构的多样性。

人类需要的多样性，决定了社会生产活动要采用多种多样的具体形式，从而决定了生产品和社会财富结构的多样性。现代社会大生产的发展，使生产的多样性日益发展，产品具体形式越发多种多样，我们可将其区分为物质产品、服务产品、知识精神产品三类，现代财富也就是物质产品、服务产品、知识精神产品的总和。

1. 物质产品是社会财富的基本要素

社会财富的基本要素，无论是历史地看或现实地看，首先是物质产品。人类要生存就需要有基本物质生活资料，如食品、衣服、住房及其他日用品；此外，还需要有用来生产消费品的物质生产资料。人类社会的农业经济和工业经济初始时期，主要的日用消费品是看得见、摸得着的物质、实物产品，它们主要是农产品和工业品；即使是在当代发达的市场经济中，特别是在当前的高科技经济中，生活资料中非实物形态的服务产品和文化、知识产品越来越多，而且物质产品中知识、文化含量越来越大，但是，基本的生活资料仍然是物质、实物产品，即使是属于现代使用价值范畴的计算机、智能家电、绿色食品、生物药品等新型日用消费品也是物质、实物产品。

就生产资料来说，它从来具有物质生产资料的特征。人类社会经济史中生产工具的发展和演变，从原始人使用的石器，经历青铜器、铁器，到现代机械设备，都体现了物质生产资料的发展和变化。当代高科技经济中，不仅信息设备、网络基础设施及其他高科技设备是物质产品，即使是作为知识产品和不断流动、非实体性的信息也具有物质产品的性质。[①]

基于以上所述，可见，作为政治经济学概念的生产首先是物质生产，基本的经济产品是物质产品。即使是在高科技经济时代，物质产品仍然是基本产品，现代社会财富仍然是以物质产品为其基本要素。

但是不能把物质产品等同于实物、固化形态的产品，一部分物质产品是人看不见，或者是摸不着的。现代高科技产品，如电子产品、光子产品、辐射能、核能产品等，更是具有非固定化形态，并且多半是人类感官所不能把握的。物质信息产业生产和传输的信息是一种具有数码形式的非实物形态的物质产品。当代科学技术的发展，正在开发出越来越多的日新月异的非固定化形态的物质生产品。

可见，即使在物质生产领域，人们也不能将物质产品等同于实物形态产品，物质产品概念包括实物形态产品（固定化产品），流动形态的产品（非固定化）以及非感知性产品等多样形式。

2. 服务产品——现代财富的重要形式

现代经济带有鲜明的服务经济的特色，服务产品已经成为现代财富的重要要素。

提供服务不同于物质生产，在于它提供的不是物质、实物产品，而是一个“活生生的劳动”（服务劳动）和非实物的有用效果。在本

① 信息具有知识性，又具有物质性。

卷中我们将这种活生生的服务劳动称为服务产品。服务首先是生活服务，即用于满足人们的个人生活需要的服务，包括：（1）日常生活服务，例如理发、洗浴、照相、家庭消费设备维修、社区生活服务，等等；（2）休闲文娱性生活服务，如歌舞表演、音乐演唱、体育表演、旅游等；（3）维持劳动能力的医卫服务；（4）提高劳动力素质的教育服务，等等。服务还包括生产服务，如对企业提供设备维修服务，以及商业、金融服务、交通、运输、货物储存、管理咨询、律师、会计师中介服务，等等。服务是发达的社会分工经济的一个重要产业部门，它不仅是消费资料生产和生产资料生产的特殊形式，而且，它启动和实现商品交换与资本流通，在发达的市场经济再生产中发挥着十分重要的职能。现代市场经济中服务产品在社会总商品中占有的比重越来越大，在发达国家的国民总产值和总就业中均已超过70%，服务劳动已经成为现代生产劳动的主要形式。服务不仅起着提高生产效率、增进消费效果和生活福利的功能，而且，在促进现代物质生产、知识生产的发展和促进经济增长中的作用越发增大。

服务生产的特征：（1）服务具有随生随灭的性质，不直接体现为一个物质、实物形态的产品；（2）生产服务和消费服务的同一性，甲提供和生产服务，同时也就是乙购买和消费服务；（3）服务使用价值在交易中被消费掉，不能再次进入交换。服务的上述特点，特别是服务不表现为“实物化”“固定化”和“可储藏性”，似乎它不是“生产品”，基于这一表象的认识，英国古典经济学家否认服务劳动具有生产劳动的性质和否认其价值创造功能。[①]

服务应该从其体现的经济关系的性质来加以认识。（1）就经济运行来说，服务劳动者提供服务，无论是歌星提供演唱服务，医生提供治疗服务，会计师提供核算、审计中介服务，都表现为市场主体提供一个商品并将它出卖，在形式上是服务—货币（W—G）；就购买者来说，它购买和享受服务表现为购买一个商品，即货币—服务（G—W）；在这里，就卖方来说提供服务和出售商品没有差别，就买方来说，购买服务和购买商品没有差别；（2）尽管服务是活生生的劳动，不表现为固定化的产品，但这并不意味着服务劳动不创造生产物，恰恰相反，服务有使用价值和价值，提供服务意味着一个现实的生产物和价值物的投入经济流转；（3）提供服务给市场商品供给带来一个新增量。尽管服务劳动生产物客体是一旦生成也就同时消失，但它创造的新价值还继续参与市场流通并在经济运行中发挥功能。上述（1）（2）（3）表明：基于商品及其价值性本身是一种生产关系，是劳动生产物的市场交换关系的政治经济学原理，表现为有用效果的服务和表现为实物形态的商品并不存在本质的差别。马克思正是基于服务在市场交换中和经济运行中的上述性质，指出“服务就是商品，服务有一定的使用价值（想象的或现实的）和一定的交换价值”[②]，并明确指

① 资产阶级古典经济学家威廉·配第否认这种不具有物质、实物形态的服务有价值。斯密对生产劳动提出第二定义：生产劳动是“固定化”和“物化”在商品的劳动，按照这一定义，斯密将服务排除于生产劳动之外，他忽视了尽管服务使用价值“随生随灭”，但服务价值却继续进行经济流转，而且能为购置服务的资本家创造剩余价值。见亚当·斯密：《国民财富的性质和原因的研究》下卷，人民出版社，1974年，第241页。

② 《马克思恩格斯全集》第26卷I，人民出版社，1972年，第149页。

出"服务本身的价值"[①]。可见，我们应该将提供服务视为生产商品，即生产服务品。特别是在服务劳动已经在社会大生产中占据主要地位的当代，对现代发达市场经济的运行进行清晰的和理论一贯的分析，更要求我们将服务视为一种经济产品，即使用服务产品（服务品）这一经济范畴。

在当代，越来越多的服务品获得了物质载体，例如，音乐演唱可进行录音、录像，制成录音带，从而，服务不再是一个"随生随灭"的有用效果，它已经具有物质化、实物化的形态和成为"可储存的"和可以再次被消费使用。此外，现代服务多半是与物质生产相结合，如餐厅的饮食服务还包括有烹饪和食品加工，商业服务包括有商品配送与运输。许多现代服务品已经不同于传统纯服务，它往往与物质生产相结合，是一种具有物质载体的有用效果，是具有物质实物性的综合服务产品，现代服务产品这一性质体现了高科技经济中物质生产与服务生产的密切交错和融会。

3. 知识、精神产品——现代财富的新要素

作为高等动物的人类，不仅要从事物质生产活动，而且还要进行精神活动——认识世界的活动以及文化娱乐活动。原始人除了进行狩猎、捕鱼等物质生产外，还要自觉不自觉地进行认识世界的脑力活动。此外，原始人还要唱歌、跳舞、绘画以抒发主观感受，提升劳动效果和增加生活愉悦。因而，可以说，一旦有物质产品生产也就有精神产品生产，只不过后者是处于萌芽和不发达的形式。

文化产品是知识产品的重要组成部分。在当代，随着社会物质富裕化的发展，工作者休闲时间的增多，对文化休闲品的需要的增长，

---

① 《马克思恩格斯全集》第26卷I，人民出版社，1972年，第161页。

文化、艺术产品也呈现出大规模的扩大再生产势态，文化产品在GDP中的比重进一步增大，成为社会总产品的重要组成部分。[①]

知识、精神生产，特别是科学知识的生产，是工业经济时代的特征。工业资本主义中的竞争和技术进步的现实需要，推动了科学的发展，出现了生产科学的智力生产者和知识生产部门。马克思说："……发明成了一种特殊的职业"，"搞科学的人为了探索科学的实际应用而互相竞争"[②]。知识、精神产品拥有实在的使用价值。科学品的使用价值是科学知识增进人的认识能力的功能及其经济、社会功能，文化品的使用价值是文艺创作满足人的精神享受需要和社会意识的功能。上述科学品与文化品的使用价值，不是悬在空中的，大多数是有形、色、声之物，有的具有实物、固化形态，如科学品表现为书籍、科研报告；文化、艺术品表现为书法、绘画、雕刻；有的表现为随生随灭的非实物形态，如歌唱、戏剧演出、诗歌朗诵、音乐演奏。随着录音、录像技术的发明和使用，原先随生随灭的知识生产活动也能够对象化于物质载体之中，知识、精神产品由此获得实物、固化形态，它和物质产品一样，成为可储积的社会精神财富。

当前的高科技经济中，知识、精神生产进一步兴起，知识、精神

① 根据中国国家经济发展和改革委员会的一份材料，2002年美国文化产业产值占美国GDP的1/3，日本文化产业产值为11万亿日元，为汽车工业产值的50%，钢铁工业产值的两倍。

② 马克思：《机器、自然力和科学的应用》，人民出版社，1978年，第208页。

产品成为现代国民财富的重要要素。[①]

4. 信息产品——高科技经济时代财富的新形式

当代经济正在由传统工业经济向信息经济转型。信息时代使包括科学品与文化品在内的知识、精神产品数码化，成为视频形式的信息产品，或者是实物化的光碟，这种数码信息产品的生产和交换成为信息经济的重要内容。

信息是一种非固定化、非实物化和无重量的对象，但是它具有数码形式、屏幕形象，而且是有声有色的，它是物质化的知识；此外，信息有可储存性，而且储存的功能为传统物质产品不可比拟；此外，信息具有快速、普遍的传播性，能为公众所享用。可见，信息产品是一种新型的现代使用价值，它是信息和知识经济时代知识精神财富的重要形式。

综上所述，站在21世纪的门槛，面对当代世界经济的新情况，进一步在理论上确立现代财富结构的多样性的命题；确立精神生产物是产品，即知识产品；确立科学品、文化品等经济学范畴和把引进市场交换机制的精神活动生产物作为商品，并且，对商品性知识生产这一当代经济的新情况进行分析，着眼于揭示现代知识生产和分配的规

① 马克思阐明了社会财富包括物质财富和精神财富，他说“以物的形式存在的物质财富和精神财富，既包括肉，又包括书籍”，马克思对精神财富的具体形式进行了细致的阐述，他指出有两类精神产品：（1）物质产品形式的精神产品，“一切艺术和科学的产品，书籍、绘画、雕塑等等，只要它们表现为物，就都包括在这些物质产品中”，这种精神产品“它们具有离开生产者和消费者而独立的形式，因而能在生产与消费之间的一段时间内存在，并能在这段时间内作为可以出卖的商品而流通，如书、画以及一切脱离艺术家的艺术活动而单独存在的艺术作品”；（2）表现为活动形式的精神产品，“产品同生产行为不能分离，如一切表演艺术家、演说家、演员、医生、牧师等等情况”，在这里，马克思将“纯粹为交换而进行的”活生生的劳动称为“产品”。（以上引文分别见《马克思恩格斯全集》第26卷I，人民出版社，1972年，第165、442、443页。）

律，这应该是当前马克思主义政治经济学理论研究的一项重大课题。

（三）确立全面的社会财富观

本章中对财富范畴含义的论述可以用图示如下：

图Ⅰ

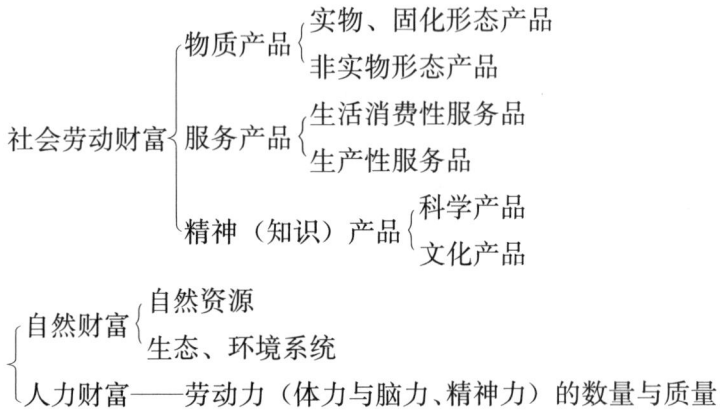

- 社会劳动财富
  - 物质产品
    - 实物、固化形态产品
    - 非实物形态产品
  - 服务产品
    - 生活消费性服务品
    - 生产性服务品
  - 精神（知识）产品
    - 科学产品
    - 文化产品

- 自然财富
  - 自然资源
  - 生态、环境系统
- 人力财富——劳动力（体力与脑力、精神力）的数量与质量

图Ⅱ

- 商品财富
  - 物质产品
  - 服务产品
  - 精神、知识产品
  - 价值物
    - 货币
    - 价值凭证或虚拟财富
  - 商品化自然原生产品
  - 商品劳动力

- 产品财富
  - 社会公共产品
    - 物质产品
    - 服务产品
    - 精神产品
  - 公共自然原生产品
    - 自然资源
    - 生态、环境系统

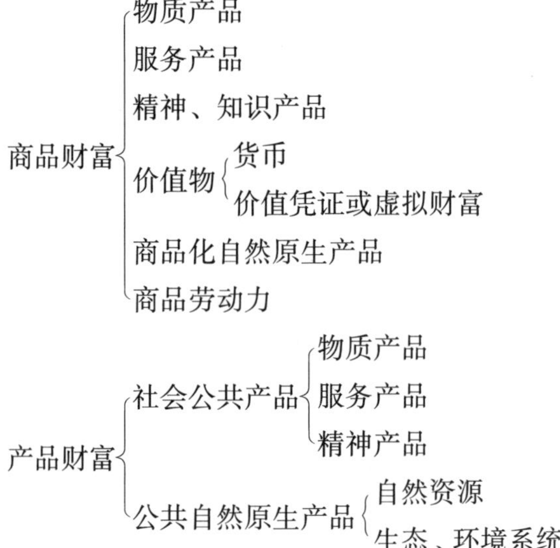

小　结

本章中的论述可以归结如下：

第一，作为政治经济学范畴的财富，它的内涵是生产品拥有的能满足人的需要的有用性。财富一词，更准确地说是社会财富一词，其本质规定性是劳动生产物，即劳动财富。

第二，财富的创造离不开人类劳动力对自然物质（力）的利用。任何生产物的有用性，既体现有劳动力，又体现有自然对象力，因此，财富内涵的更具体的规定中除了劳动本体性而外，还应该引入自然物质对象的有用属性，因此，可用的原生的自然物质与自然力，也就具有自然财富的性质，当然，只有经过劳动之后，自然财富才转换为社会财富。

第三，财富在市场经济形态下主要表现为商品财富，但是不从属于市场机制的产品性财富也是社会财富的组成部分。在市场经济的初始时期的家庭服务产品生产和精神产品的生产，主要保持着产品生产的性质。经济市场化的发展，呈现出服务生产和精神生产的商品化；在当代发达市场经济中，商品生产成为社会生产的主要形式，商品财富成为社会财富的主要内容。但是，社会公共产品性生产仍然存在，社会公共产品形式的财富仍然是现代社会财富的构成要素，尽管后者在资本主义制度下是被挤压的和未获发展的财富形式。

第四，发达市场经济中存在着商品性财富生产和产品性财富生产的互促，但是在资本主义制度下，上述两种财富的互促功能未能得到充分发挥。社会主义市场经济体制的确立，为商品性财富生产和产品性财富生产互促、互动创造了制度基础，搞好两种财富生产的互促、互动，将大大加强社会生产的财富创造力。

第五，结构的多样性从来是社会财富的特征，更是现代财富的鲜明特色。现代财富结构的多样性表现于：（1）物质财富、服务财富、精神财富的三维结构日益凸显。（2）服务财富和精神财富——人们称之为软财富——的快速增长和在社会总财富中的比重越发增大。当代经济发达国家，服务财富和精神（知识）财富已经成为主导的社会财富形式。（3）知识和科技密集型的现代财富的出现、大规模生产和对传统财富替代的加强。（4）对自然资源、生态财富的维护和创新越加成为财富生产的重要内容。

以上我们揭示出的现代财富结构多样性范畴的丰富内涵，反映出现代发达的社会大生产的性质，这是一种将物质生产、服务生产、精神知识生产以及自然生态创新包括在内的大生产，这样的边际广阔的社会大生产，将多种多样的实在要素纳入加工对象，使其转化为对人具有有用性之物——多种多样的商品和产品。

第六，社会主义基本任务是实现现代财富的最大丰裕和共同富裕，基于现代财富结构多样性的性质，我们在进行财富生产中就应该既要讲求社会财富量的增大，又要讲求财富质的提高，还要求有财富结构的优化，为此，人们首先应该确立一种全面的财富观念，特别是整体的财富观念。在社会主义条件下，通过大力发展生产力，依靠完善的社会主义市场经济体制和社会主义文化体制，人们就能够加快形成生气勃勃、活而不乱的包括物质生产、服务生产、精神生产在内的社会大生产，加快推进社会财富丰裕化和共同富裕化。

二、现代服务的特征和功能①

服务从来是人类劳动的一种形式，在以分工为基础的市场经济

① 另见《论服务劳动》，载《经济学家》2001年第6期。

中，服务业是产业结构的有机组成部分，在发达的市场经济中，商业服务、金融保险服务、邮电、交通服务，及各种生活消费服务快速发展，并且在国民经济中起着重要作用。当前世界正在进入的高技术经济中，更出现了信息服务的兴起。

服务业在世界发达国家GDP和就业量中已占有2/3左右，成为最大的产业部门，服务经济对物质生产和居民消费生活，国民经济的运行以及社会全面发展起着越来越重要的作用。[①]这一切表明，现代市场经济越来越显示出服务经济的特色。在当前我国正在进行的国民经济结构的战略性调整中，加快服务业的发展，已成为迫切的需要。尽管服务在现代经济和我国社会主义市场经济中日益重要，但是有关服务的若干理论问题尚未弄清，“服务末流”论的陈旧观念仍然十分浓厚，不少人把服务劳动视为“下品”，一些人不情愿到服务行业就业，可见，对服务劳动的性质，现代服务产品的特征及其功能，从经济学理论上进行阐述就是十分必要的。

（一）发达的服务是现代市场经济的特征

服务劳动是以提供非实物的、不能储存的有用效果而区分于物质生产的。马克思说：“纯粹的服务它不采取实物形式，不作为物而离开服务者独立存在……”[②]从古典的服务，如家仆的家庭服务到现代的服务，如歌星的演出服务，商业销售人员的商品买卖服务，经济学家的咨询服务，都表现为一种非实物的有用效果。歌星的演唱不论是有多么动人，但它毕竟是一种活生生的劳动，歌唱效果是随唱随逝的，

① 美国第三产业增加值占GDP的比重已达89%。

② 《马克思恩格斯全集》第26卷I，人民出版社，1972年，第158页。

不像制鞋匠的劳动会在鞋子这一物质、实物产品中留下劳动的痕迹。亚当·斯密说服务“是随生随灭的……不固定亦不实现在任何可卖商品上”①。

历史地看，服务是从物质生产中派生出来的。服务劳动为生产、交换、分配、消费等活动提供便利，从而提高生产效率和生活福利，有利于经济运行和经济增长。当代市场经济中服务业是迅速扩展的部门，但资本主义市场经济的初始阶段的服务业是不发达的，主要是提供较为简单的生活服务，马克思在《资本论》和《剩余价值学说史》等论稿中经常提到的是侍者、马车夫、厨师、女仆等提供的家庭服务，以及医生、簿记员、商业从业人员的服务。当代发达的服务业，除了提供包括餐饮、旅游、影视、文娱、医卫等全方位的生活消费服务外，还存在包括电讯、运输、仓储，以及各种经济咨询和技术设计等在内发达的生产性服务，此外，还有高度发达的商业服务和金融服务。在当前初见端倪的知识经济的发展中，人们更看到最新的信息、网络服务的兴起。除此而外，现代服务劳动还包括政府、企业或福利机构提供的各种公共服务，如国民教育、医疗、科研、文化以及有关改进环境、生态等方面的服务。

现代发达的市场经济中，服务的主体组织结构和服务生产方式也出现重大变化。如：（1）现代服务主要是由公司企业来组织和提供而不是个人服务；（2）是以大生产方式——如商业超市、连锁店、星级旅馆和连锁旅馆体系、跨国投资基金、证券公司等——来从事经营；（3）业主往往呈现出提供服务和提供物质生产相结合，例如新闻媒体、影视企业既提供新闻、电视等服务，还要从事报刊生产、影视光

① 亚当·斯密：《国民财富的性质和原因的研究》下册，商务印书馆，1974年，第241页。

碟制作，等等。

可见，多样形式的服务业的发展，是现代发达市场经济的重要特征。当前世界上发达国家经过了200年的工业化、现代化和产业结构的调整，已经从以物质生产——第Ⅰ产业和第Ⅱ产业——为主导的工业经济，演变成为当前的以服务业为主导的社会大生产经济。

（二）有用效果和实物产品相结合——现代服务产品的新性质

服务如果只表现为提供非实物形态的有用效果，这就是“纯服务”。在实际生活中的服务劳动并非完全是“纯粹的”，而往往是将提供有用效果和与提供实物形态的使用价值相结合。

我们就以那种历史悠久的擦皮鞋服务来说，它往往和修补鞋结合在一起，洗衣店的洗衣服务和染衣、织补结合在一起，饮食服务业的店堂服务和食品加工、烹饪结合在一起。由于修补、织补、烹饪会改变劳动对象的物质性状，使后者获得新的属性，织补好的上衣完全不同于破上衣，精心烹制的菜肴具有菜蔬原料不具有的可口效果，这种服务劳动和直接物质生产劳动没有差别。可见，擦皮鞋匠、饭店厨师、洗染工人，他们提供的非实物形态的服务，也具有物质生产性。马克思十分细致地分析了19世纪英国一些服务劳动者兼有的生产劳动的职能，他指出当时的家庭佣工，“例如厨师、女裁缝、缝补工”等也“生产物质的使用价值”[①]，他们的“劳动有一部分体现在物质的使用价值中”[②]（重点是引者所加）。

在当代发达的市场经济条件下，服务与物质生产相结合表现得更

① 《马克思恩格斯全集》第26卷Ⅰ，人民出版社，1972年，第150页。

② 《马克思恩格斯全集》第26卷Ⅰ，人民出版社，1972年，第158页。

为鲜明。现代服务业，采取公司组织形式，使用现代物质技术和实行服务产品大生产，包括派生的物质产品的大生产。

我们以现代化的快餐店为例证，它既提供非实物形式餐饮服务，又生产物质产品——汉堡包和薯条，此外，还提供店堂儿童游乐服务。现代化旅馆的餐饮、被服洗涤等服务也带有物质生产性，而且，具有一定的生产规模。当然，它是一种附加的物质生产。

还需要指出，现代科学技术创造了一种兼有提供非实物有用效果，又生产实物、物质产品的新的服务经营形式。现代的影视、录像、录音技术，使演员舞台现场表演记录在电影、电视胶卷中，特别是在当代信息、网络技术时代，各种文化、体育、娱乐场所的有声有色的表演均被摄像后储积在计算机光碟内。现代文化服务企业例如歌剧院，在组织一场名歌星的音乐演唱活动时，就可以将提供非物质形态的歌唱服务，和进行物质产品生产——录像、录音和音乐光碟的制作——相结合。为此，歌剧院除了雇请演唱家和乐队而外，还要购置物质设备和雇用各类生产工人，进行音乐光碟生产，上述经营方式下，提供有用效果的服务劳动，也就获得了一种物质载体，原先的“随生随灭”的演唱有用效果变成了实物产品和可储存、可持续使用、可转让之物。例如，人们只要买一张光碟和打开VCD机就可以再次享受到歌唱家的有声有色的演唱。可见，现代技术，特别是信息技术改变了服务的性质，服务劳动得以凝结和保存在实物对象之中，这种服务劳动和物质生产劳动不存在任何差别。

信息、网络技术操作是一种现代的物质生产，后者以计算机操作人员为生产主体，以计算机、网络设施为生产手段，而以经过收集、整理的可用信息为产品。信息产品的原生形式是数码，其转化形式是图、文、声、色等，这是一种用来作为休闲享受和研发、决策、管理的现代物质产品。信息化把信息产品的生产引入制造业，也引入现代商贸、金融、旅游、教育等产业，以及知识、精神生产领域。现代服务产业不仅仅要提供各种非实物形态的服务品，而且还要通过企业内专设的信息部门，进行信息技术操作，即信息产品的生产和传输，并以此来促进服务产品的生产，这也表明，物质性生产与提供有效服务相结合以及物质性生产成分的扩大，是当代高科技经济条件下服务业的特征。

总之，服务业的发展走了一条将提供有用效果和进行物质生产相结合的道路。马克思基于19世纪的资本主义初始阶段的现实情况，指出这些服务劳动者“只有极小部分能够直接参加物质生产”①。20世纪以来，随着科技的进步，特别是信息化的发展，服务业不仅实现了把提供服务和进行物质生产相结合，而且实现了提供有用效果和生产物质产品相结合，可以说，大部分的现代服务都与物质生产有关，只提供有用效果的纯粹服务是越来越稀少。服务劳动和物质生产性劳动紧密结合、互相渗透，依靠物质性生产劳动，加强和放大服务效果，已经成为服务业发展的大趋势。

在本卷中我们将服务这种“活生生的劳动”和有用效果称为服务产品，既然现代服务劳动和物质生产劳动日益结合和密切交融，这样的服务业的生产物——服务产品也就由此获得了物质、实物形态，成为一种不同于“纯服务”的具有物质、实物形式的服务产品。

（三）现代服务的功能

现代市场经济使社会分工高度发展。市场力量推动分工、分业，

① 《马克思恩格斯全集》第26卷Ⅰ，人民出版社，1972年，第150页。

不仅促进Ⅰ、Ⅱ、Ⅲ、Ⅳ产业的分工，[①]而且促进服务产业内部的分工。当代发达服务业包括：（1）生产性服务：如生产通信、运输、维修、仓储、咨询等；（2）休闲、文娱及其他个人生活服务；（3）商业、金融服务；（4）医卫、教育服务；（5）城市公共服务：如基础设施、城市供水、供电、供气等；（6）政府提供的非交易性的环保、生态等服务。现代服务业已经是一个综合性的行业，它提供和生产多种多样的在内容上和功能上不同的服务产品。

服务在现代市场经济中的积极作用是多方面的。

第一，高质量的服务。当代发达的社会分工，使原先的企业内作为生产过程的内在组成部分的辅助性的服务，成为独立的**专业化**的服务。这样的专业化的服务，借助于更加强大的物质资本，更充裕的流动资金，更优秀的技术人员和服务人员，从而具有更强大的服务功能，能提供高质量的高度复杂的专业服务，例如科技研发和设计服务、企业管理、金融投资咨询，以及会计师、律师服务，等等。

第二，快速服务。专业化服务不仅可以做到质量高，而且还能做到效率高。借助服务机构的生产和服务功能，它能够在较短时期提供用户满意的服务产品。例如科技机构能按用户要求快速地提供新产品开发和设计。专业服务的高效率，意味着产品生产与经营中时间的节约和生产流通周期的缩短。例如利用购买设备维修服务与产品设计服务，可以缩短生产周期；充分利用商业服务，可以加快流动资本的周转。因而，生产性服务和流通服务的发展，起着提高物质生产和精神生产的效率和加快经济流转的功能。

第三，更便宜的服务。购买专业化的服务使企业能改变原先依靠

① 本卷中把正在兴起的包括科技知识产品和人文、社会科学产品的生产，作为第四产业。

内在服务造成的“大而全”“小而全”的组织结构，从而降低成本，使企业活动更加集中于“主业”——物质生产或知识、精神生产。而且，外购的专业化服务，较之企业自身组织的服务，还可以做到成本的节约，从而实现生产的高效率和低成本，由此提高企业的竞争力。

第四，开拓市场、扩大需求的功能。现代的内涵日益丰富的生活服务业的发展和在GDP中的比重的提高，表明了服务业的发展在开拓和刺激消费需求中所起的重要作用。现代商业与金融服务成为开拓市场和扩大需求的有效工具。市场经济的初始阶段，由于商业不发达，商业的功能主要表现为它的促进商品形态变化，即W—G（卖），G—W（买）的功能。在现代市场经济中发达的商业，以其完善的批发、零售体系，多样的商业组织形式——从专业商店到超市、连锁商店，灵活多样的销售与支付形式，以及将商品销售与休闲及其他服务相结合的经营方式，起着刺激有效需求和扩大销售的作用，并由此成为现代大生产经济的再生产和扩大再生产的重要推动力。如果说，资本主义市场经济初始时期，不完善的商业结构和扭曲的商业行为——例如投机、以假冒伪劣进行欺诈——盛行，商业刺激有效需求的功能不显著，而且，消费者出于对商业欺诈的畏惧，产生消费抑制的心理和行为；那么，在经过产业资本对商业的重组和商业体系的创新以及商业营销方式的创新后，现代商业已经充分从属于产业资本的要求，并发挥着下列两大职能：（1）价值实现和降低交易成本的功能；（2）扩大有效需求、促进销售量的功能。在有效需求不足越来越成为经济运行的主要问题的现代资本主义经济中，商业的扩大有效需求和销售量的职能越发重要，成为它的价值实现职能的前提。商业职能的这种（2）→（1）的互相促进的机制，有效地支撑和促进生产的增长。

第五，促进要素合理配置的功能。金融业的发达和金融服务功能的大大强化，是发达市场经济中的一项重要特征。金融的主要功能是货币流通与资本融通。现代金融体系由庞大的商业银行体系，发达的证券市场，以及证券业、保险业、投资基金共同形成。（1）在微观层面上，对企业、个人提供存贷、投资等多种金融服务，特别是多种多样的现代融资服务，后者是各类企业——物质生产、精神生产、服务生产——创业和扩大再生产的前提。（2）在宏观层面上，金融促使货币资本积聚和将储蓄转化为投资，通过这一资本形成的功能，最大限度地动员社会闲置生产资源，使其转化为现实的生产要素。（3）贯穿于资本市场、货币市场、外汇市场、期货市场以及产权市场上的市场机制，调节着各种金融商品和产权的买卖，它和一般商品市场价格机制相结合，大大强化市场的优胜劣汰的功能，促使资源优化配置。现代发达的市场经济中，金融市场机制已成为市场配置资源的重要杠杆。（4）发达的金融服务，有效地发挥利率、贴现率、证券市盈率等金融手段和机制的功能，在加强货币、资本信用的基础上，它一方面拉动和刺激消费，另一方面拉动和刺激投资，由此起着开拓和扩大有效需求的功能和促进价值实现的功能。

如果说，前资本主义的高利贷资本，以其对剩余价值的非常规的占有，起着破坏生产、抑阻经济增长的作用，在早期资本主义的金融活动中也充斥着货币经营者掠夺债务人和损害公众的行为，那么，现代金融业的主要方面是以其多种多样的服务职能，有力地促进生产发展，扩大商业流通，促进商品价值实现。可以说，产业、金融、商业三者组成了现代市场经济的互相促进的“金三角”，而金融更是现代市场经济的心脏，发达再生产的主要润滑剂和支撑力，高科技经济增长的核心推动力。

综上所述，现代服务不仅仅增强了它的增进生活消费的效果，提高居民生活质量的功能，而且，它的为企业的物质生产服务的功能大大增强，特别是发达的流通服务，起着润滑交易行为，形成和强化市场机制，催化市场经济运行的功能，并由此成为促进物质产品和精神产品生产的经济杠杆。当然，商业流通和金融有其固有的内在矛盾，特别是金融对经济生活渗透的深化也起着加深市场机制的矛盾、加强经济运行的周期波动和增大金融风险的作用。

三、服务生产是现代社会大生产的重要组成部分

（一）服务是提供有用效果的劳动

服务是人的劳动的一种形式，在市场经济中服务表现为商品，按照本卷使用的分析方法，提供服务也就是生产服务产品。服务产品的内涵，包括以下三方面：（1）它是一个“活生生的劳动”，后者体现了能满足对方需要的有用效果。（2）作为“活生生的劳动”，它是“随生随灭”的，不体现在一个固定的、耐久的产品中。（3）作为非实物化的有用效果，一方面，它是在劳动过程中形成，“过程就是产品”[①]，另一方面，有用效果形成过程同时也就是产品消费过程，“后一种劳动在它进行的时候就要被消费掉”[②]。古典经济学家亚当·斯密提出了服务的上述定义。他指出：“家仆的劳动，随生随灭”，它“不固定亦不实现在特殊物品或可卖商品上”[③]。但是斯密并不否认这类劳动会产生“某种结果”“某种产品”[④]。马克思也指出，

① 《马克思恩格斯全集》第26卷Ⅰ，人民出版社，1972年，第158页。

② 《马克思恩格斯全集》第26卷Ⅰ，人民出版社，1972年，第165页。

③ 亚当·斯密：《国民财富的性质和原因的研究》上卷，商务印书馆，1972年，第304页。

④ 亚当·斯密：《国民财富的性质和原因的研究》上卷，商务印书馆，1972年，第304页。

“纯粹的服务”“不采取实物的形式，不作为物而离开服务者独立存在”[①]。新《帕尔格雷夫经济学大辞典》在阐述服务上述内涵时说：“古典例子是富拉斯特那（Fourastie）笔下宠爱备至的理发师，鲍莫尔（Baurmol）笔下的歌唱家以及庇古（Pigou）提及的侍从。较现代使用的服务，即企事业服务，指的是研究与开发或管理职能的外在部分的过程。服务已共同地被看成延伸到零售业、银行业、保险等活动以及同公共和私人相联系的政府非市场活动。……目前还习惯于把运输和电讯包括其中。”[②]我们可以对服务作出如下的定义：服务不同于物质生产，物质生产是对劳动对象进行加工、制造，形成和构造出实物产品和实体性使用价值，而服务则是具有有用效果的“活生生的劳动”和一种非实物形式的服务产品，在市场经济中服务主要表现为具有使用价值和价值的商品；提供服务也就是进行服务产品的生产，也称为服务生产；服务劳动是生产劳动的重要形式，服务商品是总商品的重要组成部分。

（二）发达的现代服务及其组成部分

服务是人类劳动分工的产物，历史上最早的服务可以从原始公社时期妇女制作和提供熟食算起，它产生于消费生活的需要。古代和中世纪由奴隶和农奴提供的服务，是用于满足国君、领主、官僚阶级的奢靡生活的需要。资本主义初始阶段，商品性服务和服务业还不发达，古典政治经济学鼻祖亚当·斯密分析的服务，多半是家仆、女佣工提供的家庭服务，马克思在19世纪60年代对服务进行经济学考察

---

① 《马克思恩格斯全集》第26卷Ⅰ，人民出版社，1972年，第158页。

② 《帕尔格雷夫新经济学大辞典》第4卷，经济科学出版社，1992年，第337页。

时，也主要是以歌唱家、丑角、律师等“古典服务”为对象[①]，这些服务的性质主要是为富人提供消费生活的便利和奢靡的享受。在当代社会分工高度发达的市场经济中，服务日益商品化，服务业取得快速发展，成为提供多种多样的现代服务的庞大的产业；服务产品进入了千家万户，服务的性质也发生了变化，它不再是“为富人的”，而是拥有满足公众的多方面生活需要，增进群众的消费生活便利和提高广大居民生活质量的功能。

不能把服务只是理解为生活消费领域的劳动，生产性的服务从来是工业生产劳动的一种具体形式。即使在资本主义机器大工业初始时期，“生产性服务”已经是工厂内物质生产的组成要素。就工厂的生产劳动来说，它不只是单一的加工、制造劳动，而且包括生产场所的清扫，原材料和产品的搬运，机器的检修，以及必要的后勤服务，等等，这些表现为使原材料发生“位移”和提供有用效果的服务劳动，是工厂的“总体劳动”的有机构成的一部分。正是服务劳动和加工、制造劳动合成了工厂生产总劳动，而工厂的生产品——工业品，则是工厂总体劳动的生产物。可见，机器大工业生产过程中的服务，是生产劳动的一种具体形式。随着大工业和市场经济的发展，在分工分业的规律作用下，原先的工厂内部的服务，分化为一个个独立的经营性行业，它们为企业提供设备维修、交通、运输、仓储、包装等服务劳动，尽管这些服务劳动不生产和创造物质、实物形态的产品，但是在经济运行上，这些服务表现为具有使用价值和价值的服务商品，服务产业将它提供和生产的服务品出售，换得货币收入，进一步扩

① 马克思：《1861—1863年政治经济学手稿》，即《剩余价值理论》，其中有大量的对服务的经济学分析。参见《马克思恩格斯全集》第26卷Ⅰ，人民出版社，1972年。

大服务品的生产和交换，由此实现服务企业不断的再生产，即进行$G-W\begin{cases}PM\\C\end{cases}\cdots W'-G'$的循环。服务业既给国民经济创造一个使用价值（使用效果）增量，还会创造一个服务价值增量，可见，就经济运行形式而言，非实物化的服务产品和物质、实物产品并不存在本质的差别。

发达的商业服务是现代市场经济的特征。在市场经济中，社会生产总过程划分为生产过程和流通过程，流通首先是商品流通，它起着实现商品价值和新增价值，完成资本循环和实现社会再生产的功能。现代商业是流通大产业，它的职能不是加工、制造，而是通过提供多方面的交易服务，实现厂商生产的商品的价值，完成商品的交换和实现企业货币资本的循环。商品流通领域中的纯交易服务和生产、生活服务一样，它只是一个“随生随灭”的“活生生的劳动”，它不形成物质、实物产品，但是对于生产厂商来说，它是用一个货币价格购得商业企业提供的交易效果——包括使用价值移位、易主效果和价值实现效果，在这里，生产者和商业企业的交易关系在经济性质上和生产者向供应商购买设备是一样的。因此，就经济运行形式来说，流通领域厂商提供的交易服务也是商品。

发达的金融服务是现代市场经济的另一特征。当代发达的商品流通包括货币流通和资本流通，这两种流通要通过信贷资本市场、证券市场、外汇市场、金融期货市场以及保险市场等组成的金融市场交易活动来实现。金融业是金融流通大产业，它的职能不是进行制造加工，而是实现储蓄、信贷以及股票、国债、金融债券等金融产品的市场交易，从而形成有效的货币流通和资本流通。尽管金融产品不具有实物形态，而是表现为各种价值凭证，金融（保险）业的活动表现为营运金融价值凭证，不从事实物产品的生产、制造，但就经济运行方式来说，各种金融价值凭证的交易和物质、实物商品的交易不存在根本的区别。马克思在分析资本流通时就使用了“货币商品”和“资本商品”等概念。[①]因而，我们称这些金融市场交易对象是“金融产品”，而金融业也就是生产和营运金融产品的产业。

现代市场经济中，需要有会计师、律师、公证师等形式的交易中介服务。此外，由于市场经济产业结构日益复杂，市场状况千变万化，经济全球化更增加了市场的不确定性，搞好企业经营管理越来越要求有专业性机构提供诸如企业管理、发展战略、投资、资产重组等方面的专业咨询服务；在当前经济信息化时代，企业还需要有革新知识、信息管理模式与完善计算机网络体系的信息服务。上述这些服务劳动不产生实物形态的产品，但它的确是生产和提供了一个具有使用价值和价值的知识形态的商品。

发达的医疗、卫生、教育等服务，是现代市场经济的另一特征。医疗服务是用来满足人的祛病保健的需要，教育服务是用来满足人的学习和提高劳动能力和精神素质的需要。这种服务也只是表现为“活生生的劳动”和非物质的有用效果。但是，如果从劳动力这一有血有肉的人身产品形成的角度进行考察，那么，医生的治疗服务就是修复和形成一个健康的劳动力。马克思说：“医生的服务……可以把它算入劳动能力的修理费。”[②]基于上述角度，教师的服务则是用来形成生产能力和文化、精神素质更高的劳动力。马克思说，教育服务“是训练、保持劳动能力，使劳动能力改变形态等等的。总之，是使劳动能

① 马克思说：“货币不仅是一般商品，而且也是特殊商品”，见《马克思恩格斯全集》第46卷上册，人民出版社，1979年，第149页。他又说：“金银是‘特殊商品’。”见《马克思恩格斯全集》第46卷上册，人民出版社，1979年，第159页。

② 《马克思恩格斯全集》第26卷Ⅰ，人民出版社，1972年，第159页。

力具有专门性，或者仅仅使劳动能力保持下去的”[①]。因而，可以说，医疗、教育服务是用来生产、再造、塑造“人”的劳动。在发达的市场经济中，上述服务不是全部，但相当大部分是采取商品形式来提供的，可以称为医疗产品或教育产品。

（三）服务是非实物、非固定形式的产品

市场经济的生产品是商品，商品的构成要素是使用价值和价值。使用价值是“物”或“对象”拥有的用来满足人的需要的有用性。马克思说：“物的有用性使物成为使用价值。但这种有用性不是悬在空中的。它决定于商品体的属性，离开了商品体就不存在。”[②]

在市场经济中，作为人类劳动产出物的使用价值具有多样性。（1）物质实物形态的有用性和使用价值。它们是物质消费品和物质生产资料，它们拥有的满足需要的有用性是体现和依托于物质商品体及其物质属性中。如食品的充饥和使人享受美味的有用性依托于各种食品内含的营养成分和色、香、味等物质结构和属性中；冬衣防寒的有用性依托于棉、毛、化纤等衣料固有的保暖物质结构和属性中。（2）非物质形态的使用价值。如歌唱家为观众进行演唱的效果体现、依托于表演者的嗓门、音色以及个人形象所传达的感情以及歌曲精神内涵等非实物商品体的性质和结构中，信息产品如微软视窗XP的有用性，体现和依托于软件操作系统拥有的多种功能和便捷的运作之中。（3）一些具有有用性的物质产品具有较长期固定形态，是可储存的，如金、银，另一些具有有用性的物质产品则具有“易逝性”，如鲜花、

① 《马克思恩格斯全集》第26卷Ⅰ，人民出版社，1972年，第159页。

② 《马克思恩格斯全集》第23卷，人民出版社，1972年，第48页。

水果、蔬菜等，它们的使用价值只能在短时期内保存下来。（4）一些具有有用性的生产物和对象，如服务，它们的使用价值不具有实物形态，而且是“随生随灭”的。（5）某一些服务如运输，它生产的使用价值只是表现为使产品发生“位移”，即空间的变换，而不是产品物质形态的变化。（6）某一些商品原品的使用价值具有看不见、摸不着的非实物化的性质，但却是现实的物质产品，如电波、数码信息，等等。

可见，商品经济中劳动生产物，在其商品体和使用价值形态中具有多样性，既有实物和非实物形态，也有固定化和非固定化（活动）形态，以及长期耐久性或“易逝性”“随生随灭”性等多样形态，当代高科技正在进一步创造出数码信息等新的产品形态，但它们都具有满足社会需要的有用性，是一个“有用物”或“有用对象”。马克思说过，“对于买者来说，它们无论如何必须有某种‘有用性’，哪怕只是想象的‘有用性’”[①]。能进入市场交换，拥有有用性的劳动生产物，也就是产品。那些不具有物质实物形态，但却具有“有用性”或有用效果的劳动生产物，应该属于产品范畴，服务就是这样的劳动生产物和产品。

在社会总产品结构中，实物形态的有用物和非实物形态的有用物组成的产品结构，决定于人类社会经济发展的水平、生产方式的性质、人的生活消费方式和消费偏好等因素，是随着上述因素的变化而不断变化的。大体上来说，社会生产力水平越低，总产品中物质、实物性生产资料和生活资料的比重越大；工业化初始阶段，制造业生产品在总产品中占有极大的比重，随着市场经济的发展和成熟，社会的

① 《马克思恩格斯全集》第26卷Ⅰ，人民出版社，1972年，第204页。

物质丰裕化和生活消费方式的现代化，特别是当代知识经济的发展，非实物形态的服务产品以及知识产品，在总产品中的比重不断提升，在发达国家的GDP中服务产值已经达到70%～80%。现代生产方式和现代生活方式条件下的社会有效需求，已经使产品的有用性和使用价值不再被限定在物质产品和物质、实物性使用价值的界域。当代高科技的经济中，不断发展的产品智能化和数码化，正在使社会生产转向物质生产、服务生产、知识生产的综合大生产，从而生产品和使用价值形态越加多样化，非实物、非固定化形态的消费资料和生产资料越来越众多，人们正面对着知识产品和文化产品等“软件”和“软财富”快速增长和越加重要的新时代。可见，现代高科技经济和发达的市场经济条件的新现实，要求我们在理论认识上拓宽产品概念的内涵，把具有多种多样具体形式的、具有有用性之“物”作为产品，特别要把当代日益发达的服务生产和知识生产的非实物、非固定形态的产出物作为产品，这样，才能在理论上如实地反映当代大生产的特征和科学地揭示现代社会财富的构成。

我们的结论是，如果采用总体经济分析方法，着眼于考察由总产品和总商品构成的现代国民财富生产，我们就可以看见：现代市场经济形态下的社会大生产，既包括物质产品部门的生产，也包括服务产品部门的生产，还包括精神、知识产品部门的生产；服务部门的产品在经济形式上和物质产品一样表现为商品，多种多样的服务劳动以其各自的特殊职能，起着便利生活消费、实现商品价值、促进经济增长、优化国民财富结构、增进国民财富总量的功能。而在社会主义条件下，构建一个发达的和结构合理的、提供优质的服务产品的强大服务部门，将成为提高社会生产力，保证人民财富迅速增长的重要条件。

四、论现代生活消费服务

（一）现代生活消费服务的性质

在市场经济发展过程中，服务业的性质、服务产品的结构不断地变化，从而服务的经济功能是不断地变化的。随着市场经济的发展，服务产品越是商品化。市场机制的作用，使服务的门类也日益分化，服务产品越加多样，服务生产组织更加企业化；在当代发达市场经济中服务业由原先的工业、农业经济的补充成分，发展成为一个大产业。发达的生活消费服务，起着有效的提供人们生活便利，提高生活质量，促进劳动力的再生产和人的发展的功能；发达的流通服务起着开拓商品市场，实现商品价值，加快资本周转，促进积累和经济增长的功能；发达的生产服务，起着促进专业化生产发展，企业生产成本节约和劳动生产率提高的功能；特别是科技研发和信息服务，成为加快科技进步和知识产品生产的强大杠杆。

服务业在早期资本主义经济中尚未发育成长，还是一个薄弱的行业。初始阶段的商品性生活服务业的结构较为单一，主要是饮食、旅店、理发等日常生活消费行业。在社会生产力水平低、商品经济不发达的阶段，多数居民要从事两种劳动：（1）社会生产劳动；（2）家庭生活服务劳动，如做饭、家庭清洁，以及抚育小孩等“家务劳动”。由于普通劳动者收入低，他们购买的商品性服务如饮食服务及其他生活消费服务是十分有限的。而另一方面，富有的资产者——包括宫廷贵族、官吏等寄生者——通常雇用众多家仆和享有奢靡的家庭服务。[1]此外，富人是商品性的服务业，例如大饭店、音乐厅等提供的歌星、丑角的文化服务甚至妓女提供的服务的购买者；因而，初期的商品性生活消费服务业为少数富人服务的性质十分明显。在发达的市场经济中，居民收入水平逐步得到提高，人们的生活、消费方式发生变化，现代人的日常生活资料中不仅仅包括食品、住房、汽车等物质、实物产品；现代住宅需要有水、电、气等的供应服务，还需要日常家庭清扫以及庭院林木修剪等服务；此外，一些家庭还需要有照管老年人和幼儿的服务；在信息化时代，智能住宅中更需要有宽带接入以及其他信息服务。在服务业成为商品大产业的条件下，现代居民为满足休闲生活需要经常参与餐饮、欣赏音乐、戏剧演出和球赛，以及进行旅游等文娱活动。可见，现代居民更加丰富的日常生活需要的满足，主要依靠发达的服务产业提供的多方面的商品性服务，尽管在资本主义制度下对生活服务品的占有程度还存在差别和不公，但是居民广泛进行的收入与多种多样消费服务产品的交换和广大居民生活中对消费服务产品的依存度的提高，表明了现代生活性服务业性质的变化，已经由为少数富人的服务转变成为众多居民的服务。而在社会主义市场经济条件下的生活消费性服务更是体现出为人民服务的性质。

（二）现代生活消费服务的一般功能

生活消费服务是人的劳动的一种方式，更具体地说，它是一种实现物质、实物消费品的使用价值的附加劳动，或者是生产和提供非实物的消费性使用价值的服务劳动。在市场经济中，服务劳动主要由

---

① 在资本主义初始时期，非生产的家仆的数量及其在就业者中所占的比重都很高，而作为生产者的产业工人则是发展不足的。在斯密时代的英国家庭佣工占就业总量的1/3。

商品性服务产业来提供。当然，一部分服务从来是以公共物品形式由政府来组织生产和提供，此外，还有人们自觉提供的产品性的社会义务服务。在发达的市场经济中，适应于现代人的生活方式的性质与要求，呈现出包括基本生活服务、休闲服务、教育服务、医卫服务等在内的商品性生活消费服务的大发展。

现代的生活消费服务功能一般地说具有如下三个方面：

1. 提供生活消费便利

人不只是生产者而且是消费者，任何一个人为了生存、享乐和发展，都要进行日常的生活消费，为此，就需要占有和享用消费品，首先要占有和享用物质消费品。享用消费品也就是实现消费，它需要有附加劳动，例如已经购得的食品还需要加热或烹制，衣服要定时清洗，住房要每日清扫，等等。即使是在占有消费品不多的普通人的简朴的生活、消费方式下，人们也会在劳动日安排中面对着进行生产劳动和进行消费性附加劳动的矛盾；另外，在消费生活日安排中也存在着用于吃、穿等消费附加劳动和进行休闲享乐、学习活动的矛盾。如果不借助于他人提供的服务劳动，劳动者及其家庭成员往往会为这种附加的消费劳动而耗费许多精力，何况，以自身从事繁重的附加劳动为代价来占有和享有消费品，并不能给人们带来生活享受，反而会使人陷于消费劳累。特别是在当代发达市场经济条件下，工作劳动与社交挤占了大部分时间，更加缩小人们从事家庭附加劳动的空间。可见，实现生活消费与附加劳动的矛盾，决定了需要有提供消费便利的商品性生活服务劳动。随着社会经济的发展，居民收入水平的提高，生活方式的现代化，家庭占有的固定消费品越多，居民对提供消费便利的服务的需求就越大。

2. 提高消费效果

服务不仅仅提供生活消费的便利，它还拥有发掘和增大消费品使用的效果。专业厨师把食品原料“精加工”成佳肴，再加之以餐厅的服务，使用餐由一般的充饥变成生活享受；洗衣店的清洗熨烫服务，能保持衣服整洁，延长消费使用时间；专业家庭清扫能使住宅焕然一新；园林修剪能创造出庭园美；轿车维修会在更长使用时期保持轿车的良好运行。可见，依靠高质量的商品性服务，不仅便利消费，而且使消费品拥有的使用价值得到充分挖掘，从而进一步提高消费效果。

3. 满足多方面的生活需要

现代人的个人生活需要是多种多样的。工作繁忙的人需要有日用品的代购代送，一些家庭需要临时照看儿童，老年人需要陪伴、送医送药，一些人还需要有社交性的服务，如赠送节日礼品，等等。发达的商品性服务的兴起，正是适应于现代人日益增长的多样性的生活需要，而服务业的发达，社区服务的兴起，又使现代人的生活更加充实和丰富多彩。

总之，社会化的商品性生活服务增大了消费的便利，增进了消费品的使用效果，满足了人的多方面的生活需要，从而，提高了人的生活质量。如果我们将物质消费品作为硬件，生活消费服务品就是软件，二者的相对应和有机结合，就能充分实现物质消费品的使用价值，增进消费效果，即使物质财富的生活享用的效用得到充分发挥。可见，发达的生活服务是提高生活质量的重要条件。在社会主义条件下，大力发展生活消费服务，有着更重要的意义，它是实现社会主义生产目的——满足人的不断增长的物质文化生活需要的必要条件，而且，它能够在现有的经济水平和物质、实物消费品占有水平下，使人们获得更充分的生活享受。

（三）现代休闲服务的功能

人不仅需要有衣食住行等日常的基本生活消费活动，而且需要有文化休闲活动，如歌唱、音乐欣赏、戏剧、舞蹈观赏，以及旅游、体育健身活动，等等。在市场经济条件下的文化休闲活动主要表现为人们对休闲服务品的购买和消费。休闲消费是一种享乐性的生活消费，人们从歌唱、舞蹈和各种文化、艺术演出的观赏中得到身心放松，获得精神愉悦。就经济学意义来说，休闲文娱并不单纯地是一种享乐，而是在享乐性生活消费中实现劳动力的再生产，即恢复体力、增进健康，提高人的生理、心理素质；就社会、文化学意义来说，休闲还拥有重要的教育功能“寓教于乐”，是塑造人的文化和精神、道德素质的重要杠杆。

休闲作为生活方式的一项内容，它是随着社会经济的发展、居民收入水平的提高和生活方式的变化而变化的。在物质生产力水平低、经济落后、生活方式简陋的条件下，休闲方式也是简陋的；特别是对于低收入层来说，他们能享受到的休闲服务产品的内容是狭窄的。人们可以看到在资本主义发展初始时期，收入微薄的劳动者很少能享有休闲，或者只能享有十分简陋的休闲文娱服务；那时“大众化”的休闲方式是人们在烟雾弥漫的小店中的饮酒闲聊或中国街头茶馆式的闲适享受；对劳动大众来说，休闲的主要功能只在于劳动力的再生产，使在繁重的生产劳动和冗长的劳动日中过度磨损的人身机器得到恢复和修补。

在当代资本主义条件下，随着居民收入水平提高，中产阶层增大，居民生活方式的变化，出现了发达的休闲业，后者包括：（1）餐饮服务；（2）文化娱乐服务；（3）体育健身服务；（4）文化艺术品展出服务；（5）旅游观光服务；等等。在竞争中服务业不断发展和日益现代化，休闲服务的品类不断增多，质量不断提高，规模经营降低了成本，使多数休闲服务品成为大众化产品；加之以劳动日的缩短，以及现代人的休闲偏好，促进了休闲服务需求的增长；上述条件下，休闲服务业成为一项富有盈利的产业，大量资本的流入使休闲服务业获得快速增长，成为一个门类日益齐全、产品日益多样的大产业。据估计，在发达国家休闲服务产业产值已接近GDP的1/2，用于休闲的支出接近个人支出的1/2，居民用于休闲的时间，也将接近生活日的1/2。尽管发达资本主义经济中仍然存在低收入阶层和贫困人口，但是居民消费的确是呈现出向休闲消费倾斜的大趋势：人们将收入增量更多地用于文化娱乐、健身，特别是旅游休闲，越来越成为现代居民生活的重要内容。

发达的休闲还拥有多样积极的经济、社会功能。现代市场经济固有的激烈的竞争，使工作节奏加快，劳动强度增大，就业风险增加，工作者的心理压力加强，如果说，早期的雇佣劳动给工作者带来生理上的疲惫，现代雇佣劳动则增强工作者的心理焦虑。良好的休闲文娱活动对现代工作者起着体能恢复和心理调适的重要作用。另外，新的休闲方式如日益普遍的旅游休闲以及健身休闲，更起着加强国民健康和提高劳动力的素质的功能。

此外，现代休闲和文化娱乐方式，具有增加人的知识和开发智力的功能。现代发达的旅游使人们轻松愉快地“行万里路”，这有如读万卷书，它直接增加人的知识。特别是信息技术创造出崭新的娱乐工具和文娱休闲方式，如电子游戏、电子音乐、电子艺术以及电子艺术馆、博物馆、电子旅游，等等，这种信息服务品已经不只是带给人们以休闲的乐趣，它还起着增加知识、普及科技和开发智力的功能。

现代发达市场经济中，休闲服务业的大发展本身反映了经济发展中生产方式和生活方式的变化，它体现了社会由物质丰裕向文化、精神丰裕演进的大趋势及社会消费需求变化的要求。

当然，当代富裕国家休闲服务业的发达，并不意味着在那里出现了人民群众休闲、享乐的乐土，恰恰相反，资本主义制度的分配不公造成一方面富人极尽奢侈享乐之能事，另一方面许多穷人却度日艰难，真正的生活享受十分匮乏。另外，西方富裕国家中，大企业启动和煽起了缺乏遏制的消费主义思潮，出现和形成了奢靡消费的风习，引起社会生活消费需求的畸化，导致低级庸俗的，甚至黄、赌、毒这样的破坏性的“服务产品”的自由泛滥，在西方“消费社会”，畸形发展的服务业进一步促进畸形消费的发展，它败坏人的身心，其负效应十分严重。

社会主义市场经济需要有发达的、健康的休闲服务业。为此，除了要大力提倡健康、文明的生活消费方式而外，必须优化休闲服务业的结构，加强对休闲服务业的管理，制止服务劣品和毒品的生产和交换；要大力提倡将先进文化注入和合并于服务生产之中，而最根本之途是鼓励创造和提供给人民群众以健康的、文化品位高的休闲服务产品，由此使群众得到文明的物质生活享受和健康的精神滋养。在社会主义社会，文明、健康和发达的休闲服务业不仅能够有效地发挥其促进经济增长的功能，而且能有效发挥其文娱功能，同时，也能有效地发挥其“育人”——提升人的精神、道德素质的功能。

（四）现代教育服务的功能

不能将服务理解为只是提供生活方便品和娱乐品。服务还包括提供教育服务品，以满足人的发展需要：劳动专业素质提高和身心素质提高的需要。在现代社会一部分教育服务，是由国家通过公共物品生产即国民义务教育来提供，另一部分教育服务表现为商品性服务，如雇请家庭教师形式下提供的各种专业培训和补习服务，或是在经营性学校形式下提供的教育服务。受教育是提高劳动力素质和财富创造力的必由之途。组织和提供公共教育服务物品是任何文明社会的一项职能，在走向知识经济的当代，大力和有效地组织、提供多层次的公共教育服务更是十分必要。除了搞好国民义务教育而外，还有必要有政府力量介入、组织和提供给群众的技术培训服务，对失业人员以及对农村、贫困地区提供职业培训服务，等等。在市场经济条件下，采用发展商品性教育服务和兴办教育产业的方式，充分利用市场作用，是促进教育服务生产发展的有效之途。因此，对于个人来说，购买教育服务品是家庭和个人的一项必要的开支，它是劳动力再生产费用的重要内容。现代市场经济中就业和人才竞争越加激烈，对教育服务品的需求就越大，商品性教育事业也就越加发达，成为由多种教育服务类别、层次组成的教育大产业，而商品性教育服务品也就成为商品性消费服务品中的重要组成部分。

当代的科技进步，特别是信息和网络技术的不断创新，大大推进了教育服务产业的发展。计算机和网络技术，使教育服务方式发生革命的变化，不仅仅促进了远程教育，而且，还产生了在效果上不逊于实体学校的“虚拟学校”的发展；加之以信息共享性或低价格，使教育服务产品成为市场销路广阔的大众性产品，它也意味着它的教育功能的大大增强。

在社会主义条件下，发达的教育服务不仅是社会人力资源得到充分开发，人力素质得到提高，从而发挥人的财富创造功能的前提，更是实现人的全面发展的必要条件，大力构筑和发展以产品性公共教育服务为主干的教育服务生产体系，更加有效地发挥教育服务的功能，是我国当前全面建设小康社会的迫切需要。

（五）现代医疗服务的功能

医疗服务从来是生活服务的重要内容。人的生命过程和劳动过程中总会出现疾病，生产与经营活动的劳累更催发各种身心疾患，需要有医疗服务以实现“修复”劳动力机器的功能。工业化和现代化的历史发展表明，由于生产方式、经济制度的障碍，体制和增长方式的缺陷以及疾病自然演化等原因，使近200年工业经济时代的经济发展中，人类的身心健康的提高未能与财富的增进相并进。人们可以看见，即使是当代经济发达国家，癌症、心血管症等患者数量是不断增长的，特别是艾滋病和新的传染病更成为对人类的新的威胁，因此，为保证当代的劳动力再生产，要求医卫服务业的发展。另一方面，现代社会，随着生产力水平和居民收入水平的提高，在基本生活需要得到满足的条件下，出现了人们消费偏好向文化休闲生活需要，特别是向强身健体、祛病延年的医卫需要的倾斜，现代人的生活消费需求增长和变动势态，要求医疗保健服务业的加快发展。

在不发达的经济中，医疗服务是简单的和匮乏的。随着社会经济迈上发达阶段，即使是在资本主义国家，一方面在社会、政治力量的变化及政府采取的福利政策措施下，促进了公共医疗体系的形成；另一方面，由于医卫保健的商品化、企业化，促使医疗、保健服务产业快速发展。此外，医卫科学、技术的发展，特别是高科技革命带来的高效药品与最新医疗、保健手段和方法，刺激与增强了居民对医卫服务的需求，因而，在发达国家医卫保健服务业成为快速增长的产业，成为现代发达的服务经济的重要组成部分；在当代发达的医疗服务经济中，服务不只是起着“修复”劳动力的功能，而且发挥出**增进人的**

身心健康，延长人的寿命，提升人的生理、心理素质的生命能力的功能。而对于以实现人的全面发展为目标的社会主义市场经济来说，搞好和加快医疗、保健服务产品的生产，更具有重要意义。

综上所述，现代市场经济发展中，适应于现代人的生活方式的要求，出现了消费服务业的快速发展，多种多样的消费服务产品的生产和提供，既有效地满足了人的物质生活和精神生活需求，它又借助于不断的服务创新进一步拓宽和发展了人的生活需求，改变和完善了人的生活方式，丰富了人的消费生活。现代多样性生活消费服务，发挥了提高人的物质体能、增进人的智能和塑造人的人文精神素质的功能。生活消费服务要有效地发挥上述功能，首先需要保证服务产品质量，即它是有益于身心健康的；其次，需要保证服务产品质优，即它是拥有健康的文化思想内涵的。而社会主义市场经济体制的确立，为上述文明的、健康的生活服务的发展和优质的生活服务产品的生产，提供了制度基础。

五、社会主义与人民财富的最大增值[①]

充分地满足全体社会成员的不断增长的需要，是社会主义生产的目的。这一社会主义生产关系的深层本质，表现出社会主义、共产主义经济形态的进步性与优越性。本节从分析需要出发，进一步分析社会主义制度下需要的特征，需要与生产的矛盾，用来满足全体社会成员的需要的客体——人民财富的性质；提出社会主义的基本任务是在

---

① 本节是刘诗白主编的《社会主义经济学原论》中的一章。该书由人民出版社于1992年出版，见第73～119页。

生产发展、人民财富最大增值的基础上，实现共同富裕化。

（一）需要的满足是社会生产的目的

1. 需要的满足是生产的动因

需要就是人类在社会生活中产生的某种欲望，这种主体欲望要通过物品的效用即使用价值来满足。人一旦来到世界上就会产生某种需要，如婴儿一旦出生就有吃乳的自然需要，无论是原始人或现代人都有对衣服、食品、住房等物质生活的需要，有对歌唱、舞蹈、艺术欣赏等精神生活的需要。尽管道学家提倡“清心寡欲”，节制和压抑物质欲望，但是他们也不能不吃不喝。人的需要可以因社会形态的不同而在内容上与范围上表现出多种多样的差别，但是需要始终是人的社会生存的形式。

满足需要是人类经济行为的内在动因。主体需要要得到满足，必须要有主体之外的客体，要有各种各样的物质产品与精神产品，这些产品不可能是现成的，要通过劳动去创造和获取。需要推动人们去从事劳动，利用自然力、改造自然物质的形式，创造出具有满足人的某种需要的属性即有效用的产品。例如温饱的需要推动人们去生产食品，①御寒的需要推动人们去生产衣服，现代人类的复杂的物质与文化生活的需要，推动人们去发展和完善现代化生产，生产出多种多样的物质产品、精神产品和服务产品。需要是社会生产的动因和前提，“没有需要，就没有生产。”②正是人的需要，呼唤出人的生产行为，

① 马克思说：“饥饿是自然的需要，因而为了使自己得到满足、得到温饱，他需要在他之外的自然界，在他之外的对象。”《马克思恩格斯全集》第42卷，人民出版社，1979年，第168页。

② 《马克思恩格斯选集》第2卷，人民出版社，1972年，第94页。

才产生了多方面的生产、服务与精神生产活动，[①]而一旦社会的需要受到压制和萎靡不振，社会生产将停滞不前，甚至衰败下去。

需要是生产的动因，这种情况表明：社会生产是由需要导向的，是一种以满足生活需要为目的的、自觉的活动。

2. 需要的性质及其发展变化

作为经济学范畴的需要，是社会需要，是社会的人在特定的社会生产方式和生活方式下产生的生活需要。这是一种社会规定的需要，它有其自然基础，但却是在社会中形成的，并且是受到社会结构及社会意识的决定性的影响。

需要作为人获取和享用消费对象的现实的欲望，它有其自然生理基础。人既是社会的人，也具有自然人的性质，他的自然生理机制与自然心理机制，决定了他具有吃饭、穿衣、住房以及生育子女等方面的需要，这是维持人类生存与正常生活所不可少的基本需要，这种需要也可称为自然生存需要。人的自然生存需要不因生产的社会形态和人们的经济地位不同而有所不同，它是人类赖以生存的共同需要。但是，由于一个国家的地理条件和其他自然环境的特点，在不同的国家和地区，人们对食物、衣服、取暖、居住等自然生存需要的具体内容、范围、数量有所不同。如位于寒带的国家，人们对御寒的需要就不同于热带的国家，人们的食物构成也不同于热带和温带。

固然，需要的内在动因是人的欲望，自然生存需要和人的自然生理与心理机制密切相关，但是不能把需要简单归结为人的自然生理与心理机制的产物和表现。需要是社会地形成的，作为社会的人的欲

---

① 马克思说："人们为了能够'创造历史'，必须能够生活。但是为了生活，首先就需要衣、食、住以及其他东西。因此第一个历史活动就是生产满足这些需要的资料，即生产物质生活本身。"《马克思恩格斯选集》第1卷，人民出版社，1972年，第32页。

望，必然要受到社会结构与社会意识的重大影响。人类总是生活于一定的社会经济结构、一定的社会生活方式、文化环境与社会意识之中，人的消费行为与生活方式是历史地形成的。例如人类自告别原始的蒙昧和野蛮时期进入文明社会以来，人的维持生存需要就不像原始人那样的茹毛饮血，野外穴居。处在一定的社会文明发展阶段的人，总是会具有适应于这一历史发展阶段的生活方式与消费方式，从而具有这种生活、消费方式所规定的需要结构，即使是在食穿用等基本生活需要上，也表现出具体的特色。可见，人类的需要的性质和范围，不能不体现社会生产关系以及文化、传统、风俗、习惯的影响。马克思说："所谓必不可少的需要的范围，和满足这些需要的方式一样，本身是历史的产物，因此多半取决于一个国家的文化水平，其中主要取决于自由工人阶级是在什么条件下形成的，从而它有哪些习惯和生活要求。"①

制约与决定需要的社会要素，首先是社会生产关系的性质和人在社会中所处的地位。马克思在评论普鲁东时指出：人的需要并不是根据个人自由意志行事的，"消费者并不比生产者自由。……这两者都由他的社会地位来决定，而社会地位却又取决于整个社会组织"②。在阶级社会中，社会需要的满足，鲜明地呈现出如下的二律背反：一方面，垄断占有生产资料和剩余产品的剥削阶级，他们大肆挥霍以满足其畸形发展的奢侈享受的需要；另一方面，被剥夺了一切财产和遭受残酷剥削的广大劳动者的基本需要，却被压制和禁锢在极其狭窄的范围内。可见，经济学的需要范畴，在本质上是受到社会生产关系所

① 《马克思恩格斯全集》第23卷，人民出版社，1972年，第194页。

② 《马克思恩格斯全集》第4卷，人民出版社，1958年，第86页。

决定的“社会需要”，在阶级社会中它是阶级性的需要。马克思说：“‘社会需要’，……本质上是由不同阶级的互相关系和它们各自的经济地位决定的。”[①]

需要作为“社会需要”，它还要受到消费对象的品质、种类和丰裕程度的影响，从而，还要受到现有生产力发展水平限制，即社会规模的使用价值总量的制约。物质的匮乏，将限制人的需要，消费品的丰裕，将为人的需要的开拓提供物质基础。这也就表明，人的需要的满足的问题，除了是一个生产关系问题而外，还是一个物质生产力的发展水平问题。

3. 需要的品类

需要按照不同的标准而划分为不同的范畴。通常的划分方式是物质生活需要和精神文化生活需要。物质生活需要是人们的日常消费生活的需要，这种日常消费生活包括吃、穿、用、住、行，等等。满足这种需要的对象包括两大类产品，一是物质产品，如通常人们说的柴、米、油、盐、酱、醋、茶，它是物化的使用价值或效用。另一类是劳务产品，即各种生活服务或劳务，如理发、洗澡、医疗等，它是非物化形态的效用。马克思说：“任何时候，在消费品中，除了以商品形式存在的消费品以外，还包括一定量的以服务形式存在的消费品。”[②]物质生活需要，首先是与人的劳动力再生产——现有劳动力的再生产，即劳动者的生存，也包括新劳动力的生产即劳动者子女的生存和后代的繁衍——直接相关，它属于人的生存的需要的范畴，因而是人类最基本的生活需要。任何社会形态，不论生产的直接动因是什

① 《马克思恩格斯全集》第25卷，人民出版社，1974年，第203页。

② 《马克思恩格斯全集》第26卷Ⅰ，人民出版社，1972年，第160页。

么，它的生产总是要首先保证人的基本物质需要的满足，尽管在私有制社会中，对于不同的社会阶级来说，它们的基本物质需要的内涵是不同的。

物质生活需要，不仅仅包括生存的需要。当人类还处在落后的劳动生产方式与生活方式中时，由于物质生活需要范围的狭窄，生存需要占有主要地位，而在现代的劳动方式和生活方式下，由于物质生活需要范围的扩大，发展的和享乐的需要将成为物质生活需要的重要内容。精神文化需要是人类的文化生活的需要，即人们对文化艺术以及科学知识的需要。拥有文化的爱好和精神生活是人类的特点。远古人就不仅要吃，要喝，而且还要享受和欣赏跳舞，从事艺术的习作。现代人类在生产和工作之余的闲暇时间里，更需要学习文化科学知识，看电影、电视、戏剧，阅读文艺作品和欣赏美术创作。文化精神需要的满足，不仅仅使人获得充分的休息，有效地恢复劳动能力，而且它提高人的文化科学水平，使人得到美的享受，高尚的道德、情操的陶冶。因而，它起着开发人的能力——特别是智能，培育和塑造人的优良的思想、道德品质，提高人的精神文化和政治素质的作用。精神文化需要，在很大程度上属于人的发展和享乐的需要。

4. 需要的发展

需要是在社会向前发展中、在生产力水平的提高和生产关系的变革中不断扩展和开拓的。生产力的提高是社会需要范围扩展的物质基础。马克思说："社会需要，即社会规模的使用价值。"[①]社会需要的范围在根本上是决定于社会生产力水平的提高。随着物质生产力的提高，生产出的使用价值的量的增加，人的社会需要的范围也将由此得到

① 《马克思恩格斯全集》第25卷，人民出版社，1974年，第716页。

拓宽。社会生产关系的变革，由资本主义私有制到社会主义公有制的变革，是社会需要范围拓宽的经济基础。在阶级社会，各个不同的阶级、阶层的现实的需要的范围、限度，要受到社会生产关系，即所有制的决定性的影响。在那里，提高了的生产力以及增值了的财富，不会自发地和均等地转化为不同阶级人们的现实的需要；在那里，少数人（生产资料占有者）需要的畸形膨胀和广大的劳动者需要的受到压制的状况，会经常地发生。在私有制下，随着生产力的发展，在社会某些发展阶段或时期，由于阶级斗争的作用所带来的分配方式的某些变革（包括统治阶级采用的一定改良措施），也会使劳动所增值的财富的一部分变成劳动群众扩展的需要。大体来说，需要扩展的总的历史趋势：随着社会生产力的发展，物质产品的更加丰富，人们的物质生活条件也就会不断地改善，物质生活方式将逐步地充实和提高，人们对物质产品的需要将愈加多样化，作为发展资料和享乐资料的产品在人们的消费品结构中的比重将进一步增大。与此同时，随着社会的精神生产的物质条件的变革和精神生产能力的提高，例如电子计算机写作、印刷技术，激光印刷技术，录音、录像技术，等等，人们的文化精神生活方式有了深刻的变革，产生了对日益丰富、日新月异的精神产品的需要，作为物质需要的升华的文化生活的需要，在人们的需要结构中所占比重将进一步增大。可见，社会需要范围的扩大，享乐性质的需要的更大发展，高层次的社会需要——文化精神需要的迅速扩展，体现了根植于生产力、生活方式进步之中的需要发展的必然趋势。

（二）需要的满足和财富的形态

1. 需要的满足和财富的内涵

人的需要要得到满足，必须有存在于主体之外的客体，即使用价值。使用价值是外界的对象，一个具有效用的物。人的需要的满足，实现于使用价值的消费过程中，而人们要能消费和享有使用价值，首先必须生产和占有使用价值。一个自给自足经济中的农民的简单生活需要的满足，在于他占有自己生产的粮食、家庭所织的布、自制的鞋、自酿的酒等物质产品。而在当代经济发达国家居民复杂的生活需要的满足，在于有现代化大生产提供的各类食品、衣服、家庭用品——包括电视机、录音机、电冰箱和作为交通工具的摩托车、小汽车、房屋，以及其他如书籍、报纸、杂志等精神产品；人们还要到餐厅用餐，去咖啡厅听音乐，到理发厅理发，要享受各种直接的服务。可见，要使需要得到满足，人们首先必须生产出这些产品。人的需要的满足的问题，固然，直接地决定于所有制，是社会生产关系问题，另一方面，它又是使用价值或财富的生产问题。特别是在社会主义制度下的需要的满足，财富的生产具有头等重要的意义。

什么是财富？财富就是人类通过自身劳动创造出的具有效用从而能用于满足人们需要的客体或物品，“一个靠自己的属性来满足人的某种需要的物”[①]。简言之，财富就是具有有用性，从而能满足主体需要的对象或使用价值。人类为了满足自身的生存和发展的需要，就要进行有目的的生产来创造这样的客体。财富生产的实质是使用价值的形成，即物的有用性的创造和提高。由于适合于主体需要的、具有有用性的物不是现成的，要靠劳动去创造，财富的生产就表现为：人类使用自己身上的自然力，去作用于自然物质对象，改变自然物质对象的原生性质和形态，形成能满足主体需要的有用性质和使用价值。人类和动物不同，动物是消极地适应于自然和占有现成的自然物质对

① 《马克思恩格斯全集》第23卷，人民出版社，1972年，第47页。

象，野生动物也会选择和利用食品充裕的良好的自然环境，但是它们毕竟不能改造自然，不能有目的地去塑造客体的有用性，自觉地形成使用价值。作为万物之灵的人类则是通过有目的的生产，来形成使用价值，创造一个具有物化形态的、有形的产品（tangible product）即物质产品，也就是狭义的财富，正是在这种意义上，马克思指出："不论财富的社会形式如何，使用价值总是构成财富的物质内容。"①

2. 财富的使用价值内容和价值形式

使用价值是财富的原本的形式。自然产品经济形态下，财富就表现为这种素朴的、原本的形式。但是在商品经济形态下，由于具有有用性的物质产品表现为商品，财富就不仅具有使用价值内容，而且具有价值形式，因而财富就是一个二重物。

资本主义商品经济形态下，由于生产的直接目的是资本家的最大利润，这就使财富的价值形态具有决定的意义。货币、金银以及证券、股票，等等，就成为财富的一般形式，而对金银（后来是对货币）的追求，就成为人们致富的直接目标。

资产阶级古典经济学和马克思主义经济学，十分重视和主要着眼于财富的价值形式的分析。马克思主义经济学通过价值是抽象人类劳动结晶的命题，揭示出财富的内在社会本质，阐明了资产阶级财富的社会关系和阶级内容以及财富的资本主义分配方式的对剩余价值的剥削的实质。

资产阶级庸俗经济学家抽空财富的生产关系的内容，只谈它的物质内容。例如西尼耳说，财富"只包括所有那些可以移交的、供给有

---

① 《马克思恩格斯全集》第23卷，人民出版社，1972年，第48页。

限的和直接或间接产生快乐或避免痛苦的东西；……”[①]小资产阶级学家西斯蒙第也强调：“……财富的目的都是为了满足消费和消耗财富的享受，如果财富不能让人享受，如果任何人都不需要它，那么，它就失去了价值，就不再是财富了。”[②]显然，这种抽空现代财富的生产关系的分析方法是错误的。

马克思十分重视对财富的使用价值内容的阐明，他指出，“财富作为价值”是财富的“狭隘的资产阶级形式”，但是享有财富是主体需要借使用对象而得到满足，这是人类生活消费的共通的内容。他说：“如果抛掉狭隘的资产阶级形式，那么，财富岂不正是普遍交换中造成的个人的需要、才能、享用、生产力等等的普遍性吗？财富岂不正是人对自然力——既是通常所谓的‘自然’力，又是人本身的自然力——统治的充分发展吗？财富岂不正是人的创造天赋的绝对发挥吗？”[③]如果说，在以私有制为基础的现代商品经济形态中，人们囿于财富就是货币价值的偏狭观念，如果说，在社会主义商品经济中，浅见的人们也会保存上述财富观；那么，理论经济学的分析，将为人们指明：社会主义商品经济中，尽管财富仍然保持着价值形式，但它绝不是社会生产的根本目的，使用价值的创造极大化和人民福利的最大增进才是社会生产的根本目的。基于马克思的财富二重性的观点，显然地，政治经济学的研究，应该把财富所体现的社会关系作为对象，要继承李嘉图、马克思的理论传统。但是，人们也不能只是剖析财富的生产关系的内容，还需要对财富的使用价值内容进行分析，考察和

① 《政治经济学大纲》，见季陶达编：《资产阶级庸俗经济学选集》，商务印书馆，1963年，第170页。

② 西斯蒙第：《政治经济学新原理》，商务印书馆，1977年，第51页。

③ 《马克思恩格斯全集》第46卷上，人民出版社，1979年，第486页。

研究如何才能使劳动产品的使用价值增大，充分地提高主体的享受，增进主体的福利。

特别是在社会主义制度下，由于人民的需要是社会主义生产的根本目的，因而用来满足需要的客体——具有有用性的物，或使用价值的生产就成为首要的问题，而使用价值的创造，即各种用以直接的或间接的满足需要的对象的数量的增大，对象有用性的提高，就成为组织社会主义经济活动的最重大课题。这样，财富的使用价值内容，也就成为社会主义经济学必须加以研究的对象①。

社会主义的理论经济学，除了要重视商品性社会主义财富的价值形式而外，应该高度重视财富的使用价值方面的剖析，加强对提高产品的效用性的方法的研究，这包括以下的内容：（1）探索社会主义条件下的合理的需要结构。（2）研究提高个别产品有用性的方法，如性能品质的改善，耐用性程度的提高以及消费的方式。（3）研究宏观的产品结构的完善，即增大总量使用价值的方法，等等。

3. 财富的形态

第一，物质形态财富和非物质、实物形态财富。财富按其存在的形态来划分，可分为物质形态财富与非物质、实物形态财富。

财富是人类劳动的产品，首先和主要的是表现为物质产品，是一个具有物质形态的使用价值。财富主要的是物质财富，这是由人类的基本需要的性质所决定的。人类的生理和心理机制的特征所决定的生存需要，它的满足需要有具有效用性的物质对象。吃的需要的满足，

---

① 马克思论述了把财富作为使用价值来把握的古代世界的观念和把财富作为交换价值的现代世界的观念，他指出现代人对价值的追求是："为了某种纯粹外在的目的而牺牲自己的目的本身。因此，一方面，稚气的古代世界显得较为崇高。"（《马克思恩格斯全集》第46卷上，人民出版社，1979年，第486页。）

总是要有谷类、肉类或其他食品，而不能“画饼充饥”；穿的需要必须有布、毛料或化纤布；住的需要必须有房屋；等等。此外，人类自身劳动能力和精神能力发展的需要，以及享乐的需要，它的满足也都需要有物质产品。上述主体需要，我们称之为物质需要，它决定了满足需要的对象是物质产品，而这种物化形态的使用对象，也就是物质形态的财富，或物质财富。

物质财富只不过是财富的一种形式，而不是唯一形式。人类的生理与心理活动的机制，同样地决定了主体的非物质需要的存在。例如人不仅要吃、穿、用、住，而且还要娱乐，要唱歌、跳舞，此外还要从事艺术欣赏，哲学的思辨，处在非理性状态的一些人还要有宗教的信仰，等等。马克思早已阐明，人类的需要，不仅仅是“由胃产生”，而且也“由幻想产生”[①]，这种由主体的精神生活产生的需要，必须由非物质形态的精神产品——例如歌唱家的演唱，诗人的朗诵，舞蹈家的表演——来加以满足。这种满足主体需要的外在对象，是一种具有有用性的活动，而不是一个物质客体，由于它仍然是一种客观存在和使用价值，因而在政治经济学语言上，仍然可以称之为产品[②]。

需要指出，唱歌、跳舞、诗歌朗诵、体育表演等，在现代科学技术的条件下，它取得了物质载体，如歌唱、音乐可以灌入唱片和录音，表演可以录像或拍入影片，绘画可以印刷，上述精神产品由此具有物质产品的性质。但是它们仍然是精神产品，因为，上述产品的原生形态是人类的一种精神活动，有的是纯精神活动，例如文学家、艺术家的艺术思维，教师的教书育人，科学家的科学思维，哲学家的哲

① 《马克思恩格斯全集》第23卷，人民出版社，1972年，第47页。

② 这是广义的“产品”“生产物”product概念。

学思辨，等等。这些人类活动的原生形态是精神生产，它生产出来的是原生的非物化形态的精神“产品”，从而与人们在工农业等物质生产部门中生产出来的物质产品是不同的。作为精神产品，它们是用来满足主体的精神需要，而与满足“肠胃的”物质需要是不同的。总之，非物质形态的精神产品，由于它同样具有满足人们的需要的有用性，是一个使用价值客体，因而它仍然是“财富”，只不过它采取了非物化的精神财富的形式。

第二，非物化形态的精神财富的内容：艺术产品与科技产品。早在人类社会的幼年时期，精神产品就已经是财富的一种组成要素，但是，精神需要的产生带有滞后的性质，“衣食足而礼义兴”，精神需要总是产生于物质需要满足之后。精神产品的发达，是人类社会经济发展更为成熟时期的现象，它是在物质文明昌盛基础上产生的精神文明。

精神产品包括艺术产品和科技知识产品。艺术产品是文学创作、绘画、雕刻、舞蹈，等等。科技知识产品包括自然科学的各种理论，科学技术的发明，新产品、新工艺的设计，等等，人文科学中的符合客观实际、反映社会客观规律的科学理论，也属于精神产品，而且是十分重要的精神产品。精神产品的使用价值具有广泛的内涵，它不仅能满足主体直接的生活需要，而且能满足生产的需要，以及能满足人的能力、道德素质的培育的需要。杰出的文学作品、绘画、艺术创作、舞蹈家卓越的表演，不仅使人们得到积极的休息，有效地消除疲劳，从而实现劳动力的再生产，而且给人们以美的享受，满足人的文化需要。同时，又是一种美育，它开发人的智慧，净化人的心灵，提高人的觉悟，塑造高尚的情操和道德品质，启发、培育和提高人的积极、优美的本性。人文科学、经济科学的各种理论，它为进行社会与经济管理提供依据，同时它又提高人们的文化知识水平，构造和发展适应于社会经济和促进社会进步的思想、观念、道德，给人以深层的、文化和道德需要的满足，实现对人的教育功能，由此使作为生产力的人身要素得到增强。可见，艺术产品和人文科学产品，不仅仅能满足人的一般文化生活的需要，而且它能使人的高层次的内在需要——审美的需要，文化教育的需要，德育的需要——获得满足，它不仅仅提供享受，而且培育、提高、丰富“人的本性”，实现人的全面发展，促进“人的内在本质的充分发挥”，因而，精神产品是社会财富的一种高级形式。

精神产品本身具有非固定化的形态，例如行吟诗人的绝妙的朗诵，舞蹈家优美的跳舞，这种产品生产带有随生随灭的性质，人们不能把它像物质产品一样，加以储存和积累。但是这一点，并不能用以作为否认精神产品的财富性质的根据。亚当·斯密提出了一个有形的物质财富的概念，他说：“制造业工人的劳动，可以固定并且实现在特殊商品或可卖商品上，可以经历一些时候，不会随生随灭。那似乎是把一部分劳动储存起来，在必要时再提出来使用。”[①]按照这一定义，斯密把提供无形的效用的各种服务，排除于财富范畴之外，按照这种十分狭窄的财富的定义，艺术表演、科学理论等精神活动成果就不具有财富性质，而人的劳动经验、技巧、管理能力也不是财富。显然地，斯密不曾把握住财富是使用价值，即满足主体需要的有用性这一基本点，而只是强调使用价值的特殊形式——固定化和物质化的形式。事实上，非固定化和非物化的精神产品，如生产经验、劳动技能及其他文化遗产，还是会一代代地保存和流传给后代。何况，现代科学技术条件——录音、录像设备——业已使一切精神产品都可以保存

① 亚当·斯密：《国民财富的性质和原因的研究》上卷，商务印书馆，1972年，第303～304页。

于某种固定的物质框架与载体之中，从而使精神产品具有可储存和再消费的性质，而不再是随生随灭的。更重要的是，杰出的精神产品，也完全具有那种固定化的、物质财富所具有的延续消费和长期为后人造福的功能。可见，以产品是否具有固定形态或物化形态来作为标准和由此否定精神产品的财富性质是不能成立的。

精神产品，不仅仅具有可积储和积累的性质，可以作为消费性积累，例如博物馆的艺术产品，可供人们世世代代地欣赏，而且还具有生产性积累的性质。科技知识产品、科学理论、规律、技术设计，既可作为现实生产的手段，又可作为持续的生产力，在生产中长期加以利用。

精神产品富裕是社会富裕的重要表征。人类社会越是由低级形态发展到高级形态，社会越是现代化，劳动方式和生活方式将越加先进，人们的生活内容将更加丰富，从而人们的精神需要将进一步发展和扩大。另一方面，由于精神生产的物质手段与精神手段的增强，精神产品的量就进一步扩大，精神产品的质将进一步提高，而在社会总财富中，精神产品的比重将进一步增大。

科学知识产品是精神产品的重要组成部分。科技知识产品，如自然科学产品，它是关于客观自然界和自然物质的性质和运动规律的系统知识。此外，它还包括新产品的设计、新工艺方法，等等。科学产品和技术知识产品是知识产品，是一种无形产品和无形的财富。

科技知识产品是物质生产力的直接要素。科技知识产品，在一定的社会经济体制下，与物质生产过程相结合，就会转化为现实的生产力，从而使物质产品的生产，成倍地或百倍地增长。如果说精神财富中的某些部分——如文学产品、艺术产品——主要地属于满足人们的精神生活的需要，是一种直接消费财富，那么，科技知识产品转化为现实的生产力和转化为庞大的物质财富的机制，表明了它是一种积极的生产财富，它的生产和应用于国民经济各个领域，将直接引起物质财富的巨大增长[①]。

科技知识产品的重要性是与日俱增的。古代的或中世纪的物质生产，由于劳动方式的原始性和简陋性，合并于生产之中的科技知识要素是较少的，因而，在那种情况下，生产力的增长，主要地或是依靠客观自然力的丰饶，或是主观自然力的体力要素。但当代的物质生产力，是以最新科技革命成果被合并于生产之中为特征，因此，科技知识也就越来越重要。人们看到，现代物质财富的扩大再生产，是越来越依靠科学知识和各种技术知识产品的投入，因而科学技术知识，不仅仅表现为直接的生产力，而且是第一生产力。

科技知识不仅仅包括自然科学、技术知识，也包括社会科学。关于社会、经济的科学知识，乃是人们革新社会经济关系、政治关系和其他社会关系，更好地组织与调节社会经济运行和组织良好社会生活秩序的工具。依靠上述社会科学知识，人们能大大提高生产效率和生活质量，不仅能提高财富的生产，而且能增强财富的效用。因而，社会科学也就成为社会生产力的重要要素。

科学、技术知识产品在生产力发展中的与日俱增，决定了它在精神生产结构中占有重要地位。任何一个经济发达的、现代化的社会，都要致力于发展科学知识生产，这就是：要培育要扩大科技工作者队

---

① 斯密说：“一切机械的改良，决不是全由机械使用者发明。有许多改良，是出自专门机械制造师的智巧；还有一些改良，是出自哲学家和思想家的智能。……随着社会的进步，哲学和推想也像其他各种职业那样，成为某一特定阶级人民的主要业务和专门工作。……哲学上这种分工，像产业上的分工那样，增进了技巧，并节省了时间。……而且大大增进科学的内容。”见亚当·斯密：《国民财富的性质和原因的研究》上卷，商务印书馆，1972年，第10、11页。

伍——自然科学家、工程师、科技人员和社会科学家；要建造进行科技产品生产的工场和工厂——实验室、研究所、咨询机构、情报中心、图书馆，等等；要不断提高精神生产手段的能力，即发展国民教育，加强各类科技人才的培养，提高科技工作者的思维能力与创新能力，增强智力劳动的生产性。

基于以上我们对精神产品的分析，我们看见，精神产品不仅仅给人提供精神享受，丰富人的消费生活，而且也提高人的能力，优化人的品质，促进人的发展；特别是知识产品，渗透于物质生产与社会生活之中，是促进物质财富的生产，改善物质财富分配，强化财富使用效果的重大精神要素。可见，精神产品构成的精神财富，是社会财富的积极要素，加强精神财富的生产，对于社会主义社会的发展，有着分外重要的意义。拥有丰裕的、高品质的精神产品，是形成高度精神文明的前提，而且它意味着人的更高的素质和更高的效率，从而是发展社会主义物质文明发展的必要条件。

第三，消费财富和生产财富。财富按它在满足主体需要中的作用，可分为消费财富和生产财富。消费财富是直接用于满足生活消费的使用价值，即食品、衣服等日常的物质生活所必需的消费品。消费财富是财富的直接形态，因为它直接地对人的生活需要提供满足，它使人真正感受到生活的愉悦和幸福，享受到现实的“富裕”。正因如此，在任何社会形态下，财富的生产首先就是各种消费品的创造。人们或一个社会可能拥有金银，或许持有股票、债券等价值财富支配权，但是如果没有足够的消费品，它仍然不可能说拥有现实的财富。

生产财富是用于满足生产需要的物质手段、人身手段与精神手段。生产的物质手段是指土地、机器和其他生产工具等物质资料，生产的人身手段是指劳动力，它们都是物质生产缺一不可的要素。生产财富尽管是满足生产需要的手段，它们不能用于直接的消费，不能给主体以直接的满足，但是它们都是生产消费品的前提条件。谁都懂得，没有生产资料，人们就不能进行消费品的生产。此外，消费品是通过消费而完成它的经济运行，它本身不再进入再生产，因而它是随着消费而耗竭的财富，而生产资料及劳动力，却是要一次又一次地进入再生产和不断地增值产品，因而它是可积储性的财富，特别是生产资料是劳动生产率提高的物质技术基础。可见，生产财富是积极的和基础性的财富。

在人类社会经济发展的早期，消费财富是社会财富的主要形式，与此相适应，产生了古代人的崇奉“粟米布帛”的财富观，但是，实现社会进步的积累机制，总是表现为人们把一部分原先用于消费财富的产品作为积累，使用于扩大再生产，即作为生产财富。随着生产力的提高，人类社会越是发展演进到更高形态，生产财富在国民财富中的地位越来越重要。在资本主义经济中，采取资本形式的生产财富的大规模积累和迅速增长，为现代消费财富的迅速增值和积累，创造了物质前提。

财富增值的一般规律表明，为了富国裕民，人们不能仅仅着眼于眼前的消费财富，而且要十分重视生产财富。一个国家，恰当地安排这两种财富的比例，保证生产财富的不断增长，才能真正地迅速走向富裕。而在社会主义制度下，为了保证人民财富的最大增值，要求人们有效地维护现有的生产设施与能力，保证固定资产的正常增加；与此同时，要通过正确处理新创造的国民财富中的积累与消费的关系，积累中生产性积累和消费性积累的比例关系，由此来形成一个生产财富与消费财富的合理比例，从而优化国民财富的内在结构，这是保证社会主义人民财富的迅速地和最大地增值的根本前提。

第四，自然财富、社会财富和人力财富。财富按其形成的方式，可以划分为自然财富、社会财富和人力财富。自然财富是指直接来自自然界的原生的自然生产财富或自然消费财富，它是自然形成的使用价值。例如可供种植的土地，可供放牧的草原，可用作发电的瀑布，等等，它们是自然生成的生产财富。可用来造屋的森林，可采集、捕捉以供食用的野生动植物，等等，它们是自然生成的消费财富。自然财富作为自然物质运动中天然形成的使用价值，是一种“自然的恩赐”，由于它是不费人的劳动而获得的自然成果，是一种“自然财富”。但是这并不是说自然财富的现实的使用价值的形成，可以完全不费人的劳动。一般说来，“自然财富”还不是处在可消费状态，原生植物需要人去采集，野生动物需要人去狩捕，此外还要经过人的切、割、烹、煮，把上述原生的自然产品转化为可消费的对象加以占有和享用。可见，原生的自然财富，一般说来只能是可能的财富，它要经过人类劳动的洗礼才能成为现实的财富[①]。由于这种处在直接可消费状态的自然对象，其物质形态和物质属性已经不是纯自然力形成的，而是有人类劳动凝结于其中，是自然力与人类劳动力共同作用的成果，劳动将可能性的财富转化为现实性的财富，人类劳动完成了使用价值的最终形成，可见，现实的财富总是社会财富。

人类社会的幼年时期，由于生产力的落后，人们很大程度上依存于自然力，人们所创造与享有的财富很大程度依赖于他们占有的自然条件与自然力。因而，财富形成中的自然力要素占有重要地位。随着社会生产力水平的提高，劳动生产方式越是进步，自然财富向社会财

① 已经被使用于消费或是生产过程之中的物质资料，以及作为储备、尚未直接使用于消费过程和生产过程之中的各种消费品和物资，也都是现实的财富。

富转化将越来越深化，财富形成中的社会劳动要素就越来越占主导地位，财富就更加显示出它的社会财富的本性。“自然是财富之母，劳动是财富之父”，自然力只有赖以一定的劳动生产力，才能结出社会财富之果。

生产现代化标志着人类大规模地开发和利用自然财富的新时期的到来，建立在高度物质技术基础之上的现代劳动方式，加强了对自然财富的发掘和利用。各种自然原生财富，如作为原料的各种矿藏，作为自然原动力的石油、煤炭、水力，以至于风力、阳光、核力，各种动植物资源以及生物的遗传基因等生物力，越来越被利用于财富的创造之中。上述自然资源在尚未加以开发、利用以前，是潜在的财富。当代的科学技术，大大增强了人的生产能力，提高了社会劳动的生产力，从而开拓了把潜在的自然财富转化为现实的财富的坦途，这是一条最有效率的财富创造的道路。如借助现代勘探技术、采掘技术，人们就使深藏于地下的石油和其他自然资源被发掘出来；使用原子能、风力、太阳能发电技术、遗传工程等生物的培育技术、创造新材料的高分子合成技术，等等，人们就能最深地发掘“自然恩赐”的潜在自然生产力，使它被用于生产中并创造出人们从未想到过的丰饶的现实财富。如果说，在社会转上现代化轨道以前，在人类社会很长的发展时期，在科学知识和物质技术落后的条件下，人们只能开发潜在的自然财富的表层，那么，随着生产的现代化、科学技术的进步，开发自然财富的手段不断增强，人类就能一步步地进入到拥有无限的能量的自然潜在财富的深层，并把千百年来深藏不露的自然生产力加以利用，转化成大规模的现实的财富。自然界对人的最宽厚的恩惠将发掘出来，而困扰着人类的自然资源表层丰度的耗竭的难题将由此被解开，这就是人类未来社会财富的不竭的源泉之所在。

财富不仅仅表现在物质形态上，而且也表现在人身形态上，后者就是人力财富。人力财富，就是社会拥有的人类劳动力资源，它提供各种各样的、不断增长的社会生产和服务所需要的各种有用劳动。如我们上面所指出，财富在本质上是社会财富，它是人类社会劳动的产物。几乎一切财富都有人类社会劳动结晶于其中（尽管劳动在各种各样的使用价值形成中的地位和作用是不同的），因而劳动是社会财富的根本源泉，劳动力资源的丰裕，乃是财富丰裕的人身条件。就这种意义上说，劳动力是一种人力财富，而且它是始发性的财富，是财富之父。劳动力，作为社会生产的人身条件，它属于生产财富。一个国家，拥有丰饶的劳动力，也就拥有丰饶的生产资源。由于现代化大生产所固有的技术密集型与知识密集型的特征，它需要的是具有熟练性、智力性的劳动，因而劳动资源的丰度，不仅表现在劳动力的量上，而且越来越表现在劳动力的质上，即劳动者的文化教育水平、技术水平以及由此产生的劳动熟练程度上。一个国家要发展生产力，提高经济效益，促进社会不断进步，离不开科学技术和教育事业的发展，为此，建立一支庞大的知识分子大军就成为必要。此外，劳动者的工作责任心，对纪律的遵守和协作精神，也属于劳动力的质——不过，它更主要地属于劳动者的道德素质。因而，大力发展教育文化事业，提高人民的文化素质、道德素质，就成为开发、培育和提高社会的人力财富的重要前提。

第五，服务产品。社会财富不仅包括由物质产品组成的物质财富，而且还包括由服务产品组成的非物质财富。

所谓服务产品，首先是指各类服务人员为衣、食、住、行、学习、休息等日常生活活动提供劳务。人们的生活活动或生活行为，表现为用某种形式对物质产品、精神产品或自然财富进行消费与享有，上述财富的被主体享有，需要有附加劳务。例如人们要享有食品，实现“食”的生活消费，需要做饭做菜；人要享有“衣服”，实现保暖和美饰的生活消费，需要衣服制作、洗、烫；人们要享有房屋，实现“住”的生活消费，要清扫房屋、粉刷墙壁、种植花木、美化居住环境；人们要享有交通工具，实现“行”的生活消费，需要驾驶车辆、维修，等等。可见，人的多种多样的生活消费行为的实现，一方面需要占有消费对象——各种物质产品与精神产品，另一方面还要有附加的劳务，这种劳务从来是人们实现生活消费的前提条件。

人类的社会生活方式越是进步，消费质量越是提高，越是要“甘其食而美其服”，对各种生活服务的需要就越加增长。生活服务的功能是：（1）它进一步改变对象的形态，使之成为可消费形态的最终产品，例如大米，经过蒸煮加工变成饭食，布料经裁剪缝制变成衣服，可见，劳务进一步使消费品的使用价值最终形成，把最终产品变成可消费形态的产品。[①]（2）劳务延长消费财富的使用寿命。房屋经常维修，可以长期供人居住，汽车经常清洗、修理可增大载运量和里程，合理的保修劳务，可以延长对象的有效使用期，这也就意味着产品使用价值的增大。（3）劳务还使蕴含于产品中多方面的使用价值得以开发出来。任何物品总是有多样的效用和使用价值，消费财富也是这样，它拥有蕴含于表层到里层的多样的使用价值。借助于有效的生活劳务，这些多方面的使用价值就能得到充分的发掘。（4）许多生活劳务本身就是一种使用价值，如旅游服务员工作的殷勤周到，餐厅服务员的彬彬有礼，等等，这种劳务除了使消费品使用价值得到发挥而

① “最终产品”和“可消费形态的产品”，是两个不同含义的概念。消费品的最终产品，因为它已经是走完了生产过程，进入了流通，但是它还不是“可消费形态的产品”。众所周知，大米不煮熟，肉类不经烹饪，还不是可以消费的。

外，它本身就给消费者提供一种新的满足，从而体现为一种追加的使用价值。基于生活劳务在实现、开发和增大使用价值中的积极的功能，我们可以将劳务视为是一种特殊产品，即非物化形态的服务产品。

服务产品是一种触媒和强化剂，它使社会拥有的物质财富和精神财富所蕴含的满足人的需要的有用性得到最充分的发挥。同时，服务又是一种独立的使用价值，它与其他消费品的使用价值相结合，大大提高主体的需要满足效果。

服务产品的增长，是生产力提高、生活富裕化的表现。社会生产越是发展，经济越是丰裕，人们原先简单的、朴素的生活方式将转变为文明的、现代的生活方式，人们占有的消费品的数量将越来越多，质量越来越高，消费方式将更加进步、文明和科学，更加适合于人的全面发展和素质的提高的需要。与此同时，服务产品的生产规模也将大大增长，原来由消费者自身承担的家庭劳务，转化为十分庞大的独立的服务部门——饮食业、理发业、照相业、旅游业，及其他各种生活服务部门——的专门业务。这种消费劳务也将为复杂的现代的物质技术武装起来，成为一种复杂的、高效用的劳务。在现代发达市场经济中，生活服务成为一个独立的和重要的经济部门，服务产品生产规模扩大，数量增多，质量提高，生活服务劳动在社会总劳动中的比例进一步增大，这种产业结构与产品结构意味着生活质量的提高和社会的丰裕化。可见，服务产品是社会财富的一个重要组成要素，而在社会主义制度下，重视服务产品的生产，也就成为人民财富的最大增值的一个必要条件。

第六，信息产品。信息即情报，它是及时吸收与及时传导的有关社会多种多样活动的消息与知识。信息有如人的眼睛，它为人捕捉客观环境，提供各种有关客观对象、事物的知识，为人们的行为导向。经济信息为生产者的生产经营活动提供指导，在商品经济中，拥有准确、及时和多方面的信息，才能进行正确的生产和营销决策，有效地组织生产与经营，做到产品适销对路，避免决策失误下出现的产销脱节和劳动的浪费，这种情况意味着生产资料的得以实现最佳配置和有效利用以及生产财富的最大限度的增值。对于精神生产者来说，如科技工作者、文学艺术工作者以及教育工作者，拥有丰富的、及时的专业信息，他们就能生产出高质量的，社会迫切需要的精神产品。拥有准确及时的消费信息，如各种商品的知识、价格行情，人们就能作出恰当的个人消费决策，实现消费品的最优组合，以最少的生活消费开支获得最大的使用价值，实现个人的需要的最大满足。

信息产品是进行科技决策的手段，社会越是现代化，社会生产、消费以及其他社会生活越是复杂，在微观决策与宏观决策中对信息产品的需要就越是增大，特别是在商品经济中，对信息产品的需要更是十分迫切。正是因此，当代的信息革命开创了数码信息大规模生产和提供的新时代，人们称当代社会为信息社会。信息产品的生产的丰裕，迅速地供应和有效的使用，是卓有成效地组织国民财富的生产、分配和消费，充分有效地发挥财富的效用的必要条件。“信息是效益”，“信息是竞争力”，这些说法都表明：信息产品是现代社会财富的一种新形式，拥有发达的信息生产部门和进行大规模信息产品的生产和传输，乃是现代化的标志，是一个丰裕社会的表征。对于生产现代化的社会主义商品经济形态来说，充分重视信息产品的生产和利用，便是人民财富的最大增值的另一个必要条件。

以上所述，可以归结如下：

第一，社会财富包括物质财富和非物质实物形态的财富，是一个多层次的结构，这种社会财富多层次结构，保证了多方面的社会需要的满足。在一个经济不发达，从而社会有效需要也未获得发展的社会，财富的结构层次较为简单。在经济发达、有效需要充分发展的现代社会，财富结构就具有多样的层次。经济发达的社会的财富生产，不仅仅是数量的增大，而且越来越是结构的优化，例如由物质富裕型，发展到文化富裕型。

第二，物质财富乃是社会财富的基础，精神产品、服务产品、信息产品的生产，都是以物质财富的丰裕为前提。任何社会的财富的增值，首先是物质财富的生产和增值，经济不发达的国家要摆脱贫困和落后，首要的是尽快增加人均占有的物质财富，物质财富的生产是富国裕民的基础。在搞好物质财富生产的前提下，大力发展和加强精神财富和其他非物化形态财富的生产，是社会财富不断壮大的客观规律。

第三，产品所具有的满足人的需要的使用价值是社会地形成的，它是人类劳动的产物，是人的劳动对自然生产品实行加工、变形、变性的结果。因而社会财富的主要源泉在于劳动，社会财富的丰裕，必须有赖于劳动生产力的提高。使用价值的形成有其自然基础，自然原生产品和自然力是物质生产的必要条件，是社会财富的重要源泉。社会财富的丰裕，除了劳动的社会生产力而外，必须有赖于对自然原生产品和自然力的充分发掘和有效利用。

（三）社会主义人民财富的特征

以上关于财富的论述，属于适合于一切社会形态的财富一般。必须指出，尽管财富是以使用价值为其物质内容，但是在不同的社会形态，基于社会生产关系的特殊性质，财富又有其不同的社会形式。例如继原始社会共同财富而依次出现的奴隶主财富、封建主财富和资产阶级财富，就是财富在阶级社会中采取的不同的社会形式。因而，对于财富的政治经济学的研究，不仅仅要揭示财富一般，还必须分析那些属于财富的具体和特殊的东西。在这里我们要分析社会主义财富的特征。

社会主义财富具有下列特点：

1. 社会共同的财富

社会主义是以公有制为基础。生产资料的公有制使社会财富、自然财富和人类长期历史发展中创造出来和继承下来的精神财富归社会占有，成为社会共同的财富，供全体社会成员共同占有、享用、造福于全体人民，这种促进共同富裕和共同福利的社会财富，体现出人民财富的性质。

2. 高度丰裕的财富

社会主义生产的目的：最大限度地满足全体社会成员的不断增长的物质与文化生活的需要，使他们获得自由的全面的发展。这种劳动者的多方面的社会需要的满足和全面的发展，是以社会主义经济的不断高涨和社会财富的日益丰裕为前提的。如我们已经指出的，社会主义优越性不仅仅表现在消灭剥削、压迫和实现社会公正这一方面，而且还要表现在社会生产力发展的高水平和人民享有的生活和福利的高水平上。如果仅仅消灭了分配“不均”，仅仅建立起某种社会公正，而社会生产仍然以落后的技术为基础，人民生活尚未摆脱贫困，就不能说真正建立起和实现了社会主义。特别是对于像中国这样的经济还不发达的社会主义国家，更必须把脱贫致富、力争通过一个历史发展阶段实现人民财富的丰裕作为重大的奋斗目标，而对于未来发达的和成熟的社会主义来说，为了保证充分发展了的人的需要的满足，更是需要有财富的高度丰裕。由此可见，人民财富的高度丰裕，是社会主义财富的一个重要的特征。

3. 满足全面发展的新人的健康需要的财富

社会主义财富的特征不仅显示在量上，而且显示于质上，这就是它具有满足高度文明人类的健康需要的品质。在实行经济自由主义的西方富国，自由生产和投入市场的黄色产品与精神垃圾，形成消极的国民财富。大量消极财富的存在，乃是西方现代消费社会的固有的特征。社会主义的物质生产、精神生产和服务生产，旨在通过生产积极的财富来满足人民群众健康的、文明的、科学的生活需要，并且要由这种积极的财富的生产和消费来培育、发展和塑造人民群众的健康的心理、高尚的情操、文明的风习、科学的生活方式，促使人的体力、脑力和道德品质的全面发展，实现全新的自由人的创造。可见，有利于人的身心健康发展的积极的财富，乃是社会主义财富的另一特征，这也是人民财富范畴的固有的内涵。

4. 精神财富的丰裕

社会主义的全面发展的新人，他需要享有现代生产力高度发展所带来的物质生活富裕，但是他不是单纯地追求物质生活，更不是耽于物欲，醉心于满足感官享受，而是有着丰富的精神生活和发达的文化需要。他们喜爱学习，以提高和开发自身的智力；他们欣赏健康的艺术，参加歌咏、舞蹈，从事书法、绘画，开展有益身心的文娱活动、旅游和体育锻炼；不少人自觉地提高自身的思想觉悟与道德情操。社会主义条件下，政府也必须致力于一代新人的文化素质和社会主义思想道德品质的培育。可见，在社会主义财富生产中，精神财富的生产十分重要。社会生产力越是发展，物质财富越是丰裕，对精神财富的需要就越涌现出来，而用于提高人们的文化教育水平，启迪人的心智，提高觉悟、培育高尚的道德品质、高雅的情操的丰富多彩的精神资料的生产也就更加重要。社会主义需要实现物质财富的丰裕，又需要有精神财富的丰裕，精神财富的丰裕，不仅将促进精神文明的建设，而且将促进物质文明的建设。可见，精神财富的丰裕乃是社会主义财富的一个新特点。

总之，财富的共同占有性，丰裕性，满足健康的需要的高品质，精神财富的丰裕，这四者共同构成社会主义的人民财富的重要特征。人民财富，将因为它具有上述量和质的规定性，从而能保证日益全面发展的社会主义新人群体的不断增长的物质与文化生活需要获得充分的满足。

（四）社会主义制度下需要与生产的矛盾和人民财富的最大增值

1. 生产和需要的辩证关系

财富的生产和社会需要之间存在着相互促进和相互制约的关系。二者的互相促进是：财富的生产是需要满足的前提。（1）从本质上说，生产是第一性的，需要是第二性的。财富的生产创造出用以满足需要的物质和精神的对象，[①]有了可供消费的对象，才能有人的需要的满足。（2）财富生产的数量和规模，决定社会需要的满足程度。社会现实的生产力水平直接限制着消费水平，生产的发展速度和物质财富与精神财富的增长规模，直接制约着消费水平提高的速度，没有生产的发展和财富的丰裕就不可能有需要的充分满足。（3）财富的生产不仅为需要的满足提供对象，而且新的使用价值的生产还不断地制造出人的新需要，从而拓宽社会需要的范围。马克思说："生产靠它起初

① 参见《马克思恩格斯选集》第2卷，人民出版社，1972年，第94页。

当做对象生产出来的产品在消费者身上引起需要。”[1]生产愈是发展，消费对象愈是丰富多彩，便愈能激发起新的消费欲望，产生新的需要，从而在层出不穷的消费实践中发展和提高消费者的消费需要。

需要是财富生产的动因。需要绝不是再生产过程的消极要素，恰恰相反，需要乃是财富生产的积极的和强大的动因。（1）需要对财富的生产规定目的。财富的生产是合目的性的生产，这种合目的性，表现为生产活动的从属于需要。且不说自给自足经济中的农民家庭的生产是直接从属于主体的需要，就是商品经济中的生产，也要通过市场机制的导向作用，使财富生产从属于社会需要。（2）社会有效需要规定着生产什么和生产多少，社会需求的结构决定着财富的生产结构。（3）需要是财富生产的动力。获得满足的需要，也就是主体得到实现的经济利益，这种经济利益呼唤和推动着财富的生产。需要是不断变动的，在原先的需要的满足过程中，新的需要又会产生，这种先行出现的新需要是财富生产的强大动力，它促使人们从事新的使用价值的创造。（4）需要的满足是劳动力再生产的条件。劳动力的再生产是物质资料再生产赖以进行的基本要素条件，劳动力再生产过程就是劳动者消费物质的和精神的生活资料的消费过程，在消费过程中需要得到满足，推动着劳动者的人身条件——劳动者素质——得以提高，成为社会生产发展的强大的动因。

财富的生产和社会需要之间的互相制约在于，一方面，相对于需要——绝对的需要或是有效的需求——来说的过剩生产，在需要的限制下总是难以继续发展。另一方面，超出了现有生产能力的人的需要，由于供给的限制总是不可能获得充分的满足。这种财富的生产和

---

① 《马克思恩格斯选集》第2卷，人民出版社，1972年，第95页。

社会需要相互之间的制约，贯穿于社会再生产过程之中。由于人的需要具有不断变化——包括需要的质和量——的特点，而且是超前变化的，往往走在社会生产能力的前面，由此，不断增长的社会需要和现有财富生产能力、生产水平的矛盾，就是一切社会形态普遍存在的矛盾，它推动着生产力的发展，财富的增值、积累和人类社会的进步。

2. 社会主义制度下需要与财富生产的矛盾的性质

社会需要与财富生产的矛盾，在不同的社会形态下具有不同的性质和状况。在原始公社制度下，上述矛盾表现为原始人维持生存的需要和极端薄弱的财富生产能力的矛盾。这一矛盾，本质上是生产力水平低与财富增值能力小的问题。在阶级社会中，社会需要与财富生产的矛盾，主要表现为，被压抑在十分狭窄范围内的劳动群众的消费需要和社会现有的财富生产能力之间的矛盾。这一矛盾在本质上是财富的占有方式，即生产关系的问题。社会主义条件下的社会需要与财富生产的矛盾的主要表现是，不断增长的社会需要与现有财富生产能力的矛盾。

当代现实的社会主义，大多数是诞生于原先经济不发达，甚至是经济十分落后的国家。因而走在前面和不断增长的社会需要和远远落后的财富生产能力的矛盾就表现得十分鲜明。我国是在一个半殖民地半封建的社会经济基础上走上社会主义道路的。在我国社会主义初级阶段，生产力水平还很低，商品经济不发达，物质产品、精神产品和服务产品的生产规模和能力，还远不能满足11亿人民的需要，因而，在这整个历史阶段内，不断增长的社会需要和财富生产能力的不足的矛盾就表现得十分突出，成为这一阶段的主要矛盾。党的十三大报告中指出："我们在现阶段所面临的主要矛盾是，人民日益增长的物质文化需要同落后的社会生产之间的矛盾。"由于社会主义经济制度已经在我国确立，社会主义经济成为国民经济的主体，剥削阶级作为阶级已基本被消灭，因而，社会需要与财富生产能力之间的矛盾，已经不体现阶级矛盾的性质，它在本质上是一个生产力发展水平低的问题。而解决这一矛盾的主要途径是大力发展生产力，人们的主要任务是不断提高人民财富生产能力，保证物质产品、精神产品和服务产品生产的不断增长，即是说，要在人民财富最迅速增值的基础上，促进社会的富裕化。

3. 社会主义的基本任务是在生产发展基础上实现人民生活的富裕化

社会主义生产和需要的矛盾的性质决定了社会主义的主要任务是迅速发展生产力，在生产稳步发展基础上实现全体人民生活富裕化。全体人民生活富裕化，即共同富裕，是指在生活资料的大量积累、消费对象的丰裕基础上实现人民群众消费生活的丰富多彩、生活质量好和生活水准高。

现代社会主义区别于原始共产主义，在于它是物质丰裕的社会主义，正如邓小平同志说："贫穷不是社会主义，社会主义要消灭贫穷。"在还未能实现必要的物质丰裕以前，在广大群众尚未摆脱贫困以前，人们就谈不上是真正的社会主义。社会主义必须要有与它相适应的充分的物质基础和充分的物质丰裕，上述物质前提不可能在旧社会中形成，而是需要通过社会主义经济建设来进行创造。我国是从生产力很低的半殖民地半封建社会走上社会主义建设道路的，我国社会主义的发生、发展和成熟的规律是社会主义经济结构先行确立，社会主义物质基础的形成以及富裕化的滞后。社会主义经济结构的先进性与社会物质基础与物质生活发展滞后，构成我国社会主义初级阶段的主要矛盾，这一矛盾决定了我国在生产关系公有化之后，将继之以一个社会现代化和群众共同富裕化的过程。

我国的现代化是与富裕化同时并进的，随着物质技术基础的增强，社会主义国民财富将不断增值，而社会主义的共同富裕程度将逐步提高。由于我国底子薄人口多，群众生活水平起点低，因而就全国来说，走向富裕化的第一个阶段即迄至20世纪末，将表现为摆脱贫困解决温饱，实现总体小康时期，此后，将表现为全面建设小康时期，到达21世纪中叶时，我国经济将达到世界中等发达国家水平，实现初步富裕化。由于社会主义制度的优越性，由于我国的消费方式、消费结构和其他经济条件的特征，在我国经济达到世界中等发达国家水平的条件下，广大人民群众将能享有较充分的生活实惠。因而到那时候，可以说，在我国将会形成初步的物质丰裕和共同富裕的社会主义，中国社会主义的优越性将大大地表现出来。

总之，社会主义的现代化和富裕化，是当前我国社会主义发展的两个主轴，现代化是共同富裕化的物质基础，共同富裕化是现代化的目标。社会主义制度把这二者结合在一起，我国人民当前的主要任务，就是要在完善社会主义制度的基础上大力发展生产力，促进这两个轮轴的顺利运转。

（五）人民财富的最大增值、合理分配和优化使用是社会主义理论经济学的重要内容

以上我们从社会主义生产的目的——全体社会成员需要的最大满足，引申出社会主义人民财富的最大增值以及合理分配的论题。必须看到，人民财富的最大增值，是社会主义国家基本实现了生产资料的社会主义改造以后的经济工作的中心，特别是对于在社会主义初级阶段的我国，人民财富的最大增值更为重要。上述情况也决定了人民

财富在社会主义理论经济学体系中的重要地位。可以说，社会主义人民财富是社会主义理论经济学的基本范畴。社会主义理论经济学的基本任务，就是要研究社会主义财富的性质和社会形式，它的生产、分配、交换和消费的条件和方式。这样的理论研究既涉及人民财富的生产、分配、交换的生产关系方面，也涉及财富创造的物质内容和生产力方面，还涉及人民财富丰裕化的有关的文化思想即精神条件。这一理论研究在方法论上，既要运用马克思主义政治经济学的科学抽象法、历史的方法、归纳和演绎法，也要使用数学分析方法以及社会心理分析方法。总之，这一理论经济学，通过把人民财富的最大增值、合理分配和优化使用作为重要内容，由此为社会主义经济的基本理论研究开拓新的视野，用它来为社会主义国家的生产力的发展、生产关系的变革提供指导，密切服务于经济的现代化和人民的富裕化。

我们认为，直接服务于当代社会主义建设的社会主义理论经济学，是一门研究社会主义生产方式的运动的规律的科学，它既是以社会主义社会的生产关系为研究对象，是以寻找经济结构的最佳形式为主要任务，但是也要考察和研究社会主义的物质内容，要探索和寻找社会生产力优化组合的方式和阐述实现这一生产力优化组合的社会经济条件。因此探讨人民财富增值极大化的规律和人民财富的分配使用方式，就理所当然地应该成为社会主义经济理论的重要内容。特别是在社会主义建设的新的历史时期，开拓社会主义理论经济学的这一研究新视野，将更有意义。

第二章

现代社会财富的源泉

一、社会财富及其源泉[①]

（一）劳动是社会财富的始源

人类进行生产的目的是创造财富，以满足自身和社会不断增长的需要。生产力和生产方式越是先进，经济形态越是完善，就越能创造出数量更大、品类更多、质量更优的社会财富，不断提高社会成员的消费水平和生活质量。社会主义更是要大力发展先进生产力，促使财富增值最大化，实现社会成员对社会财富的共享和共同富裕。

社会财富，抽象地说，是一个具有使用价值、能满足人的需要的物。马克思说，“使用价值总是构成财富的物质内容”[②]，人是有文化的、社会的人，即使是原始人的简单需要，也不能直接依靠简陋的和粗糙的自然原生产品来满足，吃要熟食，穿要衣，住要舍，因此，需

① 本节发表于《经济学家》2003年第1期，收入本卷时，作了补充。

② 《马克思恩格斯全集》第23卷，人民出版社，1972年，第48页。

要通过人的劳动对自然物进行加工，创造出产品和产品使用价值。因此，更确切地说，社会财富是一个具有使用价值、能满足人的需要的劳动产品。基于上述表述，社会财富是人的劳动生产物，是劳动的对象化形态，而劳动创造社会财富也就是马克思政治经济学的最基本的命题。在市场经济中的财富还表现为一个交换价值，即具有价值性，因而，财富具有二重性：使用价值和价值。

劳动是人的特征。劳动是人的有知识指引的、合目的的活动。人使用工具，使自然对象的结构和属性发生变化，从而形成和创造某种特定的使用价值。马克思说，“劳动是人和自然之间的物质变换”，人“使他的身上自然力——臂和腿、头和手运动起来。当他通过这种运动作用于他身外的自然并改变自然……”[①]。如果说，生物也能本能地利用自然原生产物以维持其生命和繁衍其物种，那么，进行知识引导的、合目的的劳动和创造社会财富则是人类的特征。

劳动的经济意义与功能：

1. 利用自然，实现人对自然财富的占有和享用

劳动不创造原生自然财富，后者是自然世界物质运行的生成物。但是自然财富并不是随手可以拾取和加以占有的。对劳动能力及劳动装备十分薄弱的原始人来说，狂暴的自然力，如风暴、雷电、江河泛滥，等等，经常给人带来生活苦难，即使是人可以利用的自然生产物，如森林中的原生果实、兽类，河水中的鱼虾，也要通过艰辛的劳动才能加以占有、支配和享用。依靠劳动，人才能利用自然，占有自然生产物，实现自然原生财富向社会财富的转换。

① 《马克思恩格斯全集》第23卷，人民出版社，1972年，第202页。

2. 创造劳动生产物和产品使用价值

劳动不仅仅是人占有和支配自然对象，更主要的是对自然物进行加工，改变其物质结构和属性，形成和增强能满足人的需要的属性，由此创造使用价值。自然原生产物具有粗糙性，或只有有限的使用价值；另外，自然原生物的使用价值多半是潜在的，它需要劳动来加以开发和铸造。人类需要通过烹饪劳动将采集物、狩猎物转化为熟食，通过纺织和制作劳动将棉花转化为衣服，由此形成能满足人的需要的属性和使用价值。

3. 不断创新财富内容

劳动、生产方式的变革和进步总是表现在社会财富量的增大和质的增进上。近代工业革命和农业经济到工业经济的转换，实现了社会财富生产由粗糙的土地生成物和手工劳动产品到机器工业品的转换。工业化的初期的社会财富主要是工农业生产的物质产品，随着市场经济的发展，服务日益商品化和企业化，各种服务——生活服务与生产服务——产品迅速增长，成为经济财富的重要内容。在现代发达的市场经济中，文化、艺术、教育、科学等精神产品生产规模越加扩大，成为总产品和社会财富的重要内容。

4. 创造和形成可持续的经济资源

自然原生产物如土地、矿产、水等自然和生态资源总是有限的，而且在年复一年的生产中被消耗甚至耗竭，传统的工业生产方式固有的对资源的浪费利用方式，必然导致“资源危机”，并影响生产的可持续发展。但是依靠科学力和现代环保技术，依靠高科技生产方式，人们能逐步地实现一种节约自然资源、维护环境和生态的可持续的生产。特别是依靠当代科学、技术，人类劳动正在开发、创新和扩大自然财富，不断发掘出保证社会财富持续增长的新的自然财富源泉。

可见，劳动是社会财富的源泉，或者说，社会财富是由劳动来创造，是劳动的外化和客体化。正如马克思所说：“任何一种不是天然存在的物质财富要素，总是必须通过某种专门的、使特殊的自然物质适合于特殊的人类需要的、有目的的生产活动创造出来。因此，劳动作为使用价值的创造者，作为有用劳动，是不以一切社会形式为转移的人类生存条件，是人和自然之间的物质变换即人类生活得以实现的永恒的自然必然性。”①

（二）社会财富源泉的多样性

劳动是使用价值或财富的源泉，但不是唯一的源泉。人不能只凭双手创造产品，农民不能凭空种出粮食，进行最简单的农业生产，除了劳动，还需有土地和工具。古典经济学家威廉·配第作出下述名言：“劳动是财富之父，而土地是其母。”事实上，任何一种产品的生产过程，都表现为人以自己的人身劳动器官去支配工具，对劳动对象进行加工，从而，任何一种产品使用价值都是参与这一生产过程的各个生产要素发挥其作用的结果。正如马克思所说：“在劳动过程中，人的活动借助劳动资料使劳动对象发生预定的变化。过程消失在产品中。它的产品是使用价值，是经过形式变化而适合人的需要的自然物质。劳动与劳动对象结合在一起。劳动物化了，而对象被加工了。”②如果我们把生产要素抽象地归纳为劳动力、劳动工具（机器、设备）、劳动对象三要素，那么，产品使用价值就是上述三个要素发生作用的产物。社会生产方式和具体生产过程是多种多样的，对某一

① 《马克思恩格斯全集》第23卷，人民出版社，1972年，第56页。

② 《马克思恩格斯全集》第23卷，人民出版社，1972年，第205页。

特定生产方式或生产过程来说，其产品和产品使用价值形成的能力，或劳动生产力，也就取决于上述三维要素力及其组合的状况。手工作坊与工厂在创造产品和使用价值形成能力上的巨大差别，在于上述三维生产要素及其组合方式的差别；同一技术水平的工厂，在制造产品和使用价值形成能力上的差别，其根源也是取决于生产过程中三维要素的性质差别和要素整合状况的差别。

简单的物质生产过程是三维要素结构，就机器大工业生产方式来说，由于科学知识成为独立的生产要素，因而，物质财富的创造力应该归之于劳动力、工具力、劳动对象力和科学力四要素，以及四者的有效整合。在现代发达市场经济和高技术经济的生产过程中，呈现出生产要素的多维化：除了劳动力、工具力、对象力、科学力而外，管理力、环境力等也成为生产过程的有效因素，并且对产品使用价值和社会财富形成发挥重要作用，可见，生产方式进步实现了社会财富新源泉的开发和富源的多样化。

（三）社会财富形成中主要依托的历史演进——由人力到工具力，到科学（知识）力

人类社会经历过的不同劳动方式中，生产要素的性质和要素的组合方式是不相同的，从而要素在财富形成中的功能也会有不同。大体地说：由主要依托于人力，到主要依托于工具力，再到主要依托于科学力，体现了人类的财富生产力提高的历史轨迹。

1. 财富创造主要依托于人力

人类社会经济越不发达，生产方式越落后，财富形成中人身力——包括体力和脑力在内——简称人力，越成为财富形成的主要力量。人类经历最久的农业经济时代，是主要依托于人力创造物质财富

的时代。由于劳动工具较为简单，产品形成中工具力的作用有限，生产活动取得成果的多少与人们投入活劳动量，主要是体力投入量成正比。使用手工工具进行农产品收割，要获得多一倍的作物，只能依靠人力增多或劳动强度提高。在手工作坊时期，生产量的增大也是依靠生产中人力耗费量的增大。人力，特别是一般的简单的人力，是这种以手工劳动为基础的劳动方式中财富形成的主要力量，而单位产品使用价值中也就体现出活劳动密集，特别是体力劳动密集的特征。古代社会中创建的巨大和气势宏伟的建筑物——从埃及金字塔到中国万里长城，中古社会的精美绝伦的手工艺品，都是高劳动密集产品的典型。

2. 财富创造主要依托于工具力

社会经济越发达，生产方式越进步，机器力越是成为财富形成的主要力量。工业革命和机器大生产方式的确立，意味着使用价值与财富形成立足于机器力的时代的到来。

首先，机器创造的工业品，较之中世纪农业生产方式产出的农产品，是技术含量更高的新型的财富。其次，机器是具有对自然深加工能力的劳动手段，就动力机来说，从蒸汽机、电动机，到喷气动力机、核能发电机的发展，使机器体系获得了为人力动力和畜力动力不可比拟的强大拉动力量。其三，工作机的进步，使机器在操作速度的精确性、力度等方面更为人力不可比拟。其四，机器大工业加工的对象是经过机器加工创造的优质原材料，从而生产出不同于自然原生产物的新产品和新使用价值。可见，机器制造出以对自然力的深度利用和对自然物质深度加工为内容的产品，即技术含量高的使用价值。其五，机器是提高劳动生产率的强大工具。技术进步和机器力的每一次提升，都使劳动生产率成倍或十、百倍地提高；机器生产还借助规模经营使生产量扩大，而与此同时，还使单位产品中的要素投入量大大节约。总之，机器大工业生产方式开创了人类社会财富大规模生产和快速增长的新时期，“机器生产使用价值”成为人类财富创造的发达形式。

3. 财富创造主要依托于科学力（知识力）

主要依托科学力（知识力）创造财富是人类进行财富创造的最高形式，也是财富创造效率最高的方式。尽管有知识指引是人类进行生产劳动的特征，但是在人类社会产生以来，特别是在漫长的农业经济发展阶段的生产是表现为**知识匮乏性**的。产品形成中智力的稀薄，必然加强人类体力的密集。由农业经济到近代工业经济的演进，意味着人类知识的进步，科学知识被引入生产和在财富形成中作用的增进。应该说，科学力有效地发挥它的财富形成功能，开始于大工业生产方式。由于机器是科学知识的体现和结晶，大工业的生产、劳动方式、生产组织、生产管理等是依靠和利用自然科学和管理科学的成果，以及大工业的原材料也是机器加工的生产物，从而也有科学体现于其中。马克思说：“大工业把巨大的自然力和自然科学并入生产过程”[①]，“科学因素第一次被有意识地和广泛地加以发展、应用并体现在生活中，其规模是以往时代根本想象不到的。”[②]机器大工业生产方式本身也就是依托科学力（知识力）来进行财富生产的方式。

财富创造主要依托于科学力（知识力），在当代世界经济发展新时期表现得日益明显，是当代正在蓬勃发展的高技术经济的固有的特点。

第一，高技术是当代科学的结晶。20世纪的两大科学基本理

① 《马克思恩格斯全集》第23卷，人民出版社，1972年，第423页。

② 《马克思恩格斯全集》第47卷，人民出版社，1979年，第572页。

论——量子论和相对论——的发现以及此后信息论、基因理论、光子理论等的新发展，导致计算机、网络技术、生物技术、纳米技术等高技术的出现。当代高技术劳动手段是传统机器不可比拟的，例如，计算机控制和操纵的机器体系，是一种人工智能机，借助于高度完善的自控功能，具有高速度、高精度加工能力；人工智能机能进行微观领域和宏观领域的加工、操作，从而使人类的生产活动获得无限的空间。当代高技术实现了原材料的革命，高度提纯的单晶硅、纳米材料，以及分子人工合成形成的新材料、基因材料，等等，已不只是简单劳动过滤的传统工业原材料，而且是科学力重新铸造的新材料，这种原材料拥有的全新性能，成为高质量的现代使用价值的物质基础。

总之，当代高技术依靠其生产手段力和原材料力，能够生产出像小至计算机芯片、电子猫，大至人造卫星、登月器等物质产品和现代财富。而且，高技术具有高劳动生产率，它能少费而多产，带来高财富增量。

第二，科学管理和经营是现代市场经济的特征。从微观来看，市场经济中企业的竞争力离不开经营管理能力；就宏观来看，国民经济的顺利运行和国民财富的创造，更取决于微观的和宏观的经营、管理能力。市场经济初始阶段企业的经营管理是以管理者个人的经验为基础，20世纪的现代市场经济使企业的经营管理走向科学管理。当代发达的市场经济中，（1）高技术引入生产过程，（2）市场竞争的加剧和经营风险的增大，（3）经济全球化的新形势需要有企业行为的及时响应。以上情况决定了企业必须提升经营管理能力，采用科学的管理模式和方法来提高竞争力。此外，发达的市场经济再生产过程的复杂性，需要有政府进行的科学的宏观经济的管理与调控来保证国民经济的顺利运行。可见，科学管理和经营，成为现代发达市场经济中大生产的独立要素，成为影响和决定财富生产效果的重要因素。而经济活动中的科学管理正是现代经营科学力和社会科学力的结晶。

第三，人的智能的提高是高科技经济的发展需要。当代高技术生产方式中先进的工业技术手段的运用，新的生产工艺和劳动方法的掌握，要求劳动者拥有更高的专业能力和智能，特别是不断的高技术创新，要求富有创新能力的科技人才。上述情况表明，科学知识的日益加强渗透于劳动能力的形成，科学力成为促使劳动力素质提升的积极要素。

可见，当代高科技经济中，科学越加广泛和深入地合并于生产过程之中，成为强化生产要素力的精神力量，也就是说，科学力成为现代财富形成的主要动因，它表明：主要依托于科学力创造财富的时代的到来。

（四）劳动始终是财富生产的原动力

人类社会财富形成经历的依靠活劳动、依靠工具、依靠科学的历史发展，展示了社会生产力进步所经历的梯级，体现了人类借助更先进的手段——工具力、机器力、科学力——以提升劳动生产力。在这一发展进程中，物质生产过程中出现了机器、设备取代活劳动，产品技术、知识密集化和劳动稀薄化的大趋势，在使用价值形成中呈现出非劳动要素的贡献和作用的增大，活劳动作用、功能的减少的现象，在这种情况下，一些人产生了劳动创造财富的命题是否仍然有效的疑问。

人类进入大工业生产方式后，生产过程中机器设备和先进的劳动手段的使用，使劳动生产率迅猛地和不断地提高，导致产品总生产过程中使用活劳动比重相对的减少或是绝对的减少，而单位产品中的活劳动耗费则是绝对的减少；特别是当代机器大工业中通行的大批量生产的产品呈现出劳动含量稀薄的特征，而且随着机器力的提高，单位产品中所耗费的人力，即活劳动含量越加稀薄化。上述情况表明，在使用价值形成中出现了机器力的取代劳动力。马克思指出蒸汽机取代人力的作用是生产发展，生产力提高的客观规律，他说："一旦人不再用工具作用于劳动对象，而只是作为动力作用于工具机，人的肌肉充当动力的现象就成为偶然的了，人就可以被风、水、蒸汽等代替了。"[①]生产方式越先进，更多生产作业由机器来做，机器作业效率也越来越高，在单位产品和使用价值形成中机器的贡献和"服务"[②]越是大，而劳动要素的服务和贡献则越来越小。在使用机器人进行加工作业的场合，单位生产物中活劳动的作用甚至接近零，出现"纯机器加工品"，机器取代活劳动可以说达到了极限。当代的高度发达的机器大工业，已经使制造业中的劳动力大大减缩，在发达国家制造业劳动力只占总劳动力的20%，机械化大农业使发达国家的农业劳动力降到总劳动力的5%～10%，与此同时，年生产出的工农业产品和实物财富的绝对量却大大增加。当前信息技术的发展，更大大提高了生产自控化和自动化的水平，产品的技术密集程度也进一步提高，活劳动在加工制造业使用价值形成中的直接作用和功能的减少表现得越加鲜明。例如发电能力数百万千瓦的现代化水电站的运转，只需数名管理人员。

用机器力来取代活劳动和活劳动在使用价值形成中的功能与作用的减缩并非坏事，因为，人不是为劳动而劳动，更不是以进行超负

① 《马克思恩格斯全集》第23卷，人民出版社，1972年，第412页。

② 马克思说："机器不在劳动过程中服务就没有用"，见《马克思恩格斯全集》第23卷，人民出版社，1972年，第207页。

荷的劳动为乐趣，而进行一种有利于人全面发展的合理的劳动更是社会主义的要求，也是社会进步的标志。在生产中充分依靠机器力可以做到直接生产过程中人类劳动的节约，使人有可能不再从事过度沉重的、带来身体伤害的劳动；可以缩短过长的劳动日。在构建起先进的社会制度和完善的经济机制的条件下，人们将能在最充分地使用先进劳动手段的基础上，实现一种智力与体力合理结合的完善的人类劳动，人由此可以有更多的闲暇时间用于享受、学习，求得生活质量的提高和人的全面发展。

在使用价值形成中非劳动要素作用和贡献的增大和活劳动的作用、功能的减缩，并不意味着劳动创造使用价值命题的失效。因为，**单个生产要素本身不可能是现实生产力**，**只有各个要素被组合和整合于生产过程之中**，**只有使非人身要素和活劳动相结合**，**在劳动的启动、黏合、调控等功能下**，**非劳动要素才真正发挥出使用价值形成的功能**，从而转化为现实生产力。作为政治经济学范畴的生产力，是劳动生产力。可见，劳动是财富生产的**原动力**，是要素力的**启动力**，是多要素有机结合的**黏合力**。

在市场经济运行中有必要计量和界定生产要素在生产中的功能和作用，也需要用生产函数及其他数学模型来测定各个要素对使用价值形成的贡献值，因而，也就要使用机器生产力、科学生产力，或是管理生产力等范畴，但是人们不能把肯定使用财富创造中非活劳动要素的贡献的量的计量和劳动创造财富的原理对立起来，更不能把社会生产力发展和使用价值形成中工具、机器、科学功能的增强趋势和活劳动要素功能减弱趋势，视为劳动创造财富功能的消失。例如使用计量方法，某一工厂采用某一工艺，产品使用价值形成过程中劳动贡献份额占20%，机器、原材料的贡献占80%，这只是对要素在实现产品使用价值中的功能的一种理论的剖析，而不是说形成使用价值的统一的生产活动可以分割为几个独立的板块。

现实的生产过程都是多个生产要素在有机组合中发挥功能的过程，也是活劳动要素发挥全覆盖作用的过程。（1）劳动力是始发的生产力要素。人是生产的主体，人的活劳动是各个非劳动生产要素的启动者，他发动机器体系，为生产过程实行点火，将可能的工具力和对象力转变为现实的生产力。现代大工业中庞大的物质、机器体系蕴含的强大生产力，如果没有人类劳动加以启动，也只是一堆废铁。即使是一个完全自动的机器体系，如计算机自控的智能机——包括无人驾驶飞机、航天器等——的运转，也需要有活劳动对启动键的揿动，发挥劳动的生产点火功能。（2）自动生产的机器体系，需要有活劳动承担调控功能。由计算机软件中事先编写的程序调控的机器体系的自控的运行过程，也离不开总控制室中人的随机的调控。如人造卫星的自动飞行需要地面指挥中心进行人力控制和操作，原子反应堆的自动热核反应更需要有人的监控。（3）基于（1）（2）可见，尽管现代的自动生产手段系统大大扩展了生产过程中的机器作业的内涵，但是这一自动生产过程中活劳动永不消失，而且，活劳动的作用体现在全部复杂的机器体系的运行中，体现在全部生产过程——包括非劳动过程，例如宇宙卫星的自动飞行过程——之中，贯穿于它的每一个环节的运行之中，因而，活劳动在使用价值形成中起着全覆盖的作用。

归结到一点，人是生产的主体，机器、设备和原材料是人类进行生产的物质手段，是被用来增强人的活劳动能力的工具。在生产过程中人的活劳动能力是主体生产力，而机器力和对象力则是客体力。一旦人发动了生产工具和对原材料进行加工，被活劳动之火点燃和发动，生产中的客体力就转化为主体力，工具力就表现为人类活劳动的能力；更确切地说，工具力转化为被增强了的活劳动能力。不论人们使用的物质生产工具是多么先进，数量多么庞大，不论被使用的人力，即活劳动量是多么小，但是生产过程中的强大的客体力——工具力始终表现为主体生产力，表现为活劳动的生产力。而人类进行的革新机器设备，提高原材料品质的一切努力，都在于增强人类劳动的物质装备，由此把更强大的客体生产力转化为人类劳动的生产力。

马克思深刻地阐述了人在生产中的主体作用和活劳动在发动机器和操作原材料的生产功能，他说："活劳动必须抓住这些东西，使它们由死复生，使它们从仅仅是可能的使用价值变为现实的和起作用的使用价值。它们被劳动的火焰笼罩着，被当作劳动自己的躯体，被赋予活力以在劳动过程中执行与它们的概念和职务相适合的职能。"[①]基于上述经济学的理论分析方法，人们可以发现"机器生产使用价值"的现代生产方式尽管呈现出生产过程中活劳动的"稀薄"，但在实质上仍然和简单的生产过程一样，通行着活劳动→工具→产品的逻辑和机制，即使是当代智能机器的产品，也仍然有活劳动的对象化和客体化，本质上仍然是活劳动的产物。"劳动创造使用价值和财富"的命题仍然没有过时。

（五）当代高技术生产方式中社会财富形成中智力劳动功能强化

当代经济的大趋势是高技术经济的兴起和走向知识经济，科学力日益成为现代财富形成的主要源泉，知识密集成为现代财富的特征。知识是科学劳动的结晶，高科技产品的知识密集性本身意味着有科学

① 《马克思恩格斯全集》23卷，人民出版社，1972年，第207、208页。

劳动体化于其中[1]。创造知识密集的产品，即把原科学知识要素合并于生产和体现于生产品之中，需要依靠人的活劳动投入，特别是需要有高智力的活劳动的投入，而任何一种科学知识密集的产品的形成都是既体现有原科学劳动的作用，又体现有活劳动，特别是智力性活劳动的作用。可见，科学（知识）力本质上是劳动力，科学力的高财富创造力，体现的是高级形态的人类劳动——知识创新劳动的生产力。

适应于高技术经济发展的需要，在当代，科学品（产品）的研发、生产，包括新产品、新技术、新工艺等的研发设计以及有关基础理论与应用科学的研究，已经成为社会大生产的一项重要内容。科学品是科学劳动的产物，高质量的科学品来源于科学劳动的高质量和高投入。当代的具有重大意义的科学发现和理论创新，是具有先天禀赋的智能，又拥有教育开发、培育的后天智能的科学家进行的艰苦创新劳动的成果。用于满足人们精神需要的文化品、艺术品、教育品（服务）的生产的迅激增长，是现代经济发展的大趋势。文学品、艺术品、教育品是人的精神劳动的生产物，是精神产品，它的质量体现了人的精神劳动的性质、素质和劳动投入。高质量的精神产品是高质量的和艰苦的精神劳动的产物。人们可以看到，历史上的真正伟大的艺术精品，均是拥有深厚的学识和娴熟的艺术技巧的艺术大师的艰苦的、长期的知识创新劳动的成果。

即使是依靠信息技术进行精神产品生产的当代，精神产品的使用价值，仍然是劳动所创造。当代人们已经利用计算机制作影视卡通、作画、作曲，上述以计算机作为工具生产出的“电子艺术品”，一方

① 在科学知识作为人们共享的、社会公共产品的场合，创造知识的原劳动不形成价值，但却形成使用价值。

面，它是特殊的信息物质产品的生产，具有很高的劳动生产率。电子艺术家在很短时间完成电子艺术品的制作和借助复制进行大规模生产。另一方面，它是精神生产，艺术家的艺术构思和精神创造劳动体现在计算机程序之中，从而也体现在作为最终的电子产品的艺术品质之中。显然，信息艺术产品，作为精神产品和精神使用价值，它是由艺术家的劳动所创造，而与计算机的能力无关。

综上所述，当代高技术经济的发展，尽管一方面进一步强化了生产过程中活劳动的节约，但另一方面却带来产品中科学、知识的密集，它表明：智力劳动在现代社会财富形成中的功能的大大强化。

小　结

我们将社会主义条件下的财富创造机制简要归结如下：

第一，社会主义社会以实现社会财富增值最大化和共同富裕为目标，为此，就要大力发展先进生产力，不断完善社会主义生产关系和推进先进文化的发展。

第二，基于现代生产要素的多维化，充分动员、聚集和整合各种生产要素，最大限度发挥要素力，是促使财富快速增长的先决条件。在社会主义建设中，要致力于“放手让一切劳动、知识、技术、管理和资本的活力竞相迸发，让一切创造社会财富的源泉充分涌流”①。

第三，基于社会财富形成主要依托的历史演进的规律，在社会主义建设中要加快推进工业化、信息化，实现技术跨越式发展和增长方式的转换，在财富创造中要充分发挥多种生产力要素的积极作用，更要着眼于推进财富创造的主要依托由人力向工具力、科学力的转换，

① 江泽民同志在《中国共产党第十六次全国代表大会上的报告》。

最有效地发挥作为第一生产力的科技在财富创造中的功能。

第四，劳动始终是财富生产的原动力。生气勃勃的社会主义建设更是立足于当家作主的人民群众的劳动积极性之上。因此"必须尊重劳动、尊重知识、尊重人才、尊重创造"，"要尊重和保护一切有益于人民和社会的劳动"①。为了实现科技跨越式发展和充分发挥科技在财富创造中的功能，要努力提高劳动者的素质，大力培养和壮大科技和管理工作者团队，促使拥有高创造能力的精英人才脱颖而出。狠抓人才培养就是壮大财富的源头，人们也就抓住了提高财富创造力的根本。

第五，劳动、知识、技术、管理、资本等生产要素在生产过程中的聚集和有效整合以及要素的生产力功能获得充分的发挥，是以适合于生产力性质的生产关系为其制度前提的。近现代世界经济发展史表明，市场经济体制具有有效的吸引、聚集和整合各种要素，激活其生产力的功能，中国特色社会主义建设的实践表明，社会主义市场经济体制及其机制，是动员、激活多种生产要素和发挥其财富创造力的决定力量，加大制度创新力量，进一步构建起完善的社会主义市场经济体制，将为我国多样要素活力竞相迸发，财富源泉充分涌流，奠定坚实的经济基础。

二、工具力在财富形成中的功能

人是创造和使用工具的动物。任何社会财富的创造都是人使用特定的劳动工具，采取由这一工具所规定的特定劳动方式和特定具体劳动结出的果实。劳动工具是提高劳动生产率的物质杠杆，有什么样的

---

① 江泽民同志在《中国共产党第十六次全国代表大会上的报告》。

劳动工具就有什么样的财富生产。劳动手段越是先进，也就有更加先进的社会财富的生产。马克思提出了一个著名的命题——“各种经济时代的区别，不在于生产什么，而在于怎样生产，用什么劳动资料生产”[①]。这一命题确切地指出了劳动手段，我们称之为工具力——在财富形成中的重要作用。依据马克思这一命题，我们可以将迄今为止的人类社会的财富的生产，归结为三种彼此递进的方式：（1）用手工工具生产财富；（2）用机器生产财富；（3）用高技术生产财富。

（一）手工工具力的财富生产功能

用手及手工工具生产财富是人类财富生产的第一个形式，也是人类历史上经历的时间最长的生产方式。原始社会的采集、渔猎、畜牧等生产形式，是使用原始的手工工具的生产，此后的农业经济时代的物质生产活动都是建立在改进了的但却是粗糙的手工工具的基础之上。中世纪的城市手工业是使用手工工具生产的典型形式，手工业生产力的物质基础是更加完善、精致的手工工具及其体现的工具力，但更主要是依靠劳动力，即工匠的劳动熟练与技巧，[②]人们可以从许许多多中国中古的玉器、瓷器、漆器以及刺绣等工艺珍品中——人们称之为国宝——看到在手工工具基础上工匠熟练劳动的卓越的财富创造力。

在机器大工业时代和信息时代，手工工具退出了工农业生产的主要领域，但是在一些辅助的劳动，例如机器维修、装配、调试仍然要

---

① 《马克思恩格斯全集》第23卷，人民出版社，1972年，第204页。

② 马克思说：“正是父传子、子传孙一代一代积累下的特殊熟练，才使印度人具有蜘蛛一样的技艺。但是同大多数工场手工业的工人相比，这样一个印度织工从事的是极复杂的劳动。”《马克思恩格斯全集》第23卷，人民出版社，1972年，第378页。

依靠手工工具；一些高级装饰品的生产也仍然要依靠手工工艺和手工工具；在服务生产的广泛领域，特别是在实行个人劳动方式的领域，例如牙医和外科手术，手工工具仍然是重要劳动手段。文化、精神生产需要依靠手工工具，思想家的著书立说，艺术家的从事绘画、雕刻，都是一种手工劳动，依靠的是笔、刀、锤等手工工具。手工工具的完善是促使杰出精神产品得以产生的物质条件，高质量的乐器例如管弦以及钢琴等使音乐演奏效果大大提高，帕格尼尼出色的演奏与他使用的精致的小提琴有关，而笔的改进——从毛笔、铅笔到钢笔、圆珠笔的发展——对文学作品生产能力的提高起了十分重要的作用。当代具有强大文字处理功能的计算机的发明，更是使知识产品的生产能力成倍提高。而且，新的工具引起了新的产品的出现，电子琴产生了电子乐曲，计算机技术产生了电子图画、电子卡通，等等。可见，工具的完善和工具力的提升起着促进手工业发展和知识产品生产发展的重要作用。此外，人们在手工工具的技术基础上，依靠“社会结合”的劳动力，形成一种大规模、高密集的劳动方式——人们称之为“大兵团作战”——能完成高劳动密集型的社会财富的创造。从古埃及的金字塔和人面狮身像、中国的万里长城、古罗马斗兽场、印加文明遗址等古代、中古宏伟建筑中，人们可以看出与“社会结合劳动”相结合的手工工具和手工生产的财富创造功能。[①]即使是在当代，在一些基础设施领域中，依靠手工工具的财富生产方式仍然是值得重视的，特别是对于人力资源高度富饶的我国，利用好这种财富生产方式还是十分重要的。

---

① 古代、中古的大规模社会结合劳动是依靠超经济的强制而组合起来，体现了对奴隶劳动或农奴劳动的剥削，这种劳动社会结合的制度，成为结合劳动效率发挥的障碍。对这一方面在本章中不再展开论述。

用手工工具生产财富毕竟是物质、实物财富创造的低级的和落后的形式，手工工具是不发达的劳动手段，工具力的薄弱决定了具体劳动难以做到完善和高效，其表现是产品质量粗糙，甚至品质低劣，从而限制了财富的有用性。特别是手工工具的劳动生产率低，产品量少，剩余产品小，甚至没有剩余产品，财富积累力弱，因而用手工工具生产财富向用机器生产财富转换，就是人类增大财富增值能力的必然要求。

（二）机器力的财富生产功能

用机器生产财富是与工业经济时代相适应的财富生产方式，也是人类社会财富生产的发达形式。机器是发达的和高效的工具组成的，是由动力机、传动机、工作机组成的机构和体系。机器生产克服了人力作动力和用手操纵手工工具进行生产的多种局限性。机器大生产把自然力和自然科学合并于生产过程之中，形成强大的作业能力。马克思说："通过传动机由一个中央自动机推动的工作机的有组织的体系，是机器生产的最发达的形态。在这里，代替单个机器的是一个庞大的机械怪物，它的躯体充满了整座整座厂房，它的魔力先是由它的庞大肢体庄重而有节奏的运动掩盖着，然后在它的无数真正工作器官的疯狂的旋转中迸发出来。"[①]机器的强大作业能力，首先，表现在生产品——工业品的质量和数量上。由于机器生产方式中，具体作业由工作机去完成，"机器的使用要遵照严格的科学规律"[②]，机器作业的速度、加工的力度、操作的精确度都大大地提高，为手工操作所不可

① 《马克思恩格斯全集》第23卷，人民出版社，1972年，第419页。

② 《马克思恩格斯全集》第23卷，人民出版社，1972年，第425页。

比拟，从而机器生产能完成手工生产所不能完成的作业。机器具有耐久性，它提供长时间服务，机器力是全部地参加生产过程，即“整个地被使用而只是部分地被消费”[①]，在年复一年的再生产中，除了每年需要加入电力、润滑剂等物耗而外，机器一直持续被使用，在生产过程中一直提供不花代价的无偿的服务，如人们使用日光、水、空气一样。使用的机器体系规模越大，物质设备积累量越大，生产过程中被无偿使用的机器力就越大。“机器的生产范围比工具的生产范围广阔无比”[②]，机器的使用大大拓宽人类生产活动的范围，使生产向广度、深度扩展，创造出日新月异的工业品。从19世纪的电灯、电话，到20世纪的汽车、地铁、喷气式客机、现代住宅、家用电器，到现代超市中使人目眩的多种多样的高技术含量和高品质的消费品，都体现了机器生产创造新型使用价值和工业财富的能力。

机器拥有极强大的工具力，它的使用直接带来劳动生产率的提高。电视机工厂使用流水线，一个100人的车间可以日产电视机1500台，使用最先进的流水线，同样的车间可以日产电视机1.5万台。在这里鲜明地表现了先进机器的使用价值生产能力。工业经济时代，机器制造业的大发展，人们用机器生产机器，这意味着效率更强大的新机器设备的不断地推出和投入使用，它进一步促使劳动生产率的大幅度提升并由此带来总产品的快速增长，工业品、农产品财富大量积累和居民生活水平的提高。当然，在资本主义经济中财富增长的生活富裕效应还受到对抗性的制度的制约。在社会主义制度下，加快工业化的发展进程，充分依靠机器力，快速增加工业财富，将会带来富国裕民

---

① 《马克思恩格斯全集》第23卷，人民出版社，1972年，第667页。

② 《马克思恩格斯全集》第23卷，人民出版社，1972年，第425页。

的巨大效果。

（三）高技术力的财富生产功能

作为经济学范畴的技术，它的一般含义是机器设备、生产工艺、原材料三者的综合。技术的核心是机器设备，即生产“工具”或“手段”也包括原材料，因而人们简称物质技术，但生产工艺和流程，机器运作程序，也是技术的重要内容。随着科学的不断进步，机器设备的不断完善，由此引起生产工艺的变化，而原材料的性能也会不断改进，这种物质生产手段、条件和生产工艺、方法的提高，就是生产中的技术进步。在工业经济的发展中，随着市场机制的强化，促使了技术不断进步和升级。在20世纪末以来，科技发展进入更高阶段，出现了具有生产现代使用价值能力和带来更高劳动生产率的高技术；在世界进入21世纪以来，科技进步势头仍然强劲，呈现出众多领域中高技术不断的创新，在经济发达国家的GDP的增量中，高技术的贡献越来越大，技术创新成为拉动经济增长的火车头。

20世纪末期经济发达国家出现的信息革命，是对当代世界经济发展具有重要影响的事件。信息技术是迄今为止人类在生产手段上的意义最重大的发明和创新。信息技术作为生产工具使用于生产，产生了高科技生产方式，其特征是：人工智能机以其事先输入的程序，进行生产的自行启动和对生产过程实行自动调控。这是一种迄今最高级的机器大生产，它彻底克服了人的活劳动直接操作和加工方式固有的局限性，从而使人对自然物与自然力的利用进入到微观与宏观的深层领域。

高技术给财富创造带来的影响是：

第一，使用价值品类的极大丰富。高技术经济是不断创新的经济，就消费品来说，在信息、网络技术的不断创新下，家用计算机正在向多（功能）、快（运算）、小（体积）的方向不断地升级换代，功能众多的新产品使人眼花缭乱；20世纪90年代中叶以来短短数年时间手机的开发进入第三代——将移动电话与网络技术相结合；快速数码化正在使家用电器生产发生一场新革命；模拟式的电器正在为数字化的电视机、空调、电冰箱所取代；方兴未艾的生物工程技术，特别是人体基因与生物基因排序技术的快速进展，正在引起高科技含量的农产品、食品、药品等崭新产品的出现。就资本品来说，无论是信息硬件产品——计算机以及其他信息、网络设备，还是各种生产、管理应用软件都正在快速增长。信息技术和传统工业技术的整合革新了传统工业技术，创造出高技术含量的新工业产品。例如信息手段的利用使汽车不仅高速、安全，而且兼有通信、卫星定位、上网、放送高保真音乐等功能。分子合成技术与纳米技术正在孕育出新型微型机器和创造出拥有更佳性能的新物质新材料。信息技术还创造出新的文化产品，从智能玩具到迪士尼式的集音乐欣赏、影视观赏、惊险运动为一体的文娱休闲综合产品。此外，信息艺术品，例如信息技术制作的电影、电子卡通，以及电子音乐等也正在兴起。

总之，作为高技术经济特征的不断的技术创新，带来产品不断的创新，人们看到了历史上前所未有过的产品的日新月异，社会财富的丰富多彩。

第二，产品的高使用效果。马克思阐明了“机器的使用价值”[①]是机器拥有的创造更多产品的功能。有什么样的生产手段就有什么样的产品和产品使用价值，一般机器工业技术，生产出传统工业品，当代高技术则生产出崭新高技术含量产品和现代使用价值。现代新型产

① 《马克思恩格斯全集》第25卷，人民出版社，1974年，第95页。

品具有下述特征：高使用效果。计算机的发明是人类在使用价值创造中的一次革命，其意义甚至胜过火的发现以及18世纪电力的发明。已经通行的奔四电脑的运算速度可以达到每秒22亿~24亿次，而且兼有高信息储藏、通信、学习、文娱等多种功能，是具有高消费效用和高生产能力的现代使用价值的典型代表。近年来进展快速的生物科技基因技术，特别是克隆技术，已经实现了有生命物质和人类生命体的人工创造，并且创造出崭新的高科技含量产品。例如具有多种抗灾害能力的优质、高产农产品，具有保健和各种不同医疗功能的食品，具有修复人体器官功能的基因药品。基因药品能治愈癌症、糖尿病，以及帕金森症等现代顽疾，并且使“返老还童”不再是神话。此外，使用新的分子合成技术，人们能不断地创造出质量优越，如耐高温、耐高压、高传导性等的新物质、新材料，人们可以看到现代新型人造纤维具有远胜于棉纱的轻柔、保暖、通气性能，甚至还可以有医疗的效果，防寒棉制品使传统的羊毛织品也黯然失色。纳米技术创造出的分子机器具有广泛的用途，例如可在人体血管中循环诊治的医疗器械。传统工业品，由于引进和增大了高技术含量，它的使用效果也得以大大提高。当代超音速的喷气式客机，高速磁悬浮列车，实现了高强度的运输能力和休闲功能的完美结合，它使旅行由辛苦变成赏心悦目的享受。

可见，高技术通过合目的地和深度改造、重塑产品物质（对象）体的属性，创造了具有高使用效果的崭新的产品，较之传统的科技含量低的工农业产品来说，这种高技术含量越来越高和使用效果越来越大的现代产品，是高质量级的产品的现代使用价值，这种新型产品越来越成为现代社会财富的主要内容。[①]

第三，物质要素低耗性：任何生产过程也是劳动力、机器和原材料等生产要素的消耗过程。要素的消耗状况取决于劳动方式，手工业生产方式具有劳动耗费密集性，[②]机器大工业生产方式则具有机器、能源、原材料耗费密集性。机器大工业的发展，使机器体系越加复杂，企业的资本技术构成越发提高，生产中的机器耗费越加增大。随着机器耐久性的增大和使用年限延长，单位产品生产中的机器设备和能源的耗费减少了，但是原材料的耗费却是与劳动生产率俱增，例如铁钢冶炼设备的改进在减少设备耗费20%的情况下使钢生产量年增产50%，但是铁的耗费也增加50%。可见，传统的工业生产方式，存在着生产能力提高与物质耗费增大，特别是原材料耗费增大的矛盾，工业化、现代化过程中出现的资源的耗竭，生态环境的被破坏就产生于上述工业生产方式固有的物质耗费高的性质。高技术经济及高技术含量的产品，却具有低物质消耗的特征，一方面，由于高技术企业资产中知识资产密集的特征，以及产品体积小，物质原材料少，因而使用价值形成中的物质消耗少。例如信息产业中软件的生产，光碟的信息容量越来越大，功能越来越多，而光碟体积却很小，物质耗费极其稀薄，人们说等同于一个图书馆的信息量可以储存于一盘光碟之中。高技术创造了一种崭新的高使用效果、低物耗的产品。借助生物工程的农产品的生产，由于利用了基因力和对不竭的资源——阳光力的利用，它既能高产而又节约地力，瓶罐栽植的农产品更完全节省了土地

① 信息产业产值在发达国家如美国已经占GDP的10%，2002年美国信息产业产值占全球信息业产值43%。

② 手工艺产品是劳动密集型产品的典型。一件手工艺品——如玉雕或刺绣——往往是成年累月劳动的成果，单位产品中体现了劳动耗费的密集。

要素；利用基因工程的药物制造，借助于生物基因的自然增殖机制，可以无须原料，而只要有水和辅助材料就可以生产出数量庞大的产品；利用热核反应，即4氢原子的合成技术来生产电能，人们能依靠海水和有限的机器设备等物质耗费开发出不竭的新能源。还需要指出：高技术拥有高劳动生产率，使分摊入单位产品中的物质设备的耗费和活劳动耗费越来越少，在市场经济的价值规律作用下，产品成本降低，销售的空间得以扩大，使产品得以进入千家万户。在历史上高效用产品属于珍品，从来是富有者享用的，而在信息时代的现代使用价值的生产中，许多高效用产品很快在市场畅销，成为大众化的产品。人们可以看到电视机自20世纪中叶出现到普遍推广花费了60年，家用计算机只花了20年就进入广大居民家庭。最典型的莫过是手机的迅速推广，中国1995年手机持有者还是寥寥无几，2003年，中国手机持有量已达2.5亿部，居世界第一位。可见，高技术成为低收入阶层一定程度参与分享现代使用财富的物质基础。高技术产品的低物质耗费的性质，使人们得以在大规模财富创造中实现自然力与自然物质的节约，由此人们在经济增长中能有效地减少对煤炭、石油等非再生产资源以及对林木、稀有动植物资源的耗费和自然生态的破坏，经济增长与资源、环境遭受破坏这一工业经济固有的矛盾和现代社会面对的可持续的经济增长的难题也有了解决之途。

第四，生产高效率。现代高技术生产手段拥有人不曾想象到的巨大的生产力。先进的计算机可以达到每秒数十万亿次的运算能力，核反应堆发掘出自然物质深层的不竭的能源，各种新性能的合成材料以及纳米技术创造出能力最强大的机器、设备，也创造出永不耗竭的和拥有最优性能的原料，而计算机自控更产生了新的超高速的生产作业：数字运算、信息检索、整理以及宇宙航行、热核反应等。高技术经济中强大的劳动工具力加上超高速生产，产生出一种极大化的财富生产模式，我们可以表示如下：

$$M\times \varepsilon P=\varepsilon W$$

其中，M为生产能力，P是生产速度，W是产品，ε是无限大。

这一公式，意味着借助能力强大的生产手段，再借助高速生产，能使产出超常规的增大。我们可以把高技术生产方式视为是一个整体：（1）以新型能源为骨干的先进的动力机体系；（2）计算机和网络的信息传输体系；（3）由信息技术直控的智能机器体系。在我们面前出现了一种新型的机器体系，它把工具力——机器力提升到顶峰，“大工业把巨大的自然力和自然科学并入生产过程，必然大大提高劳动生产率”[①]，高技术产业在更高水平上将自然力和自然科学并入生产过程，并使劳动生产率倍数甚至幂级地增长。

综上所述，我们面对着一个新时代，传统工业经济正在向高科技经济转变，一种崭新的高技术生产方式正在迅速地兴起，高技术成为人类用来生产财富的最强大的工具，高技术力真正成为邓小平同志论述的“第一生产力”。

三、管理力在财富形成中的功能

历史地看，生产力的要素结构是随着生产方式的发展变化而发生变化的。在个体生产方式中不存在管理劳动，在进行分工和协作的工厂生产中，管理劳动成为工厂“社会结合劳动”的组成部分，成为生产劳动的一种具体形式。随着现代大工业生产方式的发展，企业内部

① 《马克思恩格斯全集》第23卷，人民出版社，1972年，第424页。

资金、科技、物质要素、劳动力等要素越加庞大，为了有效地整合资源，需要加强内部管理；随着市场竞争日益激烈，以及随着经济的全球化和生产、经营的跨国化，为了在广大地域中有效组织经济活动和对企业生产、营销进行相应调节，企业管理劳动越发重要；可见，在现代市场经济中，企业管理已经成为重要的和独立的生产要素。

我们已经阐明，使用价值形成决定于具体劳动的效率；后者又决定于：（1）生产要素的生产力；（2）各个要素相互结合的状况。生产要素组合的性质和状况十分重要，在任何生产方式下，实行要素的有效和优化组合，使各个要素作用互相协调和促进，可以使劳动力、工具力、劳动对象力得到充分的发挥，从而实现高效率的生产活动。在个人劳动的场合，是由劳动者自身对具体劳动方式的调节，来实现生产要素的有效组合；而在协作劳动方式下，则需要有指挥劳动来实现结合劳动的有效组合，以及劳动力要素和其他生产要素的有效结合；当代使用机器体系和众多劳动力、分工细致的厂内协作劳动，更需要有发达的管理、指挥劳动来实现多种生产要素的有效组合。

“结合劳动”是现代化大生产条件下的劳动的特征。现代化大生产在物质技术上使用机器体系，在劳动力上则使用由多数劳动者组成的“总体工人”或“社会结合工人”，后者是按照工厂内的生产分工制度而对劳动力团队实行的编组。例如，从事机器制造的工厂，一般都有冶炼、铸造、精加工、动力、维修等一系列工种，此外还有从事管理、营销劳动的人员，以及从事新产品、新技术研发的科技人员。现代的大企业，特别是大制造业工厂，都拥有庞大的劳动大军，是一个多数劳动者组成的结合劳动体。

亚当·斯密基于对资本主义工场手工业的考察，高度评价制造业中以分工为基础的劳动协作在提高劳动生产率中的作用，指出编组于工厂中的劳动是“社会联合劳动”。马克思对机器大工业生产方式的社会结合的劳动形态进行了深入的理论分析，他把企业内的劳动者作为一个“劳动体”[①]一再地使用“总体工人”“社会结合工人”“社会结合的劳动”[②]等概念。马克思提出了产品由社会结合的劳动生产出来的新命题，他说：“产品从个体生产者的直接产品转化为社会产品，转化为总体工人即结合劳动人员的共同产品。总体工人的各个成员较直接地或者较间接地作用于劳动对象。因此，随着劳动过程本身的协作性质的发展，生产劳动和它的承担者即生产工人的概念也就必然扩大。为了从事生产劳动，现在不一定要亲自动手；只要成为总体工人的一个器官，完成他所属的某一种职能就够了。”[③]在这里，马克思着重指出，在工厂制度下：（1）原先的个别劳动过程转化为多数劳动者参与的共同劳动过程；（2）生产者由个体生产者转化为总体工人或结合劳动者；（3）参与共同劳动的各种具体职能不同的劳动，从直接的加工劳动到管理、服务劳动都属于生产劳动。总之，马克思阐述了从总体上来把握和看待劳动者和劳动过程的方法和广义的生产劳动的概念。

共同的劳动过程的正常进行和具有效率，有赖于管理。社会结合的劳动，一方面在协作中产生“集体力”，另一方面，也产生摩擦力，因此，需要有指挥劳动，来协调每一个共同劳动参与者的活动，增加“劳动的规则性、划一性、秩序性、连续性和效能”[④]，最大限度地形成合力，减少各种摩擦。马克思提出关于管理劳动的著名论述：“一切规模较大的直接社会劳动或共同劳动，都或多或少地需要指

① 《马克思恩格斯全集》第23卷，人民出版社，1972年，第398、460页。

② 《马克思恩格斯全集》第23卷，第12章，第13章；第25卷，人民出版社，1972年，第96页。

③ 《马克思恩格斯全集》第23卷，人民出版社，1972年，第556页。

④ 《马克思恩格斯全集》第23卷，人民出版社，1972年，第450页。

挥，以协调个人活动，并执行生产总体的运动——不同于这一总体的独立器官的运动——所产生的各种一般职能。一个单独的提琴手是自己指挥自己，一个乐队就需要一个乐队指挥。”[①]管理劳动从来是形成有效率的共同劳动的必要杠杆，而随着生产的现代化和现代市场经济的发展，管理职能越发重要了。现代大企业，特别是500强这样的顶尖级大企业，需要加强人力资源的管理，对企业内部庞大的结合劳动力团队进行合理编组和配置，发掘劳动潜力和对人才进行培育、提高，充分调动人的积极性，在最有效地利用结合劳动力的基础上，形成高效率的整体具体劳动。如果说，对小企业中较小的群体劳动，可以通过个人直接管理来有效地整合，如指挥一个乐队那样，那么，对现代大企业中劳动力大团队的指挥、管理，就需要依靠作为“司令部”的管理人员群体的劳动和依靠科学的管理方法，而最高管理者和“工业司令官”，即当代的CEO，他们的个人的素质、智慧与管理能力，更是企业“结合的”管理劳动的质和效率的决定因素。

除了有效整合结合劳动力而外，现代大企业的生产活动的效率，还需要依靠对企业内的其他要素——生产手段、生产条件、劳动对象，以及资本、科技知识等——的充分有效地利用和整合。大企业聚集有庞大的物质手段，大规模生产又是劳动对象以及场地等物质条件的大量消耗，进行大生产需要购置庞大的机器体系，需要庞大的资本，因而，大生产不一定经济。大企业要有竞争力就必须进行有效的组织与管理，充分发挥生产活动高效率和争取物质要素低消耗，这就要求企业按照生产手段的性质和要求，采用科学的生产方法和工艺流程，确立一种恰当的生产、经营模式，并使结合的劳动力的具体劳动

① 《马克思恩格斯全集》第23卷，人民出版社，1972年，第367页。

适应于这种物质生产体系运行的要求。现代大生产既要求结合劳动“侍候好”机器体系，又要求机器体系的运转立足于结合劳动者生产力的最充分的发挥。社会主义条件下的大生产，更加需要实现机器力与劳动力的有机结合。现代企业管理劳动，依靠对管理科学力的利用，有效地实现厂内各种生产要素的有效整合和互相促进，实现了有序的大规模生产和营销活动，企业生产、经营的效率中体现了管理劳动力。

可见，企业内生产要素积聚量越大，生产规模越大，越是成为跨地区、跨国的大生产，越是需要通过要素的有效整合，充分发挥要素力和提高整体生产活动的能力和效率，因此，管理劳动也就越发重要。当代高技术的发展开创了一个经济不断创新的时代，不断扩大和深入发展的科技革命，使企业的劳动手段和劳动对象处在不断革新之中，要求企业不断革新生产技术，采用新的劳动方法，调整劳动组织和生产组织形式，进一步搞好要素的科学配置和整合。可见，不断创新的技术，要求企业进行不断的、及时的要素再整合，因而管理劳动也就越发重要。

市场经济条件下企业产品表现为商品，企业首先要组织好直接生产活动，还要组织好商品营销活动，实现商品价值，取得盈利，进行积累和开展新一轮的生产，即再生产。在市场竞争越加激烈的当代，营销活动越发重要，进行卓有成效的商品市场营销活动成为企业获取经济效益的重要杠杆。在资本主义初始发展阶段，在企业规模小，多半是个人家庭企业的条件下，可以依靠少数簿记员从事一般财会核算劳动，营销活动则由企业主来做。现代大企业不仅有财务工作者团队，甚至有十分庞大的商品销售团队，而对日益复杂的营销活动的管理就成为企业管理的重要内容，包括生产、营销、财务管理在内的综合的管理劳动，成为形成企业总体的生产活动的重要条件。

资本经营在现代市场经济中越发重要。在资本主义发展的初始阶段，小企业主主要依靠自有的货币资金来从事生产和经营；19世纪中叶以来随着企业生产规模的扩大，银行信用制度的发展，以及资本市场的形成和发展，企业走上了依靠从资本市场融资来扩大、聚集货币资本的道路。在发达的金融市场形成的当代，企业进行有效率的资本营运越发重要。借助于股票的发行、配售，可以迅速筹集和扩大资本金；借助于股权的收购，对相关企业进行控股和兼并，可以进一步壮大企业规模和调整生产结构；借助于风险资本的利用，可以支持企业的科技创新计划和推动科研成果向现实生产力的转化；借助于有效地利用期货可以在购置原材料中减少风险；特别是发达的资本市场的运行中存在着一种虚拟资本扩张机制，通过资本经营，有效地利用这一机制可以实现企业货币资本价值的高增值和企业资产的快速扩张。资本经营是发达市场经济中企业进行生产扩张和结构调整的重要手段，这项专业性强的活动是由经营者和有关职能部门来承担，它是CEO职能的一个重要内容。拥有卓越的资本营运能力的企业家，能做到充分利用金融市场货币资本，壮大企业的资产价值和金融实力，把企业做大做强。

上述情况表明，发达市场经济条件下的现代企业经济活动包括生产活动、营销活动以及资本经营活动，而现代企业经营管理，是对多方面经济活动的全面管理，科学管理使企业内在要素力得到有效发掘和有机整合，由此提升企业整体力，也能做到对市场力量的有效利用。可见，当代企业有效率的生产活动，十分鲜明地体现了管理（经营）要素的功能，即管理力，而作为管理（经营）劳动能力和管理科学生产力二者的综合的管理（经营）力，不仅是现代企业生产力的独立要素，而且，也是现代企业生产力的重要的和关键的因素。这也表明，在现代市场经济中管理力是财富生产的重要力量。

四、科学力在财富形成中的功能[①]

科学力是现代生产力的独立要素。人类生产方式的发展和演变，体现了从知识稀薄的生产走向知识密集的生产；17世纪以来开始了近代自然科学的发展和兴起，随着资本主义机器大工业的发展，出现了科学大规模合并于生产，转化为生产力，科学由此成为生产力的独立要素。科学转化为强大的生产力和向生产的全面渗透，是当代高技术经济的特征。在我国经济发展的新时期，需要大力贯彻科教兴国的国策，推动科学进步和创新，不断用先进科学技术改造和提高国民经济，提高劳动生产率和经济竞争力。充分发挥科学力在财富形成中的功能乃是当务之急。

（一）科学力——现代生产力的独立要素

当代社会经济正在向知识经济迈进，科学的快速发展和向经济、社会的全面渗透，成为新时代最显著的特征。在当代正在兴起的高技术经济中，科学已成为最重要的生产力要素，是国民生产总值增长和经济持续发展的决定力量，是经济进步和社会进步的直接源泉。正由于此，“科技兴国”“科技立国”是当今世界各国普遍推行的发展战略，而“崇尚科学”“崇尚知识”，则成为时代的“风尚”。

科学属于知识范畴，它是促进经济、社会发展的重要精神力量。

① 另见《论科学力》，《经济学家》2002年第3期，《光明日报》2002年6月18日。

科学在当代之所以为人们重视，在于现代科学强劲的向外渗透，首先是在向生产领域渗透和体现于物质设备、劳动对象、劳动力以及生产方法和管理方法之中。20世纪末以来出现的高科技经济中，科学的向外渗透，在生产要素和生产过程中的客体化更是加强，现代生产力结构中的机器（设备）力、对象力、劳动力、生产工艺和方法力中，鲜明体现了科学力，而且应该说，科学力已经成为当代生产力结构的一个独立的要素，[①]是推动当代经济发展的“革命的力量”[②]。当代经济中十分凸显的这一新情况，要求人们深入研究和从理论上阐明科学力。

对于生产力要素的深入的、全面的理论分析体现在马克思的经济学中。马克思经济学揭示了生产力是主体——作为劳动者的人——的生产力，分析了劳动生产力的概念，揭示了劳动生产力的各个物质要素——劳动力、工具、机器、自然物质条件——的性质及其功能，阐明了科学是先进生产力的本质要素。马克思在19世纪中叶，在自然科学和技术科学尚在奠基，还未发展到高度水平和尚未达到全方位应用于生产的条件下，就高度重视科学的生产功能及其在提高劳动生产率中的作用，提出了“科学合并于生产”的命题。马克思基于历史唯物主义理论，揭示了科学的产生，它的性质、功能，特别是从经济的角度，详尽地分析了机器大工业时代科学“合并于”生产和转化为生产力的经济机制。马克思深入分析了资本主义制度下科学转化为资本的生产力，服务于最大限度利润增值的经济机制及其带来的种种矛盾，

---

① 马克思已指出大工业使科学成为“生产过程的独立要素”。《机器、自然力与科学的应用》，人民出版社，1978年，第206页。

② 恩格斯说，在马克思看来，“科学是一种在历史上起推动作用的、革命的力量”。恩格斯：《卡尔·马克思的葬仪》，《马克思恩格斯全集》第19卷，人民出版社，1963年，第375页。

论述了资本主义所固有的制约科学向生产力转化的制度障碍，揭示了社会主义社会将开辟使科学获得充分发展和造福于人类的美好前景。马克思在《1861—1863年经济学手稿》《资本论》等论著中，有关科学和科学转化为生产力的论述极其丰富，他构建了深入而严整的科学生产力的理论，这一理论是马克思主义生产力论的重要组成部分。

在我国进行争取科技进步，发展先进生产力的伟大实践的当前，以马克思关于科学生产力的理论为指导，结合当代科技进步的实际，进一步阐明在财富创造中科学力的作用与功能，无疑是十分必要的和具有重要现实意义的。

（二）从知识稀薄的生产走向知识密集的生产

1. 知识导向——人类行为的特征

知识是人类认识世界的脑力活动的产物。人作为万物之灵，在于人拥有高级的思维能力和认识功能，后者表现在以观念和理性知识反映客观世界。人在亲身参与实践活动中，在头脑中形成感性认识，经过大脑的去粗取精、去伪存真、由此及彼、由表及里的逻辑思维，上升为理性知识。科学就是反映世界事物的本质和规律的、严整的、系统的理性知识。人类初始期的知识的创造者是一些主要从事脑力活动的社会成员，如祭司、僧侣，在中国是传说中黄帝、嫘祖、仓颉等杰出人物和智者，他们观测天象，寻找自然气象演变的规律，创造出文字、历法、农艺和医术。但一般的生产、生活知识的创造主体是广大劳动者，他们通过对生产实践经验的积累和进行对比、思考，逐步获得多方面的实用知识，并使其代代相传。

人类行为的特征是知识导引行为，无论是行为的具体目标、采用的手段或是具体的行为方式都体现有知识。人类劳动具有目的性，人在进行生产以前就已经在头脑中有了生产什么和怎样进行生产的意识。马克思说："劳动过程结束时得到的结果，在这个过程开始时就已经在劳动者的表象中存在着，即已经观念地存在着。"[①]这种先行于劳动的观念和目的，其中就包括知识。当然，初始的人类严重缺乏知识，还不能正确地、深入地认识世界和进行一种合理的和有效率的生产。先民的工具粗陋笨拙，生产方法原始落后，劳动生产率极其低下，正是人缺乏知识的表现。

但是人在漫长的社会生产实践中增长智慧，获得知识和开始合并知识于生产。首先是合并知识于工具之中，例如依靠实践中获得的磨制燧石的知识，用加工过的石器——新石器来取代未经磨制的旧石器[②]，依靠使用火和制陶的知识烧制陶器，依靠冶炼知识制作青铜器和铁器工具。

其次是将知识合并于生产劳动之中，形成一种更有效率的劳动方法、技巧和劳动协作方式。原始人从渔猎到畜牧，从采集到原始农业的生产和劳动方法上的进步，都体现了知识的作用。只不过早期人类的知识是粗陋的、原始的、"知其然"而"不知其所以然"的知识，这种知识中真知与谬误并存，真知被包摄于原始宗教幻想与唯心哲学观念之中，上述情况决定了合并于生产中的知识量少，从而使人类早期的生产方式带有知识稀薄的性质。

2. 科学的兴起和被合并于生产

人类生产进步的历史，也就是知识进步和被合并于生产之中的历史。知识进步的源泉和机制是：（1）知识具有延续和不断积累的性

---

① 《马克思恩格斯全集》第23卷，人民出版社，1972年，第202页。

② 390万年前南方洞人开始使用琢磨过的燧石作为工具。

质，而知识量的积累成为新知识产生的基础。（2）知识作为一种社会精神存在，它的发展和变化要从属于社会生产发展的需要，在社会生产力蓬勃发展的时期，农、工、商等产业大发展及其需要，成为强大的经济动力，既推动知识的进步，又推动知识向现实生产力的转化。如果说，在古代和中古的生产方式、经济制度、政治文化制度条件下，知识进步具有缓慢性，知识转化为生产力具有稀少性，那么17世纪、18世纪以来，在产生了资本主义市场经济体制、机器大工业生产方式，以及知识自由创新的社会结构的条件下，出现了人类历史上前所未有的知识快速进步和大规模知识转化为生产力。

大工业生产方式以及市场经济制度不仅推动了大规模物质产品的生产，而且启动了科学知识的生产。科学是经过实践检验的、反映客观世界的本质和规律的严整而系统的理论知识。萌芽形态的科学很早就出现了。公元前3世纪以前的古希腊就有欧几里得的几何学《原本》的完成。在欧洲中世纪还有哥白尼的《天体运行论》①和开普勒以及伽利略的科学理论的创造。但真正严整的科学兴起于近代，17世纪牛顿出版了《自然哲学之数学原理》②一书，第一次科学地阐述了经典力学，牛顿力学成为现代严谨的、精密的自然科学的嚆矢。此后历经18世纪和19世纪，化学、生物学、数学等基本理论科学均取得重大理论突破，特别是在机械制造、化学工程、采矿、冶金等应用科学领域的成果更是众多。而包括政治、历史、哲学、经济学等在内的人文社会科学的兴起，也成为科学发展的一个重要内容。

近代自然科学一开始就是“应用于生产的科学”③。科学研究不再

---

① 《天体运行论》出版于1543年。

② 《自然哲学之数学原理》出版于1687年。

③ 马克思：《机器、自然力与科学的应用》，人民出版社，1978年，第206页。

是作为一种消遣，或用来炫耀哲人的智慧，而是在机器大工业发展的需要和市场机制作用下，被合并于生产之中。大工业生产方式下的主要生产力要素——劳动力、工具力、管理力的形成和提升以及生产方法的完善，均体现有科学的作用。大工业强大的生产力在本质上是体现在生产中的科学力。

（三）科学向生产的全面渗透

科学向生产各要素、生产工艺、管理方法的全面渗透是大工业生产方式的特征，特别是当代高技术经济的特征。

1. 劳动手段的创新与机器力的提升

科学（知识）在生产领域结出的硕果，首先是机器。机器是科学知识的物质实物存在形式，是人创造的用来在生产中利用自然物的性质、作用的实体结构。人不只是利用自身的劳动器官——手、足、臂——即人身力去作用于自然对象，加工、生产出产品，而是使用工具来进行人与自然之间的物质变换。任何简单的、粗陋的工具，都是对自然物的性质与作用的利用，例如人很早以来就在建筑中利用支架提升重物，这是人对杠杆机制——借助一个作为支点的起动工作臂的条件下产生的提举力——的应用[①]。机器是发达的、先进的工具，是由发动机、传动机以及工作机组成的体系。机器拥有复杂的结构，凭借人工创造的结构设施，人们就能按照生产的具体需要，在生产过程中多方面的利用自然物质的性能和作用。如发动装置中利用蒸汽力、电力；在传动装置中利用了杠杆、斜面、滑轮、螺旋、轮子的运行机制中表现出来的自然力；在工作机中利用了切削、冲压、打磨机具中表

① 在古代罗马的斗兽场中为运送斗兽而有了一种轮轴式提升机械的制造。

现出来的自然力。此外，化工机器体系利用了溶解、化合、结晶中表现出来的自然力。农业技术利用了植物光合作用中的自然力。

自然世界的对象是无比丰富的，分属于不同种属、类的自然物，有其各自不同的结构、性质、作用。上述物的性质、作用又可分为表层的，即在现实中易于感知的性质和作用；还有里层的，即在现实中不易得到表现和不易被感知的性质和作用。此外，自然物质在不同的条件、环境中——如温度、速度、压力、磁场、辐射、撞击力等——又会发生性质、作用的变化。科学的伟大力量在于它通过自身的发展，通过自然科学、技术科学的各个学科的知识的进步，使人类得以逐步地了解内涵无限广的自然世界的奥秘，发现和找到了有效地利用无限多的自然物的性质和作用的途径和方法。大工业时代机器的不断新陈代谢，更加完善、更加现代化的机器取代传统机器，就是科学进步的结果。

现代科学的特征是对自然物质的更深层的性质、机制和规律的揭示。20世纪自然科学基本理论的两大新发现，量子论、相对论，推动人们不断加深对自然物的微观层和宏观层的性质和机制的认识，特别是20世纪后期信息论、基因理论的新发展，直接导致信息网络技术、克隆技术以及纳米、宇航等高技术的出现，并由此把机器力提升到新的阶段。

2. 原材料的创新与对象力的提升

科学合并于生产的另一个重要方面是原材料的创新。原材料作为劳动对象，在使用价值形成中有着重要作用。大工业生产中的主要原材料，是经过人类劳动加工“过滤”的自然物，如矿石、棉纱、钢铁等，在农业上是作为种子的农产品和畜产品。原材料的性质直接关系到产品的使用价值的质和量。优质原材料才能转化为高质量的产品，另外，原材料性质也关系到产品的量，优质原材料决定单位产品原材料消耗率的降低，从而能以既定的原材料耗费生产出更多的产品。

大工业利用先进设备，不断改进生产方法来生产出质量更优的原材料。现代农业通过科学选种、育种，改进自然原生物的品质，形成优质农产品、畜产品。可见，大工业不断将科学合并于原材料之中，原材料品质不断的革新，性能不断优化，我们称之为劳动对象力的增强，后者直接地体现了科学力的作用。

当代高技术生产方式，正在引发一场劳动对象的革命。当代生物学有关生物细胞分子的理论进步，物理学有关原子核科学及有关分子合成技术知识，特别是纳米技术知识的新发展，使人类能设计制造具有优异性能的新材料，后者会大大提高产品物质体的性能和形成新的性能，它成为计算机芯片、生物基因制品、航天器等现代产品及其全新使用价值的物质基础。这种产品物质体的结构性质的改变，使其效用十百倍地提高，如0.18微米的奔四芯片，其运算能力、记忆和信息存储功能等，较20世纪70年代末原初的计算机芯片，已增大上千倍。[①]而以生物遗传基因为加工对象的生物制品，不仅仅有巨大的医疗效果，而且有关生物工程的科学、技术知识进步使人类得以利用生物分子的自然生长功能，一种不依赖和消耗土地资源的合成食品制造业正在出现。可见，高技术生产方式正在制造一种新型的劳动对象，后者不是自然原生物质，也不只是经过劳动过滤的传统工业原材料，而是当代最新科学铸造和转化的人工原材料，是科学知识密集的劳动对象，这种原材料是高品质的现代使用价值的物质基础。高技术生产方式中原

① 英特尔公司1971年制造的第一颗微处理器芯片4004的晶体管有2000粒，1991年研制的486芯片的晶体管达到120万粒，1992年开发的586芯片晶体管达300万粒。

材料的品质及其在使用价值形成中的重要功能，极其鲜明地表现了劳动对象力的客观存在，而对象力也是知识、科学力的体现。

3. 生产、工艺方法的革新

科学在生产中的应用还表现在生产、工艺方法的革新上。机器生产改变了生产、工艺流程和劳动方法。机器生产把生产活动由手工生产中的个人生产变成社会化大生产，这就是把生产分化成各个不同的部分和一系列环节。机器制造要分成金属冶炼、铸造、加工、总装等部门，加工又要分化为车、钳、铣、刨等不同作业，一些作业例如总装还要分成前后相继的流水线作业；适应生产方式和生产流程的变化，原先的个人劳动在大生产中也转变成“社会结合的劳动”；对劳动团队也要适应生产活动与流程进行细分、编组为不同的工种和采取不同的具体劳动方法，对每一种劳动的强度、节奏等都要作出具体的规定。上述生产、工艺流程和劳动方法，体现了对自然科学的运用。马克思说：“机器生产的原则是把生产过程分解为各个组成阶段，并且应用力学、化学等等，总之就是应用自然科学来解决由此产生的问题。”[①]他又说，自然科学“体现在这些机器中或生产方法中，化学过程等等中”[②]。这种新生产方法、工艺、劳动方法带来的新的生产力都体现了科学力。

4. 经营、管理的创新

现代市场经济中的大生产，体现有管理、经营（劳动）力。管理、经营劳动本身是一种智力劳动，管理、经营的品质和生产功能直接取决于管理者的知识和能力。

---

① 《马克思恩格斯全集》第23卷，人民出版社，1972年，第505页。

② 马克思：《机器、自然力与科学的应用》，人民出版社，1978年，第207页。

在当代，由于机器大生产发展，企业内使用的机器、设备体系越加复杂，也由于面对着发达的市场经济中越加复杂多变的市场，企业管理、经营的范围大大扩大了，包括：生产活动的组织监控与调节，劳动力的编组，财务活动的管理，市场营销，银行信贷，资本运作以及科技研发，经营风险的防范，企业发展战略的制定等方面。上述管理、经营的每一个方面涉及许多专业性问题的处理，要求有高质量、高效率的管理劳动。当代经济中日益激烈的市场竞争和优胜劣汰，要求企业不断提升经营管理能力。经济越加市场化和全球化条件下形成的更加严格的市场行为规则，以及政府有关产品质量、环境保护的法规也强制企业加强经营管理。以上我们指出的是当代一般企业生产活动中管理经营的重要性。而对于物质技术密集和资本大规模聚集，特别是对从事全球性经营的跨国公司来说，优质的、内涵更广的管理、经营更是企业生存和顺利营运的首要条件。

经营管理是一种智力劳动。工厂制度下早期的经营管理依靠的是企业主本人以经验为基础的知识，当代发达市场经济条件下的公司的经营管理，（1）要依靠企业家及由科技人员、财经专业人员组成的管理层的管理（经营）劳动，（2）要依靠现代管理科学，实行科学管理。现代经营、管理科学阐述了进行对人、财、物、市场营销、投资活动等进行管理的理论和方法，借助于财经科学，运用先进的管理（经营）模式来解决管理、营销问题，就成为现代管理的内涵。在当代，人们高度评价经营管理精英在确定企业发展战略、组织与整合企业内在和外在资源，提升企业竞争力和取得优异业绩中的重要作用，并给他们以“旷世奇才”“经营之神”等桂冠。但是基于严肃的经济学的理论分析表明，取得成功的企业家，除了他个人拥有的劳动熟练——包括聪明、意志力——以外，还依靠了管理层拥有的知识和有效劳动，更重要的是依靠了科学：当代的经营管理科学。人们可以发现，世界“百强”企业中一直位于前列的当代大公司，它们之所以能获得优良的经营业绩，无一不是由于有效利用了管理科学，并将其贯穿于企业内每一个生产与经营环节之中，包括CEO的经营、管理决策活动之中。马克思说机器大生产“第一次把物质生产过程变成科学在生产中的应用……变成运用于实践的科学”[①]。马克思上述论述中提到的科学主要指的是自然科学，但在当代现代化大生产中，应用于生产的科学，显然不只是自然科学，而且包括经济管理科学以及社会、人文科学。

5. 劳动力素质的提高

生产是社会的人和自然之间的物质变换，劳动者从来是生产的主体，主体的劳动能力是最基本的生产要素。主体的劳动能力，是指劳动者进行有用的具体劳动，创造产品和形成产品使用价值的能力，包括体力和智力；广义的劳动能力，包括劳动技能、熟练水平、知识文化水平、思想素质以及群体协作能力等。主体的劳动能力从来是生产力的重要因素，因为任何一项特定生产活动的效率——即劳动生产率——除了决定于劳动的物质手段的性质和生产能力，即客体力以外，还决定于劳动者的素质和生产能力，即主体力。

人的劳动能力既来自人类天然禀赋，更主要是后天形成。人在生产实践和社会生活实践中逐步形成有效运用体力的能力，形成和增进知识和智能，由此形成了劳动力的特定素质，而使劳动力的素质和物质生产手段及生产方式的性质相适应，是社会经济顺利发展的前提条件。人类劳动力的潜能开发和素质的提高经历了十分漫长的历史发展

① 《马克思恩格斯全集》第47卷，人民出版社，1979年，第576页。

过程，这是一个不平衡的过程。从总体说来，随着社会生产方式的进步，社会制度的创新，社会文化教育的发展，劳动力的素质逐步地得到提高，其主要表现是劳动者在知识增长的基础上，具体劳动技能和熟练获得增进。手工生产方式中的能工巧匠，较之一般工人，属于高素质的劳动力，他们特有的劳动技巧来源于知识：从长期实践经验中获得的掌握操纵工具，运用、处理原材料等方面的知识。在这里，知识转化和体现在劳动力高素质之中。

机器大工业生产方式，开辟了劳动力素质提高的新时期，尽管资本主义初始阶段，滥用劳动者体力和压抑其智力表现得十分明显，但是工业化的深化，经济进一步的现代化，物质技术基础更加高级和复杂，要求一般劳动力智力素质的提高；另外，要求技术人员拥有更高的科学知识水平。因而工业生产方式的现代化是和劳动力的智力素质的提高相并行的，而劳动力素质的提升是由于劳动者掌握了更多知识和科学，或者说，科学（知识）转化和体现于增强的劳动能力之中。

在当代高新技术生产方式中，为了有效使用以信息技术为基础的新的工业技术手段，掌握新的生产工艺，实行质量标准空前严格的劳动方法，要求一般职工有更高的智能。由于科技研究与发展成为科技型企业最重要的生产活动，因此企业要大力罗致拥有卓越的创新能力的科技人员，特别是科技精英。此外，适应高技术经济中更加复杂的企业管理、营销，还需要有管理科学专家。可见，高技术经济发展中呈现出劳动者的智力素质的进一步提升，特别是高智力劳动者数量的增多及其智力素质的提升。高技术经济不只是生产现代高科学含量产品，而且生产、培育出更多的科学家。

总之，高科技经济加强了科学向劳动能力的转化，现代科学不只是转化为生产的物质要素，而且转化和形成生产的人身要素，培育和生产智力人群体，特别是科学人群体，他们由科学营养料所育成，是当代先进的劳动力。科学是强大的生产力，科学人群体是科学进步的源泉，科学人群体的出现和壮大，意味着科学进步更加强劲，它也预示科学力在财富生产中将要发挥更大作用。

（四）科学力——现代生产力之本

综上所述，我们可以看到：

第一，科学是人的脑力劳动的产物，是一种社会精神存在。科学不只是使人认识世界，而且它具有强大生产功能，在一定的经济机制下，特别是在市场机制作用下，科学全面渗透于生产要素和生产方法之中，成为物质生产的强大力量。

第二，科学越是发达和昌盛，科学向生产的转化率越高，物质生产和使用价值形成中的科学力作用就越大。早期人类社会已经有知识合并于生产之中，机器大生产方式使科学——自然科学、技术科学、管理科学——大规模地被引进和包摄于劳动手段、劳动对象、劳动力以及生产工艺方法、劳动方法、管理方法之中。科学的新发现，技术的新发明，在市场经济的机制下，转化为更先进、效率更高的生产力要素和生产、管理方法，促进产业和生产方式的升级。

第三，20世纪是科学进步最快速的世纪。科学基本理论，以量子论、相对论这两大突破开篇，不断地取得新进步。20世纪末出现了自然科学，特别是应用科学知识创新高潮，人类开始进入以信息技术为代表的高技术经济时代，它意味着现代科学新成果大范围地被合并于生产之中和转化为更强大的劳动手段力、对象力、管理力以及劳动力。高技术生产方式是传统工业生产方式的升级，它使劳动生产率大大提高。高技术经济前所未有的强大生产力，本质上是科学力。

第四，科学永远处在发展中，从这一角度，科学知识具有无边际性和不可穷尽性，是生产力的不竭的源泉。即使是在科技革命深入发展，科学知识“爆炸性的增长”，科学已达到高水平的当前，人类仍然面对着无限大的未知世界，进行科学知识创新和在经济、社会发展中利用科学力的前途是无限量的。

第五，21世纪是人类认识深化，科学不断进步和在更大的广度和深度上合并于生产，转化为现实生产力的世纪。世界各国在国际经济竞争中，谁能执科学发展和科学转化（生产力）的牛耳，谁就将在发展生产，增值财富，增强国力的竞赛中走在前列。而对于当前正在争取生产力跨越发展的社会主义中国来说，采取切实有效的、科技优先的政策措施，着眼于促进科学快速进步和全面转化为生产力，着眼于最大限度地发挥科学力在经济、社会进步中的功能，更是当务之急。

五、自然财富

党的十六大指出全面建设小康社会，要着力于“可持续发展能力不断增强，生态环境得到改善，资源利用效率显著提高，促进人与自然的和谐”，要走一条“生产发展、生活富裕、生态良好的文明发展道路”。十六大有关走文明发展道路的论述，特别是在发展中“促进人与自然和谐”的论题，是结合当代世界日益突出的环境、生态危机和我国经济快速发展中出现的自然、生态条件总体逆退的新情况，对马克思阐述的劳动是“人和自然之间的物质变换”原理作出的新阐述。十六大有关经济发展中“促进人与自然的和谐”的论题，不仅具有重大现实意义，而且具有重大理论意义。本文结合这一主旨对社会财富的自然源泉——自然财富概念内涵，包括自然财富存量、自然财富增量等政治经济学的基本范畴，进行一些探讨。

（一）自然财富是社会财富形成的物质基础

自然对象、条件是指：（1）自然物质，如土地、河流、森林及其生产物，各种生物以及地下的矿藏；（2）自然力，包括水力、风力、阳光、核能、宇宙辐射能等；（3）生态、环境、气候等；上述（1）（2）（3）都是宇宙以及地球在自然规律作用下长期演化的生成物。基于使用价值或财富是“物”的能满足人的需要的有用性这一定义，我们将上述能满足人的生产需要以及消费需要的自然对象、条件称为自然财富。我国马克思主义经济学著作中很少有自然财富一词，其实，马克思就把人类可利用的自然对象称为自然财富。在《资本论》中马克思经常使用“生活资料的自然财富”“劳动资料的自然财富”等命题，只是《资本论》中译本将其译为“自然富源”[①]。可见，自然财富本身是马克思使用的术语。当然，这样的自然财富命题，使财富成为包括社会财富和自然财富的更广义的范畴。

马克思把社会生产规定为“人和自然之间的物质变换”[②]，从而阐述了一个将自然条件纳入生产要素的全面的社会财富形成观，这就是：社会财富形成过程是劳动者人身条件、工具条件、自然条件等要素共同参与和共同发生作用的过程。由此，劳动创造社会财富的更准确的表述是：人以自身的活劳动，借助劳动工具，作用于自然对象，

---

① 《马克思恩格斯全集》第23卷，人民出版社，1972年，第560页。中文版译文“自然富源”一词在德文是Naturlichen Reichthum；在英文是natural wealth，更准确的译文是“自然财富”。见《资本论》第1卷英文版，莫斯科外文出版社，1961年，第512页。《资本论》德文版第1卷，奥托·麦士纳出版社，1922年，第476页。

② 《马克思恩格斯全集》第23卷，人民出版社，1972年，第202页。

创造使用价值。而劳动创造使用价值的实质是：人与自然的物质变换。无论是最简单的生产，如原始人从森林中猎取动物，或是复杂的机器大生产，如工人借助机器体系对原料进行加工，都是人用活劳动之火，引起自然原生对象物质结构的重构和属性的变化，由此使自然对象具有有用性，从而，都是人与自然的物质变换。

可见，社会财富生产过程既是人类劳动这一人身要素的发挥其生产创造功能，又要以拥有可以用来进行劳动加工、塑造的自然对象为基础，也就是说，社会财富是以人类劳动为其社会内容，以自然资源为载体。以上论述可以归结为：自然财富是社会财富形成的物质基础和源泉的命题。这一命题旨在表明：社会财富形成和增值的状况，不仅决定于人的劳动和劳动生产力，而且也要受到自然物和条件的影响并取决于自然财富的丰度。马克思就是将社会财富形成归结为人和自然"两个原始要素"①，他说："一切财富的源泉——土地和工人"②。确立自然财富是社会财富的物质泉源命题也意味着经济发展和社会的富裕，既要立足于发挥劳动的社会财富创造功能，也要有效发挥自然财富的作用。

（二）自然财富的经济、社会功能

1. 自然财富的丰度提高劳动生产力

自然财富首先表现为生产资源，它是生产工具和生活资料的源泉，从而，自然财富的丰饶，即它的高存量和优质，成为劳动生产力提高的积极动因。在农业生产过程中，人们可以清楚地看见，富有肥

---

① 《马克思恩格斯全集》第23卷，人民出版社，1972年，第663页。

② 《马克思恩格斯全集》第23卷，人民出版社，1972年，第553页。

力的土地，优良的生物品种，在有效的劳动作用下，合成为具有高生产率的劳动、自然生产过程，带来农产品更高的收成。人们可以从世界经济发展史中看到：埃及、巴比伦、恒河、黄河等地的丰茂宜耕的土壤是人类历史早期农业兴盛和古代文明的自然基础。

就工业生产来说，富饶的矿产资源，以及作为动力的能源，成为大工业发展和高劳动生产率的自然生产条件，是近代和现代工业文明的物质基础。马克思说，“劳动生产率是同自然条件相联系的”①“自然力……是特别高的劳动生产力的自然基础”。②并且指出，“外在自然条件在经济上可以分为两大类：生活资料的自然富源，例如土壤的肥力，鱼产丰富的水等等；劳动资料的自然富源，如奔腾的瀑布，可以航行的河流、森林、金属、煤炭等等”③。马克思指出：在提高劳动生产力和社会财富创造中，“在文化初期，第一类自然富源具有决定意义；在较高的发展阶段，第二类自然富源具有决定性的意义”。④

自然财富的丰饶对社会财富形成的积极功能，并不因当代高度发达的现代生产方式而消失。以信息技术为基础的当代最新的高科技生产方式，产品具有知识、技术密集的特征，物质形态越来越小；出现了以工厂式的农产品生产来取代土地农作；以人工合成材料取代原生自然原料；以核能和其他人工能源来取代自然能源——煤炭和石油；以人工生物基因来代替原生生物基因，等等。总之，当代高技术经济在十分广泛的生产领域，出现了技术替代：以科学（知识）密集的人

① 《马克思恩格斯全集》第23卷，人民出版社，1972年，第560页。

② 《马克思恩格斯全集》第25卷，人民出版社，1974年，第728页。

③ 《马克思恩格斯全集》第23卷，人民出版社，1972年，第560页。这里的“自然富源”应该译为自然财富。

④ 《马克思恩格斯全集》第23卷，人民出版社，1972年，第560页。这里的“自然富源”应该译为自然财富。

工原材料取代原生自然物质。技术替代降低了生产中的自然物质消耗率，带来自然资源的节约，大大提高了自然资源的财富创造效果，它表明社会生产对原生自然物质和自然力的直接依存的减弱。但是应该看到：（1）高技术经济并不消灭传统制造业，后者仍然是立足于对原生自然财富的加工和利用之上。（2）高技术是借助于科学力，对自然物质的深层结构进行加工、重铸，加强对深层自然力的利用。核能是用科学手段作用于自然物质——如钚和铀等，形成深层粒子新运动形态，释放出核子力；现代新材料是依靠科学、技术对特定和自然物质分子结构进行重构而形成。任何一种高技术、高知识密集新产品的生产，无论是高功效的单晶硅芯片，或是现代基因产品都仍然是以自然物质为其母体和胚胎，仍然是以对自然物质——对铀矿、稀土、原生生物基因等——的消耗为内容，而自然物质母体的丰饶和优质仍然是新科技财富增值的条件。（3）食品——包括农产品、林产品、海产品——是不可取代的原生自然物质产品[①]。人本身就是自然物中的特殊品类，依靠吸收自然生成物的有机成分来发育人体和满足生存需要，是人类的“天然禀性”，人的这种天性的需要，决定了即使是在基因产品出现和兴起的当代，依靠原生自然物加工的食品，特别是绿色食品，仍然是为公众宠爱的基本的生活资料。人工杂交农畜产品，以及转基因食品也是立足于优质自然原生生物品种的母体之上，而生活资料的自然财富的丰饶和优质也就成为当代食品生产量的扩大和质的提高的自然物质前提[②]。可见，高技术并不改变现代生产的作为人与自然间的物质变换的本质，不改变物质生产需要消耗自然物质的本性，这

---

① 据有关统计，当前人类食品的90%与土地有关。

② 尽管在科技快速进步下，当前应用生物工程的农畜产品的生产方兴未艾，但是对转基因动植物是否会对人体和动植物种带来危害，仍然是一个尚未解决的问题。

也表明，在当代高技术经济中，自然财富的状况、性质和丰度影响社会财富创造的原理仍未过时。

2. 良好的自然生态体系是持续再生产的前提

需要指出：自然财富的内涵，不仅仅指用来作为加工对象的自然资源，而且还包括由森林、草地、土壤、大气等多种自然物结构等组成的生态体系。**良好的生态体系首先是持续生产的自然基础**。在保持着一种优良的生态结构的条件下，借助于多种自然物质和自然力有机整合下形成的自然再生成能力，能形成良好的生态循环，后者表现为：森林茂盛，气候良好，空气清新，水源充分，土壤素质完好的势态。良好的自然生态循环，保证了社会生产中消耗的地表资源——土地、林木、水等消耗——的再生，例如农业生产中消耗的土地肥力得到恢复；森林在经过砍伐后又有新林的生成；良好的气候条件和充分而适当的雨量，促使土地肥力的恢复和森林、草地的再生长，保证了不竭的江河水流；多种多样生物的生命活动，也发挥了促使林木生长和土壤肥力恢复的功能。可见，良好的生态循环是农业、林业以及农林产品加工业再生产的前提；此外，水资源的充足也是其他加工业发展的必要条件。如果自然生态及其结构受到社会生产的削弱或破坏，例如森林的过度砍伐，草地面积过度缩小，农业用地过度占用和不良使用，生物群因自然条件破坏或过度猎取而品类和数量减少，其结果是气候运行失衡，它引发灾害，使自然水循环遭受破坏，在连锁作用下，整个自然生态会进一步恶化，由此使可供社会生产使用和消耗的自然物质与自然力在量上缩小。在这种情况下，就会出现或者是社会生产的萎缩或者是社会生产借进一步侵蚀和破坏自然生态条件而强行扩张，导致经济持续发展的自然基础遭受更大破坏。可见，保持良好的生态循环，是社会再生产和经济循环顺利进行的前提条件。

3. 自然生态是人类生活环境的重要要素

人本身就是一种生物，人的生命活动要求和依存于特定的自然生态条件，需要有适宜人生存的气候、温度、清新的空气、清洁的水。可见，良好的生态环境是人类生存之本。而优良的自然生态环境更是保持身心健康，改善生活质量和获得生活安康的条件，也就是说：良好的自然生态环境拥有提升财富的生活享受的功能。我国经济尚处在较低的发展水平，人均收入水平也较低，在当前条件下，维护和保持自然生态环境良好，是使广大人民群众获得更好的生活享受的重要条件。

综上所述：自然财富的丰饶，拥有提升劳动生产力、维持生产持续性和保障人的生存、生活安康、提高财富享受的重要功能，这也就表明：为了更有效创造和更充分享受财富，就需要更好维护和增进自然财富。

（三）自然财富存量的有限性

人类可以加以利用的自然财富，不是取之不尽、用之不竭的，而是一个有限的存量。

迄今人类所能利用的自然，主要是地球自然。[①]地球上的自然物，对象可分为两类：（1）非再生产性的自然。各种无机矿产资源是在上亿年，数千、数百万年的地球生成和地壳变动中形成的，是非再生产性的，从而表现为固定的自然存量，后者会随着生产中耗费而减少，甚至耗竭。自然生态体系是在土地、森林、河流、湖泊、海洋以及生物群相互作用下，以及所处地区的日照、气候、温度等条件下，经过

① 宇航技术正在将可利用的自然，扩大到地球之外。人类已开始将卫星利用于商业目的，已经在进行中的登月、火星勘探、水星勘探等活动，将进一步把宇宙自然纳入可利用的自然之内。但是，这只不过是零的突破，把宇宙大自然变成可利用的自然，还需要有很长的路要走。

长时间自然演化和多要素的耦合而形成，也是不可再生产的，从而对生态体系的破坏，也表现为自然存量的绝对耗损。（2）有限再生性的自然。如生物资源具有生命活动和增值力，林木会不断地自然生长，野兽、牲畜、鱼、禽，会不断自我繁殖，无生命的江河流逝后又会再生，土地的肥力耗费后又会自然生成和恢复。但是即使是具有再生性的自然资源，也有其为自然规律决定的再生成数量界限，如果过量耗费，会破坏其自然生成机制，导致再生资源的逐年减少。可见，对于人类社会发展的一定阶段来说，在特定的生产力水平下，能现实参与财富生产的地球自然资源，总是表现为一个有限的存量。

确立可利用自然存量有限性的命题表明，自然物会随着生产中的物质耗费而耗损和减少，财富生产与自然物存量耗损的矛盾，就是社会生产所固有的一般矛盾。如果人们能采取“善待自然”的生产方式和消费方式，就能在经济发展中保持人与自然的协调；如果人们实行浪费自然的非理性的生产与消费，就会出现人与自然的对抗。

在人类社会发展史中时间跨度达数千年的农业经济时代，一些地区由于浪费自然的落后的生产方式，造成森林覆盖面减少，河水枯竭，气候逆变，最终导致原先形成的古代文明归于消失。也有一些地方，如亚细亚的某些村落共同体，那里通行的人紧密依存于自然和束缚于土地的生产方式，强使古代人和中古人善待自然，如要借助合理施肥或是休耕等耕作方式来恢复地力，实行生长期禁伐、禁猎、禁渔等措施来保护林木和生物，正是在上述情况下，出现了古代和中古村社经济在保持人与自然低水平协调中数百上千年的长时期的延续。[①]

---

① 《马克思恩格斯全集》第23卷，人民出版社，1972年，第396、397页。

两百多年的世界工业化和现代化的进程，一方面是物质生产力快速进步，社会财富加大积累的过程，另一方面是自然资源、环境遭受大规模破坏的过程：（1）机器大生产是以对能源、矿产、农林资源以及作为生产手段的土地和水等资源的大量消耗为物质内容；（2）作为现代大生产发展前提的交通等基础设施建设以及城市化的发展，扩大了自然物的消耗，引起大规模的森林砍伐，水资源消耗的急剧增长，农业用地的大量占用；（3）工业经济是以扩大再生产为特征，技术的进步更增大了扩大再生产的规模，由此不断增大对自然资源的耗用；（4）现代大工业生产方式不只是消耗自然，而且它还排放出有害的工业排泄物——废气、废水、废渣，现代城市还产生数量日益庞大的生活垃圾，汽车化引起废气急增，这些有害物质大大超过地球承载力，破坏了自然生态内在结构，大大恶化了自然生态循环。

自然资源的大耗损在20世纪中叶以后世界经济发展中表现得十分突出。不论是在发达国家或是发展中国家都出现了自然资源耗竭和生态环境严重被破坏的“生态环境危机”，其严重的后果是：（1）资源的耗竭影响经济的可持续发展。按照当前的石油消耗量，世界已经探明的石油储量只能维持数十年的供应；[①]森林资源被破坏和覆盖率的下降，带来干旱少雨，出现了土地不断扩大的沙漠化，造成一些地区可耕地的缩减；生态的破坏，使气候变化失常，自然灾害频繁造成国民财富的破坏；（2）自然环境恶化，引起生活质量的下降。如工业废气

① 世界能源资源日益耗竭。当前全球电力、交通、供暖和工业能耗，每年为12万亿瓦，其中85%为来自煤、石油、天然气，据估计，石油储量只能保证数十年的供应。西方某些未来学家提出的人类会在不久面对“最后一滴石油”的提法，并非只是耸人听闻。此外，作为常规反应堆原料的铀，也是会耗竭的资源。根据一些科学家的计算，为满足能源的需要，全世界必须将无废气排放的核能开发从现在的2万亿瓦增加到2050年的30万亿瓦，但是铀的储量只能达到10万亿瓦功率，只能维持6至30年。核聚变反应堆发电研究已数十年，其付诸使用还尚未有期。

带来空气中有害悬浮物和酸雨，二氧化碳的过度排放，不仅降低了空气的质量，不利于居民的身体健康，而且以其温室效应，扰乱了大气循环，出现地球变暖，引起水旱灾害频繁，使人们生活环境恶化。

地球自然资源的被削弱在当前世界发展中国家愈演愈烈。据亚洲开发银行的研究报告，亚洲河道的污染物是全球平均值的4倍，人均森林覆盖率是世界平均值的35%，而且还在迅速减少，亚洲地区空气中悬浮微粒数量是世界平均值的2倍，是发达国家正常值的5倍以上。由于灌溉设施差，亚洲损失了1.3亿公顷以上的可耕地，亚洲的野生物种已失去70%～90%。城市污染造成的损失在亚洲相当于国内生产总值的5%～10%。[①]

20世纪前半叶的经济学对环境与资源的研究是落后的。西方主流经济学的增长理论，将自然物、环境作为外生变量。世界工业化、现代化进程中出现的新情况，表明经济学的基本理论需要进一步发展，需要确立可利用自然是一个有限存量的命题，[②]要根据这一命题，培育和形成珍惜、爱护自然和节约自然耗损的观念和共识，用它来指导人类的生产和消费，改变和纠正见惯不惊的浪费自然、破坏环境的人类非理性行为。

（四）自然财富存量具有可扩展性

自然财富是一个有限存量的命题，是以现有生产力水平不变为前

---

① 艾伦·博伊德：《亚洲发展付出的环境代价》，见《亚洲时报》2002年11月16日。

② 20世纪中后期，由于后工业时代自然生存、环境危机的加剧，引发了人们对“地球无限大”的传统经济学教条的反思，启动了西方学术界对经济增长中的人与自然关系的研究，形成了环保经济学这一门新兴学科，提出了自然资源存量有限论。但是西方学者阐述的自然存量有限论，主要是阐述“地球之小”而未能深入研究“地球之大”，“地球之小和地球之大”是于光远同志提出的，是反映当代实际，富有哲学含义的论题。

提。生产力是最活跃的因素，随着社会生产力的提高，开发自然在广度和深度上的发展，可利用的自然财富量也就会相应扩大。基于此，自然财富存量的界限或边界可展性就是第二个命题。[①]

1. 以开发劳动来扩大现实的自然财富

按照财富是具有使用价值或有用性之物的定义，原生的自然资源和环境并不是一开始就处在宜人的和可使用的形态。一些地方有丰茂的林、畜产品，但山横水隔，交通困难；一些地方平畴千里，水源丰富，但江河尚未治理；一些地方有丰饶矿藏，但深埋地下。上述情况下的自然资源，对人类来说，还只是潜在的自然财富，只有通过治理江河、兴修水利、开山辟地、创造农田、修筑道路、挖掘矿山等形式的开发劳动，人类才能发掘出自然对象的有用性，才把潜在的自然财富转变为可供使用的现实的自然财富。

人们往往把一些拥有良好的自然条件的地区的天然牧场、渔场和农田说成是“自然的恩赐”，实际上那里的“富饶的自然”，也不是纯粹的自然恩赐，而是人类开发劳动的结果，是“驯服”和“控制”[②]狂暴的自然力的结果。马克思说：“作为资本关系的基础的起点的已有的劳动生产率，不是自然的恩惠，而是几十万年历史的恩惠。”[③]马克思在这里揭示了几十万年的劳动在驯服自然力，利用自然，优化自然条件，开发和形成富饶的自然财富中的功能。

---

① 不少西方经济学家为阐述经济可持续发展的必要性和紧迫性，提出社会生产可利用的自然“物质极限论”，他们未能重视可利用自然物的量是可扩展的。美国经济学家戴利认为：应该“把经济看作一个更大但有限的、非增长的封闭性的生态系统的一个子系统”。戴利：《超越增长》，上海译文出版社，2001年，第308页。

② 《马克思恩格斯全集》第23卷，人民出版社，1972年，第561页。

③ 马克思经济学深刻阐述和强调劳动“控制”“驯服”自然力的功能。参见《马克思恩格斯全集》第23卷，人民出版社，1972年，第561页。

2. 以科技进步来创造人工自然财富

创造人工自然财富指人以自身的劳动，对原生自然物、环境进行加工、重构，形成高效人工自然，如人们兴修的灌溉设施，将沙漠变成良田，实行填海造地，培育动植物新品种；通过植树、造林、植草创造出优良生态环境，等等。人们由此形成的更肥沃的土地，生产率更高的种子、种畜；更优良、宜人的生态环境，这些都是经过人类劳动加工、重构的自然，可以称之为人工自然产品。如果说，动物的本能性生命活动主要表现为消耗自然，人类的生产则是有意识、有知识引导的、合理的生产方式，能在消耗自然中维护自然和改造、创新自然，形成人工自然增量。

技术进步和生产方式的进步是创造人工自然的物质基础。在生产力水平低下、生产工具落后的条件下，人类为维持自身生存，只能实行粗放的、掠夺地力，损害和牺牲自然的生产方式。如迄今在世界一些地方仍然存在的刀耕火种的农业生产方式，逐水草迁移的放牧方式，耗竭式捞捕方式，这些粗野的生产方式带来滥伐、超牧、滥捕，造成自然财富存量的不断耗损。随着工业化时代的到来，科学合并于生产和技术进步，增强了人类改造、创新自然的能力，扩大了人工创新自然的规模，增大了经济—自然循环中的人工自然增量。后者表现在：（1）自然生产条件的创新。如大规模治理江河，开通运河，修筑水坝，形成灌溉设施，建设现代农田、牧地以及填海造田等。（2）新材料的创造和取代自然原生材料，如使用化工材料、合成材料来取代木材、钢材，使用科学培育出的高生产率和高性能的种子和畜种，来代替原生生物资源。

当代的科学进步和高技术的发展，正在进一步开拓改造、创新自然的广阔道路。纳米科学的发展正在创造出低耗高效的人工新材料，快速发展的生物工程技术，通过有效地重构新生物遗传基因结构，正在创造出能大大节约生物资源消耗和地力消耗的转基因农畜产品[①]，即使是就消耗迅速增大而已探明资源存量趋于枯竭的能源来说，采用风力、太阳能等来替代石油和煤炭发电仍然大有可为，特别是利用垃圾发电以及核聚变技术生产电力已日益具有可行性，利用宇宙辐射能的卓有成效的科学研究为新能源的开发开辟新的前景。特别是发达国家采取的将高技术利用于环保，以及维护生态的经济、管理措施，正在创造出良好的生态和环境。

可见，当代的科技进步不断地提高人类创造自然的能力，不断地扩大人工自然的创造，形成现代经济中日益增大的人工自然增量。

综上所述，社会生产力水平的提高，会通过潜在自然财富的发掘和人工自然财富的创造，不断创造出自然财富的新增量，由此不断地扩展有用性的自然财富的边际，只要生产力提高不停顿，有用性自然财富边际的扩展就不停止。立足于不断发展的高技术经济，当代人面对的自然，并不是物质属性边界日益缩减的自然，[②]而是科技不断创新中边际不断得到拓宽的大自然。以上论述，应该说是立足于进步中的世界实际的理论表述。而当代西方某些环保学者提出的关于自然资源

① 重构和优化遗传基因结构，创造出具有对环境高度适应性的高产农作物，已经在美国的玉米、水果、蔬菜等生产领域得到广泛的应用。当然，转基因产品安全性问题还需要进一步研究和加以解决。当前科学家正在探索创造拥有21种氨基酸的性能更优良的人工微生物。（见2003年1月29日出版的《美国化学期刊》）

② 1972年罗马俱乐部提出的《增长的极限》研究报告的主研梅都斯，以及当代西方一些生态经济学家，如赫尔曼·戴利，看到和论述了经济增长与“资源有限性”的矛盾，但他们有关增长“面临极限”，人类生存于“一个能量守恒的、非增长的、有限生态系统之中”，“过度增长将导致死亡”等论述——戴利自己也称之为“一种悲哀但却准确的对经济学与生态学两个学科学术现状的评论”——尽管是针对当代十分严重的生态、环保问题而提出的，但我认为是说过了头，从而带有片面性。见赫尔曼·戴利：《超越增长》，上海译文出版社，2001年。

已到极限，经济增长已到尽头的"悲观"论点则是不科学的。

（五）以科技创新、制度创新、观念创新实现人与自然相协调的发展

尽管我们说在理论上不应认为世界经济增长即将到达尽头，但是应该看到当代世界资源、环境问题的严峻性。即使是经济发达国家近十年来在解决国内的环境污染，优化生态方面取得显著进步，但是发达国家由于其高人均GDP水平，它们的经济增长既体现了对本国和世界自然资源的庞大耗费，又体现了对局部性和全球性的环境日增的损害。另一方面，发展中国家，特别是亚洲发展中国家的兴起和经济高增长，使这个地区的资源、生态、环境问题日益突出。

在我国经济持续高增长中资源和环境、生态的不断恶化也表现得十分鲜明，耕地的减少，土地的沙漠化，水资源的短缺，一些地区空气、河水的污染，等等，已成为我国当前经济生活中的"明患"和令人担忧的问题。

我国水资源短缺日益加剧。据2001年3月22日"世界水日"报道，全国669个城市中，400个城市常年供水不足，其中有110个城市严重缺水，日缺水量达1600万立方米，年缺水量60亿立方米，由于缺水每年影响工业产值2000多亿元，被限制用水人口约6000万人。

我国土地资源耗损有不断扩大之势。因建设占用、生态退耕、农业结构调整以及灾毁等因素，全国2000年减少耕地156.6万公顷。1992～1999年，耕地减少了近3000万亩。草原大规模萎缩，2000年草地比20世纪80年代减少2623万公顷，每年减少200万公顷。直到2002年，每年土地退化、沙化面积仍在以3000多平方公里的速度继续扩展。近几年来，我国的沙漠化土地面积从原来13.7万平方公里增加到

17.6万平方公里。在我国的沙漠化土地中，其中已经沙漠化了的土地为17.6万平方公里，潜在沙漠化危险的土地有15.8万平方公里，在湿润地带的风沙化土地有1.9万平方公里。2003年全国水土流失面积356万平方公里，占国土总面积37.1%。

我国森林资源十分稀缺。在2000年我国公布的第五次全国森林资源清查结果中，我国目前的森林面积有15894.1万公顷，在世界上排名第五位，人均0.12公顷，世界人均森林面积为0.6公顷，在世界人均排名119位。我国的森林覆盖率为16.55%，世界平均森林覆盖率为27%，在世界上排名第110多位，我国还是一个森林稀少的国家。

我国环保工作取得重大发展，但是边治理、边污染问题尚未根本解决，经济发展加快与水污染加快，旅游业大发展中文化和自然遗产保护区的垃圾污染，汽车化加剧城市空气污染，在近年来都表现得十分鲜明。西部地区加快开发中一些地方出现的资源和生态环境遭受破坏更令人忧虑。[①]

土地、森林和环境遭到破坏，造成动植物种的减少，我国已有15%～20%的生物种的生存受到威胁。

应该说以上情况表明，我国半个世纪的工业化过程中，特别是近20年的经济高增长中，和其他发展中国家一样，人口、资源、环境问题并未获得解决。更值得人们关注的是，在近几年全国各地加快推进工业化、城市化的浪潮下，生态、环境、资源过度耗费和被破坏，还有愈演愈烈之势，可以说，如何解决好经济增长中人与自然的矛盾，是我国当前面对的重大挑战。这一严峻的形势，要求人们努力探索和

① 中国有6个城市位列地球上十大污染城市。提供75%电能的燃煤发电释放出大量二氧化碳和其他污染物质，导致酸雨，引发呼吸系统疾病，每年约造成40万人死亡。据专家估算，我国环境遭到破坏付出代价占GDP的5%～12%。

实行新的经济模式和发展模式。

1. 更新观念，确立科学的、可持续的发展观

发展是硬道理，发展中出现的问题，需要通过更好的发展来解决。人们要以自然财富存量边际有限性为立足点，大力寻找和实行节约自然的经济模式——生产方式和消费方式——和发展模式，把经济高增长和自然资源节约、环境的维护和优化相结合，把经济的扩大再生产与自然再生产和生态循环相结合。

2. 依靠科技，不断创新自然

可持续发展不是消极地限制增长和对自然物的耗费，而是要基于自然财富边际可扩展性，大力创新自然。这就需要：（1）依靠科学技术的第一生产力的功能，向微观世界和宏观世界进行广度和深度开发，开拓和创新的自然财富；（2）采用新的生产方式、新材料、新工艺，创造现代知识密集产品，加强生产耗用的自然资源的科技替代，节约自然物耗费，最大限度减少生产对自然环境的破坏；并在（1）（2）的基础上力争实现发展中自然物质增量与自然存量消耗的均衡。

3. 大力推进制度创新和机制的优化

应该看到，人类实行的浪费与破坏自然资源的非理性生产，不仅是物质生产力水平低所导致，而且有其经济制度上的根源。基于历史唯物主义的发展观，基于马克思主义的生产力与生产关系相互作用的原理，人类社会生产与自然之间物质变换的严重失调，总是一定的历史发展阶段的社会经济制度下的产物。后工业社会暴露得越发鲜明和愈演愈烈的世界性的资源、环境、生态危机，并不是完全由于生产技

术的落后，也不是戴利所说的由于热力学的能量守恒定律的作用，[①]而是与资本主义私人财产垄断制度和缺乏调控力的、不完善的市场体制和机制密切相关。

第一，资本主义使土地、矿山、森林等自然财富归私人垄断，这种对自然财富的“为所欲为”的私人财产权，成为掠夺式农业、林业经营，以及各种各样的破坏生态、污染环境的非理性开发、建设和生产的制度基础。实践证明，要实行对自然财富的最有效的维护和节约使用，需要实行基本自然财富的支配从属于社会公共意志，[②]这也就要求针对不同的自然财富，构建起包括政府占有、企业占有、个人占有在内的多样化的新产权制度。[③]

第二，市场经济及其机制——自主创业和自主经营机制、市场价格形成机制、主体产权机制等——起着提高效率，拉动增长，配置资源的功能，但它缺乏梳理、协调社会生产与自然间的物质变换关系的功能。恰恰相反，市场机制固有的外部性，起着加剧环境污染、生态破坏的作用；特别是市场经济固有的周期性的盲目增长冲动，不断形成对自然的强烈冲击波。人们可以看到每一次城市化热潮——包括房地产泡沫——使大片森林、田野化为乌有。即使在社会主义国家，

① 戴利认为，社会生产和自然物质财富耗费间是一种物理学、热力学的一生一灭的“能量守恒”关系，事实上社会生产和人与自然的物质变换的状况，从属于社会经济规律。不少环保经济学家本人是自然科学家，他们将社会财富的增值机制和经济增长的机制替代为自然物质运动中的能量守恒机制，这当然是一种不科学的分析方法。见赫尔曼·戴利：《超越增长》，上海译文出版社，2001年版。

② 马克思将土地视为“人类世世代代共同的永久的财产”，见《马克思恩格斯全集》第25卷，人民出版社，1972年，第916页。

③ 我国的实践表明：在社会主义市场经济体制下，在生态林木的建设中，实行包括中央政府、地方政府、集体、企业、个人等在内的多元主体产权结构是适宜的。

在土地公有制和实行土地无偿或低价划拨——包括水资源不计价的制度——条件下，市场价格机制更成为强烈驱动经济发展中对土地、森林、水等资源的浪费的动因。实践表明，人们不能实行自由放任的市场经济，特别是在涉及稀缺性的自然资源的利用与经营中，不能听任自发的市场作用，而完善自然资源的价格管理，赋予自然物以虚拟价值，加强政府的价格调节，一句话，在自然财富使用中构建起有调控的市场机制就是十分必要的。

可见，大力进行制度创新，进一步完善市场体制与经济机制，是保持经济发展中社会和自然相协调的经济条件，而在社会主义市场体制下，制度创新与机制完善更拥有广阔的余地。

4. 进行思想、观念的创新和生活方式的优化

在当代，社会财富增长和自然财富的过度耗费的矛盾之所以激化，还在于日益流行的非理性的消费方式。（1）资本主义经济本质上是过剩经济，为了救治有效需求不足，人们诉诸消费扩张，因而各种各样奢靡浪费的行为成为时尚，加剧稀缺自然资源耗竭和生态环境破坏的非理性的生活方式，如任意耗用石油和排放汽车废气，浪费水资源以及占有和捕杀食用稀有生物等受到鼓励，出现了加大自然物质和环境耗损的非理性消费行为的泛滥。（2）资本主义国家意识形态领域中个人利己主义盛行和越演越烈，在生活方式中物质消费主义成为时代潮流，人们满足于当前物质生活水平的提高而较少顾及自然、生态条件的逆退，富人竞相追逐自身生活享受极大化，而不顾子孙后代的生存和生活福利。正是上述个人利己主义的价值观、财富观和消费观及过剩经济中扩大消费需求的现实机制的互相促进，形成了当前富裕国家流行的非理性生活方式和消费方式，后者又进一步推动非理性的生产方式的发展，其结果是社会与自然的矛盾进一步加剧。

以上分析表明，要形成经济、社会可持续的发展，需要依靠科技创新和制度创新，还需要进行思想观念的创新，要在大力发展先进文化的基础上，形成一种节约自然耗费，减少地球承载的理性的人的生活、消费方式。[①]在社会主义中国，通过对基本自然财富的私人占有制的废止和公有制的构建；通过构建完善的社会主义市场体制，有效地发挥市场机制和政府调控的功能；通过大力发展先进文化，提倡和塑造节约自然的理性的生活消费方式；通过以上多方面的创新，人们就可以逐步做到把节约自然和创新自然相结合，把低自然耗费和高经济增长相结合，把社会财富创造的极大化与持续化相结合。一句话，实行一种理性的、社会与自然相协调的世世代代造福于人民的持续的扩大再生产，是社会主义经济发展的要求，也是社会主义的优越性之所在。

本文可以归结如下：为了科学指导当代发展，经济学需要将人与自然的关系纳入研究范围，确立包括社会财富和自然财富在内的广义

① 美国著名生态经济学家戴利阐述的可持续发展理论，对西方经济学作出了重要创新。戴利的贡献是：（1）将自然、生态环境纳入对经济增长的分析之中；（2）以其有关自然资源存量、“熵流”“热力学第二定律”“地球承载力”等术语来论述了自然资源、环境的有限性；（3）他提出人类经济活动是自然生态系统的子系统的命题来论述社会生产与自然之间的关联性；（4）提出了生态、社会、经济诸方面优化整合的“超越增长”的发展，着眼于增长方式质的提高和生活福利效果的提高；（5）主张在发展中增进社会公正、优化分配，改变富国与穷国在自然资源占有与使用中的极大不平等；（6）提出了推行可持续发展的政策措施，包括将自然资源消耗纳入国民经济核算体系的新GDP计量方法，等等。戴利的经济理论突破了倡导自由市场经济的西方主流经济思想，强调要将市场功能与政府行为相结合。戴利以其富有特色的理论，揭示了当代资本主义经济增长中人与自然的矛盾和冲突日益加剧的严重情况，但是他未能更深入一步去分析催化这一矛盾的社会经济制度的缺陷。因而，尽管戴利提出了许多具有积极意义的政策建议，但是他未能找出消除当代资源、生态、环境危机的有效途径。特别是为了形成有利于可持续发展的个人行为，戴利提倡回归到信奉上帝创造世界——包括人、其他物种与自然世界——的基督教教条，想用上帝儿女人人平等的道德原则来抑制浪费、破坏自然的非理性行为，这样的阐述就不能说是符合现代科学精神的要求。参见赫尔曼·戴利《超越增长》一书的有关部分。

的财富观；要深入研究有关自然财富，自然财富存量与增量，以及有关自然财富市场价值等范畴，揭示其科学内涵；要寻找有效抑制浪费资源和破坏环境的经济手段，探索使工业化和生态化相兼容的发展模式和体制安排；寻找一条物质文明、精神文明、生态文明并举的新工业化、现代化道路；因而，马克思主义政治经济学的基本理论的发展和创新就是十分迫切的。①

六、知识是财富生产的精神力量②

（一）知识及其生产功能

1. 知识是财富生产的精神力量

政治经济学的使用价值范畴的内涵是产品拥有的满足人的需要的有用性，这一规定适合于物质、实物产品，包括消费品和生产资料，也适合于作为特殊产品的劳动力。基于现代经济的特征，我们在这里要分析知识或知识产品的使用价值。③

知识产品是一种精神存在，无论是科学、技术知识产品，文学、艺术产品，都是人的理性思维活动或情感活动的结晶，是一种非实物形态的精神存在。即使是采取具体形象、声音，甚至实物造型形式的艺术作品，如舞蹈、歌唱、绘画、书法、雕塑等，它的本质也是人的精神活动。可见，知识产品的使用价值或效用，也就是人的劳动创造的实在的精神生产物的有用性或效用。

① 本文载新知研究院研究报告（2002年），西南财经大学出版社，2003年12月出版。

② 本节发表于《经济学家》2004年第1期。

③ 知识产品包括科学产品和文化产品，本节论述对象是科学，特别是自然科学的性质及其经济功能。

知识产品有多样性及功能，它被使用于人类的一切社会生活之中。一般地说，科学知识是客观世界（以及主观世界）的本质和规律的认知，它具有提升人的认识世界的能力。作为认识世界的工具，知识是增强人类多方面活动——包括社会生产、个人生活、社会生活——效果的工具；因此，我们可以把知识产品的效用或使用价值归结为：增强人的社会生产和生活能力的工具，是财富形成的根本动因和精神力量。

知识在社会生产与生活中的作用，在人类社会发展的不同阶段是不相同的。在原始农牧经济中，石器是一般生产工具，由于物质工具的简陋，人类进行生产的最重要的工具是“人身工具”，主要是人的体力，如原始人拥有在艰苦的向自然开战中锻炼、育成的强劲的手力、臂力和灵巧。强劲的人身工具力和简陋的物质工具力的复合结构，是原始社会农牧生产方式的物质基础。尽管原始人在漫长的、经过许多代的生产活动实践中，极其缓慢地形成了以经验为基础的知识，如在有关气象、季节变化，以及有关放牧、耕耘、种植、育种、收获等方面的知识进步，但是总的说来，原始社会的生产和生活中突出地表现出知识匮乏的性质，原始农牧经济的生产要素主要是人力、土地和简陋的工具，知识远未成为有现实意义的生产要素。

中古时期的农业生产方式，是以铁制犁铧的普遍使用为物质技术基础，城市手工业作坊的生产是以风箱、冶炼炉，以及多种多样的手工工具为物质技术基础。在中古时期，人们说，“工欲善其事，必先利其器”，手工工具的进步，体现了以经验为基础的生产知识的进步。另一方面，生产知识的进步和积累也表现在代代相传和越发高明的手工劳动的技巧上。但是毕竟作坊手工工匠的知识进步局限于经验积累而不能实现理性上升，成为科学知识。中世纪在一般生产者层面上不可能有真正的科学活动，由一些知识分子来从事的科学活动和实现的十分精湛的科学和技术创新，又由于自然经济制度的桎梏，很长时期都只能作为实验室活动而被隔离于现实生产之外。

总之，中古时期的农业经济制度、桎梏商品经济的政治权力结构，以及桎梏知识创新的意识形态，造成经济发展停滞不前，技术墨守成规和认识僵滞，其结果是知识进步缓慢，知识匮乏仍然是社会生产与社会生活的鲜明特征。

2. 知识大规模合并于生产和转化为生产力

由农业经济到工业经济的转换，标志着知识在财富生产中起重要作用的时代的到来。机器大工业生产方式本身是科学知识的结晶，现代工厂中最早的大机器——蒸汽机——的改进和普遍使用是近代物理学和机械力学发展和应用的结果。17世纪以来的近代自然科学的兴起，近200年来各门类自然科学的发展，特别是20世纪应用科学的发展，带来了机器、设备原材料的日新月异的进步以及技术、工艺的更新；20世纪30年代以来管理科学的发展，促进了生产组织和经营方式的进步和革新；此外，科学和技术进步要求和启动了教育发展和劳动力素质的提高。可见，机器大工业生产方式的发展体现了知识（科学）的渗透于多样的生产要素、生产方法和劳动力素质之中，而生产要素以及生产方法一旦凝结了科学知识，就获得了高生产能量，成为威力强大的生产工具。

科学越是进步，对客观事物认识越是进入到世界深层次的领域，科学的真理性越增强，它的生产应用功能和有用效果就越大。有关火的知识，曾经在漫长的、以数万年为时间单位的农业经济时代，实现极其缓慢的、渐进的技术进步和生产进步，产品使用价值的提升和经济的发展。[①]18世纪末有关蒸汽动力和蒸汽机的科学知识，19世纪有关电力和电动机的知识，20世纪空气动力学及喷气动力的知识，都带来了工业经济时代生产工具生产能力的提升，加快了经济增长，创造出新一代的工业品。科学知识的加强，物质生产工具的能力和人的财富创造能力，最鲜明地表现在当代高科技经济中，人们可以看到，以信息科学、生物科学，以及航天科学、纳米科学等为主要内容的新的科学革命，创造出以计算机、生物基因为代表的新一代高技术产品，引起了新兴产业的兴起和快速增长，创造出以家用计算机、各种智能机器、智能住宅、基因药品、转基因农产品、航天器等具有崭新的功能的现代产品。可见，当代高技术经济迎来了最新科学知识被合并于生产和转化为强大生产力的时代；这一情况表明，科学知识成为推进社会生产进步和生活进步的首要因素，成为当代财富增长的最强大的动因。

（二）知识的形成和发展：由以经验为基础的知识到现代科学知识

1. 科学知识的产生

知识是人类的思维工具——大脑，对作为精神原材料的实践进行思维加工后得出的成果和生产物。人从他所从事的社会生产、生活的实践中获得对外界事物的感觉、印象，在多次的甚至是长年累月的生产实践过程中，人们对头脑中获得的客观事物的印象和感知，进行思维加工，“去粗取精、去伪存真、由此及彼、由表及里”，由此把头脑中的原发性的和粗糙的感性知识提升为有条理的理性知识。实践

① 有关火的知识出现于40万年前的早期人类。见布鲁诺·雅科米：《技术史》，北京大学出版社，第12页。

是知识的源泉，人的知识不可能超越实践而先验的获得。原始人经过千百次琢磨燧石引起火花、点燃枯枝的实践活动，逐渐在大脑中形成了燧石撞击→火花→点燃枯枝的因果联系，即“生火”的知识。人类通过长期的农业生产实践，才获得了关于历法与季节变化以及关于耕耘、施肥、休耕等农作知识；通过长期手工业生产的实践，人们才获得了对金属矿物进行冶炼的知识。人的认识立足于对实践经验的总结。人们在实践中对各种活动状况与效果进行比较，通过群众性的自发的认识，特别是通过有思维能力的人，即智力劳动者的理性思考和总结，人们把感性认识上升为理性认识，形成了以经验为基础的知识，即“从经验中得出的成规”①。在古代和中古时期有关生产和生活的知识，绝大多数都是这样的，采取粗放形式的，由经验得出的知识。机器大工业生产方式改变了人类认识和获得知识的方式，产生了立足于实验的，以反映事物本质的科学范畴为基础，以理论的系统性为特征，并往往具有计量内容的“精密”的科学知识，其典型形式是自然科学。

人类知识形成和发展要经历一个——由不科学的到科学的；由片面的到全面的；由不深入、不完善的到深入和完善的——漫长发展过程，这也是知识逐步积累，特别是知识的质量逐步提高的过程，也是人的认识水平逐步提高的过程。现代人已实现了由获取以经验为基础的传统知识向获取以实验为基础的科学知识的转换，这也意味着人类知识发展进入更高阶段和人类认识能力和水平的提升。

2. 科学的发展及其认识功能和生产功能的增强

科学的功能的与日俱增，表现在18世纪末第一次工业革命产生以

---

① 《马克思恩格斯全集》第23卷，人民出版社，1972年，第423页。

来200多年的世界经济发展中。20世纪末的信息革命以来，随着高科技经济的发展和知识经济的到来，科学地促进经济与社会进步的功能表现得更加鲜明。

科学是人类的“一般”或“通用”工具，它拥有多方面的功能：如认识功能、生产功能、完善人类行为功能，组织、优化社会制度功能等。科学的根本功能是认识功能，它使人类得以日益深入和全面地认识世界。科学的另一重要功能是生产功能，它越来越成为现代财富创造的主要源泉。

第一，科学是技术进步的源泉。在工业经济时代，科学总是会物化为生产手段，科学进步总会表现为生产手段的革新和工具力的增强。当代自然科学是深化人们对微观和宇宙世界规律的认识的犀利工具，是当代技术不断进步的知识源泉。科学知识积累越多，意味着人类拥有的能加以使用的认识工具的增强，由此使科学劳动生产率不断提升，[①]人们可以看见，20世纪末出现了各门类科学知识的快速进步，不断引发新的技术创造、发明，而且，获得科学知识新成果的时间也大大缩短。

第二，科学的生产功能。科学的物质生产功能表现为：科学知识转化为生产工具、劳动对象、生产方法以及劳动者的能力，由此增强人类生产活动中创造使用价值的能力。

在本卷中我们已经指出，人的生产具有知识指导的性质，任何一种生产活动，即使是十分原始的生产活动，也是体现有一定的知识的作用。在人类历史发展很长的时期，由于并入生产的知识的贫乏，因

① 英特尔公司创始人摩尔提出微处理器效率18个月翻番的定律和2001年人体以及生物遗传编码研发工作的迅速发展和取得成功，表明了当代科学、技术知识产品生产的高效率。

而，生产工具与生产方式落后，劳动生产率低下，社会生产成果少，质量低。随着经济的发展，人类逐步地有了以经验为基础的知识的积累，更多知识开始并入生产过程。中世纪农业经济中畜力动力的使用，工具和农耕技术的进步，体现了知识的进步和知识生产功能的增大。但是在近代科学产生和机器大工业的出现以前，还谈不上有严整的科学知识的合并于生产和科学力在生产中的自觉利用。18世纪以来的机器大工业生产方式的发展，标志着科学向生产要素、生产方法转化和大规模合并于生产过程之中的时期的到来。首先，机器以及工厂中的物质生产手段是自然科学的转化形式；其次，对产品质量提高和数量增大有关的优质原材料也是科学、技术进步结出的果实；此外，工艺方法和流程的改进以及劳动者智力和工作能力的提高，也是体现了科学的功能。机器大工业创造的以纺织品、机械、火车、汽车等为代表的工业品和工业财富的快速增长正是科学的物质生产功能的集中体现。

在当代高技术经济时代，科学的生产功能前所未有的增强。20世纪末以来出现了以信息科学为代表的新兴科学、技术知识的快速进步和科学知识进步向高技术的快速转化，产生了智能机自控的新生产方法和新的工艺流程，推动了企业组织形式、营销方式的革新，而拥有高科技含量和高效用的新产品的创造及其正在引发的“产品革命”，正是现代科学的生产功能的集中体现。①

① 生物技术正在使医疗保健产品发生革命性的变化，如果说，20世纪50年代以来青霉素的使用，质量不断改进，已经提了一种人们未曾设想到的消炎疗效，减轻了人的病痛；那么，生物技术的发展，成为现代人的福音，新生物品能产生神奇的疗效，能攻克像癌症、艾滋病这样的绝症。

（三）知识创新与知识积累

1. 人们的思维能力是知识创新的决定力量

科学是知识，是知识产品的特殊形式。知识产品创新是人的创造性思维、认识活动的“成果”。人在实践中加深认识，进行知识创新。基于经济的、社会的需要，实践中的人，利用作为思维工具的大脑，结合从实践或实验中获得的现实情况和形成的印象，借助于大脑中原来已经掌握和储存的知识原料，进行思维加工、整合，形成新范畴、新原理、新理论，实现知识创新。

知识是人的大脑活动的产物。大脑是生产知识的人身机器，如物质产品生产能力主要取决于机器的质量和能力一样，知识创新能力取决于人类大脑的思维能力。古希腊亚里士多德和柏拉图创造出内容精湛、篇帙浩大的学术成果，19世纪马克思创作出的不朽著作《资本论》，爱因斯坦创立狭义相对论（1905）和广义相对论（1915），这些人类精神活动史中光彩夺目的学术、科学创新体现了创作者的超群出众的思维能力。可以说，人的智力的发育程度和创造性思维能力决定知识创新成果的质量和丰度。

人类脑力包括：（1）对客观事物做出反应，形成感性知识的能力；（2）形成抽象的概念、范畴和运用理论范畴进行抽象思维，包括分析、综合，形成假设和进行逻辑推理的能力——通称为理性思维能力；（3）记忆和联想能力也属于思维能力。动物甚至某些植物也有对外在世界形成感知的能力，黑猩猩也拥有某些简单抽象思维能力，但是发达抽象思维能力是高度发育的人脑的功能，它为人类所特有，而拥有思维人身机器正是人作为万物之灵之所在。

抽象思维能力既是人的先天的禀赋，但又是在人类的社会实践和认识活动中育成。在天体运行、地球形成、地球上有生命物质产生和演化为高等动物的亿万年的漫长的历史过程中，在特殊的自然条件下，从具有某些智能的灵长类生物中逐步分化出具有发育的大脑的原始人。原始人进行一种既用体力又用脑力的、有目的的生产。如地球上的生物及其器官是在长时期的生存活动中形成和发育一样，人类大脑是在长时期认识活动中不断发育和不断完善的。在艰难的物质生产和求生活动中，原始人不得不进行不停顿的思维——实践——再思维。人类在漫长的以数十、百万年计的历史中进行的脑力活动，促进了人类大脑结构的发育和抽象思维能力的形成，终于形成了具有体力和一般智力的人类劳动力。

人的劳动力是处在不断发展的历史过程之中。劳动力的具体品质，人的体力与智力要素的性质，是取决于生产力和生产方式的性质及其需要。大体说来，一般物质生产需要的是具有一般思维能力的劳动者。而科技、知识密集产品的生产需要有专业知识的工程技术人员，而科学知识产品的创造则需要具有发达的科学思维能力的智力劳动者——研究人员；高级的文化品、艺术品生产需要有具有发达的感性思维能力的文学家和艺术家。当代高技术经济时代，为了实现知识、科学产品的大规模生产和不断创新，需要具有高思维能力的科技精英，他们是形成强大的人脑机器的主要部件，是当代高、精、尖知识产品生产的决定因素。

2. 先前知识是知识生产的原材料

知识创新要以先前知识为原料。知识生产从来不可能是主体单纯的自我知识创造，它离不开对该项研究课题有关的既有知识原料的占有和加工、制造。既有知识原料包括：（1）当代他人从实践中得出的知识成果；（2）前人形成的和用稿本、书刊、文献资料等形式保留和传承下来的知识成果。上述（1）（2）形成既有的知识，或原知。人们在掌握既有知识原料的基础上进行思维加工：对原知加以重新梳理，批判地汲取和重构，形成新知。可见，新知识是"有本之木""有源之水"，继承和包摄了"原知"，不过，不是对原知简单地继承、使用，而是对原知的有舍有取，加以重构，在"推陈"中出新。

既然先前知识是创造新知的原材料，因此，做好先前知识的积累和既有知识的开发利用就是进行卓有成效的知识创新的必要条件。

3. 知识的积累

大工业时代的扩大再生产，需要和依托于物质积累：即不是用于即期消费，而是用于扩大再生产的物质资料——机器、设备和原材料。知识产品的扩大再生产需要有知识积累：被保存的和可以加以使用的即期形成的知识和前期形成的知识的总和。知识积累是知识生产的原料和资源，它有如农业生产中的土地，矿业生产中的矿藏。有了自然财富的丰饶，人们就能开发出更多的物质原料和物质生产手段，实现工农业扩大再生产。可用的知识积累越多，意味着社会拥有和人们能加以占用的思维原料越加丰饶。从微观来说，（1）知识积累越深厚，知识门类会越加细分，它意味着专业研发领域越加宽广，在知识生产驱动力充分的条件下，就有可能形成众多主体从事的兴旺发达的知识扩大再生产；（2）知识积累越多，知识库存量越大，可收集和利用的理论资料和实证资料越多，科研工作者由此在进行逻辑思维中有了更强大的精神手段。信息获得的便捷和充分大大缩短科技知识研发的时间。就宏观来说，一方面，知识积累越多，在其为众多研发人员有效利用的条件下，知识产品再生产规模就越大；另一方面，在知识大规模创新中，多门类知识的相互碰撞加强，又会提出更多的需要解决的新问题和难题，从而在多学科协同作用下，推动知识创新。[①]

知识积累不仅仅为人们进行科学创新提供知识资源，而且，它还滋养和提高研究工作者的智慧与思维能力、思想道德素质，有如丰饶的土地以其充裕的食品资源滋养人和增进人体健康与劳动能力一样，知识积累的丰裕，在知识自然传播效应下，使人获得更充分的科学和文化知识滋养，提升研究工作者和文化艺术创作者的智慧，增强他们的抽象思维能力和艺术创作能力，由此，培育出具有高智力和高思想道德素质的科学人和文化人。知识积累滋养、孕育、提高人的智能和精神素质的功能，鲜明地体现在教育活动中，如人们所说：名师出高徒。在当代知识积累量大的著名科研机构与著名大学，不仅出科学精品，而且出高素质的科学人才。某一专业知识积累量大的研究机构与企业，也是该类专业精品的开发、产出地和专业人才的摇篮。[②]

综上所述，知识积累既扩大知识资源，又提升人的智能和精神素质，增强主体的知识创新能力。可见，知识积累是一种生产力，达到一定临界点的知识积累，成为推动知识创新和科学进步的内在力量。人们可以看见，当代世界发达国家，由于知识积累越丰饶，涌出的科学人才就越多，这一国家知识进步就越快，而知识贫困的国家，科技人才少，文化科学越加落后。上述状况表明：积累—创新—再积累—再创新的累进式发展，是知识进步的规律，也是知识产品扩大再生产

① 弦场论提出者，世界著名物理学家米奇欧·卡库教授说："现在简化论的全盛时期已经过去，似乎遇上了简单的简化方法不能解决而又无法超越的障碍。这预示一个新时代，一个三大基础革命——计算机革命、量子革命、分子生物革命——协同作用的时代的到来。"见米奇欧·卡库：《远景——二十一世纪的科技演变》，海南出版社，2000年，第14页。

② 英特尔公司迄今一直是微处理器创新的主要策源地，微软公司则是软件开发的主要策源地。

的规律。[①]

（四）知识进步的人身源泉：人类智能的开发和由生物人到智能人的演变

创造产品的人与自然之间的物质变换过程，是人以自己的脑力、体力作用于自然物，改变其物质结构，创造出能满足人的需要的新属性的过程。马克思说："劳动首先是人和自然之间的过程，是人以自身的活动来引起、调整和控制人和自然之间的物质变换的过程。人自身作为一种自然力与自然物质相对立。"[②]

拥有智力是人的劳动的特征，马克思指出"最蹩脚的建筑师从一开始就比最灵巧的蜜蜂高明的地方，是他在用蜂蜡建筑蜂房以前，已经在自己的头脑中把它建成了"[③]。马克思指出"人自身作为一种自然力和自然物质相对立"，这里，人是一种特殊自然力：有智慧的高级生物，即智能人，人与自然的对立是智能人对自然物质对象的有目的的利用和调控。人在和自然进行物质变换中，不仅用手而且用脑，"头和手运动起来"[④]，"通过这种运动作用于他身外的自然并改变自然"[⑤]。可见马克思为我们揭示了人类生产的本质特征：依靠知识的力量（智力）和体力来利用自然、驯服自然和改造自然。

---

① 就自然科学领域来说，诺贝尔奖获得者集中于教育发达的富国，特别是美国，自1901年第一个诺贝尔奖颁发至今，672名获奖者中有284名美国人，占获奖总人数的42.2%。2004年科学奖有10人，其中7位为美国人。这一状况是决定于富国的大量科学经费投入，但也表明了科学知识积累本身的孕育、生产创新知识的功能。

② 《马克思恩格斯全集》第23卷，人民出版社，1972年，第201、202页。

③ 《马克思恩格斯全集》第23卷，人民出版社，1972年，第202页。

④ 《马克思恩格斯全集》第23卷，人民出版社，1972年，第202页。

⑤ 《马克思恩格斯全集》第23卷，人民出版社，1965年，第202页。

人类脑力的发育、智力的开发、知识的增进，经历了以数十、数百万年计的漫长的历史，[①]在太古人类所进行的初始的劳动中，人与自然的关系，并未能真正体现出智能人与自然之间的关系，而更多体现生物人与自然相对立。

早期人类社会，人的智能还未能得到开发，人对世界的认识还十分粗浅，人的生产活动还是高度知识稀缺的，物质手段与知识工具的极度薄弱，使原始人求生艰难，不仅谈不上有效改造自然，而且难以应对狂暴不驯的自然力。原始人类经常在大自然气象变化，狂风、暴雨、雷电袭击和河水泛滥中蒙受灾害。在原始人与自然的对立中人处在弱势地位，屈从于狂暴的自然力的统治，还未能确立起主人的地位。

在作为思维工具的文字出现以来，[②]随着知识的增进，人的生产和生活活动中体现有更多的知识要素。在人与自然的关系中，智能人与自然相对立的性质就开始显现。

在人与自然的关系中，人的主人地位的逐步确立，从根本上说，是依靠智能的开发和提高，依靠知识的进步。人的劳动生产力的提高，在于生产工具和生产方法的进步。由旧石器—新石器—青铜器—铁器—手工工具——机器到现代智能机器的工具进步的历史进程，以及由采集、狩猎、畜牧、农业、手工业、机器大工业，到当代高技术的生产方式演进的历史进程，体现了知识的进步和逐步渗透、合并于生产的历史进程，这也是人类智能开发、知识进步和人由智能薄弱的生物人转化为发达的智能人的历史进程。

信息革命和当代知识密集的高技术生产方式的到来，标志着人

① 当代古人类学的最新发现已将最早的人类的产生由300万年前推到800万年前。

② 在河南安阳出土的刻于甲骨、石具和骨片上的中国最早的文字出现于公元前6000年以前。

的智能开发和人类向发达的智能人的转换进入了一个新阶段：人作为知识武装的强大的自然力与自然相对立；人类在与自然进行物质变换中，不仅善于用手，更善于用脑；人类依靠智慧、依靠知识的无限的力量，来改造和驾驭自然。高技术经济与知识经济，在充分发展人的智力和充分依靠科学、技术的基础上确立了人与自然关系中的主人地位，社会主义制度，更确立了人民群众的社会主人地位，可以说一个充分依靠知识力来创造社会财富的新时代正在逐步到来。

基于以上所述，为了加快我国经济增长，推动科技跨越式发展，顺利实现全面建设小康社会的宏伟目标，我们需要大力发展知识生产，最有效和快速发展我国自然科学和社会科学，充分发挥知识在创造财富中的功能，为此，加大实施人才战略的力度，加强科技人才和管理人才的培养，特别是重视高智力、高创新力的骨干人才和尖端人才的培养，不仅十分必要，而且十分迫切。

七、建设社会主义需要充分发挥劳动的财富创造功能

社会主义的本质是解放和发展生产力，实现共同富裕和人的全面发展。社会主义大厦由全体劳动者来创造。中国特色社会主义建设的立足点是：调动13亿人的劳动积极性，挖掘一切劳动潜力，最大限度地发挥劳动创造社会财富的功能，为此：（1）要在社会主义制度下，通过社会生产关系的不断完善来增强全体社会成员自觉劳动的动力；（2）要通过劳动组织不断完善来增强社会结合劳动的生产力；（3）要通过劳动者素质的全面提高，来提升劳动生产力。

（一）完善社会生产关系，不断增强自觉劳动的动力

中国当前处在社会主义初级阶段，中国特色社会主义经济制度是以公有制为主体，多种所有制并存为基本特征。社会主义经济制度的确立，使旧中国的、以私有制为基础的社会生产中劳动的对抗关系，转变为建设社会主义的生产者相互之间的劳动协作和基本利益一致的关系。社会主义制度下，政府按照建设社会主义的规律，有效发挥经济管理和宏观调控职能，恰当地调节收入分配关系，统筹和大力协调劳动者之间，各个阶层之间，不同利益群体之间的利益关系。社会主义所有制和社会主义分配制度的不断完善以及政府的经济调节职能，成为维护和发展人民群众利益一致性的经济基础和有效杠杆。

生产者之间的互相协作和基本利益一致的关系，不仅仅是体现在公有制经济领域不同经济部门不同职能的劳动者——工人、农民和知识分子之间，而且也不同程度地体现在其他所有制领域中的职能不同的生产者之间，以及公有制领域的职工与非公有制领域的职工之间。

社会主义拥有强有力的自我调整、自我完善的能力。社会主义经济制度将随着生产力的发展而日益完善，不断增强生产者之间的利益一致关系。完善社会主义生产关系的关键在于使所有制和分配关系适应于生产力的性质。

第一，要进一步适应中国现实生产力的性质，适应人民群众创业以及适应现代大生产发展的需要，进一步推进和完善以公有制为主体、多种经济成分并存的社会主义所有制结构；要在明晰产权的基础上，形成企业各类人员责权利明确，国家利益、企业利益、职工利益相结合的公有制实现形式；要依法保护公有财产权和私有财产权，有效发挥财产权的劳动激励与约束功能。

第二，要不断完善按劳分配为主体、多种分配方式并存的分配制

度，搞好按要素贡献分配，保护劳动收入和合法的非劳动收入；要发挥经济杠杆对收入分配的调节功能，防止收入差距过大和贫富悬殊，逐步形成兼顾效率和公正，能最大限度调动最大多数劳动者的积极性的收入分配制度。

中国特色社会主义的所有制结构、中国特色社会主义分配制度的形成和不断完善，是广大人民群众基本利益一致，互相协作的生产关系的经济基础，是人民群众在生产中表现出昂扬的创业精神和创造性劳动的自觉性和积极性的根源。

由社会主义计划经济体制向社会主义市场经济体制的转轨要经历一个过程，中国正处在体制转轨的关键阶段，改革以来逐步形成的中国特色社会主义经济制度结构与社会主义市场经济体制构架还是不完善的，还存在着各种各样的制度缺损。对待社会主义生产关系的发展，不可以实行放任自流。中国特色社会主义市场经济的特征在于：既要充分发挥市场机制的作用及其配置资源的基础功能，又要有效地发挥政府的调控功能，努力构建起使市场经济与社会主义相兼容，把提高效率与增进社会公正相一致的崭新的社会主义市场经济模式和崭新的社会主义生产关系，使社会不同阶层、群体的利益得到兼顾，互助、协调的劳动关系不断增强，“努力实现全体人民各尽其能、各得其所而又和谐相处”[①]，这是社会主义条件下，劳动的自主性、积极性和创造性得到充分发挥的制度保证。

（二）完善劳动的社会结合形式，充分发挥结合劳动的生产力

在社会主义条件下，为了充分发掘和发挥劳动创造社会财富的

---

① 江泽民：《全面建设小康社会 开创中国特色社会主义事业新局面》。

功能，需要按照现代生产的物质技术基础的性质和要求，优化组合劳动形式。在现代大生产条件下，除了真正的个体经营以外，一般的企业都要使用一定数量的劳动力，企业生产表现为结合劳动者的共同活动。现代化的大企业，更拥有庞大的职工队伍，不仅有众多的直接生产劳动者，而且有科技研发人员，以及经营管理人员。大规模的劳动协作并不是注定要提高生产者个人的竞争心，而且，它也会引起“搭便车”，产生“出工不出力”的磨洋工；复杂的管理结构层次中进行的企业生产营运作业，也会经常表现出形而上学的文牍主义和官僚主义。另外，厂内分工的发展，各类劳动者之间的“摩擦”也会相应增加。因此，大生产需要有合理的结合劳动结构，对我国来说，首先要进行企业内结合劳动组织的重组和完善，要对传统“大而全”“小而全”的生产组织结构和机构重叠、人员庞大、冗员众多的管理组织结构进行根本改造。

第一，要适应现代大生产的分工与劳动协作规律和企业的性质，形成企业内不同工种和不同专业职能的科学编组，以节约劳动力和发挥协作劳动的生产力。

第二，要适应产业升级和技术创新的要求，引进和增加科技人员，努力构造高科技素质的现代结合劳动结构，发挥科技的先进生产力的作用。

第三，要基于结合劳动对指挥劳动的要求，以及发达市场经济条件下管理、经营劳动的重要作用，重组和优化管理组织，强化管理功能，减少结合劳动中的“摩擦”，形成劳动协作互促，有效地发挥企业总体劳动的生产力。

第四，要推动企业的重组，结构调整，促进新兴产业发展，优化产业结构、行业结构和大中小企业结构，以及地区经济结构，组成合理的社会结合劳动结构，由此，充分发挥社会主义条件下具有更高社会化程度的社会结合劳动的生产力。

社会主义条件下，企业结合劳动和社会结合劳动的优化，是通过企业在技术创新、结构调整中不断地体制改革和产权重组来实现的，为此，首先需要搞好产权制度改革和完善企人法人治理结构，使企业真正成为自主的市场主体；其次，需要有用以实现企业重组的发达的资本市场和产权市场；此外，还需要发挥政府的功能，也就是说，构建起一个完善的、有调控的市场经济模式和运行机制，是实现结合劳动的不断重组和优化的前提条件。

（三）全面提高劳动力的素质，充分发挥人的劳动潜能

在社会主义条件下，大力提高劳动者的素质和劳动能力，是不断增强社会财富（使用价值财富与价值财富）生产力的前提。劳动者的能力包括人的体力、智力和精神力，上述三种能力的增强，是现代高素质劳动力的内涵。

1. 知识力——现代劳动力的重要因素

拥有更高的知识和文化素质是现代高素质劳动力的重要内容。现代化生产方式表现为物质技术手段的越加复杂，生产工艺越加先进和精细，生产、管理模式更加优化。现代企业采用的诸如丰田管理模式等各种各样保证产品质量、节约原材料、提高劳动生产率的生产方法，需要工人有更高的专业技能和更高的文化知识水平，例如当代大工业企业要求普通工人具有初中或高中的学历。

20世纪末的信息革命和当前迅猛发展的技术创新，产生了高技术生产方式，推动传统工业经济向以知识为基础的经济的转型。信息革命产生的新的工业技术手段——信息技术以及人工智能机及其他高技

术生产手段，要求一般职工在知识、专业能力上提升到新一级，成为智力型的劳动力。而从事高技术的管理、监控，如使用高速计算机、操纵核反应堆，需要有具有专业知识的科技人员，而进行科技研发，则需要有更高学历和研发实践能力的高智力劳动者——高级科技工作者。

社会主义必须以现代化大生产为其物质基础。我国社会主义条件下工业化、现代化的快速发展，企业物质技术基础和生产方式跃进式的变革，迫切要求拥有更高的知识水平和技能的劳动者。特别是社会主义开阔了科技快速进步和跨越发展的道路，信息化在中国正在迅猛地发展，以IT、生物工程、航天等为代表的高技术经济正在崛起；信息技术和其他高新技术——生物技术、纳米技术、核技术等——日益向传统产业部门渗透，使传统工业生产的物质技术基础不断提高。社会主义条件下，物质技术生产力的快速发展，要求大力提高国民的教育、文化水平，培育有更高专业知识和技能的普通劳动者，特别是为了攀登世界科学高峰，迫切需要培育一批高智力的科技精英。可见，大力提高广大职工的科技知识素质，这是社会主义条件下先进的物质技术生产力获得迅速发展的人身条件。

现代工厂制度拥有提高人的专业知识的功能，基于人力资本的观念，当代企业不只是着眼于在生产活动中提高职工的技能，而且，采取和加强了人力培训机制。当代高技术生产方式提高和开发人的智力的功能大大增强。高技术的生产方式，通过使用计算机技术及其他高技术手段的生产实践活动提高和开发职工的智能，而且，高技术通过生活、交往方式，在培育、塑造现代智能型劳动者中发挥着重要的作用。人们可以看到，信息技术普遍渗透于人们生活之中，上网、使用手机已经越来越成为现代人日常生活方式的一部分，信息技术的使用和推广，无疑是起着一种国民教育的功能，它既促进信息技术知识的传播，而且也促进国民一般科技知识水平和文化水平的提高。特别是信息技术，创造的新远程教育方式，成为提高群众教育、文化水平的重要手段。[①]

2. 精神力——劳动力素质的必要因素

精神力从来是劳动力素质的内容。精神力或意志力这一概念，具有丰富内涵，我们在这里使用的精神力，是属于人的劳动能力的范畴，是指人在劳动行为中体现出某种精神状态或劳动心态，它包括劳动者的：（1）勤奋心，其反面是偷懒；（2）敬业心或精益求精、一丝不苟，其反面是马虎从事；（3）责任心，对工作严格要求，完成工作定额、保证产出质量的责任心，其反面是“钻空子”“搭便车”；（4）协作心，在劳动中互相配合、相互照应，其反面是只顾个人作业，不为他人工作提供方便；（5）专注心，工作中全神贯注、一心一意，其反面是懒散，即人们说的“心不在焉”；（6）忍耐力，对长时间持续劳动，特别是对沉重、艰苦劳动的耐力和锲而不舍，其反面是怕苦、怕累，浅尝辄止；[②]（7）创新精神，锐意创造，不断提高和创造新业绩，其反面是照章办事，循规守旧，无所作为；（8）英勇精神，攻克难关的信心、决心和不怕失败、无所畏惧，锲而不舍，其反面是畏首畏尾等。以上所举出的人在劳动中表现出的种种精神和心态，体现了人的意志、精神力，它在提高财富创造力中起着重要作

① 信息文娱的宠爱者是青年一代，上网、玩电子游戏成为他们日常的文化生活需要，固然，网络活动存在着多方面的负效应，从而需要加强管理，但也应看到许多信息技术精英也是由此自发地育成，这也表现出高技术的提高劳动力素质的功能。

② 神舟五号的一个科研小组为攻克一项技术难关，曾在酒泉基地实验室中工作生活108个昼夜。

用，拥有上述心态的劳动表现为积极的劳动行为，它能形成一种更有创造性的有用劳动，生产出更大、更优的使用价值和使劳动生产率提高。不少的实践例证表明：即使在当前工具力日益重要的现代经济中，在同样的物质技术水平条件下，或是在较差的物质技术水平下，劳动者如果能拥有并在生产中发扬上述精神、意志力，往往能创造出同样的、甚至更优的业绩。

劳动精神和心态是人的劳动观念的表现，后者是在社会劳动实践中形成的，特别是在特定的社会生产关系中形成的，是人的世界观、价值观、人生观的表现，从而属于社会意识形态。当然，劳动心理也受到劳动方式的影响。在那种能给劳动主体带来物质利益的社会制度安排下，在存在尊重劳动的社会意识氛围下，在劳动过程中会有广大生产者积极的劳动精神、心态的焕发，而在实行剥削劳动的经济制度以及实行折磨劳动的生产方式下，生产者就只能表现出消极的劳动心理和消极的劳动行为。①

劳动者精神力的调动和发挥需要下列条件：（1）能实现和维护劳动者物质利益的生产关系；（2）体现自主劳动性质、发挥生产者创造力和使生产群体内部不同职能人员相互协调、和睦友善的劳动组织安排；（3）劳动者自身的素质——体能、智能和道德品质的提高，特别是思想道德素质的提高。历史上的对抗性的经济形态下不可能保证上述条件，从而难以在劳动中激发、调动主体积极的精神力，而为了提高生产力，人们往往是单纯诉诸工具力和压榨劳动者的体力。当代资本主义国家，按照行为科学以及人力资本理论的要求，进行企业劳动

① 在奴隶制度及其非人性的折磨劳动的劳动方式下，奴隶劳动往往表现为破坏工具；在资本主义制度下的雇佣劳动则更多表现为出工不出力，即怠工。

组织的优化，企业文化的建设，激励机制的加强，以协调企业内部关系，但由于难以在基本生产关系层面进行调整，以及难以形成提高人的思想、道德水平的文化、社会机制，因而也难以在生产过程中最充分地调动人的精神力。

人的劳动不只是有知识导向的、合目的的劳动，而且是有精神力的劳动。在面对艰苦的生存条件下，在适当的制度安排下，人类的劳动会发挥出无畏的战天斗地的精神。在中国社会主义建设中，劳动者曾经表现也能够继续表现出人的精神力的财富创造作用。中国特色社会主义建设，为我们指出了一条切合实际的和最有效的在财富生产中发挥劳动者的精神力量的途径，这就是：通过社会主义经济制度——所有制和分配制度的不断完善及人民群众根本利益一致关系的不断发展；通过企业结合劳动组织结构的不断优化和人与人关系的协调化、和睦化；通过发展教育、提高人的科学、文化素质；特别是通过大力发展先进文化，加强社会主义精神文明建设，大力弘扬民族精神，提倡和发扬艰苦奋斗的革命传统，提升人民群众的思想道德素质；我国广大社会主义劳动者将由此在生产劳动中表现出更高的积极性和创造性，这意味着在社会财富增长中精神力量的更充分地发掘和更有效地发挥作用。

八、最大限度地发挥劳动在财富创造中的功能[①]

劳动是社会财富的始源和财富形成的决定力量。以社会财富的创造为基点的社会主义建设应该致力于启动劳动，挖掘劳动潜力，鼓励

① 本节发表于《人民日报》2003年1月28日。

劳动创新，最大限度地发挥劳动在社会财富创造中的作用，特别重要的是要形成能有效激活劳动的完善的经济、法制和社会机制以及精神氛围，以全面调动生产者的劳动积极性和创造性。这是当前全面建设小康社会的根本任务。

（一）加强社会财富的创造，夯实小康社会的经济基础

为了实现全面建设小康社会的各项经济的、文化的、政治的、社会的目标，要求在新时期最迅速地发展生产力，大大增强社会财富创造和使之更好地惠及我国十几亿人民。

第一，要在现有基础上，使人民群众的多方面的生活需要得到更充分的满足并逐步提高生活质量，首先需要大力发展物质生产，创造出质量更优、品类更多、价格更廉、科技含量更高的物质产品。

第二，要大力发展服务业，扩大社区生活服务，满足快速城镇化过程中群众的生活需要，还要大力发展文化事业和文化产业，创造出丰富多彩、思想健康、群众喜闻乐见的文化产品。

第三，要大力发展教育、医卫事业，提高对人民群众的文教、医卫服务水平，提升国民身心素质。

第四，要大力发展科技事业，推动与加强各个领域和各种层次的科技进步创新，鼓励高技术和尖端技术的创新，进一步增大科学技术成果，为经济跨越发展和社会进步，夯实科学、知识基础。

第五，要遵循可持续发展规律，加强生态建设，有效利用资源，搞好环境保护，维护和创造生态财富，为全体居民生活质量的提高创造良好的自然、生态条件。

总之，搞好发展，搞好和加快物质生产、服务生产、精神生产，也就是加强物质财富和精神财富的创造，最大限度地提高财富创造力，是增强国家经济实力，使人民群众生活更加富足的经济前提，也是实现全面建设小康社会，贯彻“以人为本”的头等要务。

（二）最大限度地发挥劳动的财富创造功能

劳动是社会财富的始源和财富形成的决定力量。人类用来维持生存、发展和享乐的生活资料以及用来生产生活的生产资料，都是劳动所创造的。当然，人类进行生产劳动要使用工具，还要有加工的对象。因而，任何产品都是劳动、生产工具、劳动对象这三种基本要素共同作用的产物。在现代发达的工业大生产中，科学技术（知识）、管理、信息等要素在生产过程和产品形成中更是起着重要作用。但是参与生产过程的一切非劳动要素，如机器、设备，本身就是劳动的产物和结晶，而且机器需要有活劳动的发动才能运转和发挥其功能。现代社会财富的生产过程是人的活劳动对其他生产要素实行启动、黏合和整合，使其互相有机结合和有序地共同发挥作用的过程。在当代高科技生产方式中，以信息技术为基础的人工智能机器体系的正常运转，也需要由活劳动实行“点火”、启动和对机器运行进行监控，劳动仍然是生产的第一推动力。而且，信息技术和其他高科技本身是当代自然科学知识和技术科学知识的体现和结晶，当前科学快速进步的源泉在于科学创新劳动。可见，即使在科学技术成为第一生产力的当代，劳动仍然是财富形成的始源和财富形成的决定力量。

基于劳动是财富的始源的命题，以社会财富的创造为基点的社会主义建设，就应该致力于启动劳动，挖掘劳动潜力，鼓励劳动创新，最大限度地发挥劳动在财富创造中的作用。

（三）有效地组织和整合多样性生产劳动

劳动就其具体形式而言，从来是多种多样的。在以分工、分业为特征的社会化大生产中，社会财富是由各行各业的生产者多种多样的具体劳动所创造的。社会主义市场经济立足于更加发达而完善的社会化大生产之上，在市场力量和政府调控下，广大生产者被编组于包括农业、制造业、服务业等产业和多样的行业之中，从事着多种多样的具体生产活动。就微观的企业层面来说，一些人从事加工生产，一些人从事管理，一些人从事科技研发。正是这些职能不同的生产者的千差万别的具体劳动的总和与有效整合，创造出了多种多样的产品和服务，其总和就是社会主义社会的人民财富。

在社会主义市场经济条件下，社会财富绝大多数表现为商品和价值物，从而财富的生产活动表现为商品价值的实现和资本的运行，上述商品运动和资本运行是由从事经营、销售和金融职能的广大从业人员的活动来实现的。这种服务于商品价值实现和资本运行的劳动，是商品性财富的创造和增值所必要的，而上述多种多样的职能劳动也就成为市场经济中生产劳动的具体形式。

我国社会主义市场经济将长期立足于以公有制为主体、多种所有制共同发展的制度框架之内。社会主义初级阶段的财产占有、分配关系决定了我国社会成员划分的多阶层性：除了工人、农民、知识分子等基本阶层外，当前还出现了民营科技企业的从业人员和技术人员，受聘于外资企业的管理技术人员，个体户，私营企业主，中介组织的从业人员以及自由职业人员。尽管这些新阶层在收入和财产占有方式上有着差别，但是他们都是财富生产和市场经济运行的职能活动的承担者和参与者。一些人员——包括个体户和私营业主在内——借助其微观经济结构的活力，成为科技创新、管理创新和创业开发的积极力量，为我国社会财富的创造做出了积极的贡献。他们在社会政治上是社会主义建设者，他们的实际参与社会财富形成的职能活动体现了生产劳动的性质。

以上分析表明，社会主义市场经济，一方面以其社会化大生产中产业、行业和生产者职业多样化的性质决定了生产劳动形式的多样化；另一方面以其新的经济制度和新型国家的功能，能重塑、整合和有效调节社会劳动关系，加强工作者群体利益关系的一致性和人际关系的协调性，在不同所有制、不同阶层的人员之间建立起共同劳动关系，并由此把参与财富形成的不同阶层、职业、岗位的广大人员的劳动纳入社会结合劳动的范围。

以上两方面归结到一点：社会主义开拓了社会劳动协作的最广阔的场所，通过有效地组织和发展多样性的生产劳动，将使广大人民群众各尽其能、各得其所，共同致力于社会财富的创造。

小　结

以上所述，可以归结如下：

第一，劳动是财富的始发源泉，社会主义财富要通过人民勤奋、艰苦的劳动来创造。中国特色社会主义建设，要立足于激活劳动，充分挖掘和有效组织、整合我国丰富的劳动资源，提高劳动生产力，最大限度地发挥劳动创造财富的功能。

第二，在当代大生产和发达的市场经济条件下，财富生产劳动是一个内涵广袤的范畴，包括物质生产、服务生产和精神生产，也包括商业营销、资本运作和信贷、金融活动以及其他交易中介活动。在社会主义社会大生产体系中，参与财富形成的行业、职业不同和依托的所有制不同的广大从业人员的劳动都是生产劳动。在社会主义条件下，生产活动有差别，但劳动无贵贱，一切对财富创造必要的劳动都是光荣的劳动。

第三，要切实贯彻好党的十六大提出的尊重劳动、尊重知识、尊重人才、尊重创造的号召，首先必须深化对社会主义条件下劳动的认识。要拓宽视野，切实做到承认、尊重和保护一切参与和有效于社会财富创造的劳动。特别重要的是要形成能有效激活劳动的完善的经济体制、法制和社会机制以及精神氛围，全面调动生产者的劳动积极性和创造性。

第四，适合的和完善的生产关系，是解放和提高劳动生产力的根本前提。中国特色社会主义建设的实践表明，以公有制为主体，多种所有制共同发展的基本经济制度和社会主义市场经济体制，以其占有和分配关系，在经济上有效承认了多样性生产和有益劳动，调动了广大人民群众的劳动积极性。坚持和完善中国社会主义基本制度，进一步构建和完善社会主义市场体制，将为我国进一步地和更加全面地激活劳动，最大限度地发挥广大人民群众的财富创造功能，奠定坚实的经济基础。

“放手让一切劳动、知识、技术、管理和资本的活力竞相迸发，让一切创造社会财富的源泉充分涌流”，这就是当前抓好全面建设小康社会的根本。

第三章

科技创新

——现代财富创造的决定因素

一、信息革命与当代高科技经济

20世纪是科技进步的世纪。20世纪中叶以来科学、技术研发呈现出在广度和深度上加快发展，特别是20世纪80年代以来，以信息技术为代表的高技术领域，出现了不断的科技创新。众多领域的科学新知识的开发，以及日新月异的技术进步，推进了生产力发展和经济体制创新，有力地影响经济生活和社会生活，推动了20世纪末世界的一次新的经济组织转型：由工业经济向高科技经济的转换。在当前经济发达国家，高科技经济处在向纵深、全面发展的时期，发展中国家也都在致力于推动传统工业经济向高科技经济攀升和追赶。走向高科技经济是新时期经济发展的大趋势，顺之则昌，发展会加快，经济实力、国力会日盛；逆之则经济增长质量和竞争力将难以提高，国力难以强大，本国经济将难以应对日益激烈和充满挑战的世界经济竞争。

中国正在进行一场和平的经济崛起。为了把握世界高技术经济发展带来的机遇，我们应该在新的工业化中大力发展高新技术，紧跟世界科技创新潮流，加快产业升级，发展壮大自身的高新技术产业，将其作为桥头堡和制高点，带动工业化和促进现代化，走出一条起点高、增长快、质量好、消耗少、效益大、福利多的新型工业化道路。搞好高科技的发展，是中国经济实现跨越式发展的关键。为此，经济学家需要对20世纪末出现的当代高科技经济进行深入的理论研究，揭示其性质、产生和发展的机制，及其促进经济增长和社会进步的功能；此外还需要研究它在分配关系、再生产以及对社会意识等方面带来的影响，逐步形成和构建起指导社会主义条件下发展高科技经济的政治经济学理论。

（一）高科技经济及其特征

高科技经济不是一个虚构的概念，它指的是以信息技术为代表的高技术日益被广泛使用、成为新的物质技术基础，并引起了生产方式、生产组织发生新变化的社会经济组织形式。按照上述定义，高技术经济是20世纪末期信息革命以来西方工业经济出现的一次组织重构和升级，它意味着18世纪末工业革命以来，经历了200多年的工业经济时代，开始了一次新的转换——向更高的、高科技经济时代迈进。由于高技术是现代科学知识的物化与体现，高技术的创新以及高技术的经济组织、管理与运行均是立足于科学知识的应用，因而，高科技经济一词，也就是人们通常使用的“以知识为基础的经济”或“知识经济”。

20世纪80年代以来首先出现在美国以及西欧的以信息技术及其他高技术重构生产的物质、技术基础的重大变革，引起了全世界人们广泛的关注，人们在报刊的讨论中使用“信息经济”“知识社会”等术语。1980年“知识经济”出现于欧洲文献，1986年欧洲经合组织使用“以知识为基础的经济”一词。20世纪90年代在美国，特别是克林顿任总统时期则使用带有自我矜夸性的“新经济”一词，许多人把“不再有萧条”作为“新经济”概念的内容。[①]在当前新闻媒体中更充满了“网络经济”“数字经济”“虚拟经济”等众多的充满任意性的和不确切的提法，在本文中使用高科技经济或高技术经济这一含义较确切的概念，并且把由传统工业经济向高科技经济的转型，作为当前世界经济发展的新情况。

1. *以高技术为物质基础*

当代新出现的信息技术、生物技术、纳米技术、宇航技术等**高技术**，不同于工业经济中的动力机、传动机、工作机组成的传统机器工业技术，它是更高级的工业技术，是当代新兴科学知识的物化，是一种高技术（high technic），本文中也称为高科技。高科技经济正是以信息技术及其他高技术为基础的经济。

高技术源于新兴科学。20世纪量子力学基础理论研究取得的进展，引发了20世纪40年代以来卓有成效的半导体物理学的研究，1947年任职贝尔实验室的肖克利（William Shockley，1910～1989）与其他

① 克林顿总统1993年在政府文件中首先使用了“知识经济”（knowledge economy）一词。他说：“新经济就是知识经济，美国需要的经济战略，是迈向21世纪的知识经济。……掌握知识就是掌握一把开启未来大门的钥匙，不在乎他拥有什么，而在乎他们知道什么和学会什么。”

两位科学家发明半导体晶体管，这是20世纪最重要的技术发明之一。20世纪中叶一连串有关信息的基础科学理论知识（包括数学）、特别是应用技术知识的取得和发展，启动了20世纪最后20年的信息革命。美国是这一场信息革命的策源地和中心。1957年仙童半导体公司的诺伊斯——后来的英特尔公司创始人之一——发明了将多个晶体管集成在一片芯片上的集成电路技术（integrated circuit technique）。20世纪70年代英特尔、摩托罗拉等公司均积极从事芯片与微处理器的开发，1981年IBM生产出第一台家用电脑，即PC机，这标志着计算技术革命大幕的拉开。此后，20世纪的八九十年代微处理器技术、显示技术（屏幕）、软件技术和网络技术等取得快速发展和不断创新。20世纪90年代中期，以因特网为标志的网络技术以及移动通信技术发展尤为迅速，1995年雅虎（Yahoo）、亚马逊（Amazon）等互联网公司上市，带动了美国网络经济的大发展，1999年达到最高峰，兴办了几千家网络公司。在信息革命的大背景下，在美国出现了1991年3月~2001年3月历时10年的经济稳定增长。

高技术是高知识含量的技术。高科技生产方式是以高科技为工具[①]。在本卷中已经指出，工具是生产力的基础因素。在人类历史发展中，畜力动力和金属农具——最初是青铜器，后来是铁器——带来和支撑着漫长的农业经济时代的发展，机器带来了18世纪工业革命以来

① 1990年欧洲经合组织把生产技术分为高技术、中等高技术、中等低技术、低技术四类，把研究开发费用R&D在增加值中占10%以上的，规定为高技术产业。它包括飞机、计算设备、医药、通信等产业。

根据技术含量的产业分类（1990）

产业	研究+开发+取得技术费用/生产费用	研究开发（费用）/生产费用	研究+开发/增加值
高技术产业			
飞机	17.3	14.98	36.25
办公室与计算设备	14.37	11.46	30.49
药物	11.35	10.47	21.57
无线电、电视与通信	9.40	8.03	18.65
中等高技术产业			
专业商品	6.55	5.10	11.19
机动车	4.44	3.41	13.70
电气机械（通信除外）	3.96	2.81	7.63
化工产品（药物除外）	3.84	3.20	8.96
其他运输设备	3.03	1.58	3.97
非电气类机械	2.58	1.74	4.58
中等低技术产业	……	……	……
低技术产业	……	……	……

微软进行的软件生产，集中体现了以依靠科技知识开发、创造高知识含量产品的高技术生产特征。2001年11月微软公司推出的视窗XP是一项高功能软件产品，除了互联网浏览器，它还捆绑了诸如CD刻录、语音输入、视频、编辑等一大堆新功能，支持1.2万种外部设备和3600种最流行的应用软件。视窗XP最引人注目之处在于它的安全性，纯32位的内核和一系列信息安全措施使该系统十分可靠。利用视窗XP能远在千里之外通过网络操纵自己书桌上的电脑。XP的研制，投入了研发及生产费用50亿美元，是依靠全公司5736个员工，耗时600天的智力劳动成果，视窗XP拥有的众多新功能均是最新信息科学知识的体现。

200多年工业经济的发展。那么，高科技是最发达的工具和最先进的生产力，它带来了一场人类历史上意义重大和影响深远的工具革命。

高技术是以信息技术为核心和基础。信息技术创造出人工智能机和真正自控的生产。人工智能机是生产能力最强大的工具，它拥有潜力无限的“电脑”，能模拟人类行为能力，能进行人力不能胜任的复杂、艰难的作业。更重要的是它创造出真正的自控的现代生产方式：依靠这一生产方式人类正在实现向微观世界、宏观世界的广阔领域进军和将深层世界无尽的自然资源和强大自然力转化为生产力。如果说以手工工具和畜力动力为基础的农业经济是耗损土地力谋求人类生存的经济，以机器大工业为基础的工业经济是耗竭和牺牲自然资源谋求物质财富的经济，那么，以信息智能技术为基础的高科技经济将真正成为人与自然间的良性物质互换的可持续发展的经济。从人工智能机、新材料技术等高科技中，人们看到了解决后工业社会经济增长中人与自然间日益激化的矛盾的方法和希望。

高科技的另一特征是技术扩散迅速。依靠信息、网络时代科技知识的快速传播性，也依靠高科技经济中科学技术知识转化为生产力的机制，作为生产手段的新的技术创新与发明，很快就在各个地区的众多生产领域被普遍使用。就信息技术来说，人们可以看到20世纪80年代以来计算机在美国迅速地进入各行各业，信息技术一下子成为通用技术，成为社会生产的物质、技术基础。这一最新的技术带来了生产、劳动方式、经营方法，以及企业组织形式的变化，形成了一个生产多种多样信息产品的新兴信息产业；信息技术作为最强大的研发工具，它还促进了生物基因、纳米、宇宙航天等领域的科学研究和产品开发，推动了其他高科技产业出现和发展。信息技术既作为生产工具，又是生活手段。第一部家用电脑生产出来后不过20年，在发达国家90%家庭已经使用计算机和网络，而且，智能家用电器快速发展，家庭生活智能化已不再是“科幻”题材，而是现实生活之中的新趋势。我们还没有提到20世纪90年代中期快速发展的移动电话，后者真正是刹那间风靡全球，2003年中国手机持有量就达2.5亿部，超过了美国。

可见，20世纪末开始的新的科技革命的特点是：高技术迅速转化为物质生产力，成为通用技术，从而迅速重构和革新社会生产的物质基础。[①]

2. 不断创新的技术

高技术经济的鲜明特征是：不只是技术高，而且，技术进步步伐加快，表现为不断创新的技术。

技术的不断创新性在信息技术的发展中表现得最为鲜明。英特尔公司1978年制造的8086家用电脑机芯片有29000个晶体管，经过80186、80286、80386到奔一至奔四的不断升级换代，当前小指指甲大的奔四微处理器已有晶体管3000万个。英特尔创始人之一的摩尔，提出了著名的微处理器技术的不断创新的规律，即芯片功能18个月翻一番。[②]

技术不断创新最鲜明地体现在手机上。20世纪90年代中手机开始大量进入市场，只不过经过五六年，原有第一代手机已成为古董，当前拥有多项功能的第三代手机正在日新月异地发展。技术的不断创新也体现在其他高科技产品中，近年来人们看到生物基因编码和克隆等生物技术的最令人鼓舞的不断进步。技术创新使新产品不断地推向市场。美国20世纪90年代以来每年生产5万个新产品，在20世纪70年代每

---

① 人们通常将高科技经济时代称为信息时代或“数码时代”。

② 计算机的运行速度以倍数式甚至幂级式增长，正在研发的纳米芯片每秒运行可以达到50亿次。

年只生产数千种新产品。产品开发周期1990年平均为35个月，1995年为24个月。高科技产品生命周期也大大缩短，一般为2年左右。

技术的不断创新来源于高科技经济中的知识创新体制和知识转化为生产力的体制，它包括：（1）商品性知识生产体制；（2）风险资本形成、运行体制；（3）知识产权体制；（4）培育智力劳动力的教育体制；（5）鼓励创新的文化等。市场经济及其机制的引进于知识生产和技术创新是科技创新体制的基础和核心，[①]正是市场经济基础上的激励科学生产和支撑知识转化（为生产力）的经济体制的形成，驱动了当代科技的不断创新。

不断创新的技术，使高技术经济成为真正的"不断创新经济"，不断的技术创新和一轮又一轮重大技术进步，有力地推动着经济和社会的发展，成为现代物质文明、精神文明不停发展的动因。站在21世纪的门槛，回顾历史上以千年计的漫长的农业经济时代技术的停滞性和工业经济时代技术进步的间歇性，[②]人们可以清楚地看到高科技促进人类经济社会发展的强有力的功能。

3. 高增长的企业

高增长是高科技企业和产业的特征。信息产业的快速崛起和一批明星信息企业如英特尔、微软、摩托罗拉、思科、爱立信、诺基亚等的高增长，是20世纪末20年中发达国家经济发展中的最令人瞩目的新现象。20世纪90年代信息、网络业的一大批新兴公司年销售额保持

① 知识生产体制包括商品性知识生产和产品性知识生产两个部分，对基础性知识生产实行产品性的公共物品体制是现代科技创新体系的不可缺少的和十分重要的组成部分。

② 电话发明于1920年，但是经过半个世纪，在20世纪70年代才得到普及。这和20世纪90年代移动电话几年内在世界范围内大面积使用形成鲜明对比。

20%～50%的高增长率，[①]为汽车、化工等传统产业望尘莫及。高增长使新兴公司10～20年间迅速壮大成为销售收入达数百亿美元的巨人。[②]

2000年信息产业大公司业绩

单位：亿美元

公司	销售收入	盈利
IBM	900	83
诺基亚	292	37
微软	991	165

互联网公司的大规模兴起，是20世纪90年代末三年内美国经济的一道耀眼的风景线。2000年美国注册有3000多家网络公司，总就业人数达250万人。网络产业营业收入达5240亿美元，增长率达62%，为美国经济增长率的15倍。高科技企业、投资公司及服务业的产业集聚的高科技园的形成，对高科技经济的发展起了重要作用。位于美国加利福尼亚州的硅谷，这一20世纪50年代由斯坦福大学教务长特曼教授创意建立的有7家公司的工业园，在20世纪80～90年代迅速发展，成为长60公里、有7000家电子公司、100多万人就业的高科技工业园，在硅谷极盛期的2000年，平均每日有一家新公司成立。高科技企业群落不仅促进了高科技企业产业的发展，而且，成为拉动国民经济发展的增长极。

高技术企业的高增长能力来自高技术经济的高经济效益。后者在于：（1）高科技产品是高知识密集产品，而作为高知识密集产品的原材料的科学知识——如自行开发的技术设计图纸和购进的专利——具有高价值；（2）企业的科技开发劳动以及科技型企业管理劳动是高度

① 生产计算机的后起之秀太阳公司（Suncorporation）2000年1季度销售收入增加35%，超过了IBM、惠普等的增长率。

② 英特尔公司成立于1968年，1975年开发出第一台PC机，1994年销售收入达118亿美元。

熟练劳动，能创造出高价值；（3）高科技生产方式尽管始发投资——沉没资本（Sunk Capital）大，但一旦达到规模经济后边际成本为0，从而利润边际大；（4）高科技创新产品在市场上表现为科技垄断，在创新知识尚未扩散开来和为竞争对手掌握以前，凭借垄断价格形成机制使技术开发者得以享有极高的额外利润。[①]垄断利润是科技新产品的高附加值的主要组成部分，而科技垄断则是高科技企业拥有的高盈利的根源；（5）虚拟资本的强化运作机制。高科技经济的发展有赖于风险资本的支撑，风险资本的形成及其运行——向高技术生产的投入和退出——是以发达的资本市场（包括二板市场）为前提。高科技经济的发展在金融层面的表现是投融资活动的活跃，特别是创业板市场交易活动的活跃，在美国出现了纳斯达克股市繁荣。风险投资的增长和虚拟资本的高度活跃，增强了科技企业的金融实力，美国的科技公司从金融市场获得数千亿美元的投资，[②]促进了企业高速扩产。另外，高科技经济是高风险、高兼并的经济。高科技经济中确保科技领先地位是企业竞争力之所在，如果科技创新落后，公司原先的竞争优势也会失去。这种情况下，确保科技强势而进行企业兼并和整合也就成为高科技经济发展之道，一些明星企业，例如思科公司以及在线、华纳公司等的快速增长就在于进行了有效的并购，而大规模的并购与企业重组则是依靠资本市场的功能。可见，当代发达的资本市场及其活跃的虚

① 1978年英特尔开发出的8086每秒每百万条指令芯片，每只售价480美元，比一两黄金还贵。在IBM等公司也掌握芯片技术和形成市场竞争后，芯片价格急剧下降，1985年英特尔开发的386每秒每百万条指令芯片每只售价50美元，但仍然有很高的垄断利润，1995年英特尔开发的奔1每秒每百万条指令芯片每只售价降为4美元。

② 1998～2000年华尔街投资银行为美国1300多家公司筹集了2450亿美元资本，赚取了100亿服务费。见《商业周刊》2002年第6期，第50页。

拟资本运行机制，成为高科技企业实现高增长的重要经济杠杆。[①]

（二）高科技经济的功能

1. 生产力的跃进式的提升

高技术被作为生产资料——生产工具+原材料——它带来了劳动生产方式的革命，首先是工具革命。信息技术产生了人工智能机器，它意味着：（1）机器具有计算、选择、及时自动调控的功能。这种智能机的采用使传统的由人脑和人力直接操纵的生产转变为智能机自控的生产，由此使机器运行和生产作业摆脱了人力的束缚，能够实行高速运转，高精确加工，高难度（深水、高温）作业，长时期持续运行；而机器本身也可以是有超过人力负荷或一般动力的重量级机（如火箭）或是超出人的感觉的微型机；（2）能进行微观与宏观的研发与生产：小至生物分子的结构以及原子结构的分析以及对其进行加工、重组，大至宇宙结构的研发和宇宙力的纳入生产和加以利用；（3）能进行脑力所不能完成的数字快速运算、无限大信息的加工和有效知识的选择与储存；（4）能创造出人工物质，创新环境和生态，创造出不竭的经济资源；（5）信息技术及其他高技术使机器设备具有高功率、小型化的性质，从而大大节约物质耗费。因而，高科技是一种最先进和最强大的生产力。

高科技生产力集中体现在当代高科技含量的新产品中，如信息产品、生物药品与生物食品、人工合成新物质与新合成原材料等。当前生物技术的新发展预言着蛋白质合成难关将被攻克。这些高科技知

---

① 2001年1月10日美国信息产业在线公司兼并最大影视新闻媒体巨鳄——时代华纳公司，时代华纳股票由30美元上升为95美元，在线公司股票由13美元上涨为85美元。

识含量产品的创造意味着一种崭新的现代使用价值的形成：依靠这样的拥有高效用使用财富不仅仅能使现代人的物质生活需要——包括健康的食品、高疗效的药品——与新的文化、精神需要获得最充分的满足，而且，它能实现自然资源最大节约，生态环境的有效保护，并且开发出不竭的人工经济资源。当代令人烦恼的工业生产方式下经济增长与资源耗竭、生态破坏和可持续性发展的矛盾就能由此获得解决。而对中国这样的发展中国家来说，最有效的依靠高科技，以信息化带动工业化，人们就能探索出一条增长快、耗费省、效益大、产业结构快速提高与环境生态得到维护的体现以人为本的工业化新路。

2. 劳动生产率的提高

高科技生产力表现在劳动生产率的大幅度提高上。体现在当代物质生产手段、新的生产工艺、企业科学组织、管理以及劳动力的智力素质之中的高科技，具有生产效率高、产品成本低的特征。就新技术开发者来说，尽管企业创业投资大，但由于其生产能力强，单位产品物质耗费少，一旦形成规模经济，边际成本为0，它表明企业在不断扩大生产中可以用较少的资本投入实现高的销售收入。高科技的使用实现了以劳动生产率提高为基础的内涵式扩大再生产，它能在货币资本总量较小增长率的基础上，实现经济的较高增长率，从而减少高增长中的通货膨胀压力。人们可以看到在美国高科技投资迅猛增大的20世纪90年代，恰恰是经济持续稳定的年代。1991年3月至2001年3月，美国经济出现了一轮战后未曾有过的108个月的经济持续增长，年GDP增长率达3%，失业率在5%以下，而这一时期劳动生产率年增长在2%~2.5%。正是高科技的劳动生产率的提升功能，在美国实现了一轮长增长周期。[①]

在市场经济体制下的经济扩张周期通常伴有通胀。在美国经济运行的一般规律是：增长加速物价就会上涨，从而引起美联储提高利率来减少信贷规模，实行降温，但继之而来的是增长的放慢，甚至出现衰退。在20世纪90年代美国增长中，格林斯潘很少使用在增长加快，出现“过热”征兆时实行提高利率的传统调控措施，而实际上美国20世纪90年代也并未出现通胀。在美国媒体上，不少人将美国20世纪90年代持续发展，归之于格林斯潘的杰出的“神妙的金融”调控技能，但美国20世纪90年代经济长稳定增长最根本的和真正的原因在于高科技的经济功能，在于经济的增长不是依靠信贷的过度扩张，而是立足于信息技术提高劳动生产率的功能之上。

3. 刺激与扩大有效需求

高科技含量产品，如家用计算机、生物药品等，是一种现代新使用价值，它拥有传统工业品不具有的新功能，它能刺激和创造出新的消费需求。高技术经济的特征是：性能优良的高科技知识含量产品一旦进入市场，会迅速得到消费者的青睐和不断开拓市场销路。1981年IBM开始生产家用电脑，1994年家用电脑全球销量达5000万台，2003年美国家用电脑销售产值超过汽车、彩电的销售总值。掌上电脑2000年销售额为20亿美元，2004年增为107亿美元，年增52%，超过了家用电脑的销售增长率。在工业经济时代，新产品往往难以很快打开市

① 美国经济1918～1938年增长率不足2%。诺贝尔经济学奖获得者罗杰·福格森（Roger W. Ferguson）在其一篇论文中指出：美国从1995年开始以3%左右年增长率增长，仅2002、2003两年每小时产出的逐年增长率超过5%，“把自1995年以来生产率的增长说成是‘突飞猛进’也丝毫不夸张。如果生产率持续以3%逐年增长，那么全美国的生活水平将24年翻了一番”。见罗杰·福格森：《回顾与启示：美国生产率强劲增长的历史分析》，西南财经大学《金融文献》，2004年第4期。

场销路，电话1900年开始使用，20世纪30年代很多家庭还没有电话，只是在20世纪70年代电话才获得普及；而信息、网络产品一旦出现，就迅速成为消费者的宠儿，十多年就进入千家万户。[①]如果说，传统工业品——包括住房、汽车、冰箱等——往往很快在市场上出现“饱和”，世界各国实力最强的企业的生产量也很难有每年10%的增长，那么，信息、网络产品生产和销售却往往以双位数持续增长。特别是许多明星信息公司的销售额长时间以百分之几十的速度增长。总之，高科技产品，以其富有吸引力的、不断创新的使用价值，有力地刺激消费，成为消费品需求增长的新动力。

作为生产资料的高科技产品，以其提升劳动生产率和降低成本、增强产品竞争力的功能吸引企业。20世纪90年代信息技术为美国企业争购，用来置换传统生产手段，推进技术进步，高科技创新成为当代刺激投资需求的新动因。

制度性有效需求不足和周期性经济危机是资本主义市场经济运行中难以克服的障碍。在20世纪发达资本主义国家经济运行中，有效需求不足与生产过剩的矛盾愈演愈烈，引发周期性的经济危机，由此出现生产下滑、增长缓慢，带来大量失业和抑阻技术进步。自1929—1933年世界经济大恐慌以来，美国经济的发展一直为有效需求不足所困扰，战后20世纪70年代末还出现滞胀。但是在20世纪90年代的高科技发展中，借助于高科技产品拥有的刺激消费需求的功能以及消费需求对高科技投资的刺激和拉动，在美国出现了一轮科技投资启动的长经济稳定增长阶段，使资本主义经济运行周期发生变形。这是二战后资本主义经济运行中的值得深入研究的“新现象”，它表现了高科技

① 互联网上做游戏开始于1995年，1998年网上玩游戏的达到9000万人。

引入生产加强了市场经济自我增长的能力。

4. 新产业的发展与就业增大

高科技催生出一大批高增长企业，信息技术创造出新兴的信息产业。特别是高科技生产方式引起企业生产与组织形式的创新，实行大量业务外包，使中小企业有更多用武之地；此外，高技术经济是以科技知识创新为基础的经济，出现了中小科技型企业的“创业热”；再加之以金融、信息和其他多样服务业的迅速发展，因而，高技术经济的产生和快速发展过程中没有减少就业总量，恰恰相反，它在新兴的高技术部门、知识生产部门和服务生产部门的发展和扩张中，开拓出劳动就业的新空间。美国硅谷在2000年的就业人口就达到数十万人，[①]美国20世纪90年代失业率下降到5%以下，大大低于欧洲，当时德国失业率达8%。2000年1季度美国失业率更达到小于2%的最低线。

当然，高技术生产方式是以资本有机构成高，从而吸纳劳动力少为特征。在高技术经济发展中能实现就业的扩大，必须以高技术部门快速发展和传统工业、服务业的稳定增长为前提，而在资本主义国家，由于制度性的有效需求不足的长期存在，制约着能吸纳劳动力的产业部门的发展，因而，高技术部门的发展与失业增大的矛盾是客观存在而且难以治理的。

5. 企业组织的重构

信息技术引起了企业组织形式的重构和优化。信息、网络技术改变了传统的营销方式，企业之间和企业与消费者之间借助网络的便捷信息交流，产生了网上直接交易，即BtoB商业模式；电子商务引起企

① 美国高技术产业产值占GDP10%，办公室就业人员占40%，服务业产值占GDP75%，印度班加罗尔市因软件产业的集聚而拥有600万人口。

业营销组织的重组，使营销组织精干化，减少了交易费用，[①]而且，借助于信息的快速收集与快速反馈，企业能及时进行产品、产量及物流的调整，实现对连锁商业体系有效的科学管理，由此产生了现代竞争力强的大商业公司。[②]当代以信息技术为基础的贸易公司和跨国连锁商业体系大大加强了商品销售和市场开拓功能。

信息网络技术由于实现了企业之间的迅速的信息流、商品和物流，由此推动了企业生产组织的重构，生产厂商可以将许多制造、研发、服务活动外包，许多零部件实行外购，而自己集中于最具有优势的生产环节和核心业务。这样，原先的进行包括零部件在内“无所不包”的大生产以及集生产、研发、销售为一体的“大而全”的庞大企业，变成了由企业与合伙人、承包商、供应商组成的集合体，它意味着一种厂际分工与协作的更加发达形式的产生。

实行发达的外包，一方面，企业依靠厂外大协作而在结构上更精干化，另一方面生产主业以及关键性的技术开发得以加强，企业竞争力得以提升；另一方面，企业发挥拥有核心技术的优势，实行兼并、控股，更好实现资产重组、生产扩张和跨国发展。[③]

便捷、费省和效宏的外包，也促使现代小生产方式的重新兴起，出现了企业由求大追求规模经济向精干化、小批量生产的转变，特别

---

① 美国从事计算机生产的戴尔公司，依靠网络供货系统运作，实现了不需要存货的按需生产模式，公司库存1999年比1994年减少10倍。

② 20世纪90年代以来商业连锁经营依靠信息管理而获得迅速发展，如沃尔玛、家乐福、麦德龙等近年来取得良好业绩。美国零售商沃尔玛公司自2001年以来已经3年名列《财富》杂志500强榜首，2003年在墨西哥有连锁店623家，在英国有267家，在加拿大有236家，在德国有92家，在中国有35家，在阿根廷和巴西总共有36家。

③ 思科公司，在生产中有效地利用业务外包，公司将大多数一般元器件生产、新产品开发外包给供应商，企业集中力量生产信息、网络硬件并通过兼并同类公司，获得了快速增长。

是出现科技研发、文化、艺术、中介以及生活服务等领域的小生产和个体户的快速增长。

信息、网络技术还引起企业管理方式与管理组织重构，依靠信息技术，借助信息迅速传递和快速反馈机制，传统的金字塔式的企业科层等级组织结构转变的扁平化结构，它既能节约企业组织及监督成本，又大大提高管理效率。①

工厂实行外包的协作型生产的最典型形式就是虚拟公司：厂址是网站，厂内直接生产人员从事网上活动；决策与管理在网上进行，生产营销指令由网上下达，直接生产营销在异地分散进行。

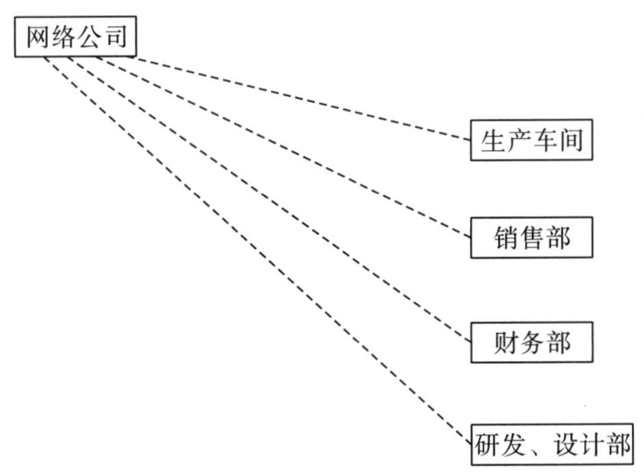

上述由网络来联结的经济，人们称之为虚拟经济，或“公司虚拟化”。这种网络联结的集合体组织，打破了生产的地区限制，能实现包括人力资源在内的生产要素的全球优化配置。从“公司虚拟化”中，人们可以展望到未来生产社会化的远景，这也是经济网络化的深

① 在美国组织与监督成本——主要是管理劳动成本——占全部劳动力成本50%以上，信息管理大大降低这一费用，这是公司生产率增长的重要原因。

远意义之所在。当然，人们也应看见，当前大国主导的国际经济体系下，信息、网络化进一步加强的企业国际分工，成为少数大国大资本对全球经济实行控制的手段。

6. 信息技术与知识生产

信息在网络、快速流动化与普遍传播是当代高科技经济的特征。网络化是信息技术的固有内容。在计算机，特别是家用电脑大量使用的基础上，人们通过宽带、调制解调器、网卡、交换器、路由器以及卫星通信等一系列技术，构建起国际互联和高效运行的计算机网络（信息高速公路），即因特网（internet）。这一连接全球成千上万台计算机的信息网络体系，实现了无限大信息的收集、储存整理、快速传输和敏捷的搜寻，企业、政府、个人都能及时找到他们需要的任何信息和知识资料。信息网络体系实现了人类历史上未有的信息、知识的快速、普遍传播和有效使用，从而成为当代“以知识生产知识”的强化信息、资料基础。

计算机信息技术是人进行知识生产的有效工具。计算机的使用，对科学研究、文化艺术以及教育等精神生产，起着重要的促进作用。信息技术不仅带来了智能机自控的物质生产，而且还带来了电脑参与和辅助人脑的新的知识生产方式。从前的知识生产是人的脑力活动，人借助人类独有的逻辑思维能力，通过收集占有实际资料，进行分析、判断、归纳、推理，形成科学理论。人借助于形象思维和情感活动将收集占有的社会生活素材，进行文学、艺术形式的创造、加工，形成文学、艺术成果。人类借助于天赋的和在后天实践中得到发育的强大而神妙的脑力，在数千年来的历史中创造出丰硕的精神、知识产品成果，不断提高社会精神文明和积极促进物质文明的发展。

尽管人在社会生产发展和教育进步中使大脑不断发育，脑力不断增强，但是人脑毕竟有其自然生理所固有的局限性。任何人脑，即使是最聪明的人脑，它的记忆、资料、文字资料处理、数学计算等功能都有其极限。特别是单个人从事的个体精神生产，由于个人研究能力有其限度，从而难以进行完成一些资料处理浩繁、数字运算巨大的重大课题。

计算机的发明和使用，开创了一个借助电脑来进行知识生产的新时期。计算机不只是使用于物质生产，而且，它也被使用于广泛的知识生产领域，如进行快速的数学运算。在瞬息之间解出复杂和大量的数学方程式。计算机能快速处理浩如烟海的信息，从中筛选出可用信息，而且，计算机拥有初级的逻辑推理能力，能对获得资料进行分析、归纳。计算机能用来进行打字、文件修改、编辑和打印，能绘制图片和传播图像与声音。计算机的上述功能，使它成为当代科学研究的强大工具，人们借助于电脑去完成浩繁的资料的收集和处理，使人脑得以集中于进行关键问题的研究，从而能少费而高效地完成繁重的研究课题。特别是现代自然科学研究涉及高速度变化的对象，如高速运转的粒子，高速的人体DNA-蛋白质合成，星体的爆炸，气象的变化，只有借助于高效率电脑的功能，人才能将这些瞬息万变和迅变的宏观和微观的对象纳入研究领域。①

信息技术不仅仅是自然科学研究的强大工具，它同样是社会科学研究的有效工具。计算机还可以用于艺术创作，如绘画，制作电视卡通片即“网漫”，可用来作曲，创造电子音乐。尽管智能机不可能产生有真正创意的高级艺术品，但却创造出为大众，特别是为青少年喜

① 进行蛋白结构的研究，20世纪80年代的计算机运算要1年，20世纪90年代后期，使用万亿次级计算机将时间缩减为一两天，当前使用78万亿次Riken机则只需要三四个小时。

爱的、多种多样的新型电子文化、艺术产品。[①]信息和网络技术还创造出新型电子教学，引起教学方法和教育体系的变革，大大促进教育的发展。可见，电脑不仅是进行知识生产的强大工具，而且，它产生新的知识生产方式，使社会知识生产能力增强，知识生产领域大大拓展，知识产品生产规模大大扩大，从而成为现代社会知识、精神财富快速增长的重要工具。

7. 信息技术与经济运行

信息、网络技术对国民经济的运行也起着重要影响。使用信息技术，便捷交换活动，缩短流通时间，加快资本周转，减少市场经济中社会生产总过程中的“虚费”，提高整体经济的效益和生产率；另一方面，信息和高技术经济时代，经济快速的、跳跃式的发展，加剧了市场经济高增长中固有的矛盾，带来国民经济运行的不稳定性。但信息网络技术使经济管理和调控机构能够迅捷掌握国民经济运行的各种势态，及时作出恰当的调控决策，以化解、梳理经济生活中的矛盾，可见，信息技术能够成为进行更有成效的宏观调控的工具。

综上所述，以信息技术为基础的高科技生产方式是当代最先进的生产方式。它的出现引发了一场新的经济重组，推动了物质生产方式、企业组织与经营形式、知识生产方式，以及宏观经济运行势态等方面的新变化。经济的高技术化使资本主义国家拓宽了内生的经济增长的空间，20世纪末美国发达资本主义经济获得的较长的、相对稳定的增长，就是

① 钱学森对电子艺术作出了精湛的评论，他说：“人的思维形式是多方面的，包括言传身教。言传能转化为信息储存，因此，电子计算机也能够完成，身教是只可意会而难于言传的，是电子计算机不能做到的。美术创作应该是身教部分，是只可意会而难以言传的部分，是表现那些正在思考的东西，是照相机照不下来的，无论电子计算机如何神通，它也不能代替美术家的创作活动。”见牧歌手稿：《钱学森关于美术创作问题和牧歌的一次谈话》，1982年9月整理于北京。

建立在高科技的经济功能之上。而对于中国经济的实现追赶型和跨越式发展来说，高科技经济的快速发展将起着决定性作用。

（三）高科技经济的发展与虚拟资本

1. 高科技经济与虚拟资本

现代发达市场经济的特征是发达的金融体系的出现和金融的功能大大增强。包括创业板市场在内的发达的资本市场是现代金融体系的重要组成部分。这一发达的资本市场为风险资本对企业投入提供“退出阀门”，又是投资公司积聚资金，增大风险资本投资的源泉。

资本市场是各种有价凭证交易的市场。有价证券中的国债券是获取收益的凭证，它没有与其市值相对应的现实物质资本价值；股票是现实资本的所有权证书，但是股票的市场价值不决定于它所代表的现实资本的价值，而是从属于特殊的资本市场的运行机制。基于此，马克思称这些有价证券为**虚拟资本**，马克思说：“……它们只是代表取得收益的权利，并不是代表资本，那么，取得同一收益的权利就会表现在不断变动的虚拟货币资本上。”①

资本市场是带有投机性的证券交易行为的总和。股票交易者行为不仅要受到股票内在价值，即它反映的物质资产的现实价值和盈利状况的影响，而且要受到多种现实经济参数的影响，如银行利率、整体经济的状况、宏观政策的走向，特别是对企业回报率的预期，以及对股市前景的预期。由于决定股票价格的参数众多，许多参数处在不断变化中，具有变数性质，特别是在股票价格形成于高度竞争的股市，交易主体**心理**因素在价格形成中起着重要作用；上述情况决定了股票

① 《马克思恩格斯全集》第25卷，人民出版社，1972年，第532页。

市值具有经常波动性和与内在价值的背离性，例如，只要人们对股市行情看好，对某一只股票前景拥有信心，即使是企业的业绩不佳，企业股票在股市上仍然能维持高价位，反之，亦然。这也表明：作为虚拟资本的股票，其价格的变动与市值形成，具有其特殊机制和独立的运行形式，股票所代表的现实物质资本价值对股票市场价值的影响作用采取了更加曲折和迂回的形式。

在高科技经济中股票市值带有高位虚拟价值的特征，在正常的股市运行中明星科技股的市值价位远远高于传统公司股票市值价位。股票市值是在市场力量下形成的，它的价位是浮动的。优质股市值的上涨或是劣质股市值的下跌，是虚拟资本运行的正常形式。企业通过卓有成效的利用股票高虚拟价值形成和变动机制，能够做到：（1）加强资本增值，增大积累，促进公司扩产；（2）增强资产置换、并购能力，催化“蛇吞象”似的以小并大，使企业跳跃式发展。英特尔、微软等公司成立以来不过20多年，其资产市值远远超过不少数十年、上百年的老厂。特别是一些著名网络公司数年的发展就能成为庞然大物。2000年美国软件制造商甲骨文公司股票市值总和超过美国三大汽车制造公司资产市值总和，网络公司雅虎2000年1月股票市值达1100亿美元，超过宝洁公司。从1981年IBM公司生产第一台家用电脑开始，迄至2001年，只用了20年时间就在美国形成了一个产值达1万亿美元的庞大的新兴信息、网络产业，正是依靠了股票高虚拟价值形成机制的资本集聚与市值增值作用。

2. 高科技经济与股市泡沫

证券市场价格的每时、每刻的波动是虚拟资本运行的固有特征，因此，我们不能将虚拟资本的运行等同于股市泡沫。股市泡沫是指资本市场的长期持续过度投机热，引发股票市值与实物资本和实际盈利率的严重脱节，出现与现实经济势态相疏远甚至背离的股市繁荣，也就是说，股市泡沫是虚拟资本的畸化运行形式。

股市泡沫是资本市场运行中难以避免的现象。19世纪50年代末英国出现过铁路股市泡沫，在迅速发展的铁路建设中，成百上千公司——多数是从事开发小城镇之间铁路线——在完工前早已发行股票，出现人们疯狂抢购铁路股，引发了股市狂升。1847年出现股市崩盘，铁路股狂跌85%，成百上千的公司倒闭。

虚拟资本的运行中出现过热，滋生泡沫，出现泡沫膨胀和最终破裂，在工业经济时代经济周期中已经表现出来，在20世纪发达的市场经济的运行中，它更取得突出的表现。而在20世纪90年代美国的高科技经济的发展中，则出现了前所未有的虚拟资本运行持续过热和信息网络股市大泡沫，导致2001年春网络泡沫大破裂。

现代发达市场经济是金融经济。发达的银行体系和资本市场体系，以其复杂的金融工具——证券、外汇、期货等——充分发挥了信贷和投、融资功能，促进了社会资本集聚，推进了经济增长。在高技术经济发展中，金融的功能更加突出。高技术经济中新技术从研发到成熟、中试和最终投入生产，都有赖于风险资本的投入。1996～2000年5年间美国风险投资公司增加1倍，达1010家，被资助公司增加150%，达5380家，投资额增10倍，达1030亿美元。哈佛商学院乔舒亚·勒纳教授说："风险资本对创新技术行业的影响要比公司本身的研发工作的影响大4到5倍。"投资公司和基金的风险资本的筹集，需要有发达的资本市场，[①]包括创业板市场以及店头交易。风险资本的退出，有赖于发达的资本市

① 1990年代末美国共同基金的资本达到4万亿美元，为过去10年的16倍，有8000万美国人通过购买基金而参与风险投资。

场，特别是金融资产交易灵活的资本市场的扩大和创新，既促进风险资本形成，又促进资本持续投向高科技生产领域。

美国风险投资2000年为800亿美元；根据美国经济分析局统计资料1996～2000年5年内美国企业的信息技术投资达1.7万亿美元，为过去5年的两倍。[①]在大量资金注入下，形成了高科技企业创业高潮，1985～2001年美国年增企业60万家（绝大多数是小企业），1995年年增75万家。科技企业的创业热潮中大量公司上市，进一步推动了创业板股市的发展和股市繁荣。美国纳斯达克股市，在20世纪90年代快速发展，1999年上市公司达6000家，股市市值很快超过了有100多年历史的纽约证券交易所道格拉斯股市市值。

3. 科技股的高虚拟价值机制与股市危机

高科技企业具有高盈利、高增长的特征。科技股有远远高于一般股票的高额回报率，[②]这是科技股能够有高市值的实在基础；另外，高科技企业持续快速扩张，形成和坚定了人们对科技股的未来高市值走势预期，诱发了创业板市场交易热潮，大量社会资本转入股市“淘金”。明星科技企业跳跃式的发展和超常盈利率，促进了股市火热的投机活动，更多的股市交易者不是为追求稳定的利润而投资，而是为大笔盈利而投机。高科技经济扩张期形成的投资者普遍的乐观心理预期，支撑着对科技股的旺盛需求，出现了20世纪90年代末网络公司未获经济效益却仍然维持着高市值的“真正的虚拟股票市值”现象。

高科技经济大发展背景下的股市繁荣，毕竟是建立在高热度投机活动之上。在投机性增强的高科技股市运行中，主体的心理预期的

---

① 《商业周刊》中文版2000年第7期，第6页。

② 雅虎网站公司在2000年有注册用户1.45亿人，网上购物中心2000年销售额10亿美元，较1999年增长40%，毛利率达82.7%，eBay公司1997年网上拍卖净收入600万元。

作用更加强化，在对股市前景看好的普遍心理下的市场竞购，进一步诱发和加强人们的乐观心态，促发进一步的竞购；而一旦发生风吹草动，出现对股市信心动摇，人们就竞相抛售，后者进一步削弱人们对股市的信心，引发不惜血本的狂抛。

创业板市场上活跃的投机活动与白热化的竞购是建立在交易者对高科技盈利能力的心理预期之上。（1）高科技是高风险行业，创新产品生命周期短，企业的科技垄断优势地位本身是不稳定的，创办起来的大量科技企业都处在大浪淘沙之中；（2）市场机制作用下科技企业的一哄而起和大量上市，增大了股市资产质量的良莠不齐和垃圾股增多，增大了投资风险；（3）高盈利与高风险经济中产生的企业道德风险，表现在一些企业财务上的弄虚作假，使股市缺乏透明度，难以建立起投资信心；（4）股市上的虚假繁荣掩盖了生产能力过剩，投资仍在盲目的增大。生产能力的扩张与有效需求不足的矛盾不断加剧，经济泡沫膨胀也达到极点；（5）一些公司财务状况的恶变和股票市值的缩水，成为经济泡沫的“破裂口”，继而是银行与投资公司实行金融收缩措施。媒体上不断会有种种关于联邦储备局将采取调高利息率的传闻，投资者行为就更加谨慎，股市日交易市值出现减少；随着一些公司财务弄虚作假的丑闻的出现，又出现一批科技股市值的下挫；这一切，会引发投资心态的变化：人们对股市前景信心严重动摇，出现股市风声鹤唳式的人心惊恐。这种情况下，一旦出现明星股市值猛降，就会带动股票市值全面下滑和股市崩盘，继之而来的是企业破产和经济陷于萧条。

上述虚拟资本活跃下经济过热→股市泡沫膨胀→泡沫破裂→股市崩盘→企业破产→经济进入萧条的进程，鲜明地体现在世纪之交的美国。20世纪90年代末的股市大繁荣，掩盖了信息网络业的投资过热，信息产品——从硬件到软件——的兴旺交易，刺激网络业盲目扩张。2001年《商业周刊》一篇文章说："过去5年中，成千上万的公司技术权威一直在疯狂地进行采购。因特网热潮达到一个巅峰状态，公司们抢购服务器、软件、路由器、光纤——任何它们认为会为其带来网络美好未来的东西。"①

2001年3月美国出现股市大崩溃，第二季度以后，美国进入了历时一年多的信息、网络经济大崩溃。高科技股票市值一落千丈，许多快速膨胀壮大的企业"一夜瘦身"②，纳斯达克股市一蹶不振，市值大量萎缩。股市危机中还出现安然、世通等大企业的财务丑闻，后者进一步使股市信心丧失和引起股市持续下滑。2001、2002年信息公司大规模破产，3/4的网络公司被淘汰出局，风险资本也急剧萎缩。③网络经济的大崩盘，出现普遍生产下滑，投资下降，失业率向6%以上攀升，美国经济由此进入衰退。

综上所述，高科技经济有其特殊的增长机制：高技术经济快速增长在于获得了发达的银行体系，特别是发达的资本市场的金融力的支撑。发达的现代金融孕育出虚拟资本的活跃和证券虚拟价值水平的提升，通过财富效应，特别是投资扩张效应，滋养和推动高科技实体经济的增长，拉长了经济扩张阶段。但是我们也应该清醒地看到，虚拟

① 《商业周刊》中文版2001年第7期，第6页。

② 2001年出现高科技公司股票市值大缩水，英特尔公司1999年市值4170亿美元，资产价值居全球第2，2001年6月下滑到1810亿元，降为第13位。在2000年名列世界资产市值前10名中的英特尔、思科系统公司、诺基亚等的资产市值排名，在2001年度均降至10名以下。

③ 美国风险资本投资1992～1996年每年达数百亿美元，回报率达40%，1997～2000年风险投资为800亿美元，收益率急剧下降。2001年风险资本投资下降至400亿美元，回报率为零。风险资本由活跃、繁荣到萎缩在2002～2004年的印度高科技经济中正在表现出来，这一时期印度每年风险投资约为8～9亿美元，2004年投资开始下滑，大约80%的投资未获得任何收益。

资本固有的自我扩张机制，特别是高科技经济扩张期虚拟资本的过热运行，催化出高科技投资过度和生产能力过度扩张，加剧供求失衡，导致生产过剩危机和股市、金融危机的爆发。可见，高科技经济并不能消除资本主义市场经济运行的周期性，它只是使周期运行变形。在美国报刊上一片关于“新经济消灭了危机”，新经济带来资本主义“永久繁荣”的热烈的嚣嚷中，2001年春美国股市大崩溃却不以人们意志为转移地发生，[①]并给美国20世纪90年代的稳定增长画下句号。

2001年春以来，美国经济进入衰退，这是一场痛苦的大调整，是爆发式地在实物经济领域消除过剩的生产能力和在虚拟资本领域强行降温和挤压股市水分。由于高技术经济的发展大大加强了美国的经济实力和治理危机的能力，2001年2季度开始的危机阶段不长，2003年底出现了经济复苏迹象。目前，信息技术投资日趋增长，生物工程等领域的技术创新方兴未艾，技术创新正在内生经济中开拓出新的投资空间，因而，新一轮高技术基础上的增长的前景正在出现。

从上述对虚拟资本在高科技经济中的重要功能及其在经济运行中带来的矛盾所进行的分析中，可以得出如下结论：在我国，为了实现高技术经济的快速增长，必须构建、培育用促进高科技企业创业和发展的金融体系，有效利用和发挥资本市场上虚拟资本运行的促进科技企业增长的功能。同时，要对高技术经济的发展，特别是对科技股市场运行进行有效的调控，做到兴利除弊，防止高科技股市虚假繁荣和

① 被称为“新经济”的高技术经济并不能消除资本主义经济固有的矛盾和周期性的危机，对这一论题，本书作者在2000年8月发表在《光明日报》上的《简论新经济》一文中已经作出简要论述，并指出：“尽管方兴未艾的高科技正在起着推动结构升级、体制调整的积极功能，并进一步推进知识经济的发展，但是经济运行的周期性规律没有变，说它消灭了周期性和危机，由此使美国经济走入‘永久繁荣’的结论未免下得过早。”果不出所料，2001年春美国经济进入了一轮由“网络崩溃”引发的经济衰退。参见本章第五节。

科技经济泡沫的泛滥。

二、技术进步及其经济机制

（一）当代技术不断创新

我们面对着一个技术快速变革的伟大时代。这一时代大致地说开始于20世纪七八十年代，在高科技经济领域呈现出不断的技术创新，新技术催生新产品产生后，很快又为更新技术及其生成物——更新产品取代。摩尔定律所描绘的计算机微处理器——它是计算机的核心技术——的18个月功率倍增的定律，[①]是当代高技术快速进步和升级的最典型的表现。回顾人类早期社会千百年发展中技术细微进步的历程和以蒸汽机的发明和使用为标志的第一次工业革命以来技术间歇性进步的历程，人们会发现当代技术进步，是一场最快速的进步，是真正的技术的不断创新。[②]技术的不断创新是我们面对的新时代的亮点，是当代生产力跃进式发展的决定动因。而深入研究和从政治经济学理论上彻底弄清技术不断创新的机制和规律，有着十分重要的现实意义。

1. 技术及其历史发展

技术一词原是希腊文（technikos），指的是在生产中人的劳动技巧与熟练，当前经济学的广义的技术范畴的内涵包括：（1）生产工具和技术装备，它是物质技术或生产的硬件；（2）工艺方法、过程和作业

① 1965年4月任职于仙童半导体公司的科学家摩尔发表的论文中，根据1959年到1965年的数据，提出了芯片技术（晶片上电晶体数目）每隔18个月左右提高一倍的“摩尔定律”。

② 麻省理工学院埃里克·布林约尔松教授说，“蒸汽机和电力都经历了大规模的演变过程，但它们的规模都无法与信息技术相提并论。信息技术是以指数增长的形式年复一年地向前发展”，见《商业周刊》中文版2003年第9期，第40页。

程序，它是生产的软件；（3）劳动者的技能、熟练、劳动诀窍，它是活劳动形式的技术或内存于劳动力之中的潜在技术。为了适应现代化生产的现实，经济学分析中把技术规定为物质技术，主要是物质生产手段以及由其决定的生产方法和工艺流程。

使用和创新物质技术手段是人类生产的特征。物质技术的水平决定着产品的质和量以及劳动生产率的水平，而社会生产力的性质和状况又取决于物质技术力（工具力）的性质和状况。正因为如此，对技术的经济学研究，从来是政治经济学生产力理论的重要着力点之一。

技术是知识，特别是科学知识的产物和物化形式。从最简单的工具——原始人使用的一把石斧到近代工厂中使用的机器设备和当代高技术企业中不需要人直接操作的人工智能机及其自控的工艺流程，都是科学知识的表现形式。

2. 原始经济和农业经济时代技术进步的滞慢

人类社会的经济发展中，物质技术的发展经历了一系列阶梯，我们可以将它归结为三大阶段或时期：

手工技术	机器技术	高技术
以手工工具为基础	初期机器技术、现代机器技术	人工智能机自控技术

原始人从事的手工工具制作，标志着人类历史的开始。[①]最早出现

① 应该说，人类的特征不只是使用工具而是制作和创新工具。在350万年前从猿猴类中分化出来的始祖人已经开始制作原始工具，在170万年～60万年前，猿猴类动物能人（Homo Habillis）已能制作石斧，但是能人因思维能力十分薄弱，不能进行工具改进。对人类DNA的研究显示迄自15万年前非洲的智人（Homo sapiens）和欧洲的尼安德特人（Homo Neanderthalensis），亚洲的直立人（Homo Erectus），他们制作有大量燧石工具，这意味着人的创新工具能力形成。斯坦福大学的理查德·克莱茵教授认为只是在5万年前才开始有大量的人工制造工具的出现，严格地说，从此才有人类的真正形成和知识向工具的转换。

的原始手工工具，是经过制作的木棍和石器，作为人类历史发展幼年的原始公社时期是以石器工具为其技术基础，在物质技术手段极端落后的条件下，不仅初民的生活充满艰辛，而且取得技术进步的进程缓慢。例如人类由制作极其原始的旧石器进至制作琢磨的石器就需要数十万、上百万年的时间。

在公元前5000年到公元前3000年之间，在中国、印度、埃及、巴比伦等地区相继进入以青铜器为技术基础的农业经济时代，此后，逐步过渡到以铁器为技术基础。①在奴隶制社会和此后中世纪的封建社会——西欧由公元5世纪日耳曼人侵入西罗马开始至15世纪文艺复兴，在中国是公元前3世纪秦王朝出现迄至17世纪明清之际——漫长的年代里，技术进步极其缓慢。农业的技术基础是铁犁、铁锹与畜力动力，城市手工业的技术基础是风箱、小冶铁炉和手工工具，在上千年的历史发展中，社会经济所依托的上述简单的、初级的物质技术基础保持着不变，迄至18世纪的西欧农村和城市的工场，仍然使用那种在西罗马时代已经开始使用的水磨。技术进步缓慢的根本原因是农业小生产方式和封建主义政治结构下自然经济的统治和商品经济的难以发展。

当然，漫长的中世纪也有许多科技发明。被弗兰西斯·培根称为三大发明的指南针、火药、印刷术最早发明于中国，②此外，在中国中世纪有包括龙骨车、石碾、独轮车等在内的一系列技术的发明，其发明时间早于西欧数百年至一千数百年。③但是在中国亚细亚中央集权式的封建专制政权的禁锢下，城市商品经济发展薄弱，农村处于自然经

① 在中国使用铁器始于公元前600年。

② 李约瑟在《中国科学技术史》中指出：弗兰西斯·培根称：三大发明“在人类历史事业产生了最大影响”，但培根不知道这三大发明最早出现于中国。

③ 李约瑟：《中国科学技术史》第二分册，科学出版社，1978年，第548～549页。

济统治，从而使中世纪中国的经济、社会结构缺乏技术进步的内生动因[①]，很早就出现的许多重要技术进步成果未能在生产中获得充分的利用，技术进步的滞缓仍然是中国中世纪时代的特征。[②]

可见，人类原始经济以及农业经济时代的从旧石器到新石器，到青铜器，再进至铁器的技术进步和升级，经历了漫长的时间，这是一场步子最微细、最缓慢的技术发展。

---

① 木版印刷技术最早产生于中国，在公元883年，唐代的成都已经有木刻版的印刷物，但是迄至清代的上千年间，印刷技术和印刷业发展是缓慢的。实践表明，技术进步不只是需要有创造新技术的知识，还需要有呼唤技术进步的经济制度。马克思在论述工场手工业推动手工技术向机器技术的转换时说："机器劳动这一革命因素是直接由于需求超过了用以前的生产手段来满足这种需求的可能性来引起的。而需求超过'供给'这件事本身，是由于还在手工业基础上就已做出的那些发明而产生的，并且是作为在工场手工业占统治地位的时期所建立的殖民体系和在一定程度上由这个体系所创造的世界市场的结果而产生的。"马克思：《机器、自然力与科学的应用》，人民出版社，1978年，第111页。

中国古代和中世纪很早就有许多机械工具的发明，但是限制在手工工具体系范围内，未导致机器体系的产生，这一历史事实也说明技术进步有赖于商品经济的发展、资本主义市场经济的形成及其经济机制的起作用。

② 技术进步更早和技术发明的众多，是中国古代和中古历史发展的特征，也是中国对世界文明做出的卓越贡献。指南针、火药、印刷术这"三大发明"首先出现在中国。英国科学家李约瑟博士列举出中国有26种关于机械的技术发明，在时间上早于西欧数百年至一千年。

马克思在考察西欧资本主义经济的产生的生产力前提时，曾经指出："火药、指南针、印刷术——这是预告资产阶级社会到来的三大发明。……总的说来变成科学复兴的手段，变成对精神发展创造必要前提的最强大的杠杆。"（马克思《机器、自然力与科学的应用》，人民出版社，1978年，第67页。）但是中国中古时期的许多重要技术发明未能在生产领域充分加以使用和推广，更未能推动传统农业经济向新的工业生产方式转变。中国亚细亚的封建专制制度及其自给性的农业经济结构，成为技术转化为生产力和技术进步的严重桎梏。人们还可以注意到，尽管中国中世纪有众多的机械工具的发明，但却未能制作出钟表——工场手工业技术的标志。在亚细亚式中央集权的封建制度的坚硬外壳下，资本主义生产方式难以萌芽和发展，这是中国中世纪早期的技术进步难以持续发展和在17世纪以后技术进步总体上日益缓慢，和西欧相较，差距越来越大的根本原因。

3. 工业经济时代的技术进步

技术进步作为一种现实实践和作为一种实在范畴始于工业革命和此后的机器大工业时代。18世纪末英国的工业革命的主要内容就是蒸汽技术革命，人们用蒸汽机作为动力机，代替手工磨坊的水力动力机，蒸汽技术革命又引发传动机与工作机的革命，[①]从此出现了机器体系，在各个工业部门中机器技术取代了手工工场中的手工技术。资本主义市场经济条件下，先进技术、设备是降低成本、提高盈利的物质手段，技术进步由此有了经济动力。因而，工业经济在广度发展——由英国扩大到西欧和美洲——和深度发展的19世纪，除了有蒸汽机和机器体系的完善而外，19世纪中叶还有发电机（1832）的发明，此后，发明了发电站（1882）、变压器（1885）、交流电机（1888），出现了以电力技术为核心的第二次工业革命。20世纪，技术进步步伐加速，首先是动力机技术的成熟和大功率电动机和喷气机的开发；其次是机械化的深入发展和流水线生产方式下机器体系的重组和升级。上述新一轮技术进步创造出现代化大工业生产的新模式：动力设备的高功率，物质技术的高密集，产品生产的大批量，货币资本的高投入，即技术、资本密集模式。

4. 信息革命与技术的不断创新

在20世纪70年代以来，随着计算机技术的发展和家用电脑的产生，启动了一场以信息技术为基础和高技术全面发展为内容的第三次工业革命，这场革命推动了传统工业经济向高技术经济的转型，世界发达国家开始了由传统工业社会向以知识为基础的社会过渡，人类社

① 1733年英国凯伊（Joh Kay）发明飞梭，1765年哈格里夫斯（James Hargreaves）发明珍妮纺纱机，1769年阿尔克莱特发明水力纺纱机，瓦特（James Watt）在1768年发明蒸汽机。

会发展跨入了一个新的发展阶段。这一新时期具有两大特征：第一，技术的不断创新；第二，知识的快速进步。

技术的不断创新最鲜明地表现在信息技术上。1981年第一台大规模集成电路作芯片的微型计算机在美国IBM投产，标志着信息革命的开始。1946年2月15日，世界第一台电子计算机在美国问世，由成千上万电子管和光学仪器、滑轮组成，占用数百平方米的房间，而1981年美国IBM公司使用晶体管组成的微型计算机，即家用电脑或称为PC机，具有功率大、速度快、形体小的特征。芯片是计算机的核心，主要从事开发、制造微处理器的英特尔公司制成的计算机芯片，按照摩尔定律实现产品性能的不断完善与升级，20世纪80年代迄今，家用电脑由286、386、486，奔一、奔二、奔三、奔四，正在向更新型号演进。超微型化是当前计算机技术创新的一个发展方向，科学家正在研发用DNA制作生物芯片以取代目前的硅芯片，①这种生物DNA电脑其每秒运算能力可达50亿次。开发庞大功率的超级电脑是计算机创新的另一发展方向。2002年11月美国创造的克雷X－1电脑，运算能力达52亿次，2010年达到10^{15}次/秒，即每秒运算能力千万亿次。2004年IBM制造用于预测气象的“蓝色基因”运算能力达23万亿次/秒，每秒内完成工作量为1990年前刘易斯·理查森首次完成气象数据工作量的20万倍。

生物技术是当代高技术的重要方面。生物技术的不断创新是近年来令人瞩目的事件。1953年剑桥大学的克里克和沃森发现了生物基因（脱氧核糖核酸）的双螺旋结构，为生物技术的发展奠定了理论基础。借助于计算机技术的使用，20世纪90年代生物遗传基因的研究步伐加快，2001年人类基因组草图在各国共同研发下宣布完

① 2001年以色列已经完成以DNA合成使用取代芯片的运算0101数字信号的DNA电脑。

成，这既是人类以及生物深层结构的大揭秘，也标志着生物基因技术的重要发展。

科技不断的和快速的创新，同样也出现在其他高科技领域。当代纳米技术快速发展，科学家已经能够重组原子，创造出新物质、新材料。2000年1月克林顿在加州理工大学的演讲中说："想象有这样一些可能性：强度是钢铁10倍而重量不到钢铁零头的新材料；国会图书馆的信息能够压缩到一个糖块大的设备中；在恶性肿瘤有几个细胞大时就能探测出来。"近年来，美国政府增大了用于纳米技术研发的拨款，当前以制造超微型工具的量子点技术研发，有望获得有实际利用价值的成果。[①]人工合成原子的技术，正在引发一场新材料的革命，人类不仅仅能加强利用现有丰饶的自然物质，如陶瓷的用于耐高温材料，氢利用于开发新的能源氢电池；而且，还能够通过分子合成形成新物质，利用DNA作为原材料的最新研究正在开拓出新型的人工原材料的新源泉。从当前的众多新研发成果中，人们已经看到了高科技经济使工业经济固有的经济增长与资源耗竭的矛盾获得解决的广阔途径和美好前景。

信息技术应用于航天领域，产生了精确制导技术和卫星发射技术的不断创新和令人鼓舞的人类登月，火星、水星探索等技术的成熟，而航天技术正在进一步拓宽"太空资源"，在当前，这一崭新的资源正在被人类合并于生产之中，新的"太空经济"正在兴起。

高技术的特征是它的密切的相互关联性，从而带来各种技术的互相促进。机器是一个复杂的体系，从而机器技术带有关联性，如蒸

① 科学家正在利用2～5纳米的量子点制作微型生物机器，如生物轴承，以及制作输入人体的药物、器械（显示器），制作非侵入性外科手术设备以及防弹盔甲等。

汽技术和蒸汽机制造带来机械工业的发展，机械工业中的装备制造技术促进钢铁冶炼技术的发展，电动机技术引起电炉炼钢技术的发展，等等。但是工业经济时代上述技术的互相促进和生成要经历较长的、往往是以十年计或更长的技术改造和磨合时间。高科技领域的各种新技术存在着互相耦合的性质，它表现为各种技术的密切渗透和快速转化。信息技术是高技术的物质基础，信息技术不只是促进和生成了一个多样门类的信息产业部门，而且，计算机一旦出现，特别是家用电脑的出现，它就成为生物技术的物质基础。如由30亿个化学“字母”（碱基）组成的人类基因结构的破译，依靠人力对基因组进行逐个解读是不可能完成的，只有依靠计算机的功能，动用几百台电脑同时工作，科学家才能在数年间完成对各自承担的，工作十分浩繁的人体基因领域的排序研究。信息技术也是核动力技术中调控原子核活动的手段，它是卫星制导技术的基础手段，更是组合物质分子的新材料技术的基础手段。可见，信息技术是通用性最高的高科技，信息技术的发展本身就起着促进其他高科技技术发展的作用。另一方面，其他高科技的技术进步及其需要也成为促进信息技术进步的新动力，生物DNA技术的发展，推动了DNA电脑技术的研发，而为了有效进行基因排序的研发，又促使了计算机的功能的发展和具有同时解读千百个基因化学成分的能力的软件的研制。航天技术与航天事业的发展，还会引起新的生物种与新材料的研发，从而促进生物技术与新材料技术的发展。可见当代高新科技——信息技术、生物技术、纳米技术、航天技术等——形成了一个以信息技术为核心的关联技术群，从而使各种高技术能实现密切的互促、互动和联动，这种关联技术群结构的联动机制，成为高科技不断创新的重要原因。

技术不断创新不仅仅是高技术经济本身的特征，而且，高技术的强渗透力还推动了传统工业技术的革新。依靠信息技术的使用，将有力促进传统制造业机器体系的进步，生产流程的重组，生产工艺的革新。如机器人智能化程度的提高与成本的降低，会促进生产过程中机器人的使用和机器体系的重组。在当代，传统工业生产领域正在出现一场高技术引入后的原有工业技术的大革新。

（二）科学知识由缓慢发展到快速进步

1. 自然科学知识发展的要素

知识是技术的始源。我们已经指出，技术是知识的物化；机器大工业技术是科学知识的物化；高科技是20世纪新兴自然科学知识的结晶和物化形式。当代高科技的不断创新，源于自然科学基本理论特别是应用科学、技术知识的快速进步。

我们将自然科学理论与应用科学、技术知识简称自然科学。自然科学是社会精神生产的一种成果。自然科学的加快发展需要有下列四个条件：（1）有关自然世界的科学性知识和研究方法的积累——它是知识生产的精神工具。（2）物质生产的水平——它为知识生产提供物质和实验条件的支撑。（3）激励知识生产的经济组织和社会、经济机制的形成——它是决定知识生产力的重要制度条件。[①]（4）内生于经济的技术创新对科学进步的需要——它是促进知识生产的经济动因。

在人类社会的发展中，正由于物质生产中技术进步的现实需要，推动在一定的经济组织结构中的知识生产者，利用业已形成的知识工具，对生产实践中出现的新经验、新情况，进行理论思维，去发现先

① 我们将激励知识生产的经济、社会经济机制规定为：（1）组织精神、知识生产的经济体制；（2）知识生产的激励制度；（3）学术自由的文化体制。

前知识的不足与缺陷，作出更加符合现实的知识创新。我们可以作出下述科学知识进步原理：内生于物质生产中的技术革新的现实需要越是强烈，激励和推动知识生产者进行研发的经济组织与机制越是完善，知识生产的精神工具——知识积累越充分，知识生产物质支撑力越强，人们获得的科学成果就越丰饶。上述原理可由如下的科学知识生产的方程式来表述：

$S=fA\times(B\times C\times D)$

S是科学知识总量。

A是对技术革新的现实需要。

B是科学知识生产的组织与机制。

C是科学知识的积累。

D是用于知识生产的物质投入。

f是一个系数。

2. 自然科学知识的发展阶段

自从具有思维能力的始祖人产生以来，人类就开始通过生产实践获得和形成知识，并且在不断地再实践和再认识中，逐步加深对客观世界的认识，进一步完善和发展科学知识。就自然科学知识发展史来说，它经历了：（1）前科学的知识萌芽形成时期（原始群和原始公社时期）[①]；（2）原始型自然科学知识形成时期（公元前800年～前1700年开始的古代社会时期）；（3）中古型自然科学知识缓慢发展时期（中世纪农业经济时代）；（4）现代自然科学确立和加快发展时期（工业经济时代）；（5）当代自然科学快速发展时期（信息和高科技

① 李约瑟在论述科技历史发展中提出“原始型”“中古型”“现代型”等有关科学知识的概念。见李约瑟：《中国科学技术史》第Ⅰ卷第一分册，科学出版社，1978年，第7页。

经济时代）。上述五个时期体现了科学知识由萌生、缓慢发展，到加快发展，再进至当前的快速发展的历史进程。基于以上我们提出的有关自然科学知识进步四要素论，我们不难对科学知识萌生和发展进程作出阐明。

初始的人类为获得知识历尽艰辛，人类抽象思维能力的形成就需要经过漫长的时间。人类完成原始工具——例如石刀、石斧——制作和原始的知识进步，经过了数十万年的摸索。[①]这种人类社会前文明时期纯经验的，甚至是主要依靠感觉而形成的、“手在脑之前”的知识[②]——我们称之为前科学知识——尽管极其粗陋和原始，但是毕竟体现出知识在进步和进行一点一滴、旷日持久的历史积累。

公元前500～前300年左右，处在奴隶制或封建制社会的地中海、中国、印度等地出现了人类文化、科学知识一度发展的盛年，形成了灿烂的古典古代文明，产生了萌芽性的自然科学知识——有关几何学、天文学（历法）、农学（施肥育种、休耕）以及轮轴、杠杆等机械学知识以及哲学、人文学科的知识。古典古代的许多自然科学理论与应用科学上的成果至今仍然闪耀着光芒，如古希腊欧几里得几何学为现代几何学的发展提供了重要理论基础，中国春秋战国诸子百家的学说成为在此后上千年间不断发展的中华文化的始基。但在总体上，初始期的科学知识是粗糙的，就古代型自然科学来说，理论分析数学化还不发达，理论还未系统化，科学领域是狭窄的，这既是由于古代

① 早期人类的知识获得的艰难是当代人难以想象的。布鲁诺·雅科米的《技术史》一书中说，从南方洞人敲击制造原始燧石起到古人类制作全面琢磨的精细石器，经历了一百万年之久。布鲁诺·雅科米：《技术史》，北京大学出版社，2000年，第14页。

② 布鲁诺·雅科米说：“动物和人之间的差别，一方面是人站立起来，手从移动中解放出来，另一方面是使用人造工具。在这方面，手在脑之前。”布鲁诺·雅科米：《技术史》，北京大学出版社，2000年，第12页。

人拥有的科学知识积累的薄弱，更主要是由于缺乏呼唤知识进步的生产方式。如人们所周知，古代社会生产方式的落后，特别是依靠大量使用和无限度地榨取奴隶劳动力或农奴劳动力的生产方式，不可能有技术进步的内在动因。

在中世纪，一方面由于在农村自给自足的农业经济组织和城市小手工业生产方式下，交换极不发达，市场十分狭小，缺乏生产扩张和技术进步的经济需要；另一方面由于封建专制制度意识形态和宗教迷信的精神枷锁严重压抑创造性的知识生产，[①]因而，中世纪是以生产技术墨守成规和科学知识进步缓慢为特征。特别是日耳曼人入侵后的中世纪西欧曾经出现古典古代文明的逆退，历史学家称之为“向蒙昧回归”。中国自秦始皇统一中国（公元前221年）以来的中古时期不曾出现西欧中世纪经历过的那样的经济和文化逆退，科技发明和科学知识在古典古代的基础上继续向前发展。数学、矿物学、植物学、医学、地理学等领域均取得许多重要科学成果，具有特色的中国医学理论包含着极其丰富的科学内涵。李约瑟说，中国在“公元3世纪到13世纪之间保持一个西方望尘莫及的科学水平”和取得众多的、“超前的”科技发明。[②]

中古时期的科学知识发展，具有下述特征：（1）科学发现与物质生产相“疏远”，新的发现与发明未能充分地启动生产领域的技术进步，从而科学知识未能充分地转化为生产力。（2）科学知识在数百上

① 中世纪西欧政教合一的国家制度和宗教迷信，严重地抑阻科学的探索，1600年2月17日，主张哥白尼的太阳中心说的乔尔丹诺·布鲁诺在罗马鲜花广场被烧死。

② 李约瑟：《中国科学技术史》第Ⅰ卷，科学出版社，1970年，第3页。

千年间保持在“中古型”的不发达形态。[①]

3. 近代资本主义大工业生产和自然科学的产生和发展

自然科学知识的进步，是16世纪以来西欧资本主义生产的萌芽时期的新现象。以文艺复兴为旗帜的思想解放运动，打破了西欧上千年来的宗教迷信的精神枷锁，商品经济的活跃和初生的工场手工业生产

① 在中国中古时期一方面作为意识形态性的人文学科，特别是文学、艺术的发展获得举世罕见的辉煌成就，另一方面以抽象思维和精确计算为特征的自然科学的发展却是滞后的，表现出封建社会固有文化学术发展的不平衡和畸化。中国是技术进步最早、技术成果最多的文明古国，众多的技术发明本身就体现出中国创造出的科学知识的丰富。中国有许多具有重要价值的自然科学文献，以作为自然科学的方法论基础的数学来说，中国公元前338年问世的《墨经》中已经有许多接近欧几里得理论几何学的科学思想。公元前100年的《周髀》中就提出了关于直角三角形性质的毕达哥拉斯定理。中国中古时期数学研究是向前发展的，西汉《九章算术》（公元260年），祖冲之（公元429—500年）的《缀术》，沈括《梦溪笔谈》（公元1086年）有关代数和平面几何部分，都是数学或涉及数学的有名著作。李约瑟指出“中国人在数学工作中一贯有算术、代数头脑”，他指出中国人在将数学用于水利、建筑、测量等应用方面的成就是十分突出的，但是“中国数学的主流是朝着代数学的方向发展的。在中国从未发展过理论几何学，即与数量无关、而纯粹依靠公理和公设作为讨论的基础来进行证明的几何学”。“中国数学也不是没有理论几何学的某些萌芽。这些幼芽没有得到发展是中国文化的特征之一。”（见《中国科学技术史》第3卷，科学出版社，2003年，第202页。）应该说，李约瑟提出了中国中古时期《墨经》中开创的进行假设和推理的科学抽象思维方法“没有得到发展”的“中国文化的特殊”现象，这是一个在20世纪中叶曾引起了许多人进行研讨而迄今尚未弄清的论题，对这一论题近年来杨振宁博士曾多次提到。

本书作者认为，数学领域的抽象思维方法未“得到发展”，众多门类的“原始型”“中古型”的自然科学知识未获得理论深化，的确是“中国文化的特殊”，但这一现象并非是像某些持有理论偏见的西方学者所说的：是由于中国人缺乏科学思维能力。如果将中国中世纪自然科学理论深化步子的缓慢和中国中古时期在人文学科，特别是文学、艺术领域中所取得的卓越成就联系起来考虑，人们不难看出：问题的关键在于中世纪中国存在的封建中央集权的专制制度的长期持续。这一僵化的和坚硬的经济、政治和文化制度使商品经济和资本主义萌芽难以发展，技术进步难以启动，自然科学思想也难以深化、完善和走向“现代型”。特别是封建国家强化意识形态控制在中国有鲜明的表现，政府制造出的精神生产领域中对政治、伦理等人文学科的偏好，各个朝代的士大夫都是以从事作为正统意识的儒学的注释和精致化为要务，自然科学的抽象理论研究被视为缺乏“用世”精神，而得不到“功名利禄”的鼓励，这也是高度抽象的、理论型的自然科学在中国难以得到发展的重要原因。

方式启动了技术进步和呼唤对世界作出系统阐明的现代科学理论的诞生。17世纪牛顿力学的伟大发现，[①]推动了此后有关化学、地质、数学、生物等学科的研发和多门类自然科学的进步。而18世纪末的工业革命和此后机器大工业生产方式蓬勃的发展，更是有力地推动了自然科学的向前发展。在18世纪末和19世纪以来的100年间，在物理学中有热力学、电磁科学的建立，[②]化学中有科学的原子—分子学说，以及元素周期律[③]的提出，生物学中有以达尔文的物种起源为标志的生物进化理论的突破。这些有关自然物质与生物结构的一系列科学理论的提出为现代自然科学的进一步发展奠定了理论和方法论的基础。

4. 20世纪自然科学的快速进步

20世纪，出现了自然科学——我们称之为现代自然科学——的发展步伐加快，其表现是：（1）基本理论研究向世界深层领域推进；（2）应用性科学全面发展不断增速。

第一，基本理论研究向深层推进。理论研究向自然物质和生物物质深层推进，是20世纪自然科学的新的特征。推动现代自然科学迈上新的发展阶段的首先是物理学取得的新突破，特别是量子理论的形

---

① 1678年牛顿出版了《自然哲学的数学原理》一书，这标志着经典力学和现代精密的自然科学理论的建立。迈克尔·怀特说：“《原理》为力学和动力学的研究奠定了基础”，“《原理》不仅整合了伽利略和开普勒的理论，成为单一的、内聚的，用数学表达，用实验支持的整套理论，同时也打开了工业革命的大门”。［英］迈克尔·怀特：《牛顿传》，中信出版社，2004年，第281页。

② 1831年法拉第发现电磁感应定律，1864年麦克斯韦建立电磁场理论；1888年赫兹发现电磁波。

③ 1808年道尔顿建立了新的原子学说，1869年门捷列夫发现元素周期律。

成。新旧世纪之交有X射线：放射性和电子的发现，[①]在19世纪人们曾经认为物理科学发展已到尽头，而上述突破性的成果把科学研究引入了微观深层领域，为自然科学发展开拓了无限广阔的空间。1900年普朗克提出了量子概念，1905年爱因斯坦提出了光的能量子（光子）学说，阐述了光的波动性与微粒子性，启动了现代量子理论的发展。[②]爱因斯坦的伟大理论贡献是相对论，1905年他提出“狭义相对论”，这一崭新概念突破了牛顿时空观中时间与空间相分离的传统思维，他在考察物质运动时将时间与空间联系起来，成为一个四维时空观念。1915年爱因斯坦阐述了广义相对论学说，揭示出引力场中的时空特性，进一步阐述了时空与物质运动的相互联系。量子论和相对论的提出意味着一场影响深远的科学革命的发生，标志着对客观世界的深层领域的基本科学理论的确立，它为进一步研究和揭示微观世界和宏观世界提供了新的思维工具。依靠这一基础理论，20世纪中叶以来微观领域研究中有关原子核物理学、光量子科学、量子化学、分子生物学，以及宇宙科学等一系列新的学科才得以建立起来和取得不断发展。

第二，应用科学的全面、快速发展。基础科学理论是实用科技知识发展的前提。20世纪中叶以来科学领域的特征是多门类的应用科技知识的加快发展。在量子力学基础上引发了半导体物理学的建立，后者直接推动了半导体技术知识和信息技术知识的发展，导致1948年晶

---

① 1895年德国物理学家伦琴发现X射线，法国物理学家贝克勒尔（1852～1908）发现了放射性，1898年居里夫人发现了镭的放射性，1887年英国物理学家汤姆逊发现了带负电的粒子，证明原子具有内在结构。

② 海森堡（1901～1976），波恩（1882～1970），薛定谔（1887～1961），玻尔·拉狄克（1902～1984）等物理学家从各方面阐述了微粒子量子运动的规律。

体管的发明。[①]此后，半导体应用技术，主要是芯片技术的进展，以及离散数学、光刻电工技术知识导致了20世纪最重要的高新技术——使用晶体管的计算机产生。[②]此后，随着芯片技术，光电子技术，通信技术，网络技术，信息收集、处理、储存等一大批应用科技知识的快速发展，导致了在20世纪末独领风骚的信息、网络技术的不断创新。

量子力学还启动了粒子物理学理论研究的深化，推动了20世纪中叶核科学技术知识的快速发展，产生了核裂变发电技术，以及90年代的核聚变技术。量子力学启动的光子物理学研究，推动了激光技术知识的快速发展，产生了当代应用日益普遍的激光技术。

1953年关于遗传基因DNA双螺旋结构的生物分子科学的重大突破和生物分子基础理论的形成，推动了当代基因重组的应用技术知识的发展，当前有关20世纪末21世纪初克隆技术和人类、生物遗传基因组解码技术取得的重大成果，就是立足于DNA双螺旋结构的理论基础之上。当前生物科学理论和应用技术研究成果日益众多，人们正期待“生物技术革命”时代的来临。[③]此外，奠基于相对论之上的现代时空理论，启动了当代宇宙科学的发展，这些科学基本理论知识与应用技术知识，成为当代新兴宇航技术不断进步的理论基础。

综上所述：（1）人类历史发展是知识发展和积累的过程，是由以经验为基础的知识发展成为以实验为基础的科学知识；（2）工业化、现代化过程中科学知识发展步伐加快，18世纪末工业革命以来200多年

---

① 1948年肖克莱、巴丁、布拉坦研制出晶体管。

② 1946年莫奇利、埃克特发明使用电子管的、体积庞大、需要占用巨大空间的计算机。

③ 当前生物科学的发展处在高峰期，获得的科学成果众多。美国1999年起每年有20多种基因药物经美国食品和医药管理局批准上市，基因研究申请专利空前踊跃，美国专利办公室案头有2万多份申请，在欧洲新申报专利有数千份。

间，一个庞大而完整的现代自然科学体系已经建立起来；（3）20世纪初叶出现了一次影响深远的科学革命，[①]产生和形成了用来研发和剖析世界深层领域的新理论工具，引发20世纪中后期应用科学知识的全方位的和倍数式的快速发展，科学的新进步是20世纪末叶高科技产生和快速发展的源泉。

（三）技术快速进步的经济机制

技术进步是科学进步结出的果实，是科技新知的生产化、实物化——知识形态的技术向物质形态的技术转化。但是人们获得的科技新知不是天然地要转化为物质生产手段和表现为物质技术进步；技术新知的得以应用于生产，实现向物质生产手段的转化，取决于下述一般经济学法则：新技术较之原有技术能带来净产出和给生产者带来收益。

一般地说，生产者采用新技术，是由于它的劳动生产率更高，能带来一个产出增量。但另一方面，创造和使用新技术需要付出追加成本。因而，只有在新技术能生产出超出其使用成本的更大的经济净产出，从而为主体带来更多收益时，主体才会用新技术来取代原有技术。上述原理可用以下公式来加以表述：

$A^1 R-A^1 C=A^1Z$

A^1是新技术

A^1C是使用新技术的成本

---

① 爱因斯坦是这一场科学革命的旗手，他提出和阐述的相对论、光量子论以及对布朗运动的阐释等，为科学认识分子运动提出了一种崭新的理论观念，改变了科学界建立在牛顿力学理论基础上的思维方式，引发出此后量子力学的新发展。尽管爱因斯坦十分谦逊，他把自己的工作看成是进化，但“对于许多历史学家、哲学家、社会学家和科学家来说，相对论革命已成为科学革命的典范”，这是科恩所著《科学中的革命》一书中提出的十分公允的结论。科恩：《科学中的革命》，商务印书馆，1999年，第544页。

A^1R是使用新技术总产出

A^1Z是使用技术A^1的净产出。

在A^1 Z=0时或负值时，人们就不会使用A^1，而宁愿使用原有技术A。新技术的最主要的功能是提高劳动生产率，从而在减去制造使用新技术的成本后，能获得净产出，即A^1 Z值会增大为正值，例如使用驴拉动的磨比手推磨每日会磨出更多面粉，使用水磨又比畜力拉动的磨有更大生产率。但是使用畜力拉动的磨需要有更大的投入，使用先进的磨要做到低成本和高净产出，一方面是以生产规模和产量的扩大为前提，另一方面是以其节约的劳动成本——它是最基本的生产成本——多为前提。在中世纪自给自足性的农业经济中不可能有大规模的面粉加工，个体农民只是为维持家庭食用而磨碾小量谷物，而且，农奴劳动力是廉价的人身工具，即使领主需要生产大量面粉供自身消费或是用于交换，他可以大量使用廉价的农奴劳动力。上述经济组织下人工磨往往是耗费省、净产出（Z值）大的技术；即使人们早已获得和掌握畜力磨技术和水磨技术的知识，但是在自给自足的农业经济和农奴制度下，这些先进技术却缺乏经济效益而难以被采用。

可见，先进技术要成为对主体具有效益性的技术，即能带来正Z值，不只是一个技术本身的效率问题，也不只是掌握新技术知识的问题，而是一个经济体制问题，是体制性净收益的产生和实现问题。

从人类技术发展史来看，能促进技术进步的体制是市场经济体制。中国战国时期农业生产中已经出现以牛、驴拉动的石磨，东汉水碓，即水力磨已经开始使用于大地主庄园，但在东汉迄明清的漫长的农业经济时代不曾有水磨的大规模使用。[①]在自给自足的农业经济制度和剩余产品转化为地租的经济机制下：一方面，地主不从事，也不可能从事为市场销售的农产品大生产。另一方面作为小生产者的农民，他只是为保证家庭食用而磨碾谷物，人工磨能给他以更多净产出；再者，即使他能用畜力磨或水力磨获得更大的净产出，后者也只能转变为地租归地主占有。碾磨技术进步并不给农民带来净产出和主体利益，这是中国上千年农业经济时代农村普遍使用人力磨的原因。

马克思曾经对水磨在西欧开始使用到大规模推广的历史进行过细致地剖析，他说："从罗马时期由亚洲传入的第一批水磨时起（奥古斯都时代以前不久），直到18世纪末美国大量制造第一批蒸汽磨为止，经历了极其缓慢的发展过程，这里的进步只是由于世世代代经验的大量积累，而且这一进步的成果，在以后也只是被零散地利用，并且没有推翻旧的生产方式。从单个的机器发展成机器体系，即几台磨用同一动力来推动，这一过程进行得十分缓慢，这部分地是由面粉磨坊作为农村副业的性质本身决定的，部分是由产品的性质决定的。在美国佬的国家里，面粉贸易第一次获得大规模发展。"[②]在这里，马克思将水力磨到蒸汽机推动的磨的技术进步，归之于资本主义工厂制度和为市场的大生产。马克思在《资本论》卷Ⅰ中对机器大工业时期的技术进步的经济机制作出了最透彻的理论阐明，他指出机器只是在它

---

① 东汉初已有用驴骡牛马拉的"碓水而舂"的水碓。根据桓谭《新论》所记：最初人们使用杵臼舂米，后来改进为利用人身体重踏碓而舂，其利十倍；汉代发明水碓后其利比前更高十倍。魏晋之际，豪强之家，多有水碓。此外，还有水碾桤，即利用水力磨面的机械，它也与水碓同时使用。水碾桤利用齿轮平竖装置转动，以水推动。西晋杜预等发明制作连磨，又称"八连磨"，是利用水力磨面粉的粮食加工机械，以一巨轮运转八磨，但在自然经济统治的中国封建社会，这些很早产生的机器技术未能得到广泛传用。

② 马克思：《机器、自然力与科学的应用》，人民出版社，1978年，第59页。

能增加利润率的场合，才会为企业主使用。更具体地说，只是在机器使用带来的利润超过不使用机器而只是使用大规模工人劳动所带来的利润时，企业主才会采用机器技术。

马克思提出如下命题："现代工业技术基础是革命的，而所有以往的生产方式的技术基础本质上是保守的。"[①]资本主义生产方式创造出的发达的市场经济机制，是激励技术进步的有效工具。在市场经济体制下，率先使用新技术的企业能获得和占有超过平均利润率的超额利润，这是技术进步的经济动因。[②]马克思指出：新技术带来超额利润，促使企业竞相"采用更好的工作方法，新的发明、改良的机器、化学的制造秘方等等，一句话，采用新的、改良的、超过平均水平的生产资料和生产方法。"[③]

市场经济条件下，第一，市场需求是技术进步的前提条件。为市场、为交换价值的生产，打破了自给自足经济中生产的局限性和物质技术的保守性，产生了市场需求拉动的生产扩张和原有物质技术的有限生产能力的矛盾，这是市场经济体制下技术进步的经济动因。18世纪美国水磨的大规模使用和英国工业革命以来蒸汽技术在各个生产部门中迅速的推广，就是在原有工场手工业技术的生产力和世界市场的需求不相适应的背景下产生的。

第二，在市场经济固有的盈利极大化的企业体制下，使用新技术

---

① 《马克思恩格斯全集》第23卷，人民出版社，1972年，第533页。

② 在市场经济发展进程中，在劳动力成本低的时期——特别是在人口丰裕的国家——生产的扩张表现为外延的扩大再生产：即在原有技术基础上，通过增加雇佣工人数量，依靠增大活劳动的投入来扩大生产规模。随着劳动力成本日益提高，企业主需要采用节约劳动力的设备，从而促进了机器、设备的进步和使生产转向内含的扩大再生产模式，企业间的竞争也越来越表现为技术革新的竞争。

③ 《马克思恩格斯全集》第25卷，人民出版社，1974年，第726页。

成为提高盈利率的手段，从而使技术进步有了主体利益的驱动。世界工业化、现代化、信息化的实践经验表明：主体经济利益的驱动，即对技术净产出——平均利润或者垄断利润——的追求，是推动技术进步的最强大的、内生的力量，而历史上一切技术进步滞缓的经济组织形式，都存在着主体利益驱动力薄弱的制度缺损。

第三，市场经济固有的竞争和“优胜劣汰”机制，是促进技术进步的另一强有力的内生力量。市场经济的竞争，表现为技术革新的竞争，在劳动力成本提高，经济发展进入内含的扩大再生产时期，技术革新的竞争越来越激烈，厂商竞相用更新的设备取代原来的设备，美国经济学家熊彼特称之为“创造性毁灭”。

第四，现代工业技术是“资本密集”性的，需要有大量资金投入。市场经济、特别是发达市场经济中的股份制企业组织和发达的信用、金融体制（包括资本市场体制），为厂商进行技术革新提供了金融支持。

以上四个方面的分析表明，正是市场经济的一整套制度（体制）安排，使效率更高的新技术产生出净收益，即超额利润$P^1$①，由此，启动了为追逐超额利润的资本投入和技术进步进程。资本主义工业化、现代化过程中机器工业技术进步的加速，正在于上述市场体制下新技术产生净收益的经济机制的作用。

（四）高科技经济中技术快速进步的原因

技术进步本质上是知识进步转化为技术进步，更具体地说是科学

① 使用新技术A^1的净收益的公式是：⑴$A^1R-A^1C=A^1Z$。⑵$A^1Z=P+P^1$。P是平均利润，P^1是超额利润，使用A^1的净收益除了获得平均利润P，还获得超额利润P^1。

知识产品向物质技术转化。人类经济史，特别是近代和现代经济史中的实践表明：推动科学知识产品向物质生产的转化的最有力的机制，是市场经济的机制。当然，资本主义市场经济固有的有效需求不足与周期性的危机，一次又一次打断了经济增长过程，不仅使技术进步时快时慢，而且，在再生产的矛盾加剧条件下，还会出现技术发展被抑阻的趋势。[①]但是我们需要指出：第一，资本主义市场经济只是市场经济的一种历史形式。市场经济在当代实践中还采取社会主义市场经济形式，在社会主义条件下，人们可以在“借鉴”“汲取”“改造”资本主义市场经济的有效机制基础上，形成能有效推进技术进步的、更完善的市场经济模式；第二，当代资本主义市场经济形态也处在发展中，它并未达到历史的尽头。特别值得人们关注和加以深入研究的是：20世纪末期在发达国家出现了高技术经济中不断的技术创新的新现象，本卷称之为，发达的市场经济机制下快速的技术进步。

20世纪末叶资本主义市场经济中技术快速进步的原因，可以归结如下：

1. 强激励

强激励机制是高技术经济的特征。就企业来说，使用新技术能享有技术垄断带来的高额利润，表现为高Z值，即$Z=P+(P^1+P^2)$。如果说：传统工业经济中的技术进步，大体上能带来略高于平均利润的额外收益，即$Z=P+P^1$，那么，高技术公司采用的新技术带来大大超过平均利润率的高Z值，其中不仅包括平均利润P，和一般超额利润P^1，而且包括技术垄断的特殊超额利润P^2。上述(P^1+P^2)形成高技术经济中

① 20世纪初叶世界发达国家由自由资本主义生长为垄断资本主义的阶段，由于竞争的不完全和垄断，制度性的抑阻技术进步的趋势表现得十分鲜明。列宁在其名著《帝国主义是资本主义的最高阶段》中以大量实证资料阐明了资本主义市场经济中固有的抑阻技术进步的机制。

的高额外利润，对高额外利润的追逐成为高技术经济中强劲的技术创新的动因。[①]

高科技企业的垄断是一种新型的知识、技术垄断。开发出某种新技术的企业，不仅拥有一定时期的特定技术垄断，而且，拥有对该项技术之母——某一领域应用技术知识的垄断，凭借对母知的垄断，企业就能不断开发出新技术，形成企业独有的新技术链条——如英特尔开发出微处理器从80 286—386—486—P^1—P^2—P^3—P^4创新系列，微软则开发出计算机操作系统DOS到Windows的创新系列——这样，企业就能够在原先技术为竞争对手掌握，原先的技术垄断消失后，采用更新的技术和由此继续保持对该特定生产领域的技术垄断地位；而且，由于后续技术的开发，可以利用原有的研发设施，从而节约资本投入。可见，高技术企业通过它掌握和拥有专长的技术的不断创新，能够形成一种对特定技术的长期垄断，并较长期内享有高垄断收益，即P^1+P^2。[②]这种对长期垄断收益的追逐，成为高技术经济中不断的技术创新的动因。[③]

2. 强竞争

高科技经济的特征是技术竞争激烈，企业昨天掌握和使用的领先的新技术，今天就可能已经落后，明天就应该被淘汰，人们称这种竞争为“敏捷型”的竞争。传统工业经济时代，由于知识、信息流动的阻滞，新技术发明可以在较长时间为创新者垄断。那么，在知识快速

---

① 对高技术经济中的高额外利润形成机制的分析见本书第四章《知识生产——发达市场经济中新的生产形式》。

② 尽管信息产业是立足于竞争经济基础之上，在任何一项产品生产中都存在着多个竞争者，但是英特尔、微软等企业，从20世纪80年代迄今始终保持着它的专长的产品的垄断地位。

③ 迈克尔·波特说：“企业一旦站在优势的浪头，维持的方法只能是不断创新。”见［美］迈克尔·波特：《国家竞争优势》，华夏出版社，2002年，第565页。

流动化的信息时代，新技术、新发明不可能有长期垄断性，任何厂商获得的有重大商业价值的科技创新成果，会促使其竞争对手加强同类新技术的研发和推出性能更好或价格更廉的新产品，[①]因此，企业为了确立、保持自身的技术优势，必须致力于不断的技术创新。英特尔的技术主管虞有澄阐述了高技术企业共同的经管理念：要务必“使技术永远处在最佳巅峰状态，而且永远追求创新”[②]。企业竞相从事，全力以赴，如火如荼的为夺取和保持技术巅峰的竞赛，成为高技术经济的常规。

高科技经济是群众性创业的经济。由于市场性的高科技经济中知识具有知识资本的性质，以及风险资本的广泛参与，促进了科技劳动者的创业活动，新企业的创立由此摆脱了工业经济时代的“资本高门槛”，出现了高科技经济中心（硅谷）兴盛期新公司几乎是每日每时都在创立的新景象。万千企业的倏时出现，也意味着竞争的空前剧烈和企业面对大浪淘沙的巨大风险。而且，高技术经济的竞争本质上是知识的竞争，这种性质的竞争使拥有最新科技知识的中小型企业，也能获得市场优势，由此快速增长，甚至击败和兼并实力更强的竞争对手，这就是南美比拉鱼式的“以小吞大”的新竞争形式。

可见，高科技经济是一种历史上从未有过的、高强度的竞争经济，争取技术领先是竞争的焦点，“优胜劣汰”规律的压力推动企业

① 英特尔公司在20世纪的八九十年代在微处理器开发中一直处在领先地位，但是它也一直与摩托罗拉、国民半导体、仙童、德州仪器、莲花、康柏、Sun以及日本的Nep等公司进行着最激烈的和无休止的竞争。微软一直享有对Windows视窗的技术垄断，但是当前在市场销售中面对着Unix技术的激烈挑战。

② 虞有澄：《我看英特尔》，三联书店，1995年，第197页。

不断地进行技术创新。[1]

3. 技术进步的金融支撑制度的完善

高技术经济中技术进步带有“面上推进、齐头并进、重点突破”的性质。传统工业经济领域的技术进步主要出现于大企业。大公司设置有研发能力强大的实验室，进行耗资巨大的重大的技术开发和首先将重大的新技术成果应用于生产，大公司既是国民经济的支柱，也是技术进步的旗手。那么，高科技经济中的令人瞩目的新现象则是众多高科技公司的兴起和参与技术创新竞赛。

（1）大公司，例如信息产业中英特尔、微软、IBM这样的明星企业，以其强大的经济实力和研发力量，仍然是技术创新的领头羊。（2）信息化时代，一方面，科学知识的共享性，打破了有效研发需要在专业实验室中进行的“高门槛”，形成了中小企业、大学研究机构以及科技爱好者个人广泛参与的群众性的科技研发；另一方面，发达的市场经济体制中强大的金融支撑体系，成为催化新科技知识向现实生产转化的催化剂和拉动力，不仅高科技企业能依靠发达的金融体系而不断革新技术和实行扩产，而且，风险资本家、投资银行家跟踪着一切研发机构与每一个科技知识创新家，促使他们将有用的研发成果，甚至刚出现于脑际的新创意付诸实施。如果说，传统工业经济中存在着新科技发明向物质生产的转化机制缺损和转化力软弱的制约，那么，当代发达市场经济中形成的完善的金融机构，成为促进新产品

① 英特尔公司副总裁、华裔虞有澄博士在《我看英特尔》这本书中如下地回答了英特尔以20年时间成为半导体产业的巨鳄的“制胜原因”，他说：“我认为，英特尔成功的最大功臣，还是产品开发与生产人员，他们总是一再突破技术的极限，让我们在面对市场挑战时，永远都能有最先进精良的产品为后盾。”他说：“英特尔的成功，这才是真正的关键。”见虞有澄：《我看英特尔》，三联书店，1995年，第250页。

研发成熟和拉动成果转化的有力杠杆，由此实现了有众多主体参与的、全面开展的技术创新竞赛。

可见，正是由于现代高技术经济中逐步形成的一整套激励机制、竞争机制以及金融支撑机制的作用，推动企业不断地进行技术创新，即时推出新产品和即时采用能生产物更美、价更廉商品的新设备；现代发达的市场经济的制度调整与创新，加强了熊彼特称为“创造性毁灭”的物质技术的不断革新。①

综上所述，适应当代高科技发展要求的经济体制的调整，即更发达的市场体制的构建——尽管它是发生在资本主义制度的框架之中，形成了技术知识向物质生产顺畅转换的经济基础。这种知识→生产的转换机制的形成，正是20世纪末在发达国家出现的长时期的快速技术创新的体制根源。②

① 人们对于竞争的认识需要深化。对当代高科技经济中呈现出的、历史上未曾有过的快速技术进步的机制的分析表明，人们不能从传统计划经济的观念，特别是不能从道德的角度来谴责和非难竞争。竞争是人类经济发展必经的市场制度的产物，它是市场机制的有机组成部分和起核心作用的结构要素，是技术进步的动力。摩尔定律揭示芯片技术的18个月效率倍增规律就是在竞争机制下实现的。英特尔公司1971年问世的第一颗微处理器4004有晶体管约2000个，286为12万个、386为27.5万个、486为100万个，1992年问世的奔腾芯片已达300万个，当前最新奔腾芯片晶体管达3000万个。英特尔芯片生产主要主持者之一的虞有澄副总裁说：“关键在于半导体产业的激烈竞争，带动技术革新永不中止。”（见虞有澄《我看英特尔》，三联书店，1995年，第105页。）尽管竞争在带来技术进步的同时要付出成本——包括企业破产，技术、设备的“提前”报废等，但它是创造性的“毁灭”，竞争取得的生产力进步的效果远远大于其付出的成本。

② 发展经济学，斯坦福大学的洛默教授（Paul Romer）说：“根据新增长理论，如若一个鼓励众人协作努力的机制不能建立，那么摆在我们面前的所有天赐良机将无法利用。”他论述了20世纪末叶晶体管的使用于信息生产：“关键不在于摩尔的定律或者半导体物理学，也不在于某个科学家或者企业家具备的一些独特的能力。关键在于人类已经创建了一个由大学以及研究与开发实验室这样复合性机构支持的市场系统。”《创新：如何得以产生》，载［美］《瞭望》杂志1998年。

需要提到的是市场经济催化、促进技术进步的机制的有效发生作用，是以经济的总需求与总供给相适应和再生产平稳进行为前提的。市场经济、特别是资本主义市场经济中总量均衡势态不可能长期持久，在经济运行中出现有效需求不足和周期性的经济收缩和萧条时期，面上的技术进步步伐会相应放慢，2001～2002年美国网络危机时期就出现了上述情况。但是这并不意味着当代资本主义经济中技术会停滞不前，实践表明，当代世界范围内的技术创新势头仍然强劲，现阶段发达市场经济中内生的技术进步机制仍然在起作用和有力地促进技术创新。而在社会主义市场经济制度下，借助于更完善的市场体制和有效的宏观调控的双重作用，人们更加有可能实现全方位的、持续不断的技术创新。

三、高科技经济的生产扩张与总量均衡

本文从理论上分析现代市场经济的生产扩张与总量均衡关系。第一节从再生产诸要素的组合入手，阐明内含扩大再生产是现代扩大生产的主要形式，基于当代的科技不断创新，分析现代扩大生产中科技生产力的倍数作用和以高科技为基础的扩大再生产的特征。第二节研究现代市场经济中的总量均衡关系，以及科技进步和科技生产力倍数作用增强下实现总量均衡的机制，指出现代高科技并不能解决和消除资本主义再生产中的总量均衡问题，资本主义经济增长中制度性的有效需求不足仍然客观存在。

（一）现代扩大再生产与科技生产力的作用

1. 现代大工业生产方式的生产要素及其组合

第一，再生产是以诸生产要素的组合为基础。再生产是在社会生产要素的组合下实现的。现代大工业生产方式的主要生产要素是：（1）物质生产要素；（2）劳动力；（3）货币资本；（4）科学技术。在市场经济条件下，有了货币资本，人们才能建厂，购买机器、设备和原材料及雇用职工，使物质要素与劳动力相结合，实现现实的生产。因此，货币资本表现为要素的“黏合剂”，是市场经济中特有的无形的生产要素。在现代大生产条件下，科学越来越被合并于机器、设备以及土地之中，转化和表现为质量更优和能力更强的物质技术设备，这种物化的科学，我们简称为科技，在当代科技极大地提高劳动生产率，成为加快增长的关键因素。

以上我们将现代大工业生产方式的生产要素解析为物质生产要素、劳动力、货币资本和科技。对一国来说，现实的再生产就是上述四种要素的有机组合和共同起作用，其结果表现在社会总产品中，人们通常用国内生产总值即GDP来加以计量。

第二，扩大再生产——现代社会再生产的特征。再生产的起点是上一年度的生产结果，表现为上期GDP，它是新的年度或即期的、现期的（Current）再生产的基础和起点。再生产有两种形式：简单再生产和扩大再生产。如果现期的生产规模不变，就是简单的再生产；如果生产规模扩大了，就是扩大再生产。扩大的再生产是现代大生产的特征，其主要标志是生产出的产品和服务量的增大，即产值正增长。市场经济条件下再生产具有十分鲜明的波动性，有时也会出现简单再生产形式，即产值增长持平，或零增长，甚至还会有萎缩的再生产形式，即产值缩减或负增长。再生产中的经济收缩阶段，特别是在资本主义国家频繁出现的衰退和危机阶段就会有这样的产值负增长[1]。产值负增长意味着扩大再生产过程被打断，它是资本主义市场经济再生产固有的矛盾和运行障碍的体现。

第三，外延扩大再生产的局限性。马克思主义政治经济学把扩大再生产分为两种类型：外延的扩大再生产和内含的扩大再生产。外延的扩大再生产是指依靠增加生产要素数量和扩大生产场所来扩大生产规模；**内含的扩大再生产是指依靠技术进步**，**依靠提高和增大生产要素的能量来扩大生产规模**。马克思指出："积累，剩余价值转化为资本，按其实际内容来说，就是规模扩大的再生产过程，而不论这种扩大是从外延方面表现为在旧工厂之外添设新工厂，还是从内含方面表现为扩充原有的生产规模。"[2]又说："如果生产场所扩大了，就是在外延上扩大；如果生产资料效率提高了，就是在内含上扩大。"[3]

多数国家在工业化进程中都经历了由外延再生产为主，到以内含扩大再生产为主的增长模式的转换。

外延的扩大再生产是以生产要素投入的增加为前提，从而受限于原有物质设备的剩余，即生产出的投资物品减除投资品消耗的余额Z。我们用$\text{I}(c+v+m)$来表示物质设备的生产，$\text{I}c+\text{II}c$表示社会生产两大部类物质设备的消耗，那么，$\text{I}(c+v+m)-(\text{I}c+\text{II}c)=Z$。在一个封闭的扩大再生产模型中上述Z就是社会扩大再生产基金，而Z的**数量和规模也就成为一个极限**，**它制约和决定扩大再生产的规模**。就发展中国家来说，由于技术进步缓慢，上述Z即国内物质生产资料剩余数量小。例如，在干旱水涝之年农产品增幅小，意味着可以用来作为追加

① 人们通常将GDP两个季度的持续负增长称为经济进入衰退。

② 马克思：《资本论》第二卷，人民出版社，1975年，第356页。

③ 马克思：《资本论》第二卷，人民出版社，1975年，第192页。

投入的种子、耕畜数量少。发展中国家由于工业经济基础薄弱，生产资料生产部类增长有限，投资物品可使用于扩产的剩余量小，从而，扩大再生产要受到物质生产资料剩余量小的限制。此外，外延的扩大再生产还受限于现有的劳动力数量的状况。例如，在许多发达的、经济成熟的西方发达国家，人口增长停滞使国内可用劳动力[①]增量很小，在那里，扩大再生产中会遇到劳动力供给价格提高的障碍。可见，外延的扩大再生产要受到原有生产要素的供给的限制。特别是外延的扩大再生产，是技术水平不变的、数量扩张型的扩大再生产，在出现资源匮乏、要素供给减少，从而要素成本上升的场合，增长的加快往往伴随着通货膨胀。此外，实行数量扩张型的扩大再生产，企业的竞争力会因产品科技含量和产品素质难以提高而遭到削弱，出现产品难以销售，资金难以回流，扩大了的生产也难以为继。可见，在工业化、现代化过程中，由外延的扩大再生产向内含的扩大再生产转换是客观的必然性。

第四，内含的扩大再生产是现代扩大再生产的主要形式。内含的扩大再生产以提高生产要素的质和量为特征，从而是以科技要素的引入与物质设备和劳动力的质的提高为基础。科学技术含量增多的物质设备和劳动熟练程度得到提高的劳动力，使生产方式进一步现代化，促使产业升级，引起劳动生产率的大幅度提高，使GDP大幅度增长。另外，这种质量提高型的扩大再生产，一方面节约物质资源、人力资源以及货币资本资源，从而降低成本；另一方面，它创造优质产品，促进产品结构的调整和优化，增大有效供给。以上两个方面促进市场的

---

① “可用劳动力”概念，指市场经济中工资保持常规水平下的就业量。发达资本主义国家存在一种工资提高也难以增加就业量的现象，从而使增长受到可用劳动力增量不足的制约。

开拓、社会总产品的实现和扩大再生产的持续化。内含的扩大再生产的实质是依靠科技进步来提高劳动生产率和加快经济增长。

以信息技术和其他高技术为基础的扩大再生产是当代内含扩大再生产的最新形式，这种高技术型的扩大再生产，借助高科技含量的物质生产基础这一当代最先进、最强大的生产力，使用和发挥高智力的作用，使劳动生产率大大提高，它使生产资料部类实现了以实物形态计量的高增长。同时，当代高技术生产方式以物质耗费少为特征，如知识密集型产品，借助于复制，在达到经济规模后，边际物耗增量趋近于零。由于节约物质资源耗费，而高技术型的扩大再生产中存在以实物计量的Z值，即生产资料剩余进一步扩大的巨大空间。这种依托于高技术生产力的高度内含扩大再生产形式，解除了经济高增长中会出现的人力、自然资源（矿产、能源、水资源、农地等）供给的制约，它为土地、矿山、水等自然资源耗竭十分严重的后工业经济时代的经济增长提供了技术基础，使世界上那些“少土寡民”的国家和地区经济的高增长有了可能性，特别是为不发达国家实行超赶式发展创造了技术经济前提。

第五，现代扩大再生产与科技生产力倍数作用。基于以上对再生产的要素及其组合方式的分析，我们可以用以下的简单公式来表述再生产的规模：

GDP的规模：（$M+L$）×t

式中：M是物质生产要素使用量，L是劳动力使用量，t是科技生产力。上述M、L均表现为价值量，t是一个倍数。

以上方程式表明：（1）一国GDP的规模取决于$M+L$，即物质生产要素——其决定因素是物质、技术设备——和劳动力的使用量。（2）以价值计量的一定的物质生产要素量，或物质资本量，它体现的物质生产力会有高有低，这取决于物质资本的科技含量或更确切地说，取决于其科技生产力，后者表现为倍数。例如甲、乙两国已使用物质资本价值同样为1万亿元，但是乙国的科技生产力倍数为甲国的两倍，则它的物质资本的生产力将是甲国的两倍。（3）科技是生产要素中的决定因素。使用于生产的科技的性质、水平，可以是先进的，也可以是陈旧的。先进的科技要素使劳动生产率成十倍、百倍地提高，这是一种科技创新推动型的扩大再生产，它可以用较少的物质资本增量实现大幅度实物形态的总产品增量。（4）科技生产力倍数作用，是指科技的性质带来的国民生产总值的增量。这个增量可用倍数t来表述，例如t为1倍，1.5倍……假设某一国家科学技术生产力倍数值为2，而上年GDP为1万亿元，GDP增量=上期GDP × 2，即1万亿元 × 2=2万亿元。

科技生产力的提高取决于：（1）科技创新的性质，例如是一般工业技术的创新，还是高技术的创新；是一般的高技术创新，还是重大的高技术创新；（2）科技创新使用于生产的程度，是小范围的使用，还是大面积的使用；（3）由（1）和（2）决定的社会科技水平的提高。

用公式加以表述是t=f（Q，S）

式中：Q表示技术创新的质，S表示技术创新使用于生产的范围，f是与Q、S二要素的变化相关的函数。

以上科技生产力倍数作用的公式表明：（1）科技创新的性质十分重要。人们如果实现了对现实生产发展具有关键性的科技的重大突破，会大大提高Q值。例如从蒸汽机技术到电动机和电力技术，再到当前的信息技术，体现了工业中科技创新的质的飞跃；农业中一般的劳动工具的改进，农业机器和化肥的使用，良种选育，到当前的运用基因工程的农业生物技术，体现了农业中科技创新的质的飞跃。由对自然物质加工形成的工业原料、材料到当代高技术创造的新物质与新材料，是劳动对象所体现的科技创新的质的飞跃。这种科技创新物质的飞跃，使Q值倍增，成为当前高技术经济中生产力跃升的源泉。（2）科技创新使用于生产的范围十分重要。如果有重大创新并使Q值倍增，又有有效的经济机制促使科技创新得以在生产中大面积使用，使S值倍增。S、Q值的同时成倍并增，意味着科技创新成果带来全社会技术水平的提高。

当代高科技把传统工业经济的技术提高到一个新水平，在我们使用的数学模式GDP规模=（M+L）×t，以及t=f（Q，S）中，它意味着Q值和S值的大大增大和科技生产力增长系数t值的增大，一句话，高技术使生产力倍数作用大大增大了。

2. 现代高科技经济和以高科技为基础的扩大再生产的特征

20世纪末世界经济发展中最令人瞩目的是信息技术以及生物工程、纳米、航天、核能等高科技的出现，以及高科技生产方式的兴起和取代传统的工业生产方式。在当代最新的高技术生产方式中，科技不仅成为现实的生产要素，而且成为决定性的生产要素。

高科技经济的扩大再生产是现代的内涵扩大再生产，是以科技创新、物质设备的科技含量增大和科技生产力的提高来实现生产规模的扩大，是一种以科技生产力为依托的质量提高型的经济增长。

工业经济发展中有两种科技进步主导型扩大再生产形式。

第一，一般技术进步条件下的扩大再生产。我们把工业革命以来至20世纪中期的科技革命的发展阶段，称为一般技术进步时期。这是蒸汽机、电力、电动机、内燃机等动力手段的革新，推动机器大工业向纵深发展的时期。机器体系的技术进步，表现为动力机+现代工作机（包括现代流水线）组成的物质设备结构的复杂化和体积日益庞大，导致企业物质技术密集型的增强和资本技术构成的提高。自18世纪末蒸汽机使用以来近两个世纪的经济增长，都是以企业物质设备的增大和资本技术构成的提高为特征。我们把企业中的物质设备或固定资产以M表示，劳动力以L表示，资本的物质构成可以由L/M来表示。工业经济时代科技进步主导的扩大再生产，表现为企业单位资本价值中L/M的比例越来越小，即资本的物质技术构成越来越高。

由于技术含量大的物质资本价值高，加之以为取得规模效益而实行大批量生产——其典型形式是20世纪20年代福特汽车厂的流水线式的大生产，因而，技术密集也就必然表现为资本—技术密集。这也表明，一般技术进步条件下的扩大再生产，既需要增大物质设备，又需要增大货币资本投入。

第二，高科技条件下的扩大再生产。20世纪末期，在经济发达国家出现了以高技术为基础的扩大再生产模型，通常具有以下几种模式：

A．技术、资本、知识密集型生产。传统的机器制造，如20世纪20年代的福特汽车生产，是技术、资本密集型生产，它以产品品种单一（主要是T型车）、生产大批量为特征。当前的汽车制造，仍然保持着物质技术密集和资本密集的性质，但是企业大力引进信息技术，不断进行科技创新，如提高速度、平稳性、抗震性、内饰件质量，引入电视、计算机、网络、卫星定位等设施；此外不再从事单一车型车制造，而是实行产品系列化。以信息技术改造传统技术，也是当代石油、化工、钢铁等传统工业的共同趋势，高科技的大规模引入，使传统技术、资本密集型生产成为技术、资本、知识密集型生产。

B．知识密集型生产。它可以分为两类：

第一类是知识密集主导型生产：如从事电子计算机制造，网络、通信设备——光纤、传感设备、手机——以及航天、海洋产业中的硬件制造，企业既需要拥有从事科技研发的人力资本，又需要有高科技含量的现代物质技术手段。

第二类是知识高度密集型生产：如从事软件的开发与制造，从事人体和生物遗传基因排序研究，以及从事于多样高技术研发、设计的企业，都属于典型的知识高度密集型生产。这些企业主要依靠增强知识资本，许多企业以重金罗致高智力生产者，进行高技术产品、新工艺、新生产方法的研发，它们进行的是高科技含量的物质产品，或者是纯科学知识产品的生产。现代金融企业中的投资咨询、金融工程设计也是知识高度密集型的活动。高智力劳动的投入和高知识资本构成是上述企业的特征，而高创新知识含量则是产品高附加值的重要来源。

无论是技术、资本、知识密集型生产，还是知识密集主导型生产，以及知识高度密集型生产，均是科技创新型的生产。人们可以看到，高科技时代，科技创新，越来越成为扩大再生产的决定因素，它有力地推动资本快速积累和经济快速增长。如果说，工业经济时代经济增长中科技生产力倍数作用逐步地表现出来，那么高科技经济时代科技生产力倍数作用更是大大地加强。

（二）现代市场经济与总量均衡

高科技时代，一方面，科技生产力倍数作用的加强，使生产资料物质剩余增大，即扩大再生产基金Z值的增大，为再生产的扩大创造了物质条件；另一方面，强劲的科技创新发挥了拉动投资增长和刺激消费需求的功能，由此出现科技创新推动的有效需求的扩大和经济增长。不停顿的科技创新，促进经济扩张期的拉长和经济收缩短期化，使市场经济运行的周期发生新变化。这就要求经济学从理论上阐明科技创新如何影响市场经济的运行，科学回答下列问题：（1）激发科技创新的经济机制；（2）科技转化为现实生产力的经济机制；（3）高科技经济运行中再生产内在矛盾加剧和引发危机的机制；（4）科技创新促进复苏的经济机制。可见，面对当代高科技经济这一新的变化，进一步揭示科技创新条件下的经济扩张——收缩——再扩张的规律，是当前理论经济学研究面对的一个重要的论题。

以下，我们要对引入科技进步的再生产的内在均衡和经济周期问题进行初步的理论探索。

1. 现代扩大再生产与总量均衡

保持社会的投资需求和消费需求即总需求，与投资品的供给和消费品的供给即总供给相适应，是社会再生产顺利进行的基本前提，这一总需求与总供给相对应，也就是宏观经济学的总量均衡原理。用公式表示：

$Y=DI+DC$

式中：Y是总产量或总供给，DI是投资需求，DC是消费需求。

在扩大再生产条件下，保持增大的总需求与增大的总供给相适应更是十分重要，这是防止出现通货膨胀或通货紧缩，保持国民经济持续、稳定运行的前提条件。

为了维持顺利的再生产，除了总量均衡外，还需要有供求结构的均衡，即（1）投资需求与投资物品——投资设备及其他原材料——的供给相适应；（2）消费需求与消费品的供给相适应。假定YI是投资物品的供给，YC是消费品的供给。用公式来表示：

$Y=YI+YC$（其中：$YI=DI$；$YC=DC$）

在市场经济中，上述总量均衡和结构均衡是借助于市场机制的作用，通过经济运行中的一般波动来实现的。

在近代工业经济形态的扩大再生产中，实现总供求的均衡，要求有与工业技术进步带来的总供给一般增大相适应的总需求的增长，即

$Y^1=DI^1+DC^1$ $Y^2=DI^2+DC^2$ （其中：$Y^2=Y^1+t\cdot Y^1$）

Y^1、DI^1、DC^1分别为第一年度的总供给，对投资品的需求，对消费品的需求。Y^2、DI^2、DC^2分别是第二年度的增大了的总供给，增大了的对投资品的需求，增大了的对消费品的需求。

我们假定在经济发展一定阶段，扩大再生产平稳地进行，在新的年度供给增量还不是很大，只要能做到需求总量相应地适度增大，就能形成宏观经济总量均衡和国民经济的稳定进行。

在现代工业经济运行中，科技进步和科技生产力倍数作用的强化，意味着生产扩张趋势的加强，表现为生产总值即总供给更大幅度的增长。在经济信息化和网络化向前推进，高科技迅速发展和普遍使用于生产条件下，生产能力和总供给增大表现得更为明显。可见，科技进步条件下，越加需要有对投资品和消费品的充分的有效需求，才能保持经济运行中的总量均衡。

当代资本主义国家再生产的主要矛盾和难解的问题是在总供给扩张条件下能否创造出充分的投资需求和消费需求，即$DI^K+DC^K=Y^K$。DI^K，DC^K，Y^K分别为第K年的对投资品的需求，对消费品的需求，总供给。人们可以看到，在微观层次上，当代资本主义国家出现的每一项重大的科技进步都会遇到市场不足的问题。20世纪20年代福特汽车公司使用流水线和科学管理，实现了大规模T型轿车生产，但立即面临着市场销路不足的问题。当代发达的资本主义国家的经济运行越加不稳定，有效需求不足问题越发加剧，成为实现顺利的再生产的一个根本问题。1929～1933年的世界性经济大危机，是有效需求不足的最鲜明的和爆炸式的表现。从1825年迄至当前，资本主义市场经济运行过

程之所以一直未能摆脱经济扩张—危机—经济扩张—再次危机的周期波动，无论这种波幅是大是小，无论危机表现为十分激烈的大崩溃形式，或较为缓和的形式，其根源在于社会再生产过程中固有的有效需求的不足。

早期西方经济学家萨伊提出了“生产给产品创造需求”[1]的命题，从根本上否认资本主义市场经济再生产中的需求不足和危机。以马歇尔为代表的西方主流经济学家，认为市场机制可以自动调节需求，实现总量与结构均衡。马歇尔提出和阐述的长期均衡理论，回避了对经济波动的研究，也否认了资本主义经济运行中存在需求不足这一重大经济论题。

在现实经济运行中周期性危机不断出现且愈演愈烈的情况下，西方经济学不能不面对和研究经济运行中周期性的波动或衰退的根源。但是多数西方经济学家的经济周期理论停留于短期经济波动这一论题上，可以说形形色色的西方经济学有关经济波动理论，多半着眼于解释导致短期经济波动的各种具体原因。由此出发，一些人把衰退归之于短时期内的投资不足，一些人把衰退归之于消费不足，一些人则归之于货币信贷的紧缩，等等。多数西方经济学家是在经济制度的表层寻找经济周期的原因，而未能深入分析导致经济周期的深层原因，例如许多西方经济学者未能进一步追根溯源，去寻找导致再生产过程中周期出现的投资乏力、消费不足的制度根源。此外，还有一些西方经济学家在经济制度外去寻找危机与经济波动的原因，这就是有关太阳黑子、战争、人口增长导致供求失调和波动的理论，以及有关政府政策决定经济波动的政治性周期理论。

---

① 萨伊：《政治经济学概论》，商务印书馆，1963年，第142页。

可以说，西方主流经济学有关市场经济条件下经济周期和波动的理论，尽管包含有关于经济波动演变的具体过程和经济运行机制的分析，但是并未能揭示资本主义再生产过程的内在矛盾和衰退周期出现的根本原因。

马克思将经济运行周期问题纳入资本主义再生产过程的理论框架之中。马克思分析了社会再生产两大部类内部以及两大部类之间产品的交换，阐述了实现再生产所需要的条件。马克思不是只分析一般的再生产，而且着眼于分析资本主义制度下的再生产，深刻地揭示了资本主义再生产过程中产品实现的困难和生产过剩出现的制度根源。

马克思说："普遍的生产过剩所以会发生，并不是因为应由工人消费的商品相对地消费过少，或者说，不是因为应由资本家消费的商品相对地消费过少，而是因为这两种商品生产过多，不是对消费来说过多，而是对保持消费和价值增值之间的正确比例来说过多，对价值增值来说过多。"[①]马克思在这里指出了生产过剩的深层原因在于制度性的分配关系：资本决定的商品价值分配关系。恩格斯在《反杜林论》中阐发了马克思的危机理论，他指出，危机的根源在于资本主义生产方式的基本矛盾。社会化生产和资本主义占有之间的矛盾。这一矛盾决定了"市场的扩张赶不上生产的扩张。冲突成为不可避免的了，而且，因为它在把资本主义生产方式本身炸毁以前不能使矛盾得到解决，所以它就成为周期性的了"[②]。

经济运行的周期性的制度根源在于资本主义经济的基本矛盾：群众收入增长落后于生产能力的扩张，这是资本主义经济中长期存在

---

① 《马克思恩格斯全集》第46卷上册，人民出版社，1979年，第437页。

② 《马克思恩格斯选集》第3卷，人民出版社，1972年，第315页。

和难以摆脱的有效需求不足的主要成因。但是我们还需要指出：在市场体制下，经济运行中还会经常出现机制性障碍，如利率的变动，外贸、国际收支的状况以及币值的变化，特别是证券市场的虚拟资本的运行状况，对需求变动和宏观经济运行有着十分密切的影响。例如利息的波动，股市不振也会引起投资徘徊和消费不振。

现代市场经济是金融经济，货币、信用与资本市场高度发达，虚拟资本运行活跃是当代金融经济的特征。虚拟资本运行的高度活跃，表现在证券市场所吸引的营运资金的巨大规模和股市的更加变动不居，股指飙升和狂跌频频轮替，以及不时发生的股市崩盘上。股市的兴旺，往往伴随着投资增长和作为财富效应的消费增长；而股市的疲软，则会导致投资与消费的紧缩，一旦出现股市崩盘的资本市场危机，就会导致投资需求和消费需求的急剧下挫。虚拟资本的运行尽管要以实际资本和现实经济为基础，但它又从属于自身的运行规律。虚拟资本是在投机活动猖獗的证券市场上运行的，虚拟资本的状况既取决于证券市场的供求状况，也取决于证券市场主体的行为，取决于投资者与投机者的收益预期。这种预期既是经济基本面在主体头脑中的反映，又包括有作为心理因素的主观性，后者表现为在过度乐观预期下的股市竞购行为以及对资本收益过度悲观预期下的股市竞抛行为。虚拟资本运行中主体的心理因素进一步加剧了资本运行的自发性，增强了市场机制引发失衡的功能。人们可以看到，在现实经济中某些领域已呈现市场过剩和投资过度的情况下，仍然会有虚拟资本市场活跃，特别是股市的牛市，它继续刺激和支撑过度投资，加剧供给过剩与供求失衡；而另一种情况是一旦市场上有风吹草动，例如出现某一“明星”企业破产，会迅速引发股市主体的普遍惊恐，甚而可能引发股市全面崩盘，并导致投资消费的激减，促使经济进入衰退。上述情况，鲜明地表现在20世纪90年代美国的信息产业繁荣和2001年至2002年美国的经济衰退中。

另外，科技生产力倍数提高、作用的加强也使资本主义经济运行中供给快速增长和需求不足的矛盾变得更加严峻和更难以解决。现代生产特别是科技进步导致的生产的扩张趋势，成为加剧经济运行中供求矛盾的重要因素。20世纪经济发展中科技取得长足进步的新情况表明：现代经济增长中存在着科技生产力倍数的效应，它加强供给增长，从而会催化和加剧有效需求不足。加快使用信息技术和其他高科技，是20世纪末发达国家经济的新趋势。人们可以看到，当代高科技以其技术生产力的高倍数，引起供给能力跳跃式的增长。信息技术不仅创造了一系列新的热门产品——计算机、多媒体、网络、软件等，而且，新技术以其日益提高的劳动生产率造成众多产品供给的饱和。在美国，上网计算机1999年已达5620万台，上网人数已超过1亿人。手机在芬兰等国家，几乎成为愿意持有者人人拥有之物。另外，生物技术应用于农业，大大增大了优质高产的农产品的供给，在美国，转基因技术使玉米产量增加，加剧了农产品的生产和供给过剩。使用生物技术的新医药业，使少数几家大企业的生产能力足以囊括一国全部市场份额而有余。此外，在汽车生产等传统工业领域的技术进步，使本来就存在的供给过剩问题更加严重。当前发达国家的过剩资本积聚和资本全球性流动——每日达1.5万亿美元——反映了这种高科技→技术生产力倍数增大→供给快速增长的经济机制。科技生产力倍数带来的供给增长超过需求增长效应，也出现在新兴市场经济国家和地区，亚洲的新兴市场经济国家的劳动密集型企业在实行技术进步和数量扩张的基础上，生产能力也不断提高，许多产品目前也面临着供给过剩的严峻形势。

可见，资本主义国家经济运行中固有的生产扩张和有效需求不足的矛盾，其根子是制度缺陷，即资本主义制度决定的社会基本消费群体收入增长的滞后。此外，也同市场经济体制的机制性的运行障碍有关，市场失灵再加之以政府调控作用的不足或政策措施失误，往往使需求不足和萧条势态拖延持久。

西方经济学长时期否认资本主义经济运行中存在有效需求不足。西方经济学中流行的理论认为：生产能创造充分需求，市场自行调节供求总量均衡和结构均衡。萨伊认为：不论生产量保持在什么水平，总产量的需求价格恒等于其总供给价格。从萨伊、马歇尔到庇古都否认资本主义经济运行中会产生有效需求不足，他们把市场力量奉为万能的，从而把实行自由放任、听任市场力量自发起作用视为是治理市场经济运行失调的“万应”药方。但是这种供给自行创造充分需求的理论，却不能解释为什么1825年以来资本主义经济运行中会周期出现愈演愈烈的危机。1929～1933年发生的世界经济大危机，更使上述供给自动创造需求的古典理论归于破产。英国经济学家凯恩斯重新评价与批评了古典供求均衡理论，提出了有效需求不足和实行“有调节的资本主义”的新理论。凯恩斯的理论，从经济运行中投资需求和消费需求变动和有效需求不足产生这一新视角，承认了市场经济不是万能的，他论述了市场力量对供求总量和供求结构实行自我调整功能存在“失灵”，提出了要由政府的宏观调控来刺激投资和消费，来解决有效需求不足与过剩。

凯恩斯提出了一个公式：有效需求D=社会可以预期的（即可以实现的）消费量DC+社会可以预期需求的投资量DI。凯恩斯认为：在出现消费需求增长不足，即$DC^2_1+DC^2_2$是不充分量（DC^2_1是第二年度维持简单再生产的消费需求；DC^2_2是第二年度的消费需求增量）小于充分的消费需求量的情况下，应该通过增大政府投资来带动和刺激社会投资，发挥投资乘数作用，形成充分的投资需求$DI^2_1+DI^2_2+DI^2_3$，DI^2_1是维持简单再生产的投资，DI^2_2是再生产中正常的投资增量，DI^2_3是政府投资带动和刺激的社会总投资（包括政府投资在内），从而支撑和维持充分的需求和就业。

凯恩斯不仅对资本主义经济运行机制及其矛盾进行了独特的理论分析，而且提出了强化政府职能，以宏观调控手段来弥补“市场失灵”、治理危机的方略。凯恩斯的理论启动了资本主义国家由自由资本主义到有调节的资本主义的转换。

凯恩斯阐述的有效需求不足理论，承认了资本主义再生产过程有其固有的内在矛盾和孕育出萧条，凯恩斯使西方“乐观的”经济学回归现实，他的经济学被称为是西方经济学发展中的一次“革命”。美国马克思主义经济学家保罗·巴兰对凯恩斯新经济学做出如下评价：凯恩斯试图“找出一条挽救资本主义制度的道路”“他未能提高一步在理论上充分抓住资本主义总危机的实质，但是凯恩斯用传统的理论工具，不逾越‘纯经济学’范围，忠实地避免把整个社会经济过程看作一个整体，他的分析把资产阶级的经济理论推向顶峰，并且讨论了资产阶级经济论的全部结构”①。当然，作为西方经济学代表人物，凯恩斯受到传统理论的局限，他对有效需求的分析未深入把握住其深层的制度的根源，但是，他建立的有关再生产总量均衡的理论和政府实行宏观调控的方法仍有积极的科学价值。我们在研究分析社会主义市场体制下宏观经济运行，探索和构建马克思主义社会主义宏观经济运行理论时，批判凯恩斯理论的局限性并充分汲取《通论》中的积极要

① ［美］保罗·巴兰：《增长的政治经济学》，商务印书馆，2000年，第41、92页。

素是有必要的和有益的。

2. 科技进步下，实现总量均衡的机制

20世纪末的科技革命和经济领域中的科技创新，不仅对生产力的发展起着重大的影响，而且对经济再生产过程也产生着重要的影响，高科技引入再生产，首先有力地刺激投资，刺激消费，从而促进增长。

科技进步和科技生产力倍数作用增强，一方面会加强生产扩张和供给膨胀，另一方面也创造出对投资物品的追加的需求。

第一，固定资本使用周期缩短和更新的加快。科学知识的快速进步，成为高科技时代的特征。市场经济的机制使科技知识创新转化为现实生产力，表现为企业加速物质资本更新。在市场竞争机制下，企业敏锐地寻找、捕捉科技创新成果，用来革新其生产技术。19世纪以来英国固定资本大更新往往是十年一度地进行，在此以前的逐年再生产中原有技术基础是不变的，当代高科技经济中固定资本更新和升级换代大大加快，这在于：（1）新开发的高科技能创造出新的优质产品；（2）新技术大大提高劳动生产率和降低成本、增大盈利，对于首先使用创新的高技术生产手段的厂家来说，它能够通过科技垄断而享有超额利润。但高技术产品生命周期短，新技术很快会被竞争对手掌握，企业原先享有的超额利润会降低或消失，这就迫使企业去尽早地开发和利用科技创新成果，进行设备更新。可见，高科技经济中固定资产有效使用周期短这一性质，成为促使企业进行固定设备的快速更新和不断地升级换代的原因。这种普遍的加速固定资本更新，意味着对投资品需求的扩大。

第二，高科技的使用带来纵向的生产扩张。纵向的生产扩张指同一行业中企业的不断壮大和增多。技术的不断进步，新的投资品的不断出现，引起这一行业的发展和扩大。以计算机和网络为核心的信息产业，随着信息技术使用的普遍化，创造出对信息产品的巨大需求，特别是随着新型家用计算机的不断开发，多媒体、软件技术、网络技术的发展，进一步促进了包括众多行业的信息产业的发展。纵向的生产扩张使信息产业成为当代发展最快的新兴产业，在当前，信息产业的产值在一些发达国家已占GDP的10%以上。信息技术还衍生出为其服务的相关行业，如计算机调试、网络设备维修、信息技术培训等行业。新兴高科技产业的纵向扩张，创造出对投资品特别是对信息投资品的追加需求。

第三，高科技的使用带来横向的生产扩张。横向的生产扩张指现代高科技产业间的互相促进，例如信息产业促进了生物工程技术、航天技术、热核技术，以及医疗技术等的发展，从而促使上述一系列新产业的出现。信息技术引入商业、金融业，促使电子商务、电子咨询等新行业的出现；热核、宇航产业的发展，又促使有关新的医疗、保健行业的兴起；生物工程技术促进了新的医药、农业企业的出现。可见，当代高科技加强了相关产业间相互拉动和新的产业链的形成。如果说，手工业缺乏行业依存从而缺乏产业链，机器大工业生产是以分工、企业协作和产业链为特征，那么以信息技术和现代高科技为基础的生产方式则是以分工、协作的更加发达，相关产业、行业链条的拉长和延伸为特征。这种产业链延伸效应，产生出对投资物品的新的需求。

以IT产业为核心横向的生产扩张，造成对多种多样高技术投资物品新一轮的需求，如果我们把I_A作为传统工业经济时代的投资品，高科技的投资品是I_B，那么，信息技术的出现，引起了一个对新的高科技投资品的追加需求，即社会投资需求$D_I=DI_A+DI_B$。对高科技新的投资品的需求DI_B，已成为信息时代投资的主要增长点。

第四，高科技引入传统工业生产领域，其生产扩大效应增大了对投资物品的需求。信息技术具有很强的渗透力，它不断地向传统工业生产领域扩展，改造与提高传统工业技术，促进传统产业的新发展。信息化促使了汽车、机械、化工、石油、钢铁等传统产业技术革新、产品革新和生产扩大，从而促进了这些产业对投资品的需求——既包括对高技术投资品的需求，也包括对传统投资品的需求——的扩大。这种高科技产业→传统产业→高科技产业之间的相互促进作用，促使设备更新规模的不断扩大。在美国，信息技术促进了各个产业的设备更新，设备投资年增率1991～1998年为9.7%，为前8年的2倍，其中计算机与软件投资年增率为15%，计算机与软件占全部设备投资（7万亿美元）的45.3%。

上述四个方面的作用，使美国在20世纪90年代出现了一个高科技经济发展带来的投资需求强劲增长的时期，投资需求的增长和拉动力成为这一时期美国经济高增长（1994年至1999年增长率近4%）的决定因素。

以上分析表明，在投资物品领域，现代高科技被合并于生产，一方面使产品总供给快速增长，另一方面通过固定资本加速更新，纵向的和横向的生产扩张和产业链延伸效应，以及对传统工业的改造作用，又促进了对投资品需求的增长。也就是说，在投资品领域，技术进步带来的新供给不断地创造出新需求，投资品增量YI_B会引致投资品新需求DI_B的产生。因此，科技生产力倍数作用的增强不是必然导致生产过剩，带来运行危机，恰恰相反，企业的科技创新还会引致对投资品需求的增大，由此实现投资带动的经济增长。

当然，科技进步引致的充分的投资需求不是自然形成的，它必须以形成能促使科技有效转化为投资的经济机制为前提。这样的经济机制包括：（1）科技产品市场化、资本化机制；（2）包括二板市场在内的风险资本形成与运行机制；（3）科技人才流动化，等等。上述育成和促进高技术经济的经济机制，意味着更加发达和更加完善的市场经济体制的构建。只有形成了这样的经济体制和机制，才能实现科技成果的转化和拉动投资，促使固定资本加速更新，实现高技术企业纵向的生产扩张和横向的生产扩张。

3. 技术进步与投资扩张型的总量均衡

如以公式来表示再生产的供求均衡：年再生产是$Y=DI+DC$，Y是当年国民生产总值，DI是当年投资物品的总需求，DC是当年消费品的总需求。

如果我们从产品性质来分析国民生产总值结构，YI是投资品价值量，YC是消费品价值量，那么，上述公式可以进一步具体表述为：

$YI+YC=DI+DC$

我们把第一年的生产写成：$Y^1=DI^1+DC^1$

在引入科技生产力倍数后，第二年的再生产的产值结构：

$Y^2=DI^2+DC^2=(1+t)\cdot Y^1$（其中：$Y^2=Y^1+\Delta Y^2$，$\Delta Y^2=t\cdot Y^1$）

Y^2即增大了的国民生产总值，假定科技生产力倍数为20%，$Y^2=Y^1+(Y^1\times 20\%)$，总量均衡要求：

$Y^2=(DI^1+\Delta DI^2)+(DC^1+\Delta DC^2)$

DI^1是第一年的投资量，ΔDI^2是第二年投资增量，DC^1是第一年的消费量，ΔDC^2是第二年消费增量。$DI^2=DI^1+\Delta DI^2$，是第二年扩大了的投资需求，它和投资品总供给YI^2相适应，$DC^2=DC^1+\Delta DC^2$，是第二年扩大了的消费需求，它和消费总供给YC^2相适应。

我们需要强调，投资品毕竟是用来生产作为最终产品的消费品的手段，投资品的市场需求的增长，最终决定消费品的市场销售状况和受到消费品需求增量的制约。在当代高科技经济中，在技术快速进步，对投资品需求超常增长的条件下，借助于大规模设备更新，即DI^2跃增，可以在一段时期实现一种投资扩张型的总量均衡，如20世纪90年代美国就出现了投资扩张型的经济增长。但是如果没有消费需求的相应增长，依靠单方面的投资扩张来拉动总需求毕竟是不可能持久的。如果消费需求增长长期滞后，那么，超常投资增长带动的扩大再生产或迟或早终将达到极限，消费不足产生的供求总量的失衡和经济危机终将出现。

4. 消费需求与现代市场经济

以上分析指出了以科技进步为基础的现代再生产，需要有与投资物品的快速增长相适应的充分的投资需求，以及与消费品的快速增长相适应的充分的消费需求。在现代发达的市场经济中消费需求的重要性大大提高，这是由于：

第一，消费从来是生产的目的，任何社会的生产都要受到消费的拉动，特别是在市场经济的运行中，消费需求是最终需求。投资品的需求也是建立在居民对消费品的购买，即最终需求的前提之上。

第二，现代生产中形成了投资品生产和消费品生产两大部类，投资品发展成许多互为市场的行业，呈现出作为中间产品的投资品行业间的互相拉动。例如机械工业的发展，带动原材料、交通、能源等产业的发展，后者的发展又带动机械工业的发展。但是中间产品的互为市场和互相拉动，毕竟是立足于消费品部类增长的基础之上，即它是以增大的消费需求即$DC^1+\Delta DC^2$为前提。在上述$Y^2=(DI^1+\Delta DI^2)+(DC^1+\Delta DC^2)$公式中，存在着$DC^1+\Delta DC^2=Q\cdot(DI^1+\Delta DI^2)$，即第二年的增大投资量和第二年的增大消费量之间的某种比例关系，公式中用系数Q来表示。我们将Q称为投资需求对消费需求的牵动力。在Q值适当的场合，现实的消费需求是充分的，即足以吸收消费品的供给量，在Q值下降时，现实的消费需求会小于充分值，从而会出现投资增长中消费增长的不足和失衡，由此导致总需求的不足。在现代市场经济中必须保持投资对消费的充分牵动力，使消费需求的增长与增大的投资需求相适应，才有可能保持投资品部类的持续增长。

第三，在现代市场经济条件下，消费在再生产总量均衡中的作用增大了。在工业化——无论是资本主义国家或是社会主义国家——的初始阶段，由于总供给水平低，存在着为积累和扩大物质资本而抑制消费的倾向；但是在生产现代化发展和市场经济成熟时期，适应于劳动生产率提高和消费品供给的增大，强化消费成为经济运行内在的要求，首先是消费品类再生产顺利实现的内在需要。20世纪20年代福特轿车以年数十万辆计生产出来和投放市场时，亨利·福特也需要实行一项提高工资、增大消费需求的计划。当然，这纯然是出于资本家开拓轿车市场的目的，而不会是一种人道主义的善行。

随着工业化、现代化的发展和GDP的增长，会伴随着居民收入水平的逐步提高；此外，中产阶层的增大也促进了消费率的提高，在当前发达国家消费率已占GDP的6/7。消费需求的增大，起着保证和拉动投资品部类增长的重要功能。

第四，产品创新促进需求增长功能的强化是高技术经济中的显著特征。高科技产品具有刺激消费需求的超常的使用价值，如高科技含量的食品如绿色食品，具有无污染性和祛病延年的效果；数码电视技术能提高电视机图像清晰度，有更鲜艳的色彩和更佳的音响效果；新型家用计算机的特征是（1）拥有高质量的运算能力。当前家用电脑中运算速度最快的P4，其CPU主频已达到2.2～2.4GHz（即每秒22亿～24

亿次运算周期）[①]。（2）多功能。家用计算机兼有计算、文字处理、信息传输等多种多样的功能，使用最方便、提供信息最多最快，可作为远程教育工具，还可以用于网上购物、投资、求职等。（3）在不断的技术创新中质量越高而价格越低。宝石、高级车这样的传统产品，尽管有很大的消费使用价值，但是它的价值高，从而交换价格始终昂贵，这种消费品不能刺激需求量大增长，只能为高收入层购买，但是家用电脑和移动电话这样的现代产品却以其高使用价值和不断下降的售价，成为市场上人们竞相购买的大众产品。可见，高科技不仅会不断创造出崭新的产品，而且能激发和创造出新的消费需求。

第五，现代市场经济中科技进步呈加速势态，它导致设备投资增大，在当代，投资的增长对经济增长的拉动作用越加明显。但是市场经济中不会有持续的投资热，经济运行状况的变化，例如股市行情不振，投资预期不佳，新技术开发进展缓慢，缺乏成熟的创新成果，存货的增长与消费需求的不足，这一系列因素都会挫伤投资热情，从而导致投资不振。投资需求增长的不稳定性和波动性是当代市场经济运行的常规，这种情况决定了消费需求的稳定而充分的增长是国民经济顺利运行的必要条件。

综上所述，消费在现代市场中的地位和作用大大提高，即使经济运行中投资的拉动力增强，也不能取代消费在再生产中的基础作用。为了保持国民经济的快速增长和稳定运行，人们就需要保证社会消费充分的增长，促使消费与投资同总供给的增长相适应。

---

① 英特尔公司于2002年11月24日正式在全球发布含HT超线程技术的新款奔腾4处理器，主频为3.06GHz，是第一款采用业界最先进的0.13微米制造工艺、每秒计算速度超过30亿次的微处理器。

5. 高科技经济与有效需求不足

市场经济体制下国民经济运行的根本问题，是能否保证$Y=DI+DC$，即在总供给加快增长的条件下，能否保证有与之相适应的充分的投资需求与充分的消费需求。

我们业已指出，高科技经济中，不断的和全方位的技术创新，以其生产扩大效应，促使投资需求增大。1990～1999年，美国信息和其他高科技领域的投资大幅度和持续增长，启动了一轮普遍投资需求增长的高潮。

第一，IT投资大幅度增长抵消了企业生产技术构成提高的就业抑制作用。例如，美国1991～1998年的高设备投资率——主要用于信息技术，即硬件和软件——年增长率高达15%，成为扩大就业的主要因素。而且，以高科技为基础的投资需求是以生产的纵向和横向扩张为特征，它本身就是新就业的增长点。1991～1998年美国的新增就业人口达1800万人，1/3来自IT产业的就业。

第二，全面技术创新催化的纵向和横向的生产扩大，带来就业增大效应。例如美国失业率由6%降到近4%，就业增大，维系了社会购买力一般的增进。

第三，高科技产品的高效用、低价格固有的刺激消费的效应，以及高科技发展中的收入分配机制，形成了一个由技术专家和经营者组成的智力高收入层，它加强了中间阶层的经济实力和购买力。

上述情况意味着高科技经济发展阶段出现了**投资增量对消费需求的牵动力的提高**，即我们在上一节中设定的Q值的增大。在美国，20世纪90年代消费一直稳中见旺，1998年个人消费支出——占经济活动总量2/3——比1997年同期增长4.9%，为近14年最高水平。

可见，在高科技经济的快速增长阶段，Q值的增大，也即是投资需求增长对消费需求牵动力的增大，带来了投资需求与消费需求的互相促进，和投资需求与消费需求的扩大。

20世纪末的科技创新的确是对经济有重大影响的新要素。在科技创新高潮下，美国20世纪90年代经济出现了持续10年的稳定高速增长，美国《商业周刊》及许多经济媒体不断欢呼“信息繁荣”“新经济消灭了危机”，认为这种高科技带来了充分就业、无通胀、无危机的“新经济”。这只不过是那些对当代资本主义经济缺乏理性思考的人们的一种主观愿望。

本卷作者在1999年早就指出，“在西方媒体上对‘美国兴旺新经济’的一片喝彩和大肆渲染中，我们应该看到现代市场经济中的有效需求不足问题仍然存在”[①]，事实上，以高技术为基础的美国经济也并未改变资本主义市场经济运行周期性的规律。2001年春，随着纳斯达克股市泡沫的破裂，美国经济告别了10年高增长，进入了新一轮衰退，而网络企业的纷纷破产更是衰退中最令人瞩目的景象。实践表明，$DI+DC$的增长滞后和有效需求不足[②]，仍然是以高科技为基础的当代资本主义再生产的一个难以解决的问题。

资本主义国家经济运行中有效需求不足的根本原因是制度性的，资本主义国家少数资产者的财产垄断制度及其收入分配制度带来居民消费需求增长滞后，由此导致投资动力不足，从而造成$Y^k > DI^k+DC^k$[③]，出现了需求不足下相对的经济过剩。总需求和总供给的失衡是资本主义国家经济运行过程中频频出现的危机和萧条的根源。发源于发达国家的当代高科技发展，以其技术生产力倍数加剧了总供给

① 此观点后发表于《简论新经济》，原载《光明日报》2000年8月22日。

② DC^k，DI^k指再生产中某一年度的，即第k年的消费需求和投资需求。

③ Y^k指再生产某一年度，即年的总产值。

扩大趋势，尽管科技进步推动了投资增长、生产扩张、就业扩大、中产阶层收入增长、增大了消费需求，但是在资本主义所有制和收入分配的制度框架下，消费需求即DC^k的增大仍然是大大滞后于总供给即Y^k的要求的。

应该看到，在美国式的投资扩张型的经济增长中，实际消费增量ΔDC^k低于能与投资增量相协调的消费增量ΔDC^k_k，即存在着：

$\Delta DC^k - \Delta DC^k_k = G\ (G<0)$

G是一个负值，它体现了不足消费部分。消费需求增量的不足，从而消费与增大的总供给的矛盾是投资扩张型经济增长中的深层矛盾，只是依靠加速进行固定资本替换，加速度地投资扩张，即$DI^k_1+DI^k_2+DI^k_3+\cdots$，即实行一种超常规的过度投资才得以保持这种畸形的经济运行的总量动态均衡。美国20世纪90年代末的“信息、网络热”，支撑了经济高增长，就属于过度投资的总量均衡，很显然，这种畸形的总量均衡是不可能持久的，因为，消费需求增长不足始终是“达摩克利斯剑”。特别是高科技带来的生产扩张也未能做到真正地消灭失业人口与贫困，即使是美国20世纪90年代达到的罕见的4%的低失业率，也很难将它说成是完全的“自愿的”结构性失业。可见，信息技术和现代高科技的使用并未能解决和消除资本主义再生产中的总量均衡问题，经济增长中制度性的有效需求不足仍然是客观存在。

基于上述论述，科技创新引发的需求高增长，以及投资需求增长对需求的牵动力即Q值的增大，只是暂时的现象，资本主义再生产过程中阶段性的需求旺盛及其带来的生产扩张，只能是新一轮总量失衡和衰退的前兆。经济学家克鲁格曼在其《萧条经济学的回归》一书中不同意媒体上关于需求不足不再存于“美国新经济”的宣扬，他说，“现在，很多经济学家还认为衰退微不足道，对衰退的研究也是一个逐步消失的神话”，但“短期中的现实世界正经历一次又一次的危机，所有问题都一针见血地涉及到需求不足……如何增加需求，以便充分利用经济的生产能力，已经是一个至关重要的问题了。萧条经济学又回来了”[①]。当然，也需要指出，由于科技创新的需求扩张效应，在高科技经济主导的当代资本主义国家的经济运行中，也出现了更为强劲的内生的复苏力量，它促使经济较快摆脱萧条和进入新一轮的增长。因而，长增长→危机→短萧条→快复苏的周期运行，有可能成为科技创新主导的经济运行中周期性的具体形式，能否实现这样的经济运行周期形式，取决于科技创新和转化为生产力的状况，也取决于政府有效的宏观调控功能的发挥。[②]

四、国家科技创新体系与科技进步

科技创新是时代的大趋势。当前以美国为策源地和发达国家为中心的科技创新活动仍然方兴未艾、势头不衰。世界各国均在致力于科技兴国，或者是以科技新发展来扩大其霸权，或者以科技强势来占领国际市场，或者以科技进步来维护民族经济。面对上述世界政治、经济形势，加快科技创新是我国的一项最最紧迫的任务，是提升我国企业竞争优势，富民强国的根本前提。

（一）科技与科技创新的含义

进行科技创新，首先要弄清科技创新一词的含义。为此先要阐明

---

① ［美］保罗·克鲁格曼：《萧条经济学的回归》，中国人民大学出版社，1999年，第215页。

② 刘诗白：《中国转型期有效需求不足及其治理研究》，中国金融出版社，2004年，第1～35页。

科技的内涵。我们把科（学）技（术）规定为三个层面：（1）有关科技的知识；（2）体现了科技知识的物质生产技术条件；（3）适应于（1）和（2）的劳动方式和劳动技能。科技知识首先是指自然科学的基本理论和应用学科的理论知识。处在社会经济某一特定阶段的人们总会通过生产实践经验的积累和科学研究，形成和积累一定的与现实生产力相关的自然科学的基本理论和应用学科的知识。现代自然科学最重要的发端是17世纪的牛顿力学理论的创立，此后，18世纪末以来有关蒸汽发动技术和机械技术的理论与应用知识，成为第一次工业革命蓬勃发展的理论基础。20世纪出现的量子力学、核物理、光学、声学、空气动力学、分子生物学等新理论及高新技术应用知识，是20世纪末科技创新的理论基础。

科技进步，始发于基础理论的创新，然后是应用知识的进步，以上二者引致和促进生产的物质技术条件——生产手段和劳动对象——的创新。

科技的最重要的表现是使用于生产的物质技术，即劳动工具和劳动对象；科技知识的进步，创立的新理论、新发明，总是要转化和体现在用于生产的物质技术手段上。18世纪以来的自然科学的进步，结出了机器生产的物质技术之果；20世纪后期的原子核理论、信息理论、光学、生物分子理论等，结出了当前的信息技术和其他高科技之果。不断把科技新知识转化为新的物质生产技术，用来开发新产品，是市场主体组织研发活动的直接目的。而测定一国科学技术的水平和优势，不仅要看拥有的创造发明的专利的数量，更主要地要看在生产中使用的物质技术设备的质和量，更具体地说，要看拥有的物质设备的技术含量，而在知识经济时代，首要的是看物质设备的信息技术和其他高科技含量。

物质生产手段总是要由人来加以使用和进行合目的的营运，从而需要形成相应的劳动方法和劳动技能，后者表现为劳动形态和人力形态的技术，它是物质生产条件转化为产品的必要条件。例如，与手工工具相适应的是传统手工工艺和劳动技巧，与现代物质生产手段，特别是当代信息技术和其他高科技相适应的则是现代智力化的熟练劳动和高智力研发、管理劳动。

可见，按照科技一词的三层内涵进行分析，科学技术知识、生产的物质技术条件、劳动方法和技能三要素的有机结合的状况，决定了经济的科技生产力或科技水平。在三要素中，科学技术知识是物质技术的发端和源泉，即人们所说的“知识为本”。生产的物质手段、生产工艺、劳动方法和技能，均是科技知识的转化和实现形态。

既然科技是以“知识为本”，那么在科技创新中知识创新就具有决定性的作用，它是科技创新的起点和源泉。人们可以看到，无论是科技创新路径的选择，或是科技创新的势态，例如是渐进的或是跃进的，是小范围内的或是大面积的，以及科技创新的性质，例如是一般工业技术创新，还是高科技创新，从根本上均取决于科技知识的状况和水平。

科技以知识为本，意味着创新的最终主体是人。知识本质上是人的智力活动的成果，人的智能具有汲取原有知识和创新知识的神奇功能。尽管人工智能机也拥有不断增大的知识生产能力，但它永远不能取代人的高级智能功能和取代人的智力源（本）的地位与作用。

科技以知识为本，知识以人力为本，决定了科技创新首要的是掌握科学与技术知识和进行知识创新的智力劳动群体的培育及其积极性的调动。

（二）科技创新螺旋式的发展

科技进步和创新是不平衡的，有时慢，有时快，有停滞不前的时期，也有迅疾发展的高潮时期。大体地说，人类社会前资本主义的发展时期是以科技进步的缓慢，甚至长时期内停滞不前为特征。马克思指出，原始人花数个月工夫来磨一支箭，旧石器到新石器的过渡，就经历了上千年。古代和中世纪农业经济中，农民使用的犁，手工业者使用的锤和风箱，长期保持着原始的模样。近代资本主义，以18世纪的工业革命为开端，启动了真正的技术进步与创新时代的来临。18世纪末以来世界主要国家科技创新的特征是：第一，尽管创新时快时慢，范围有宽有窄，但是科技创新却是一个不可抑制的大趋势；第二，尽管存在对科技创新的多种制约——经济制度的、经济运行的、财力的、智力资源的，但科技创新从来不曾停步。而且，科技创新活动具有不断加强的性质，在一定时期会出现创新在广度和深度上的大扩展，即科技创新高潮，人们将其称为科技革命。18世纪末以来，出现了四次科技革命，第一次是1770～1820年的蒸汽革命，这一时期的科技进步是以蒸汽技术和机器生产普遍化为特征，机器大工业快速的发展，使纺织、冶金、机械等产业成为主导的产业。第二次科技革命开始于19世纪40年代，这一时期的科技进步是以远洋轮船、铁路和转炉炼钢等技术发明和使用为特征，这些科技创新促使大工业生产在北美、西欧的扩展。第三次科技革命开始于20世纪初，这一时期的科技进步是电力、化工、石油冶炼、汽车制造等领域的技术发明和革新，新的工业技术使现代工业经济发展到更高、更成熟的阶段。第四次科技革命酝酿于20世纪五六十年代，其主要内容是核能技术和晶体管、计算机技术的创造。20世纪80年代以来出现了科技创新的高潮，其主要标志是计算机技术和网络化的迅速发展普遍使用，以及遗传工程、新材料、航天技术、海洋技术等高科技的发展，这一场科技创新大浪潮，被称为“信息革命”。近200年来主要资本主义国家经历的科技创新的历史，表现出科技创新一浪高一浪的发展：（1）创新的知识领域不断扩大，不是个别学科的单科独进，而是一系列学科都发生了创新，特别是有重大意义的创新不断出现。（2）创新的进度加快，新发明、新发现几乎是一项接一项的不间断地推出。（3）当前的新科技革命保持着持续发展和不衰的势头，在众多高科技领域齐头并进，成为一次前所未有的科技创新大潮。这一大潮的兴起生动地表现了科技创新螺旋形的发展。①

（三）科技创新加速发展的原因——国家科技创新体系的完善

20世纪末出现的螺旋形的科技创新，或创新加大力度和速度的现象，值得人们认真地对待，冷静地加以研究，找出它的成因。

科技创新，首先是有关科技的知识的进步。我们在这里不是从微观角度考察某一项科学新学说、新技术知识的产生，因为，一个科技弱势的国家，也可能在个别领域做出科学与技术知识的重要创新。例如第二次世界大战后苏联在核能、航天等军工领域的科技知识进步是令世界瞩目的，日本战后20世纪70至80年代在家电及其他应用技术知识领域居于世界领先地位，但就总体的科技知识水平和总体的科技创新来说，它们却并不拥有优势。可见，重要的是应从宏观的角度考察总体的科技知识进步和国家科技创新，那么，我们应该把后者归之于国家科技创新体系的生产性和功能。

---

① 美国丹佛大学图书馆和信息管理研究院布勒（David W. Buller）教授说科技创新速度加快，有如螺旋形发展。

1. 进行研发活动的国家科技体系

科技创新体系包括进行研发的国家科技体系，以及适应于科技创新和科技成果转化为生产的经济体制和结构。国家科技体系，是指一个国家的全部科技研发机构，及其拥有的研发资源，包括被使用的人力资源和物力资源。科技研发的人力资源是多学科的，以高级科技人员为骨干的研究、开发工作者大团队，这一智力生产大军进行多门类的专业的研发劳动，生产出科技知识产品——众多发现和发明。我们可以将科技研究、开发工作者体系称之为社会科技大脑。一个国家的经济越是发达，经济实力越强，被配置于研发领域的科技工作者的队伍就越是壮大，它意味着国家科技大脑的充分发育。

具有进行重大科技创新能力的高层科技专家，或科技精英，是科技人力体系的骨干。他们的代表是被评选出的和社会公认的专家，在西方国家他们是诺贝尔奖获得者，这一创新人力的顶尖层是在科技队伍壮大的基础上，水到渠成和水涨船高地形成，一旦出现了这种发达的科技人员体系和优化的结构，意味着具有高生产性的社会科技大脑的形成。后者是进行广泛而深入的科技研究和取得众多创新成果的前提条件。

在当代，国家科技体系是以现代的实验室及其复杂的研究手段为其物质基础。我们在这里考察的是现代科技创新，而不是中世纪的家庭实验室内的个人科研活动，这种现代科技精神产品生产，尽管仍然要依靠发明家的创新思维，但它越来越依靠现代化的实验。当前的高精尖领域的科技研发活动，越来越需要有强大的、先进的物质设施，如拥有巨大功率的粒子加速器、风洞实验设备、激光实验设备，等等。这些高度复杂的、耗资巨大的先进的实验设施是构成社会科技生产体系的物质条件。

可见，进行科技精神产品生产的国家科技体系就是由科技工作者群体形成的社会科技大脑和社会研发实验手段的组合，可以使用如下公式：社会科技大脑+社会实验手段→科技发明和创新。这一简单公式表明，一个国家要促进科技创新，必须要大力构建国家科技体系及与其运转相适应的经济体系，而一个国家如果能构建、培育和形成发达的社会科技大脑和建立起强大的社会实验手段，就有了进行科技发明和创新的人才、物质条件。

上述简单公式也表明，国家科技体系是研发人才与研发手段的组合，而人才是第一性的，它是研发活动的主体，是科技精神产品的直接生产者，特别是拥有重大科技创新能力的精英人才，尤为重要。

上述简单公式将有助于我们去观察和认识20世纪世界科技发展的势态：（1）经济发达国家科技进步走向加速，在世纪末期出现科技创新高潮；（2）发达国家中科技创新发展不平衡，经济最发达的大国——美国，成为科技创新成果最多的国家；（3）科技进步与创新中不仅南北差距拉大了，而且新兴国家与发达国家之间，在科技进步上的差距也在扩大。基于以上简单公式，人们也可以看到，当前经济发达国家科技创新的强劲势头，首先在于科技体系的壮大，而当代科技创新能力的国家之间的差距，本质上是国家科技体系的差距，特别是人才的差距，是社会科技大脑的差距，特别是国家所拥有的科技精英的差距。

2. 实现科技创新的经济体制

科技创新体系的概念内涵，有两个层面，除上述科技知识的生产创新的人身、物质体系而外，还包括激励科技知识创新，以及实现科技知识向现实生产力转化的经济制度。

这里，我们提出的适应于科技进步和创新的经济制度概念是广义的，包括所有制、经济体制、知识产权制度，以及与促使科技创新和转化有关的各种规章及具体运作规则。

如果更概括地说：适应于科技进步的经济制度，就是市场经济制度。其主要环节：

第一，现代企业制度与竞争制度。以盈利最大化为目标的现代企业制度和市场竞争制度，决定了企业要把创新（innovation）作为经营之道，因为企业作为追求盈利最大化的主体，要在激烈的竞争中谋取最大利润，只能是诉诸以技术创新为中心的全方位的创新。可见，科技进步的关键和根本，在于形成和培育出盈利性、竞争性、创新性的企业经营机制；后者又在于以盈利最大化为目标的企业制度和优胜劣汰的竞争制度的构建，特别是创造出有利于各类企业自由创业和相互充分竞争的完善的市场经济体制，将能大大加强科技创新的势头。

第二，科技精神产品商品生产制度。科技发展史和我国经济建设的实践业已表明，对创造发明和精神产品的传统的无偿使用和行政调拨制是扼杀科技进步的。而实行精神产品和科技成果商品化和生产组织的企业化，使多种多样的精神产品和知识形态的科技发明，以商品形式进入市场，科技创新劳动，由此有了交换价值属性并且在交易中转化为创造者收入，这样既激励了科技精神产品的创造，又激励了科技向现实生产力的转化。

科技精神产品的商品化，是一项具有重大历史意义的体制创新，它把在千百年来的自然经济时代作为自愿提供的、无偿的智力活动与经济利益相挂钩。文学家、艺术家、科技工作者由此能够以其智力成果换取收入，尽管这种行为与价值取向和传统伦理观念不相吻合，但是它却在精神的生产领域引入了经济学的个人物质利益原则，从而真正使从事科技研发的创造性的智力劳动有了利益的驱动，以此为基础，通过加强社会的思想激励机制，就能保持智力劳动者持续的创造积极性。人们可以清楚地看见，正是各种智力成果的自由交换制度，孕育和鼓舞了信息经济时代科技智力群体的前所未有的创新精神。

第三，专利权制度。专利权制度把科技发现与发明，作为创造者的一定时期排他的占有权，[①]由此使表现为知识形态，易于传播和无偿被占有的科技精神产品生产，得以引进和构建起主体产权制度，并使科技创新者的利益受到保护。专利权和知识产权制度的建立，是适应知识生产商品化和市场化的需要的重要的市场体制创新，它成为各类智力创新劳动积极性得以调动的源泉。人们可以看见，当代知识产权制度的进一步加强，成为促进20世纪末20～30年间科技创新大潮兴起的重要杠杆。

第四，科技创新和经营创新劳动股权制度。赋予重要经营者和科技精英以持股权，使其人力——智力——投入[②]，转化为企业资本投入，这是现代市场经济产权制度创新的重要方面。当代发达国家，适应高科技企业创新和发展的需要，实行经营者、主要科技人员持有原始股权，或购股期权，这一公司股权制的革新，使智力投入转化为企业股权，体现了“知识成为资本”，它对当代高风险的科技劳动生产以及经营劳动以强利益激励和物质保障。知识资本是知识产权制度的进一步发展，体现了现代市场经济制度的创新，它是硅谷原子裂变式的科技创新出现的重要制度条件。

第五，科技市场制度。科技产品的市场化和科技市场制度的发展，是当代市场经济的制度创新的另一重要方面，这一市场交易制度

---

① 美国1790年制定出第一部专利法，迄今美国共授予专利达500万项。

② 现代市场经济中人力投入转化为股权，有两种形式：第一，智力投入转化为股权，即科技人员和经营者股权；第二，一般劳动投入转化为股权，即劳动股权。

在有偿基础上促使科技知识产品和其他创新成果的流动化。由此，一方面推动了企业通过购买专利，引进、消化，进行技术革新；另一方面，科技市场促使科研机构与企业加强和扩大商品性的科技研发活动和各种知识的创新。当代大企业不仅仅生产物质产品，而且越来越致力于专利的创造和转让，世界500强这样的现代的大企业，无一不把科技研发作为核心的部门，并保持庞大的研发（R&D）费用，[①]企业往往把生产和出售研发的专利权、品牌、商誉等知识产权和进行科技咨询，作为增大销售额和提高经济效益的手段。技术市场激活了科技产品的生产，又促进了科技成果被使用于生产，推动了科技进步和向现实生产力的转化。

第六，风险投资和资本市场体制。现代市场经济是金融驱动和支撑的经济。金融体制的创新在现代科技创新中的作用越来越大。产品周期短，更新加快，从而投资与经营风险大的高科技产业的发展，有赖于投融资制度的创新。适应信息革命而得到发展的风险投资制度和创业板资本市场制度，支撑着高科技产业的发展。并有力地推进了当前的科技创新，已经为发达国家的经济实践所证明。

综上所述，科技创新与经济制度的创新不可分，具体地说与市场经济制度的发展和完善不可分，商品化、市场化、开放竞争、加强金融支撑，成为当代高科技创新浪潮兴起的制度基础。尽管资本主义市场制度所固有少数人的财产垄断和大公司的经济垄断，不利于科技进步，人们可以看见，在20世纪上半叶大公司垄断加快发展时期，许多创造发明被束之高阁，技术进步受到抑阻。但是20世纪的资本主义在激烈的内在矛盾中，仍然进行着一系列表层性制度结构的调整和创

① 发达国家制造业大公司的研发费用往往占销售收入的7%～10%。

新，构建了被称为科技创新体系的制度结构。生产力发展需要生产关系的适合，科技创新需要经济体制的适应和优化，当代在20世纪末的发达国家适应于信息技术和其他高技术发展的需要，形成了发达的国家科技创新体系，实践表明，正是发达的和完善的国家科技创新体系的形成，才使科技创新风起云涌。

我们需要进行冷静的经济学历史反思，我们可以看见，作为文明古国的中国，很早就取得不少科学技术的重大发明，如指南针、活版印刷术和火药等，但是中国的古代发明家的杰出的创造发明，未能取得充分转化为现实生产力的效果。始于宋代的活版印刷术只是使用于小手工业式的刻字作坊，而未能形成一个兴旺的印刷产业，中国4000年前就达到很高水平的金属冶炼技术，未能得到推广和发展；中国在古代和中古漫长的农业经济时代，城市传统手工生产方式长期保持不变，技术进步缓慢，在我看来，其原因不是由于东方人缺乏科学的抽象思维能力，[①]关键在于缺乏技术进步的制度基础：市场经济制度。[②]

五、简论新经济[③]

新经济属知识经济范畴，是当代发达国家在高科技革命条件下发生的一次经济调整；信息技术是新经济的物质基础，而新经济是科技进步的经济重组功能的表现和结果；新经济条件下产生了“小而

---

① 杨振宁博士2000年在香港作的一场学术报告中，提出中国中古学术思想发展的一个特点是抽象思维发展的不足，后者不仅表现在文史哲学科中，而且突出表现在数理学科中。爱因斯坦在对李约瑟的《中国科技史》一书的评述中，也提出上述观点：他认为尽管中国的重大科技发明，早于西欧500年，但中国人未能作出欧几里得几何学和牛顿力学这样的科学成果。

② 见《改革》杂志2001年第1期。

③ 本节发表于《光明日报》2000年8月22日。

优”“快而优”的企业和“以小博大”的市场竞争新格局；不断创新的技术创造出持续而有力的投资需求拉动，是美国经济扩张的主要原因；新经济并不能消除供求失衡，认为美国经济已走向了“永远繁荣”的结论未免下得过早。

“新经济”在当前是含义最不清晰的词汇之一，人们仁者见仁、智者见智，任意地加以定义。例如根据媒体刊载的文章，一些企业家说“企业开展科技创新就是搞新经济”“到国外办工厂就是搞新经济”，等等。而理论界一些同志往往对新经济给以包括：信息经济、网络经济、虚拟经济、泡沫经济、风险经济等十多条含义。这样的“大筐含义”，使人们如堕云里雾中，对新经济更加摸不着头脑。很显然，对新经济的内涵未搞清楚之前，又怎样说得上加以评判和提出对应之策？因而，对什么是新经济首先应该加以研讨。

我认为，新经济的含义可以如下表述：新经济是以信息技术为主导，以多门类高科技产业为支柱，在经济结构、组织、体制和运行上带有新特点的经济。新经济属于知识经济的范畴，是当代发达国家在高科技革命条件下发生的一次经济调整。

（一）信息技术是新经济的物质基础

新经济不是社会基本制度的变化，但的确发生了经济结构、组织、体制和运行方式的变化，而这些变化都是以物质生产力的变化为基础的。现代物质生产力的首要因素是科技。20世纪末在发达国家出现了一场新的科技革命，最重要的是计算机和网络技术的发明，硅谷成为这一现代核心技术的策源地，它导致20世纪90年代美国信息和网络技术迅速发展和转化为生产力。信息和网络技术，是21世纪的技术，其技术效应与经济影响，远远超过了远古的“火”和19世纪

“电”的发明。除此之外，生物工程、纳米技术、新能源、新材料、航天、海洋技术等也不断向深度创新，可以说，20世纪末发达国家出现了一场全方位的高科技革命。科技是第一生产力，高科技更是最强大、最先进的物质生产力，必然会对经济、社会以及人的思想、行为带来即期变革和深远影响。只要不是闭目塞听，人们已经可以看见这一场前所未有的高科技革命已经对传统工业生产模式，及其经济组织、结构、体制、运行，以及生活方式起着重组作用。新经济则是科技进步的经济重组功能的表现和结果。

（二）高科技和服务业迅猛发展是新经济的重要特征

新经济在于产业结构发生了新的变化：以汽车、化工、石油、机械等为代表的传统产业增长放慢，而使用信息、网络技术和其他高科技的新产业则迅速崛起，成为国民经济的支柱和新的增长极。人们可以看见，美国微软、康柏、英特尔、戴尔、IBM、思科等高科技企业的快速增长，其中一些企业在10多年时间内销售收入增长数百倍，并使一批著名的百年老厂在排名上退居次要地位。信息产业迅速发展和成为国民经济的第一产业，其他高科技产业也不断发展，生物工程的开发正在紧锣密鼓地进行着。在发达国家正在出现以信息产业为龙头，以其他高科技产业为骨干的一场产业结构的重组和升级。

信息化和网络化，推动了电子商务、电子金融的迅速发展，信息化和高科技化更产生了一系列新兴服务业和改组传统服务业，服务业成为就业中占有高比重的产业。高科技和服务业的地位越发显著，成为新经济的一项特征。

（三）企业组织日益精干化、小型化、多样化

信息与网络技术的使用，引起了企业组织的变化，在一些领域出现了小型化趋势。网络化促使“大而全”的企业把许多业务进行分解和向外承包，企业组织变小。电子商务使企业销售组织精干化，厂内网络化使管理组织扁平化，特别是产生了不在于机器设备多少，而以知识资产为主体的新兴企业。网络化还引起在网上组织生产和交换的虚拟公司，以及没有主要厂房、厂址、经营场所的半虚拟公司，如亚马逊公司的出现。借助于网络化的扩大市场开拓功能，有特色的小企业也重新获得生命力。

高科技型小公司的迅速扩张是新经济的特征。一批利润预期好的高科技企业，借助于虚拟资本市值扩大机制迅速增长，并借助企业兼并，把传统大企业纳入自己旗帜之下，实现“以快吃慢”，迅速成长，成为重量级的大企业。上述情况人们称之为南美比拉鱼现象，即“以小胜大”的新竞争法则。

总的来说，新的技术革命改变了企业组织片面大型化的发展，出现了企业组织的精干化、小型化、多样化的趋势，产生了更多的“小而优”“快而优”的企业和“以小博大”的市场竞争新格局。

（四）经济体制和经济运行有了新变化

适应于科技创新和高科技转化为生产力的要求，经济体制也出现了可以称之为进一步市场化的新变化：（1）科技园区民营、小型企业空前活跃；（2）为科技创新提供金融支撑的风险投资制度的发展；（3）便于科技型企业筹资和转移风险的二板市场的出现和发展；（4）经营者和科技人员持股制，特别是购股期权制的普遍采用；（5）知识产权的保护加强和知识产权进一步流动化，更容易转让给企

业；（6）技术人员和职工就业进一步多流动，跳槽成为常规和在工资上的随行就市；（7）政府管制的松动，例如适应信息化和网络化的发展需要，通常由政府兴办的电信业的放开和引入竞争机制等。这些变化表现出个人、企业活动和政府管理的更加松动灵活，具体地说：主体的自主性更强，市场更加放开，科技创新的激励更强，科技成果、知识产权交换的自由度更大，信用金融更宽松，政府对微观经济活动更少干预。上述情况可以说是适应于当代高科技创新市场体制的进一步调整。

“新经济”在现阶段的重要特色还在于它在运行上的新特色。人们谈论新经济，往往指出网络经济中的生产成本递增、个人效用递减等经济学法则的失灵，但更重要的新现象是出现了经济运行的持续的高增长、低通胀。美国自1991年3月以来迄至2000年8月，已经保持了114个月的4%左右的持续增长，年增长率为2%左右，这是第二次世界大战后首次出现的长扩张阶段，而通胀却保持在1%～2%的低水平。2000年4月，美国失业率为3.9%，是30年来最低的。格林斯潘在2000年3月6日说：美国商业周期与战后其他周期有着深刻的不同，不仅是它的长度破了纪录，而且强劲程度也是前所未有的。更重要的是通货膨胀被抑制，这背后的关键是生产率的提高。

技术创新是经济运行势态发生变化的主要因素。信息技术和高科技的发展，引起一轮强劲的固定资产更新，美国在信息技术上的投资，占其总投资的34%，不断创新的技术创造出持续而有力的投资品需求拉动，它是美国这一轮经济扩张出现的主要原因；另外，经济增长中群众收入水平有所提高，技术创新的消费扩大效应，又形成了消费品需求拉动。可见，技术创新的有效需求扩大效应是美国经济出现长扩张阶段的主要原因。增长加快并未伴随通胀的根本原因是信息技术使劳动生产率得到提高，再加之劳动供给相对丰裕，因而减少了增长带来的工资上涨和通胀的压力。可见，高科技的扩大需求和降低成本二重功能，成为美国高增长与低通胀运行势态出现的根本原因。

20世纪90年代以来美联储不是一旦增长加快就立即提高利率，而是在出现通胀后才提高利率，从而保持金融环境的宽松，以增大企业的活力。可见，长扩张阶段的出现，也与美联储采取有效稳健的宏观调控有关。

（五）高增长、低通胀的运行势态是阶段性的

新经济绝不是如西方一些报刊上所说的“永远繁荣”时代的到来。人们可以看到新经济的下列特点：

第一，盲目性的增强。自由化的政策和松动的宏观环境固然增强了创业的积极性和企业活力，但也带来了近两年来网络公司一哄而起和过度扩张，使美国经济出现过热。它表明市场深化包孕着市场失灵，而后者已成为新经济的一项内在矛盾。

第二，泡沫性的增强。高科技企业的快速增长是依靠风险资本投入，特别是依靠股市融资。增长型企业拥有的高盈利预期，决定了企业的高市值——微软每股市值高出原值数百倍。新经济中这种虚拟资本的超常市值放大功能，使经济发展中带来更多的泡沫因素和泡沫破裂的风险。1999年纽约证券市场上科技股一路走红和2000年春科技股市值猛跌，生动地体现了新经济增长的不稳定和泡沫风险。

第三，分配不公的增强。快速增长的高科技产业培育出一批个人财富可观的技术、知识新富豪，而一般职工收入却未能获得应有的增长，收入差距进一步拉大，成为新经济的又一矛盾。

我认为，新经济的高增长、低失业、低通胀的运行方式，只能是

一个阶段性的现象。因为，第一，起着拉动经济稳定增长作用的科技革命，其发展仍将是不平衡的。西方报刊上关于科技进步和创新将在今后持续拉动经济稳定增长的论断是缺乏根据的。第二，新经济并不可能消除市场经济运行中难以避免的供求失衡，特别是在更加自由化的环境中盲目扩张的网络经济，2000年春已出现危机。美国经济也面临着过热和通胀，美联储多次调高利率，以抑制经济的过度扩张。第三，新经济在资本主义基本制度框架不变的条件下，实现了科技大创新和生产能力的大增长，但群众收入和消费却因制度障碍而难以相适应地增长，因而，有效需求不足仍将是新经济的主要问题。而新经济也仍然要从属于由经济扩张、通胀，到经济收缩、萧条的周期性运行的规律。可见，理论的分析表明：高增长、低通胀的运行势态是难以持续的。它只不过是这一轮科技革命的特点，以及国内、国际经济具体条件下出现的，是一个阶段性的运行势态。尽管新经济远未结束，方兴未艾的高科技正在起着推进结构升级、体制调整的积极功能，并进一步推进知识经济的发展，但是经济运行的周期性规律没有变，说新经济消除了周期性和危机，由此使美国经济走入“永久繁荣”的结论未免下得过早。

第四章

知识生产

——发达市场经济中新的生产形式

一、现代科学知识生产与当代科学快速进步

（一）知识生产——发达市场经济中的新生产形式

物质技术进步的源头是科学。如果单有促进技术进步的经济体制和机制，而缺乏不断创新的科学知识，也不可能有现实经济中不断的技术创新。技术快速进步依托于科学知识的快速进步。20世纪的重要特征是科学发展步伐加快，特别是20世纪末呈现出多样应用科学知识的快速进步和不断创新，人们称之为“知识爆炸”。科学超常规的发

展之所以出现，不是由于有个别科技精英的“超常的”智力，[①]而是在于当代知识生产的力量和效率。[②]

一般含义的知识生产，即人从事的创造知识产品——包括科学产品和文化产品——的活动，它存在于人类产生和人类智能成熟以来的任何时代。但是作为本卷研究对象的知识生产，是发达市场经济体制下的，即当代知识生产，后者具有以下特点：（1）是立足于物质生产基础之上的精神生产，知识生产的性质、特征、规模、方向都要适应物质生产的要求；（2）一部分知识生产立足于市场体制之上，成为商品性知识生产；（3）众多的知识生产部门出现，形成了新兴的知识产业；（4）发达的商品性知识生产与产品性生产并存和共同发展。

---

① 将科技知识创新归结为科技精英的个人的创造才能，是当前报刊上十分流行的说法，例如，我国一篇报纸专栏文章中说“比尔·盖茨既没有良田万顷，也无巨大厂房，仅仅凭借他超常的智力和创新才能，其个人资产高达3000多亿美元”。见鲁钟鸣：2001年《经济日报》，《知识创新成为当代经济增长的决定因素》。在当代，科技知识创新是在知识生产体制和机制下实现的，只有着眼于分析知识生产的制度及其经济机制，人们才能科学揭示和正确估量当代科技尖子在科学进步与经济、技术进步中所起的作用。

② “知识生产”一词来自马克思确立和经常使用的精神生产范畴。马克思提出了物质（产品）生产、服务（产品）生产、精神（作品）生产以及人的生产，即四类生产组成“整个世界的生产”的经济学命题。在马克思看来，精神生产是指哲学、法学、道德等思想、观念的“意识的生产”，马克思指出“意识的存在方式……就是知识”，此外，科学也是知识的重要内涵，因此，各种社会意识的形成以及科学知识的创造均属于知识生产。马克思不只是基于历史唯物主义的经济基础与意识上层建筑的原理，全面深入地分析和论述了意识生产适应于社会经济基础的性质，马克思还立足19世纪的西欧的具体实际，针对资本主义市场力量开始渗透于精神、文化领域后出现的新情况，对资本主义市场制度给科学、艺术发展正在带来和将进一步带来的种种影响，进行了全面和深入的分析，提出了许多富有远见的、对当代社会仍拥有现实意义的评述。见《马克思恩格斯全集》第3卷，人民出版社，1960年；第4卷，人民出版社，1958年，第29、42、52、56、62页；第42卷，人民出版社，1979年，第49、105、121、170页。

知识生产包括科学知识生产和文化、精神生产[①]。在本节中我们要分析论述的是市场性科学知识生产，主要就是自然科学知识生产。

自从确立了科学成果专利权制度以来，发明家对其成果拥有法律保障的财产权，知识创新和发明由此成为有偿转让的商品，发明家也就处在为市场交换和创造知识产品的生产关系之中，上述关系之中的发明创新活动也就成为商品性的科学知识生产。英国第一次工业革命后就确立了知识产权制度，这是从法律制度上对市场经济条件下的知识生产的确认，因此，应该说，市场性的科学知识生产在工业经济时代就已出现并与商品性的物质生产并存。在此后的机器大工业的发展中，适应于内生经济中的技术进步的要求，科技知识产品的研发和成果的市场交换的规模不断扩展。

我们应把研究视野注目于20世纪末叶，这一时期出现了发达的知识生产，首先是发达的商品性科技知识生产，它表现在：第一，企业自身进行的知识生产。大公司、特别是高科技企业都建立有实验设施完善的研发机构，进行科技研发成为企业生产活动的重要内容，开发的科技成果（专利权）的转让，以及提供科技服务——包括为客户企业进行信息技术和管理模式的设计——在企业销售额的增长中占有的比例越来越高。高科技企业生产方式的新特征是，在生产过程上表现为：以前期知识生产（科技研发）成果作为即期物质生产的内容；在最终产品上表现为物质产品（高科技含量产品）生产与知识产品生产（进行科技研发，为客户设计信息产品以及提供使用新技术的知识服务）并举，也就是说，知识生产被纳入和成为企业现实经济生产的组

① 知识生产除了自然科学产品而外，还包括社会科学产品和文化艺术产品，由上述三个部分组成的知识产品（商品性产品+非商品性产品），是现代社会财富三维结构——物质产品、服务产品、知识产品——的重要内容。

成部分。

第二，由专业性的科技研发公司来进行的知识生产。大量兴起的各种研发、设计、咨询公司，它们对企业，特别是中小企业提供新产品设计、新技术研发以及新技术使用等服务。[①]

第三，以合同形式委托大学及各种科研单位来进行的知识生产。

第四，由个人（包括大学生及其他科技爱好者）来进行的知识生产。

上述几个方面共同组成了当代发达的科学知识生产体系，它是立足于市场经济体制的基础之上并包含有产品性生产的大知识生产机器。

（二）市场性科学知识生产的特征和功能

市场性科学知识生产具有下述特征：（1）科学知识产品是作为有价值的商品来生产；（2）生产成果是进入市场交换的对象；（3）知识产品价值在市场竞争中形成；（4）科学工作者是一个独立的市场主体——企业或者个体生产者；（5）生产目的，就企业来说是盈利极大化；（6）收益初分配是从属于市场经济的规律。以上所述，归结到一点，在这一科技知识生产领域中的资源配置主要从属于市场力量。

1. 市场性科技知识生产的经济激励

在市场体制下，知识生产成为追求和享有盈利的经济活动，进行知识生产的企业是自负盈亏的独立的市场主体，知识创新产品的垄断性质及其价格形成机制，能给企业带来垄断利润；智力创新劳动分享

① 高科技时代较为通常的现象是大学周边小科学研发公司集群的兴起。最典型的是斯坦福大学旁的硅谷。剑桥大学周边也有1200家高技术企业，雇用人员3.5万人。

垄断利润的分配机制，以及实现知识资本化的股票期权制的作用下，形成了对知识直接生产劳动的强经济利益激励，后者大大增强了科学知识生产和创新的积极性。

长期流行的观念和传统的政治经济学曾经将精神生产劳动视为一种完全摆脱了物质利益动机的"纯洁"的劳动。基于这种理论，人们曾经认为知识生产活动中无须有经济利益驱动的制度安排，在传统社会主义计划体制下，知识生产也是作为产品来生产和无偿调拨的。[①]但是当代历史和现实表明，提倡精神生产活动纯粹从属于纯洁的精神动机，毕竟是一种不切合实际的、理想化的观念，这一理念适用于先进的精神劳动者，但却不能用来有效组织思想觉悟程度远非一律的广大群众的知识生产活动。在现代大生产中，科学活动也是一种生产劳动。按照政治经济学关于生产主体从利益上关心生产的物质利益规律，知识生产这一特殊经济生产领域，也客观存在着经济利益的驱动。特别是我们在本卷中已着重阐明的：知识、精神生产劳动是一种复杂的劳动，需要有较长的学习、受教育时间；科技知识创新劳动往往具有劳动时间长、节奏快、强度大等特征；竞争性的市场制度及其优胜劣汰机制，往往使科技研发创新成为超负荷的"过度劳动"，从而使劳动力的再生产需要有额外的补偿费用；高科技研发具有周期长、成功率低和风险大以及职业转换难等特点，为吸引人们从事这种

---

① 按照传统的政治经济学理论，人们否认为盈利而进行的科学活动组织的意义。著名学者贝尔纳说："为利润而生产无可避免地使科学的应用走上邪路，而且使科研误入歧途。"（J.D.贝尔纳：《科学的社会功能》，商务印书馆，1982年，第174页）基于当代市场经济的实践，人们应该用新的视野来考察知识生产的企业化，特别是社会主义条件下知识生产的企业化，应该说：企业化的组织形式不仅能实现物质生产领域中的机器大生产的发展，也推动了知识大生产的发展。当然，市场机制引入知识生产也会带来许多负效应，因而，应当有效发挥政府对生产和交换的规制与管理，做到兴利除弊。

劳动需要有必要的风险补偿费用。可见，智力型的科技知识创新绝非是“轻松”“愉快”的活动，任何一项成功的科学创新都包括有智力劳动者的备历艰辛和大量的劳动付出。上述情况表明，进行卓有成效的科技知识生产，需要对做出重大成果的知识创新劳动实行强激励，实践也表明，市场性科学知识生产机制中的强经济激励是调动知识创新积极性，促进群众性的科学知识创新活动兴起的物质动力。

2. 市场性科学知识生产的高资本投入

历史上的知识生产属于个体小生产活动，发达市场经济中的知识生产除了个体生产者的活动而外，主要是由大工业企业、专业的科技开发公司以及研究机构等现代知识大生产组织来从事。大企业拥有进行大规模和高难度的知识生产的条件，它能将获得的高收益作为积累和资本投入，用于扩充实验室固定设备与增添研发人员，一般地说，企业取得的知识成果与用于知识生产的资本投入成正比，[①]贝尔纳指出：“科学在任何领域中的进步都是在那个领域所花费的金钱的数量的某种函数。”[②]发达国家科技研发费用在GDP中的更高比重，是以企业的研发投入为基础。此外，激烈的竞争和优胜劣汰的压力推动企业适应生产和市场需求，精选研究课题，改进研发条件，保证研发成果的获得使用和销售。企业面向市场组织研发，它意味着知识生产与物质生产相对接；另一方面，企业组织的高效率的知识研发，能加快研究进度，获得更多成果，它意味着知识生产的劳动生产率的提高。

可见，知识生产商品化、市场化和企业化是经济市场化历史过程中出现的知识生产的一种新的方式和新的自然选择。市场机制以其对

① 高科技企业的研发费用往往占销售总额10%。微软公司拥有庞大的研发机构，2003年由于网络不景气，大公司纷纷压缩研发开发，微软仍然增大研发部的预算，达到50亿美元以上。

② 见J. D. 贝尔纳：《科学的社会功能》，商务印书馆，1982年，第201页。

知识生产劳动的有效激励和以其利润→积累→扩大资本投入的机制，促进了知识扩大再生产，从而使企业成为知识创新的重要策源地。[①]

（三）科学知识生产商品化与专业化

科技知识生产的商品化意味着市场配置资源的功能引入知识活动领域，促进了使科学知识生产全面从属于物质生产需要的专业化的知识大生产体系的形成。

企业从事的科技知识生产，是结合企业物质生产的性质和要求来进行的。企业使用自身研发的科技成果，只需支付研发成本，大大节约了用于向市场购买新技术专利的费用，因此，高科技公司都要组建自身的研发部门，致力于新产品和新技术的研发，保证公司在现行产品生产周期结束后拥有充足的进行替代和升级的新产品储备。

当代高科技公司不只是为开发新物质产品而进行科技知识的研发，它还为其承接的科研项目和科技咨询服务业务进行研发。（1）由于高技术十分复杂，购买方购得高技术产品后，需要对其职工进行技术知识和操作的培训服务；（2）新技术使用中遇到的问题也需要供货方协助解决；（3）产品售出后还要为使用者提供技术设备的维修服务；（4）企业不是单纯购买某种新技术产品，它需要获得适合于自身具体的生产与经营需要的新技术体系。如购买IBM某一型号计算机的众多公司，需要IBM量体裁衣式地设计和提供适合于自身的具体生产与经营方式的网络技术体系及运作模式（包括软件）。以上所述表明：高科技公司除了出售高技术产品而外，还要为客户进行被称为“服务与

---

① 发达国家每年创造的专利绝大多数是由企业完成和申报的，大公司每日取得专利以数十项计，我国海尔也平均每日取得1项专利。

咨询”的研发，即知识生产，高科技企业生产方式的特征是实行知识生产与物质生产相结合。而在当代激烈的竞争中，特别是在2001年以来的美国信息网络萧条形势下，大力开展科技咨询与服务，通过扩大知识生产来扩大企业市场销售额，已成为高科技企业的一种普遍的趋势。[①]上述企业进行的科技知识生产，是以知识产品商品化和市场化为其经济前提。

科技研发不可能全部由企业自身来从事，特别是高科技是当代新兴科学的物化，高技术创新起源于科学知识——应用技术知识和基础理论——的进步，这种科学进步应该由专业性的科学机构和企业，按照科学创新的规律，组织科技智力劳动者来有计划地进行。科学知识产品作为商品并进行市场交换，成为当代专业的科学研发组织（企业、事业单位）大量兴起的经济前提。专业研发组织的知识产品可以通过市场交换——包括成果、专利转让，研究开发招标，委托研发等形式——为生产厂商占有和用之于生产。而且，科技产品的市场价格形成机制的导向功能，使专业研发机制的知识生产与物质生产（以及服务生产）的需要相耦合，实现了资源的有效配置。同时，各种科研机构的研发也借助市场作用得到经济支撑。当代发达国家科技研发公司的大量出现，各种类型的科学研究机构——包括大学的、基金会资助的——的兴起，分工细致的、各有专长的科技研发体系的形成，正是立足于科学知识生产商品化和市场化机制之上。[②]

---

① IBM公司近年来将开展科技咨询、提供研发成果、转让专利特许权作为扩大销售额的重要手段，2001年的专利等特许权收入近20亿美元。

② 在应用技术科学领域的研发中，专业性科技研发公司起着重要作用。在当前发达国家，生物科技公司正在大量兴起，克隆技术、基因药物、食品、生物农业技术的研发成果众多，在美国人类遗传基因编码技术的完成中，科技公司发挥了主要作用。

在知识的商品化和市场化体制下，任何一种有商业价值的研究成果都能转化为商品，由此产生了科技爱好者个人从事的“散户式”的知识生产。人们看到在当代信息革命中，工厂职工、大学生、业余技术开发爱好者，他们的一些有用研发成果和专利，被有偿转让和得到使用。这意味着发达的市场经济大大拓宽了知识生产的场所，使那些拥有聪明才智之士能从事“散户式”的研发，并且使这一分散的、自由的科技研发，成为社会科技知识生产体系的一个有机组成部分。[①]

以上所述表明，科技知识商品化、市场化，一方面实现了科学研发成果与物质生产的需要相耦合，另一方面，它有力地促进了科学知识生产的专业化分工，产生了当代多种性质、多门类的科学研发组织，形成了历史上前所未有的、分工和协作高度发达的当代科学知识大生产。

现代市场经济创造了高效率的知识大生产机器，知识生产机器的高效率既来自现代知识生产方式的先进性，也来自市场推动的知识生产领域的专业化分工和劳动协作。如同物质生产领域中分工产生新的生产力——“集体力”一样，知识生产体系内的发达的分工和协作，发展了知识生产社会化，形成科技研发“社会结合劳动”，它大大提高知识生产力水平。亚当·斯密对商品交换会推动知识活动的分工做出了展望，他说：“随着社会的进步，哲学或推想也像其他各种职业那样，成为某一特定阶级人民主要业务和专门工作。此外，这种业务和工作，也像其他职业那样，分成了许多部门，每个部门，又各成为一种哲学家的专业。……各人擅长各人的特殊工作，不但增加全体的

① 信息技术领域有不少“痴迷者”在自发地从事多种多样的网络技术的研发，并且将成果用于交换。Unix的软件操作系统就是由众多“网友”自发地合作开发的。当前，由网上“玩家”从事研发和取得的游戏机软件技术成果也越来越多。

成就，而且大大增进科学的内容。”[1]实践表明，当代分工高度发达的现代知识大生产，以其体现的“集体力”，成为当代科学知识快速进步的重要原因。当然，市场经济的现行运行机制和知识产权制度，也产生知识垄断和知识封锁。资本主义制度框架更加强了知识生产社会化与私人占有的矛盾，阻碍知识的流通和有效使用。在当前发达国家，新型的知识垄断的种种负效应已经表现得十分明显和成为公众所关心的话题。在社会主义市场经济条件下，依靠体制创新，恰当处理知识生产社会化与私人占有的矛盾，人们将能做到充分利用商品市场机制，促进知识生产分工与协作的发展，进一步提高知识大生产的效率。

（四）作为公共产品的科学知识生产——知识生产的重要形式

知识是精神产品，而且是社会化智力劳动的产品，[2]因而，知识具有社会公共产品的本性。在实行知识生产商品化的体制中，许多重要知识生产领域仍然实行产品性生产与分配，如多数信息产品就是如此。一部分知识产品具有商品形式，但其生产不从属于市场机制，而是依靠政府的力量采取公共物品的形式，由财政资金来组织生产，实行产品无偿使用或政府定价。在当代，公共物品生产体制，在促进现代科学知识生产发展中的作用越加增大。

自然科学知识成果有如下类别：（1）基础理论知识；（2）应用技术科学一般理论知识；（3）专门应用技术知识，如计算机生产技术知识，生物遗传基因编码技术知识等；（4）具体产品生产和工艺知

① 见亚当·斯密：《国民财富的性质和原因的研究》上册，商务印书馆，1972年，第11页。

② 对知识生产劳动的社会性，在本章第二节“论现代知识生产”中有专门的阐述，在此不再重复。

识，如计算机芯片的设计、光刻工艺等。上述（1）（2）（3）（4）体现出包括自然科学一般理论、应用科学一般理论、某一应用技术原理以及具体技术知识组成的知识体系；这是一个由抽象到具体，由一般原理到具体应用，由少数基础学科到众多专门化学科，再到无限大特殊、个别学科领域的知识金字塔结构。

上述（1）（2），即一般科学基础知识，它从来是对外开放，公之于众，可以归公共占有的“社会公共产品”，马克思称之为“社会一般生产力”，也就是区别于商品的政治经济学的“产品”范畴。科学基础知识成果的公共占有性质决定了它除了由业余科技爱好者自愿从事而外，只能依靠国家财力，由政府以公共物品方式来进行组织、规划和研发，即由国家科学研究机构和大学研究所等来承担。

自然科学知识体系中的（3），即某一自然科学学科的基本原理，它是用来创造、设计某种具体新产品、新技术的理论基础。如有关半导体的光电传导原理，是芯片技术的理论基础，单晶硅芯片的开发就是立足于半导体的物理学理论知识发展的基础之上。有关人和其他生物的遗传基因组合基本结构的知识，是生物基因药品以及基因医疗开发的理论基础。企业为了进行高科技含量新产品的设计，即第（4）类的知识产品研发，也往往要将第（3）类知识，即应用技术一般理论知识的研发纳入企业的知识生产之中。例如当代生物科技公司，除了进行能用于工农医各业的生物基因产品的开发，也在从事人体和生物遗传基因组合的基础研究。但是由企业从事的知识生产毕竟要从属于盈利最大化的规律，因而企业要对知识生产的投入以及其即期、中期的经济效益进行评估，企业要选择和进行效益率最大的研发活动——多半是第（4）类科技知识研发。对于那些不能在短期带来经济效益的第（3）类，即生产、技术一般原理的研发，企业不会具有热情，而对于一般自然科学基础理论研究，企业更不会去从事。科技研发越是进入抽象理论的深层次，研发的难度越大，取得成果的时间越长，不确定性越大，因此，有重大意义的、深层次的一般性的科学课题，越难以纳入市场性的企业知识生产之中。

自然科学的研发需要有实验室支出，当代自然科学有关物质微观领域和宏观领域的高技术研发，需要有高度复杂的实验设备。如原子核宇宙射线的研究需要粒子加速器、宇宙射线搜捕器等十分昂贵的设施；航天技术的研发要依靠众多门类的高技术，需要有大量物质设施，还需要巨大的生产场地；显然地，企业不可能提供进行这些科技开发所需要的条件。知识生产往往需要长时间，对研发工作不可能有硬性的时间表，此外，知识生产还具有不确定性，高科技研发成果中能加以应用的也只占1/5；另外，进行重大的战略性的研发课题需要有数量庞大的高素质的研究人员团队；上述情况也决定企业能从事的知识生产的范围十分有限。

可见，科学活动以及科技知识成果的性质，决定了知识生产众多领域中的市场失灵，它要求政府发挥主导作用。基于“市场不能做，政府做”的原则，以公共财力为基础，组织公共物品性科学生产机构，进行科学基础理论以及关键技术的研发。发达国家都构建有以政府财政力量为支撑的科技知识研发体系，当代科技知识的快速进步，正是这一由商品性知识生产和公共物品性知识生产组成的知识大生产体系及其运行机制的结果。在我国社会主义市场体制下，大力进行制度创新，构建起以市场机制为基础的、商品性的知识生产与产品性生产相结合的新型知识大生产体系，充分发挥知识生产中市场的搞活功能和政府的计划、指导功能，发挥好政府的组织、整合科技协作、形成“社会结合劳动”的功能，特别是发挥好社会主义集中力量“办大事”的功能，中国就完全有可能实现科学知识的快速进步，为新时期科技的跨越式发展创造强大的和不竭的知识源泉。

二、论现代知识生产

（一）知识生产——高科技经济的特征

1. 依靠科学知识创造财富时代的到来

我们正处在由传统工业经济向高科技经济，或以知识为基础的经济转化的时代，这是人类历史上意义重大和影响深远的一场新的经济转型。知识——包括自然科学、社会科学以及各种应用科学——的大规模生产和不断向现实生产力转化，是当代经济转型中的最鲜明的现象。

在本卷中我们已经指出，人类经济发展史中经历过三个时代：（1）主要依托手工工具的古代和中古的农业经济时代；（2）主要依托机器大工业的近代和现代的工业经济时代；（3）主要依托科学知识来提升财富生产力的高科技经济或知识经济时代。如果说，18世纪末以蒸汽机的发明为标志的第一次技术革命以来的200年工业经济的发展中，自然科学——例如物理学、化学、机械学、生物学等——加快了发展和被大规模应用于生产，19世纪下半叶的电力技术革命导致科学发现在生产中的应用与日俱进，科技知识创造财富的功能越加明显。那么，20世纪80年代以来，以经济发达国家为策源地，出现了以高技术发明为主要内容的新一轮科技革命。新的科学、技术革命的特征：（1）领域具有广阔性。它以信息革命深入开展肇始，迅速扩展到生物技术、纳米技术、航天、海洋技术等领域。（2）快速的科技创新。科技知识的进步快速地合并于生产，转化为生产力，带来生产工具、机器设备、原材料、生产工艺和方法等生产要素的不断创新，以及劳动者人力素质的提高，其综合表现则是崭新的、高知识含量的现代财富的形成。计算机和网络通信技术、核能发电厂、激光技术、环保技术、基因医药品、基因食品，适应个人遗传基因编码组合的新医疗方法等，就是新的高知识含量产品的代表，这些产品拥有传统物质产品不可能具有的崭新性能和新效用，它的大量生产意味着开始了一场使用价值和财富生产革命。科学、技术知识的向生产大规模的转化和日新月异、效用更大的现代新财富的创造，十分生动地表明：依靠知识创造财富的新时代正在到来。

2. 知识生产——发达市场经济的特征

向知识经济的转型，立足于发达的知识生产，即大规模的商品性和产品性知识产品生产的基础之上。

知识产品包括文化品和科学品。[①]文化品包括实物形态文化品和非实物形态的文化服务品，以上两种文化、精神活动产出物的生产是知识生产的重要内容。资本主义发展初始阶段的文化品生产，体现在文化休闲服务之中，如歌星、演员既是给观众提供休闲服务，又是一种文化生产，它生产出音乐品、戏剧品，这些文化产出物，不论是随生随灭的，还是保存于唱片、磁带和音碟之中的，都是新创造的文化财富。随着工业经济的发展，居民收入水平的提高，服务业，特别是文化休闲服务业的快速发展，促使人的精神需要的提升。人们要求有多种多样的文化休闲品，如文化演出、影视作品、书刊、艺术品，以及文化收藏品，等等，对文化品的需求的增长，激发了人们从事文化精神产品生产的积极性，促进了文化事业的发展，特别是营利性的文化产业的加快发展。在当代，各种各样的组织文化、艺术品生产与营销

① 为便于分析，我们把现代信息产品归入科学品中。

的营利性企业，如歌舞演出企业、电影、电视制作企业，新闻媒体企业，书籍、期刊出版业，音像制作企业以及组织各种文化、艺术创作和营销的文艺“工作室”“画廊”等应运而生。门类多、数量大的文化品成为商品，在市场经济的机制下大规模地生产和交换，已经成为当代发达的市场经济的特征。①

科学知识生产是当代知识生产的最重要的组成部分，自然科学知识的大规模生产是当代高技术经济的重要特征。当代高技术经济的发展中，进行不断的技术创新成为企业的生存之道。为此，高科技企业要着力进行科技研发，将获得的科技知识成果用于自身的生产或将它用于交换，因而科技知识生产和物质生产并举成为科技型企业的特色。在研发工作越来越专业化的当代，新技术的研发，特别是有重大意义的新技术的研发，不可能全部由企业自身来从事，而要依靠专业的科学研发机构来进行。这些研发组织以商品形式为企业提供享有专利的研究成果和有关工程设计、产品设计、生产工艺、流程的设计以及发展战略、营销策略、生产组织创新等科技服务。在当前，发达国家大量新药品及其药物机理的研究，生物工程以及人体和生物的基因组排序的研究，都是由竞争性的科研企业来进行的。科技知识产品日益商品化、市场化和科学研发机构的企业化，是当代高科技经济的特征，是科技知识进步加速的重要原因。

信息或信息品的生产是当代知识生产的新形式。信息生产是高科技经济中基础性的生产活动。信息化、网络化的发展，推动了知识的信息化和信息的进入经济流转，两者意味着要进行：各种知识的转化

① 文化品是指作为精神产品的文化品，文化品范畴的含义与包括笔墨纸砚等在内的文化用品范畴不同。

为计算机语言，即数码；信息的储存、各种有用信息的收集、整理与分析；信息的及时传输，等等。这是一种将知识转化为信息和将信息转化为网络传输对象的信息产品的生产，它是高科技时代社会大生产的组成部分。在高科技生产方式中信息品是进行物质生产、服务生产和知识生产的不可缺少的一般工具，也是人们进行日常生活和社会交往的通用工具。信息品的大规模生产和传输，一部分信息品的商品化和成为市场交易的对象，则是发达的市场经济的特征。

可见，发达的市场经济和高技术经济的发展，促进了包括自然科学成果和社会科学成果在内的科学品（以及信息）、文化品等在内的多门类知识产品的生产的发展，出现了主要由文化产业和科学产业组成的知识产业，后者是当代发展最迅速、在高技术经济中起主导作用的产业，这一产业可以称之为第四产业，它的发展有力地推动知识产品的大规模生产，其表现是，在国民总产品和总商品中知识产品比重的日益增大和传统物质产品的比重的下降。[①]主要生产物质财富是工业经济时代的特征，物质财富生产和知识财富生产并举和以知识生产促进物质生产，则是当代经济发展的大趋势，也是知识经济的特征。

3. 市场机制与知识生产

知识生产活动的一些领域的从属于商品交换以及价值规律，按照人们传统的认识，是商品拜物教对精神生产领域的侵蚀，是市场的消极的甚至是破坏性的作用的表现。但是如果进行冷静的观察和客观的分析，人们会看到：如同商品关系的引进于物质生产和服务生产，带来了上述两大重要领域生产力的发展和财富的快速增长一样，商品关

① 知识产品和服务产品是无形的或有物质载体的产品，它们可称为软产品或软件，多数物质产品是有形的、固定化的产品，可称为硬产品或硬件。

系和市场机制被恰当引进于知识生产活动的领域，会激发主体知识、精神活动的积极性和创造性，带来知识产品生产力的提高。

第一，商品化与知识生产的利益驱动。发达的知识生产活动需要有经济激励，这是反复的历史实践证明了的一条经济学原理。我们这里论述的知识生产活动，不是中世纪的受命于国君的僧侣、大夫从事的职业活动，也不是前资本主义的一些绅士基于个人爱好的业余研发活动，我们指的是现代市场经济中用劳动换取收入的智力劳动者所从事的知识生产活动。如物质生产劳动者获取收入的劳动体现着个人物质利益驱动一样，为换取收入和以之维持生计的智力劳动者从事的科学活动，客观上体现有个人物质利益的驱动。尽管古代和中古社会知识阶层从事精神创造活动主要是出于某种臣属的责任心，或者是由于个人兴趣和职业偏好，不少卓越的思想家、科学家、艺术家孜孜不倦地从事于摆脱个人利益动机的知识、文化创造，体现出一种“英雄”“完人那样性格上的完整和坚强”[①]。但是我们考察的是市场经济条件下的知识生产活动，那么，（1）作为社会的人的科学家、艺术家也不能不吃不喝，[②]在市场经济的生产和就业机制下智力劳动者需要以科学活动来换取收入，维持生计，他们对个人收益的某种关心不

① 恩格斯高度评价欧洲文艺复兴时期产生的作家，如达·芬奇、阿尔勃莱希特·丢勒、马基雅维利、路德等“巨人”的思维能力和完整、坚强的品格，他说：“那时的英雄们还没有成为分工的奴隶，分工所具有的限制人的、使人片面化的影响，在他们的后继者那里我们是经常看到的。”恩格斯：《自然辩证法》，见《马克思恩格斯选集》第3卷，人民出版社，1972年，第446页。

② 恩格斯说：“正象达尔文发现有机界的发展规律一样，马克思发现了人类历史的发展规律，即历来为繁茂芜杂的意识形态所掩盖着的一个简单事实：人们首先必须吃、喝、住、穿，然后才能从事政治、科学、艺术、宗教等等，……”恩格斯：《在马克思墓前的讲话》，《马克思恩格斯选集》第3卷，人民出版社，1972年，第574页。

仅是自然的，而且是合理的。（2）市场体制下的精神生产劳动创造出知识产品价值，生产者对个人收益的关心，也体现了价值规律和劳有所值的分配规律的要求。（3）知识生产活动具有高难度和风险性，不仅需要激励，而且需要有物质补偿。我们以科学活动作为例证。科学活动是一种艰苦的创新劳动。首先，取得成果的时间长，一些重大难题——如哥德巴赫定律——的取得公认的科学证实，重大基本理论的取得新突破，往往需要旷日持久的时间。高科技应用研究，如现代新药从研制到取得成果需要8～10年。其次，劳动强度大，为攻克某些理论与技术难题，研究工作者进行实验和思维多半是夜以继日、不眠不休。其三，科学活动风险性大。高科技研发成功率低，一些难度大的课题有可能劳而无功，一些项目即使是取得了科学成果，但是在现实条件未具备时，缺乏应用价值，从而也不可能获得恰当的交换价值。可见，难度、风险大的科学活动，在投入—产出关系上表现出更大的不确定性，成败和损益的比较往往会使科学工作者裹足不前，许多具有重大意义的科学活动，由此难以启动。科学工作的上述性质，决定了组织好广大科技工作者自觉从事的生气勃勃的科学活动，需要有对科技工作者利益细心的维护和对创新劳动实行物质鼓励。为此，就需要寻找一种恰当的科学产品的生产和交换方式，而把科学成果作为商品和以市场买卖方式进行成果转让就应运而生。

科学品作为商品，就要赋予科学品生产者以知识产权和实行知识产品的商品交换。科学品按照价值交换的机制，使生产者得到足以弥补维持智力劳动力再生产费用和其他生产费用。在科学品的市场供求相一致情况下，科技工作者可以获得足以弥补科学活动中的物质消耗与智力消耗——包括高智力再生产费用——的收入。科学活动的特征是进行科学创新，创造出新知（知识产品）。在科学品作为商品进行交换的场合，创新科学品总会具有垄断性，这种对新知的垄断是由知识传播时间间隔引起和专利制度造成的，科技工作者可以在一定时期内从垄断价格中获得超出产品中凝结的社会必要劳动量以上的收入。后者用于：（1）弥补科学创新的风险；（2）提取和形成科学知识扩大再生产的积累；（3）激励科学创新的物质奖励。可见，科学品的商品化和科学成果市场交易的机制，既保证了科学劳动投入的补偿，又对科学劳动的风险和科研的扩大再生产提供了物质保障，还赋予有效创新劳动以物质激励，一般地说，它体现了一种对科学劳动强利益激励机制。

一方面，在科技成果不能给成果创造者带来充分的经济利益的情况下，例如在知识主体产权未形成，成果无偿被占用，或是实行政府定价——通常是予以很低的技术转让费——的计划体制下，人们会看到科学工作者积极性的难以调动，科技活动的萎靡和优质的科技成果的匮乏。另一方面，在科技成果主体产权化，成果转让商品化的体制下，市场价格机制的激励功能，有效激发了众多科技人员从事科学活动的积极性，出现了工作者以实验室为家，长年累月、废寝忘食从事研发的“科研热”。应该说，当代发达国家科学的快速进步和知识生产的迅猛发展，就是立足于对科学、知识生产的强经济激励的基础之上。当然，经济利益驱动，无论它多么重要，但它只是科学活动的发动机之一，科学活动毕竟是人类的自由的精神活动，科学品的生产，是一种特殊的精神生产，它从属于精神生产的规律和需要有内在的精神动力。因此，科学生产还需要有精神鼓励的驱动力，特别是在社会主义市场经济中，在科学生产领域，培育和发挥为集体、为人民、为人类进行科学创造的社会主义精神尤为重要。

以上有关在科学活动中引进经济激励和科学成果商品化的论述，

也适合于文学品、艺术品，适合于当代知识生产的广泛领域。

第二，商品化和知识资源的市场配置。知识，特别是创新知识，是一种稀缺的资源。为了充分发挥知识在促进经济增长和创造社会财富中的重大作用，必须搞好知识生产领域的资源配置，以有限的知识资源，生产出适应社会需要、质量高、效用大的多种多样的知识产品。对一个现代化的文明国家来说，需要在科学品生产中，有效整合和利用好全社会的科学生产资源，生产出数量最大的、切合实际需要的、有现实使用价值的科学成果，充分发挥科学知识促进经济、社会发展，造福人类的功能。

科学生产的成果，并不是都具有现实的有用性。为了发挥科学的经济功能，需要有促使科学活动与现实经济需要相耦合的社会机制。在市场经济中，除了需要有效地发挥政府对科学活动的规制和组织功能而外，需要发挥市场在配置科学资源中的基础作用。科学活动是智力劳动者高度自主性的，“自由度大”的精神活动，个人特长和兴趣在研究方向、课题选择等方面起着重要作用。经济越是发达，文化、教育越进步，科学活动的主体越加具有社会性，除了专业的科学家——多数是供职于大学以及其他研究机构的人员——而外，广大职工、研究生、大学生、青少年中越来越多的人也参与到科学研究大团队中来。当代一些重大的科技创新，如家用电脑机以及信息技术的众多发明，都有大学生和“网友”的自觉参与。但这种分散的科学活动带有很大自发性，它不能与现实的经济需要密切契合。

科学成果一旦作为商品，它就需要进行市场交换和获取交换价值，为此，科学品就必须适应于购买者的需要，更具体地说，它必须适应于厂商进行新产品开发、结构调整、技术革新和生产方法革新的需要。如果人们从事的科学研究，脱离了企业现实的生产状况及其需要，例如设计出的新设备、新工艺，不具有经济上的可行性，即使是这项成果获得了专利，也不具有社会使用价值，从而不能成为可交换的对象，也不能为生产者带来经济效益。科学工作者“劳而无功”，生产投入不带来经济产出，科学产品生产活动将难以为继。可见，在科学活动中起作用的市场机制，表现出一种强制力，强使生产主体以市场为导向，选择与现实需要相耦合的研发课题、生产出适销对路的科学成果，实现科学活动与现实经济需要相对接，这既是科学生产资源的有效利用，又意味着科学成果在国民经济广泛领域中得到应用。可见，商品关系和市场机制，起着科学活动导向和资源合理配置的功能。[①]

还必须指出，市场经济中尽管科学活动的商品化、市场化是发展的大趋势，但科学、知识产品固有的社会性，决定了相当一部分科学、知识生产具有产品生产性质。人们可以看到，即使是当代发达市场经济国家，一些重大的、关键性的科学活动，仍要由政府来有计划组织和依靠政府财力来开展。而自然科学基本理论从来是作为共有知识来发布和供公众共享的，这种科学知识的生产，在性质上是产品性生产。可见，知识生产商品化，并不意味着一切知识产品的商品化和市场化。而按照知识生产的具体领域，恰当处理和安排好商品生产与产品生产，有效地利用市场机制与计划机制，这是实现高效率、高质量、大规模的知识生产的必要条件。

特别是在我国社会主义市场经济条件下，为了最有效地发展高科技知识生产，必须充分利用市场功能，搞好科研院所的产业化改组，

① 我国每年获部级奖励的重大科研成果上万项，据称能应用的只有20%左右。其根本原因在于未形成面向市场、针对企业生产需要的科研体制。

推进科学成果商品化，调动广大科学工作者的研发积极性和实现研发活动和生产需要相对接；同时，还需要有效发挥政府在组织基础性理论研究和关键性的应用技术研发中的功能，实现科学的快速进步和对当代关键性技术高地的攀登。

（二）知识的性质及其功能

1. 知识生产的若干经济范畴

分析知识生产的性质，我们首先从知识劳动生产物——知识产品概念内涵着手。为了把握知识产品的特征，首先要弄清劳动密集产品，资本、技术密集产品，高知识含量产品，知识产品和知识产业等概念的内涵。

我们把劳动密集产品，规定为以手工工具为其物质生产技术基础的生产品，如农业经济时代农民家庭生产的食品、衣服和城市手工业生产的日用品，等等。这些产品是广大普通劳动者所创造，尽管它也包含有一定的脑力劳动，但主要是体力劳动的结晶，属于劳动密集的物质产品。

在机器大工业时代，机器、设备成为重要生产要素，大工业生产的一般工业品——从生活资料到生产资料——一方面是工人阶级生产劳动的产物，是它们的体力劳动和脑力劳动的结晶，也包括有科技人员与管理人员的脑力消耗；另一方面是体现有机器技术作用和资本耗费的生产物。就一般工业品来说，它的知识含量低，按其生产的有机构成的状况，有机构成低的企业产品属于劳动密集产品，有机构成高的企业产品属于资本、技术密集产品。

当代高技术经济中，原先的由人来发动和调控的机器，转变为由预先设定生产程序的计算机进行自我调控的人工智能机器，它是当代高技术科学结出的硕果。高技术生产过程中科技人员在劳动力中的比重高，高技术产品——从信息、网络产品，基因药品到航天器——中也体现有一般职工的劳动，但是它主要是科学知识和智力劳动的结晶，是高知识含量产品。

知识产品是有关自然世界、社会与人本身的科学知识，它首先是自然科学与人文社会科学的基本理论；其次是建立在科学，特别是自然科学的基础理论之上的有关生产工具、生产技术、工艺、生产方法的应用科学知识，它们都是科学研发活动的成果。科学研发是人类的一种认识世界的精神活动，使用经济学的范畴，它是知识生产，知识产品是知识生产的生产物；广义的知识生产，除科学研究和科学品的生产外，还包括文学品、艺术品的创作，即文化品的生产。马克思很早就作出了知识生产的论述，他在《1844年经济学哲学手稿》中说："……法、道德、科学、艺术等等，都不过是生产的一些特殊的方式，并且受到生产的普遍规律的支配。"[①]在本卷进行的经济分析中，我们把科学研发和文学、艺术等精神活动的各种成果，通称为知识产品；把科学知识和文学、艺术等文化产品的生产，称为知识生产。

2. 知识产品的性质及其形式

知识是人类的认识世界的精神活动的产物，它首先表现为人类大脑对外界事物的某种感性的反映，即感性知识；或者是理性反映，也称理性知识。知识是大脑中的精神存在，它是看不见、摸不着的"主观的东西"和非物质实体性的存在。但是一旦形成人类知识，无论是感性知识还是理性知识都要"外化"，表现为看得见、听得着的客观存在，如声音、语言或者是手势以及图形等，文字更是知识"外化"

① 《马克思恩格斯全集》第42卷，人民出版社，1979年，第121页。

的高级形式，是知识表达传递的有效工具。知识作为人类精神生产物，它与人类物质生产物——物质产品不同，作为一种精神存在，它多半属于社会意识形态，是社会经济基础的上层建筑。[①]

作为经济学范畴的生产品，是人类劳动创造的客观的、现实的存在，是一个拥有特定使用价值的“物”和“对象”。就一般工业品来说，它的使用价值体现于产品的看得见、摸得着的物质实物结构及其属性或物质性商品体之中。知识产品是一种非物质实物形式的、客观的精神存在，它具有以下几种具体形式：（1）原精神存在形式的知识产品，即文学家、艺术家、科学家头脑中的感性知识与理性知识。人们或者称之为作家、艺术家的创意，或科学家、思想家的智慧；（2）流动形态的知识产品，如歌星的演唱、科学家所作的学术报告、各种表演艺术家的演出；（3）获得物质载体形式的知识产品，它包括印刷出版的科学著作，技术设计书，文学著作，雕塑、绘画、文艺演出的录音录像等。知识产品的最新物质载体是数码信息和光碟，光碟使各种非实物的科学品、文化品，以及信息取得物质实物存在形式，成为可储存和可再现的；（4）信息是可传播的知识，是知识的特殊形式，也属于知识产品。在当前信息时代，绝大多数知识产品都取得信息产品形式，并能在计算机信息、网络——因特网——通道上传播、流通和能储集于计算机的存储器中。

知识产品具体形式有多种多样，但它都是反映客观世界的精神存

---

① 自然科学是科学知识的重要组成部分，它是自然世界对象包括人的本质和活动规律的理论反映。自然科学的原理适用于一切社会形态，它不属于社会意识形态，但是涉及宇宙、物质等最终生成原因的探索的自然哲学，即使是由卓越的自然科学家所阐述的自然哲学，往往体现有意识形态的性质。例如牛顿在关于宇宙生成的理解就未能摆脱西欧中世纪宗教唯心观念的影响。迈克尔·怀特在《牛顿传》中说：“他的知识比当时的人超前几个世纪，他对神的信念却犹如市井小民一样的单纯。”见迈克尔·怀特：《牛顿传》，中信出版社，2004年，第192页。

在，是区别于实物产品体的一种特殊的精神产品体。知识产品的使用价值，不是“外铄的”，即产生和决定于知识产品使用、消费者的主观意识的东西，而是体现在精神存在体的结构和属性之中：如就文学品、艺术品来说，它的使用价值即能满足人的精神需要的属性，体现在产品体——感性思维的某种完善的结构与形式之中。而科学品的使用价值、它的生产和社会功能，体现在产品体——理性思维存在所拥有的反映客观事物本质的深刻性和系统性之中。

知识产品按其使用方式，可以区分为知识产品Ⅰ和知识产品Ⅱ。用来作为生产资料的知识产品是知识产品Ⅰ，用来作为消费资料的知识产品是知识产品Ⅱ。

知识产品图式

- 作为精神存在的知识产品
  - A.非实物形式的知识产品
    - 1.科学构思、技术、工艺设计思想
    - 2.科学家的学术报告
    - 3.艺术家的演出
    - 4.富有灵感、创意的艺术创作
  - B.体现于物质载体中的知识产品
    - 1.印刷出版物
    - 2.影视产品、录音录像以及光碟
    - 3.科技设计书
    - 4.绘画以及其他造型艺术品
    - 5.数码化信息

3. 知识的经济功能

第一，知识是人类生产与生活的工具。政治经济学分析了物质产品的使用价值的内涵，把它规定为产品拥有的满足人的需要的有用性，这一规定适合于物质、实物产品，包括消费品和生产资料，也适合于作为特殊产品的劳动力。基于现代知识生产的实际，我们在这里要分析知识或知识产品的使用价值。知识产品是一种精神存在，无论是科学、技术知识产品或是文学、艺术产品，都是人的理性思维活动或情感活动的结晶，是一种非实物形态的精神存在。即使是采取具体形象、声音以及实物形式的艺术作品，例如舞蹈、歌唱、绘画、书法、雕塑等，它的本质也是人的精神活动。因而，知识产品的使用价值，也就是人类精神存在的有用性或效用。知识产品具有多样的社会功能，它被使用于人类的一切社会生活之中。一般地说，科学知识是客观世界（以及主观世界）的本质和规律的思维反映，它具有提升人的认识能力的功能。作为认识世界的工具，知识是增强人类多方面活动——包括社会生产、个人生活、社会生活——效果的工具。因此，我们可以把知识产品的效用或使用价值归结为：**增强人的社会生产和生活能力的工具，是财富形成的重要因素和精神力量**。

知识在生产与生活中的作用，在人类社会发展的不同阶段是不相同的。在原始农牧经济中，石器是一般生产工具，由于物质工具的简陋，人类进行生产的最重要的工具是“人身工具”——主要是人的体力和智力。如原始人拥有在艰苦的自然环境中锻炼、育成的强劲的手力、臂力和依靠人类脑力形成的灵巧。强劲的人身工具力和简陋的物质工具力的复合结构，成为原始社会农牧生产方式的物质基础。尽管原始人在一代又一代的漫长的历史发展中，极其缓慢、一点一滴地形成了以经验为基础的知识，如在有关气象、季节变化，以及有关放牧、种植、耕耘、施肥、育种、收获等方面的知识进步，但是总的来说，原始社会的生产和生活中突出地表现出知识匮乏的性质。原始农牧经济的生产要素主要是人力、土地和简陋的工具，知识远未成为有现实意义的生产要素。

古代特别是和中古时期的农业生产方式，是以铁制犁铧的普遍使用为物质技术基础，城市手工业作坊的生产是以风箱、冶炼炉，以及多种多样的手工工具为物质技术基础。农业经济时代生产力的发展，源于工具的进步，人们说“工欲善其事，必先利其器”，在漫长的历史发展中实现的手工工具的进步，体现了以经验为基础的生产知识的进步。另一方面，生产知识的进步和积累也表现在代代相传和越发高明的手工劳动的技巧上，特别是城市手工业中名师巧匠的精湛的手工技巧上。除了取得物质技术形式的知识进步而外，古代特别是中古时期，有了古代型的科学——包括天文学、农学、医学以及机械学等等——的出现和发展。公元前5世纪至公元前3世纪在古希腊出现了“古典古代”的文化、科学的繁荣；在大体同一时期，即中国春秋战国时代，中国也出现了古典文化、学术思想发展的高潮。中国在知识进步的历史发展中，未曾出现西欧中世纪初期的“文化、知识逆退”，从秦汉迄至明清之际，中国在许多科学知识领域还继续取得不少成果。上述古代型的科学是由从事智力活动的杰出人士所创造，他们包括：为统治者提供谋略的学者，从事农业、水利等事务管理官员以及医生，等等，他们组成了一个智力人士阶层，古代特别是中古时期的许多卓越的技术创新，特别是科学知识创新多半是由他们做出的。这些科学知识在推进技术和生产方法进步，在为群众提供生活服务，例如在救死疗疾上，无疑是起了重要作用。

古代特别是中古时期，由于农业经济生产方式和自然经济制度占据统治地位，这样的经济结构缺乏技术进步、科学进步的内在动因，因此，科学知识进步缓慢和知识匮乏仍然是社会生产与社会生活的鲜明特征。

第二，知识大规模合并于生产和转化为生产力。由农业经济到工业经济的转换，标志着知识在财富生产中起重要作用的时代的到来。机器大工业生产方式本身是科学知识的结晶，现代工厂中最早的大机器——蒸汽机——的得到改进和普遍使用是近代物理学和机械力学发展和应用的结果。17世纪以来的近代自然科学的兴起，特别是牛顿的力学理论，启动了18世纪末和19世纪初的各门类自然科学的兴起，促进了第一次技术革命的发展。200多年来自然科学的进步，特别是应用科学的发展，带来了机器、原材料的日新月异的进步，促进了技术、工艺和生产方法的革新；当代经济管理科学的发展，促进了企业生产组织和经营方式的进步和革新；此外，科学进步要求和启动了教育的发展和劳动力素质的提高。因而，机器大工业生产方式的发展体现了科学知识渗透于质量更高的生产要素、生产方法和劳动力素质之中。科学是强大的生产力，机器设备、土地、原材料、劳动力等生产要素以及生产方法、管理方法一旦凝结了科学知识，就获得了高生产能量，成为威力强大的生产工具，它不仅引起劳动生产率的十倍百倍地飙升，而且还创造出全新的、高质量的现代使用价值。

科学越是进步，对客观事物认识越是深入，越是进入到世界深层次的领域；科学的真理性越强，它的应用功能和有用效果就越大。有关火的知识曾经在漫长的、以数万年为时间单位的农业经济时代，实现极其缓慢的、渐进的生产进步，产品使用价值的提升和经济的发展。18世纪末有关蒸汽动力和蒸汽机的科学知识，19世纪有关电力和电动机的科学知识，20世纪空气动力学及喷气动力机的科学知识，都带来了工业经济时代生产工具、生产能力的提升，加快了经济增长，创造出一代又一代新的工业生产手段。科学知识的加强物质生产工具的能力和创造出高质量的崭新财富，最鲜明地表现在当代高科技经济中。人们可以看到以信息科学、生物科学，以及航天科学、纳米科学等为主要内容的新的科学革命，创造出工业经济时代所未有的当代高技术手段，引起了新兴产业的快速增长；创造出以家用计算机、各种智能机——从机器人到自控生产线，从电子猫到智能住宅、网络产品以及基因药品、转基因农产品、航天器等具有崭新的功能的现代产品。可见，当代高技术经济迎来了最新科学知识被合并于生产和转化为强大生产工具的时代，这种情况表明，知识成为推进社会生产进步和生活进步的首要因素，使用经济学的表述方式：知识产品获得了极其重大的经济、社会功能和使用效果，成为现代财富的重要内容和现代财富形成的主要源泉。一句话，在高技术经济或知识经济时代，科学知识真正成为了独立的生产要素，成为技术进步的直接源泉和现代财富增长的最强大的动因。

（三）商品性的知识生产的分析方法

知识生产总是在特定的社会制度和特定的经济体制下进行的，因而它总是拥有由某一特定的社会、经济制度赋予的特征。我们当前面对的和要加以研究的是发达市场经济体制下的知识生产，这是一种商品性的知识生产体制，其特征是知识生产的商品化，越来越多的知识产品——但不是全部——被纳入商品生产轨道，这些知识产品具有商品使用价值和价值，商品生产的规律——价值规律——对知识生产和分配起着重要调节作用。商品性的知识生产体制——包括与商品性知识生产相耦合的产品性知识生产，一方面，它以其所固有的商品、市场机制，有力地起着促使知识生产发展、知识大生产经济构架的形成的积极作用；另一方面，知识生产毕竟是人类的精神活动，商品、市场机制的引入在这一领域也带来了不少矛盾与问题。如：（1）市场导向下的知识、精神生产的畸化和知识资源配置中的浪费；（2）知识产权化和资本化体制下精神资源的主体过度占有和知识共享性的矛盾；（3）市场价格形成机制产生的创新知识垄断和知识分配的不公，等等。当代知识经济发展的新实践表明，知识产品价值增值中收入分配合理化和知识财富使用的公允化，成为发展商品性知识生产需要研究和解决的新问题。

知识生产，特别是商品性知识生产，无疑是发达的市场经济和高科技经济时代产生的新事物，而且，是新时代经济发展的关键环节。在走向知识经济的新时期，人们需要通过制度创新，形成完善的、有政府规制与调控的知识生产市场体制，恰当处理商品性知识生产体制和机制中的各种矛盾，以推进知识生产的健康发展。在社会主义条件下，构建起充分发挥市场的功能和实行政府的有效组织、规制和调控的完善的知识生产体制尤其重要。为此，人们有必要加强对当代知识生产的政治经济学的理论研究。

马克思在分析资本主义市场经济的运行规律时，采取了首先对商品经济的细胞形态——商品——进行理论分析的方法，分析了商品的使用价值和价值二因素和生产商品劳动的具体劳动与抽象劳动的性质，系统阐述了科学的劳动价值理论，并在这一理论的基础上，揭示了资本主义市场经济中物质生产和分配的规律。马克思阐述的商品理论和劳动价值理论不只是适合于分析市场经济中的物质生产，也适合于分析当代发达市场经济中的知识生产。为了揭示知识生产和分配以及知识经济运行和发展的规律，我们应该依据马克思的经济学理论和方法，首先对知识产品以及知识商品范畴内涵，特别是对知识商品的使用价值和价值着手分析。只有首先在理论上弄清知识产品有关基本范畴，人们才能对于什么是知识产品，什么是知识商品，有没有“知识价值”，什么是知识资本，以及“知识资本家”等热门话题和流行范畴作出回答和有科学依据的阐明。

由于知识生产是一种精神活动，而知识产品本质上是一种精神生产物，它具有物质产品没有的特殊属性、特殊的生产方式和流通方式。这就要求我们在进行经济学的研究和剖析中，要从知识生产的实际出发，细心地去揭示知识产品使用价值、价值，价格、垄断价格、价值决定等范畴所拥有的新内涵。

（四）作为商品的知识产品使用价值的特征

现代市场经济把科学活动以及文学、艺术等文化活动，纳入经济、生产过程，相当一部分脑力活动的成果，即知识产品，表现为商品，并且参与经济流通。既然是商品，它也就具有使用价值和价值。

知识商品使用价值具有下述特征：

第一，是现实的存在。物质产品是一个具有各种物质属性的客观对象和“有用物”，是一个物质体。就知识来说，它是人类精神活动的产出物，是一种精神存在。原本知识存在于人类的大脑之中，是无形之物，是看不见、摸不着的东西，即使是用科学仪器解剖伟大科学家、文学家的大脑，人们也发现不了任何有形的知识体。但是知识毕竟是人的脑力活动的产出物，而且它可以以语言、文字为载体。如原创的科学成果，即科学家创造的科学概念、原理、数学公式、图表、程序等，表现在手稿、科学报告或出版的书刊中，这些精神活动成果取得了可感知的实物、有形载体形式，成为可储藏、转让和交换的“物”和“对象”。可见，知识产品的使用价值，它拥有的满足社会需要的有用性，并不是某种想象的和虚无缥缈的东西，而是客观的、现实的存在。

第二，是广谱的、一般的使用价值。作为经济产品的知识拥有广泛的社会、经济有用性。物质产品的有用性有其专属的领域和有限的边际。面包只用于食，不能用于穿；重型工作母机只用于生产机器，而且只是使用于生产工作母机，即使是通用机床，它也只是适用于机器加工的一定的工作领域。知识，特别是一般性、基础性知识则具有极其宽广的用途。远古的关于火与取火、用火的知识，19世纪关于电与发电、用电的知识，均是具有广谱的有用性，它可以使用于广泛的生产领域和消费领域，即使是某些较为专业性的科学知识，也都具有广泛的有用性。物理学的力学理论，可以被应用于多种多样的机械制造领域。20世纪的量子论和相对论，更对于当代的信息、核物理、激光、宇航、天体形成等众多学科和应用技术领域产生着广泛的影响。可见，较之属性较为清晰和有用效果较为狭窄的物质产品，知识、科学产品的使用效果十分宽广，是一种广谱的或一般的使用价值，从而成为可以被使用于多门类生产领域和多种多样生活领域的一般工具。

第三，使用价值的共享性。一般物质商品的使用价值归占有者支配，是一种私人独享的、排他性的使用价值。知识从来是一种在人类群体中进行自然传递的精神存在。人在社会生产、日常家庭生活和社会交往中都不停顿地进行着知识的交换，使原创者创造和储存在头脑中的知识发生“位移”，转移到其他人的头脑中，成为人类群体提升生产力与生活质量的精神手段。可见，自然传递使知识成为社会群体共享的公共产品。文字是知识的载体，也是知识传递的工具。文字的发明和使用，加强了知识的储存、传递和代际传承，知识由此成为更大范围内的社会成员和一代又一代的人共同享有和使用的精神财富，成为人类的共同财富。

现代工业经济中发达的交通和商品交换，便利和密切了人们之间交往，新闻、出版、影视、传媒以及教育文化业的发展，特别是现代邮电和通信业的发展，大大地便利了知识的传递。信息革命特别是因特网的出现，使一切有效用知识迅捷地和全方位地扩散。在当代，人们借助于计算机和因特网，以及高效率的搜索引擎，几乎是在刹那间就能找到他所需要的一切知识——从最新的知识到最古老的知识——和信息。可见，工业化、现代化、信息化的发展，增强了知识的共享性，在当代，知识越来越如同空气、阳光等自然财富一样，成为公众自由支配和无偿使用的手段。当代的知识，借助于其共享性和为人们自由、无偿地支配的性质，也借助于它的迅捷的传播性，使它真正成为社会公众拥有的精神力量，并且迅速被合并于生产过程之中，成为马克思所说的“一般社会生产力”[①]，成为当代经济中推动社会财富迅猛增长的主要力量。

西方经济学用“非排他性”“外部性”“外溢性”和“公共物品”概念来表达知识产品的共享性质。按照这种经济分析方法，如果某一产品是“排他性”的和按竞争价格卖给不同的消费者，生产厂商由此可以享有产品的全部效益，这种产品生产就采用私人产品生产形式；如果产品是“非排他性的”，或“不完全排他性”的，这种产品存在着外部经济效果，它的效益会产生“溢出”和为其他厂商以及消费者分享，这种产品生产应采用公共物品生产形式。知识产品使用价值的共享性，成为由政府以公共物品形式来组织知识生产和流通的依

① 马克思把科学开发劳动称为“社会一般生产力”，说它是“人类精神的一般劳动”，他说：“一般劳动是一切科学工作，一切发现，一切发明。”《马克思恩格斯全集》第25卷，人民出版社，1974年，第120页。

据，[①]此外，在市场经济体制下的国防产品、重要基础设施，以及与社会安全和人民基本生活福利相关的公共卫生产品、基础教育产品等也要以公共物品形式来生产和分配。

尽管知识产品具有“外溢性”，但是在市场经济体制下，人们在越来越广泛的知识生产领域，实行了保证知识产品生产私人性和产品商品性的制度安排。现代市场经济中，对应用技术的新的创造、发明以及生产诀窍等实行知识产权制度，赋予创始人以知识财产权，由此来限制知识产品使用价值的外溢。但是知识产权制度并不能改变知识的自然传递性和使用价值的外溢性，这在于：（1）专利权有其年限，不可能长期为私人独占；（2）在信息时代，竞争对手会很快掌握原创人的创新知识和技术，并且在进行某些技术局部创新下，以合法形式用之于生产和参与市场竞争。可见，知识使用价值的共享性质决定了它作为私人占有对象的暂时性。商品性知识生产体制本质上只是保持知识创新者对成果的一定时期的和相对的产权主体地位的制度安排。另外，当代市场经济国家都要采取各种恰当措施来防止知识的过度私人垄断，维护知识的共享性，促使知识转化为生产力和防止知识资源的闲置。在社会主义市场经济中，既要通过恰当的知识产权制度的构建，充分发挥商品性知识生产中的经济激励作用，鼓励和促进知识生产和科技创新，同时又要促使知识创新和技术发明，成为社会共同使用的生产手段。最有效地发挥科学、知识的社会财富创造功能，这也

---

① 保罗·萨缪尔森指出科学发明就是这样的具有高度“外部性”的产品。“贝尔实验室发明了晶体管，从而使电子电话交换台成为可能。晶体管在电话业以外产生了巨大影响——它使立体声设备、高速计算机、影像游戏以及数不清的其他有用产品成为可能。贝尔实验室从电话行业以外的这种外溢中获益了吗？很少。这是外部经济效果。”保罗·萨缪尔森：《经济学》下册，中国发展出版社，2003年，第1195页。

是实现知识使用价值共享性的要求。

第四，使用价值的耐久性。物质产品在使用中会发生使用价值的消耗。物质消费品，不论是食品、住房或汽车在使用中都伴随着物质损耗。机器、设备不论它多么耐用，在使用中总会有物质磨损和使用价值的耗竭。知识作为一种精神存在，它可以多次、无数次地加以使用而不会产生耗损。人类在农业经济长时期的实践中获得的有关气象、农业、医药等方面的知识，并未因其被众多人民群众长时期地使用而耗竭，而是一代代地传承至今，并仍然在现实生活中被使用。工业经济时代的物质生产和再生产过程，就是有关机器大工业所摄入、合并的各种科学技术，以及管理知识的再次地、无限多次被使用的过程；当代高技术经济的生产和再生产过程，突出地表现为各种高技术知识为越来越多的生产者、消费者所掌握和无限多次地被利用。可见，可以多次地、不断地被使用，即使用价值具有不磨损性和耐久性，是知识产品的特征。人类很早以来就存在的寻找一种最耐久的工具的向往，终于在知识产品上得到实现。

知识是一个非固定化的，处在发展变化中的精神产品。由于生产知识的科学活动是一种最活跃、最具有创新性的人类劳动：科学劳动者通过生产新经验的总结，依据新实验数据，修正或抛弃不正确或过时的知识，不断地创造新知，使知识更加完善和进一步发展；这意味着科学知识在消费中使用价值不仅不会磨损而且还会增进。

知识作为具有耐用性和不磨损的精神资产，它会：（1）进行自然传播；（2）通过文字或语言形式向下传存；（3）特别是通过书刊、图书馆资料、现代数码信息库等载体大规模、全方位的储存。储存和积累的知识量越多，可供使用的知识量越大，在存在完善的生产关系和恰当的制度安排的前提下，一方面，现有知识存量将最大限度地转化为“一般社会生产力”，知识由此成为物质财富生产力快速增长的源泉；另一方面，基于母知产生新知的机制，社会拥有的有效知识的更大规模积累，意味着拥有更丰饶增值能力的“母知”的形成，在智力劳动者的开发、利用下，就会结出更加丰硕的知识新果，使社会拥有的知识资产和知识财富进一步增强。

第五，物质载体的节约性。知识，作为一种精神存在，它可以储存在智力生产者的头脑中，可以表现于语言和文字中，也可以体现于物质生产资料和消费品以及生产方法和管理方式中，在信息时代，人们把大量的知识储存于光碟中。

传统工业生产方式的性质决定了工业品的物质消耗/使用价值比值高，而许多工业产品使用价值往往与物质体成正比。2磅重的面包比1磅重的面包具有更大使用价值。马力大从而生产能力强大的工业机械一般都具有“大”而“重”的特征，万吨的压榨机，就是一个庞然大物，现代运载能力强的运输机械——货轮和飞机——都是“巨型”机。可见传统工业物质产品使用价值的增大，是与大量物质耗费相联系的。原本知识是一个精神存在，知识的使用价值与其物质载体是两个不相干之物，即使是“物质载体化”的知识，其“承载”知识、技术含量的多少和用以对象化的物质载体的大小不存在正比关系。当代高科技时代，数量庞大和具有高效用的知识可以对象化于微小的物质体中。知识载体越来越小，决定了高知识密集产品可以实现高使用价值与低物质消耗相结合。计算机是高使用效果和低物质耗费的高知识密集产品的典型。当前的家用计算机和手提机功能越齐全，体积却越来越小，拥有每秒运算能力速度达数十亿次和多种功能的芯片，体积不超过人的指甲。当代知识密集的生产资料和工厂也具有小型化、多功能、高效率、物耗少的特征，正在兴起的“纳米化”还将进一步加强这一发展趋势。实行知识密集的农业生产方式，依靠信息技术、节约用水技术特别是依靠生物基因工程，可以在大大节约生产中的物质消耗以及节约土地资源的条件下，实现农业增产。依靠太阳能，特别是核能——包括可控核聚变发电——技术，人类将开拓出少物耗、高能量的新能源。总之，当代生产的知识密集化，把高质量使用价值的创造和低物质耗费相结合，越来越多的产品具有知识高含量和物质体使用价值比值越来越小的性质，即物质耗费的节约性。可见，以知识为基础的生产方式将开拓出一条能节约资源，减少生态破坏的工业化和现代化的新路。

综上所述，作为知识产品使用价值的三项特征：公共享用性，耐用性以及物质载体小等特征，表明了知识是财富生产的一种拥有强大生产力的手段；在社会主义条件下，通过合理而完善的制度安排，充分地利用知识的上述特征，知识将成为创造和增加社会财富，强国、裕民的最强大的工具。

（五）市场经济体制中知识产品的价值性

1. 知识产品有内在价值

知识产品有内在价值，指的是参加市场流通、作为商品的那部分知识产品拥有价值性。经济学的价值范畴，指的是商品价值，即在市场交换中商品表现出来的，作为不断变化的市场价格轴心的内在价值。英国古典经济学和马克思经济学揭示了价值是生产商品的人类劳动耗费的体现和结晶。商品价值对于物质生产品来说，是一个现实的经济范畴，但对于进入市场交换的、非实体形态的知识是否有价值？对此人们还存在着疑问。

疑问之一：知识是一种非实物性的人类精神存在物，它也能和物质实体性商品一样，拥有价值对象性吗？

以知识的形式规定性的特点，即非实物性作为依据，来否定知识产品有价值，这种观点和分析方法是不符合科学的价值理论的。马克思阐述的商品价值理论，把价值作为商品所体现的社会生产关系，作为商品交换中生产者的个别劳动转化为社会平均劳动的关系，马克思由此深刻地阐明了价值是一种商品生产关系，是与商品体的具体形式规定性无关。商品既包括实物形式的商品，也包括非实物形式的商品，本卷中我们对现代服务生产进行了分析，指出众多服务商品采取非实物化的形式，显然，价值可以体现在实物性商品体中，也可以体现在非实物性的商品体中。

就知识生产来说，原本的知识存在于人的脑海之中，是一种看不见、摸不着的人的一种内在的精神能力与精神存在，[①]知识生产是人在智力劳动中将内在知识“外化”，内含的知识由此体现于有声的语言、有形的手势，以及图形、文字、稿本、书刊和计算机光碟等物质载体中。[②]知识生产商品化，也就是生产知识的主体劳动耗费的对象化，成为外化或载体化的知识商品的价值规定性。在市场经济条件下的知识生产中，一方面有作为精神存在的、内含的创新知识的“外化”为现实的知识产品，另一方面有生产创新知识的主体劳动“对象化”为知识产品价值。可见，把马克思的商品理论和价值理论应用于当代知识生产，人们会顺理成章地得出知识生产创造价值，即知识产

① 彼得·豪维特称知识是“个人或群体的一种能力”，见达尔·尼夫主编《知识经济》，珠海出版社，1998年，第142页。

② 彼得·豪维特将存在于人脑海中的知识称为“内隐的知识”，将外化的知识称为“可编码的知识”。见《知识经济》，珠海出版社，1998年，第142页。当然，“可编码的知识”，只是外化和体现于物质载体中的知识的一种形式。

品有内在价值的论断。认定作为智力劳动生产物的知识产品有价值和存在知识产品价值范畴，是对当前的知识经济进行科学分析和揭示其经济规律的理论前提。

疑问之二：包括科学活动、文化艺术活动在内的知识活动，从来是非交易的人类精神活动，认为知识是商品，知识产品有价值的论断是否与人类精神活动的本性相违反？

的确，在人类社会很长的发展阶段，精神活动是政府职能人员——如观察天象、管理农事、记叙国史的官吏——的业务，从事文学、艺术创作是封建社会士大夫取悦于当权者，谋取仕途，或者是基于兴趣和爱好的文化活动。精神活动也包括民间专业人员——如医师以及手工业艺匠等——对生产活动经验做出的某种理论总结。在农业经济时代，这些精神活动的成果，人们将它存于秘府、藏之名山，一般不用来作为市场交换对象，它不是商品，说不上有经济学范畴的价值。即使是在市场经济条件下，许多卓越的科学家、文学家、艺术家也是把他所从事的精神生产活动，作为履行造福人类和推进社会进步的崇高使命，而不是出于商业的动机。

以历史上或现实中存在非商品性知识创造活动作为否认知识产品的价值性的论据，是不具有说服力的。因为，我们面对的和要加以分析的是市场经济中客观存在的知识生产。历史的考察表明：市场经济的发展，不仅将物质生产的广泛领域纳入商品生产的轨道，而且，市场力量还向精神活动领域渗透和构造出商品性精神、知识生产形式；特别是当代发达的市场经济中，商品化进一步在精神活动领域扩展，不管创作者本人是否愿意，市场的强力把越来越多的文学、艺术以及科学技术研发活动纳入商品经济的轨道，使更多的精神活动成果成为商品。在当前，知识生产的商品化已成为时代的潮流，同时，也是促进当代知识、精神财富迅速增长的重要经济杠杆。既然，当代市场经济的实际中更多的文学品、艺术品、科学品已成为商品，这些知识产品也就有使用价值和价值。而且高科技知识含量的产品还拥有高价值，可见，时代的发展，商品性知识生产的产生和发展，已经使知识产品价值成为现实的范畴。

当代市场经济的发展中，知识生产商品化，从而生产知识的劳动对象化为知识产品价值，是一个客观的存在，人们不能以过去否定现在，以历史上的关系否定现实生产关系。而至于那种单纯从某种伦理观念出发，把精神生产说成是“非世俗”的，不容许与物质利益相挂钩，由此来否认知识产品的价值性，这种看法应该说是一种陈腐的观念，更不符合当代市场经济的新实际。

疑问之三：知识产品的价值仿佛是一个纯主观的东西。就科学品来说，如一款名牌服装的新设计图纸，在博得消费者青睐时，就可以以昂贵的价格进行转让，而一旦竞争者生产出消费者看好的更新服装的款式后，原先的服装价格就迅速下降，原先的设计图纸、技术专利会陡然贬值，甚至一钱不值。就文化品来说，走红的青年歌星的一场演唱往往比经过长期专业训练的歌唱家的演唱拥有更高的“票房价值”。而一旦新的歌手登上歌坛，原先的明星因不合时尚，他们的听众散去，“票房价值”也一落千丈。上述例证均表明：知识产品市场价格变动不居，与工农业产品、特别是期货市场上农产品的较为稳定的价格有着很大的差距，人们似乎难以有理由说知识产品拥有内在价值。

以市场价格的更大变易性，甚至往往大起大落作为否认知识产品有内在价值的论据，也是不具有说服力的。因为，说商品有价值，并非意味着商品市场价格任何时候都等同于价值——生产商品的社会必要劳动量。价格总是取决于市场供求，在充分竞争市场上，价格要通过日常的涨跌，在价格对价值的不断的背离中最终回归于价值轴心，因而，政治经济学的价值规律毕竟是一个“趋势”的规律，而不可能是自然科学的精确规律。因此，人们不能把价格对价值的背离，视为是价格不受价值的制约。

此外，尽管知识产品市场价格较之劳动产品市场价格有更大的变易性，不像小麦、面包在一定时段内的价格变动波幅较小，但是对大量生产的一般性的知识产品来说，它的价格变动并不是杂乱无章的。人们从知识产品较长时段内的市场价格变动中就不难发现生产成本对成交价格的有力的制约作用。例如在我国各地的文化、艺术市场上，一幅普通的字画售价不过200～300元，一个普通书画家很难有中产者的收入水平。在这里，文化品竞争价格受文化品生产成本的制约，表现得十分明显。而生产成本本质上是劳动耗费，更确切地说是社会必要劳动耗费的表现形式，可见，知识产品价格变动中，仍然体现出价值规律的制约作用。

总之，知识一旦成为商品，也就拥有商品的价值本性，通过对知识产品的价格变动的轨迹的分析和理论思维，人们应该承认在市场上进行交换的知识产品，诸如科技知识产品，以及文艺作品、绘画、雕塑、书法等文化品，它们和物质产品一样，有其内在价值，这一内在的价值就是体现在知识产品中的抽象人类劳动，只不过这一内在价值的实现采取了更加迂回的、曲折的表现形式。

2. 知识产品的高价值性

知识产品的特点在于它的高价值性。当代高科技经济中，从事科学和高技术研发、工程技术设计、广告制作设计、金融投资咨询、会计师、律师中介服务，以及文化、艺术活动等职业的一般工作者的收入，较之物质产品生产的一般职工的收入要多。知识生产领域中的中等收入者，成为现代社会中产阶层的重要组成部分，特别是从事知识创新的高级研发人员有更高的收入。上述智力劳动者的较高收入与它们生产出售的知识产品的价格，即知识产品高市值（市场价值）有关。那么，知识产品的高市值的根源何在？它是无内在价值的市场价格，还是以内在价值为基础的市场价格？这是政治经济学理论需要回答的新论题。现代西方经济学多半回避内在价值概念，而将劳动报酬归之于劳动的效用和由效用所决定的市场价格。日本经济学家堺屋太一说，知识产品的价值“与成本没有关系”，是“消费者的价值观念决定的”[①]，这种经济分析是皮相的，是亚当·斯密和李嘉图创立的古典经济学理论的倒退。按照本卷的分析方法，从事知识产品的生产和交换的智力劳动者，他们的高收入是以他们生产的知识产品的内在价值为基础，而一般地说，作为智力劳动生产物的知识产品中体现有较体力劳动生产物更高的内在价值。知识产品中体现的较高内在价值，决定于知识生产劳动的高价值创造能力。

第一，新的科学、技术知识是科研人员群体长时期研发劳动的成果，特别是重要新科学发现和理论创新，往往需要长年累月的艰苦劳动和高度紧张的创新劳动。劳动量大，是科学技术知识成果高价值的先决条件。

第二，某些科学论题和技术难关的被突破，有关产品性能、结构、形态的新设想和技术工艺的新设计，有时候表现为创始人偶然出现的“灵感”，但它必须以创始者经过长期学习和研究劳动的积累和拥有高素质的智能和劳动熟练为人身条件。

---

① ［日］堺屋太一：《知识价值革命》，东方出版社，1986年，第222页。

第三，智力劳动需要更高的学习费用。①

可见知识生产劳动，是高素质的智力劳动，特别是知识创新劳动是高复杂劳动和高强度的智力劳动，是加倍的、若干倍的简单劳动；新知识成果是高含量社会一般劳动的结晶，劳动的含量高，成为知识产品具有高内在价值的根本原因。

由于知识产品具有较高价值，因而，按照知识经济的要求，进行产业结构的调整和升级，大力发展知识产业——包括科学产业和文化产业——和知识密集型产业，就是提升劳动的价值创造能力和增大国民总价值之途。

3. 知识产品价值的易逝性

知识产品的另一特征是产品价值的易逝性。使用价值的变易性是价值易逝性的根本原因。使用价值是价值的承担者和实在载体，产品使用价值消失，价值也就无从依附，从而归于消失；对这一点，马克思早就已经加以阐明，他说："如果物没有用，那末其中包含的劳动也就没有用，不能算作劳动，因此，不形成价值。"②传统物质产品的使用价值，主要表现在产品的物质属性上，它多半具有耐久性。如房屋、轿车以及家庭耐用品等，可以在多年内为人们继续地使用。物的使用价值的耐久性决定了价值的长期性，例如优质建筑物使用多年后仍然有高的残值，能够以不低于原值太多的价格出售，名牌二手轿车降价出售不愁没有买主。但当代的高知识含量产品和纯知识产品，例如新产品、新技术设计图纸，文化品中的流行歌曲和大众文艺作品，其有用性和社会需求却是不断变化的。由于消费群体的"求新求好"

① 对科学劳动的高价值创造能力的分析，见本卷第六章"论当代科技创新劳动"一节。

② 《马克思恩格斯全集》第23卷，人民出版社，1972年，第54页。

的消费偏好，一旦创新产品出现于市场，原有产品就由此过时和大大贬值，很快会如同敝屣，不再有使用价值和市场需求，从而产品中物化的价值也由此自然消失。这种情况下，原有的科技产品设计图纸不再有买家，它的价值大大贬低。上述情况的典型例证表现在流行服装上。在当代服装生产越来越讲求文化、知识品位，适应于社会消费偏好的花色、图饰、款式的新的服装一旦出现，不仅仅引领出消费的新潮流，而且使过时的服装无人问津，物化的价值迅速归于丧失，这也意味着体现陈旧技术知识的原有服装生产设计图纸成为废纸，不再有价值。

知识产品使用价值的迅速变易性，从而导致产品价值的易逝性，使知识产品的生产与投资带有风险性，这一特征决定了生产者需要把风险成本引入知识产品价格决定之中，这也是知识产品高市场价值的原因之一。此外，它要求加强研发和知识产品的不断创新。在高科技经济中，谁能在应用技术知识的研发中领先，谁就能最早地研发出和不断地推出新一代的产品，谁就拥有占领更大市场份额的机会，“优先创新者胜”成为知识生产的定则，也是高新技术经济的定则。[①]

（六）知识产品价值的形成与垄断价格

我们在这里的考察对象是现代市场性的知识生产，对创造商品的知识生产劳动来说，它具有二重性：创造知识使用价值的劳动和创造知识价值的劳动。市场性的知识生产是一种特殊的商品生产，这一特殊性在创造知识使用价值的劳动和创造知识价值的劳动两个方面都有

---

① 由于在专业领域中的科技知识居于领先地位，英特尔公司一直占领微处理器的最大市场份额，微软一直占领软件生产的80%的市场。

其表现。

1. 创造知识使用价值的劳动和知识产品价值形成劳动

知识使用价值指的是知识产品能满足人的需要的有用性。就文学品、艺术品来说，它的使用价值体现在满足人的审美精神需要的感性思维存在的结构和形式之中；就科学品来说，它的使用价值存在于满足某种生产和某种社会需要的理性思维的深刻性和系统性之中。市场性的知识生产，既表现为知识使用价值的创造，又表现为知识价值的形成。

第一，活劳动——知识使用价值创造的决定因素。知识使用价值的创造过程，表现为智力劳动者通过创造性劳动，利用必要的物质生产手段，对知识资料进行精神加工、制造，创造出新知识及其使用价值的过程。有如物质产品使用价值的形成中包括活劳动、生产工具、原材料三要素的作用一样，知识产品使用价值形成中体现了智力活劳动、生产实验设备、知识资料三者的作用。

如同物质生产的三要素中，人的活劳动——马克思称之为活劳动的火焰[①]——是创造物质产品使用价值的决定因素一样，知识生产中智力活劳动是创造新知识产品的决定因素。如果没有有效的、创造性的智力劳动，例如某一科学研发机构，如果没有受过专业训练的和富有智慧的智力劳动者，即使拥有一流的实验设备、完备的知识资料以及充分的信息，也不可能做出高水平的知识创新，创造出高质量的新知识使用价值。在这里，我们特别要指出，人的智力或智慧在知识生产

① 马克思说："铁会生锈，木会腐朽。纱不用来织或编，会成为废棉。活劳动必须抓住这些东西，使它们由死复生……它们被劳动的火焰笼罩着，被当作劳动自己的躯体，被赋予活力以在劳动过程中执行与它们的概念和职务相适合的职能。"见《马克思恩格斯全集》第23卷，人民出版社，1972年，第207、208页。

中的特殊重要性。如果说，物质生产中劳动生产力取决于机器设备等物质生产手段的力量，即工具力，那么在知识生产中劳动生产力的提高，则取决于生产者的智慧（智力）和精神力。如果没有马克思、爱因斯坦的充满智慧的、天才的头脑，就不可能有《资本论》和《相对论》的创造；如果没有凡·高、毕加索、徐悲鸿的艺术家独特的精神气质和艺术创造能力，就没有《向日葵》《和平鸽》《奔马》这样的艺术杰作的产生。在科学工作经过数百年发展，正向大自然的深层切入的当代，为了取得高水平的研究成果，形成具有突破性的新理论和关键性的新技术知识，越来越要求拥有高智力水平的科技团队，特别是要求拥有高智慧的科技精英。[①]

第二，原有知识在知识使用价值形成中的作用。首先，作为知识资料的原知。知识生产中，在充分认识知识使用价值创造中活劳动的作用的同时，我们还应该充分估计到原有的知识，即知识资料所起的作用。

我们把知识资料定义为原有知识或原知，它是：（1）前人创造的和传承下来的可用知识；（2）当代他人创造的可用知识。知识从来是有源有本的，新知识的形成立足于对原有知识材料的加工，这是一个复杂的精神加工，包括去粗取精，去伪存真，淘劣中摄优，重构中吸纳，从而是黑格尔阐述的扬弃（Aufhebeng），即对原有知识的批判的继承和继承的创新。

在知识生产中原知十分重要，它是新知之母。任何一个科学家、

① 知识是人的智力劳动形成的反映客观世界的精神形式。知识的创造取决于人的智能。智能或智慧，是人的智力劳动的能力与品质，人们通常称之为聪明才智。对于一个智力劳动者说来，他获得的知识与他的学习的勤勉和学习经历有关，智能则既与后天的学习经历和掌握的知识有关，又与个人先天的智力禀赋有关。

思想家要进行理论创新，首先要收集、学习、掌握前人的研究成果，要利用已经形成的范畴、原理，作为观察、分析和思维的工具；要利用人们原有的实验数据，将其和新的实践（验）资料进行对比，由此发现原知的矛盾和缺陷，进一步通过自身的智力创新劳动，提出新命题、得出新原理、阐述新理论、修正旧学说。

朗克提出量子论，突破了传统力学关于物质粒子不间断运动的学说，而代之以波形的运动的新学说，但量子力学仍然立足于有关物质、原子“力”的牛顿力学的基本范畴之上。爱因斯坦阐述的相对论，既是对牛顿力学的重大突破，但也是对先前的科学理论的继承。[①]20世纪中物理学的一切新理论的发展，都离不开爱因斯坦的相对论。[②]20世纪德布罗意、薛定谔、海森堡、约尔丹、玻恩等发展的最新的量子理论都深受普朗克、爱因斯坦、玻尔等创建的古典量子论的影响。

可见，知识创新从来是借助于对“源头活水”的有效利用，是对原有知识工具和材料的加工、改造和重构，也就是说新知来源于母知。

学术交流中被吸纳的原知。知识生产是在知识社会交流中进行。任何科学新知的形成都体现有知识创新者对众多参与讨论和交流的科

---

① 牛顿在创作《自然哲学的数学原理》一书中，实现了一次科学革命与数学革命，但也有不少学者说：“牛顿把诸如开普勒、伽利略或胡克等科学家们完全不同的思想或原理汇集在一起，并对它们进行了综合。”牛顿在1676年写给胡克的一封信中也这样说：“如果我看得比别人更远，那是因为我站在了巨人的肩上。”当代实现了相对论革命的伟大科学家爱因斯坦十分谦逊地说“麦克斯韦和洛伦兹的理论不可避免地会导出狭义相对论”，他又说，他的相对论只是“修正了牛顿的理论”。见科恩：《科学中的革命》，商务印书馆，1999年，第203、552、550页。

② S. 温伯格指出：“在最基本层次上研究物质的物理学的全部理论在很大程度上是依靠两大支柱，一是狭义相对论，一是量子力学。”科恩：《科学中的革命》，商务印书馆，1999年，第523页。

学工作者的知识成果的汲取。科学成果的取得社会公认要通过学术辩论；重大科学发现往往要经过长期的争鸣，论辩者各自提出的各种不同观点进行百家争鸣的过程也就是科学工作群体共同参与知识创造的过程，而理论原创人创造的新的理论成果，总是包括有对他人提出的积极的思维的汲取或受到他人的批评的激励，这也就表明：直接创始人创造的新知包摄有他人创造的原知。

知识生产是在各种知识的激荡、相互影响中进行。人类认识世界的精神活动重要特征是人们在求知中的相互启迪，从而知识形成的重要特征是各门类知识的相互作用；某一门类的知识创新，不仅仅会启动这一领域的知识进步，而且，也会刺激和带动专业密切相关领域，甚至非相关领域的知识发展。牛顿力学不仅仅影响和启动了近代众多自然科学学科的发展，而且，它还影响着人文、社会科学的发展，成为18世纪唯物主义历史观形成的重要动因。而在当代，新兴学科和交叉学科的不断产生，体现了知识的互相影响和互相促进作用的越发加强。这种多种知识互相促进中的知识发展，表明了知识生产的社会化性质，也就是说任何一项新知的创造中体现了更大范围的前人的和他人的原知的作用。马克思对科学活动的社会性作出了深刻的阐述，他说：“当我从事科学之类的活动，即从事一种我只是在很少情况下才能同别人直接交往的活动的时候，我也是社会的，因为我是作为人活动的。不仅我的活动所需的材料，甚至思想家用来进行活动的语言本身，都是作为社会的产品给予我的。”[①]

知识形成过程的以上三个方面表明，作为使用价值的新知识的形成，是一个对原有知识——包括前人创造知识和他人创造知识——的

① 见《马克思恩格斯全集》第42卷，人民出版社，1979年，第122页。

继承与创新过程，智力创新劳动是新知识形成的决定力量，而原有知识则是新知识形成的理论始源、起点和要素。新知中包摄有原知，越是意义重大的知识、科学创新，从来不是凭空制造出来，而是有效地利用和汲取了原知。基于新知中包孕有原知的论点，新知识既是创始人的创新劳动的直接成果，也包括参与原知创造的众多智力生产者和前人的间接劳动的成果，特别是体现有在特定知识领域的科学理论先驱人和奠基者的劳动成果。[①]

综上所述，任何知识成果都发源于原知——前人和他人创造的知识；任何知识直接生产者的创新劳动都依靠和需要与间接生产者的劳动相结合；任何一个学科和任何一项特定知识的创新都要在各学科、各门类知识的交流中和互相影响、冲突与激荡中才能实现。可见，知识产品使用价值的形成和创新中直接生产者的劳动起关键作用，但是直接生产劳动只有在利用前人和他人劳动成果条件下才能结出创新知识成果，知识本质上是社会化劳动的成果，是全人类智力劳动结出之果。马克思明确指出："一般劳动是一切科学工作，一切发现，一切发明。这种劳动部分地以今人的协作为条件，部分地又以对前人劳动的利用为条件。"[②]当代信息化的发展大大加强了知识的共享性、传播性，

---

① 前人——甚至是早已作古的、距今年代久远的前人——的创新劳动形成的有用知识，被使用于现实知识创新过程之中，成为新知识形成的要素，这种论述仿佛是不可思议的，但是这的确是有关知识形成的严整的政治经济学分析所得出的科学结论。前人的知识劳动对现实经济的影响，是人类精神活动的特点，人类能接受、利用和继承上一代或遥远先辈的文化遗产，这也就是作为人类社会特点的文化传承。古希腊人在建筑、力学、数学等方面的成就，以及苏格拉底、柏拉图、亚里士多德哲学，既是体现了古希腊人的思维创新力量，又是对小亚细亚、巴比伦的早期科学知识的传承和发展。工业革命以来形成的现代自然科学中体现了对古典古代和中世纪自然科学知识的传承，现代几何学中吸收有古希腊欧几里得几何学原理，现代力学理论中吸收有阿基米德的力学。

② 《马克思恩格斯全集》第25卷，人民出版社，1974年，第120页。

更大程度上利用前人和他人的成果创造新知，是当代知识生产的鲜明特征，因而，当代知识创新劳动更加体现出社会化生产劳动的性质。[①]

2. 知识产品价值形成劳动

在知识作为商品生产的制度下，知识产品是归直接生产者占有，知识产品的价值，首先是作为生产主体的智力劳动者付出的社会劳动耗费的体现和结晶。以简单的知识生产为例证：设想一个专业的经济学家，不需要有庞大的资料库，也不需要有固定资产的支出就为某一企业作出一项生产组织设计与经营战略的研究报告，这一研究成果价值构成中，几乎是全部体现智力活劳动新创价值。如果说物质生产越来越依靠机器设备的生产能力，工厂产出的高价值往往和设备的高耗费成正比，那么，知识生产的一般特征是生产品主要是智力生产者思维（理性的和感性的）劳动的产物，产品价值主要是智力劳动耗费的对象化。

知识产品价值形成的特征是参与产品使用价值形成的、作为人类精神劳动生产物的原知并不是全部参与新知价值的形成。在当代发达的市场经济中，在众多知识产品作为商品生产和实行知识产权制度的情况下，知识生产者使用作为专利权的他人的科学发现、技术发明以及生产诀窍需要向产权主体支付费用，这部分知识资料费用以生产成本形式进入新知识产品售价中。这里通行着物质生产中固定资产价值在生产使用中转移到新产品价值中的规律，其实质是凝结在原知中的、前人的或他人的知识生产劳动创造的价值转移到新知识产品价值中去。但是由于知识的自然传播性和共享性，大量的科学、技术知识

① 正在向微软的计算机Windows操作系统发起挑战的可以自由使用和下载的Linux操作系统，是众多的“网友”协作劳动创造的和无偿使用的。

和信息是无偿使用的社会共有资源和共有产品，生产者获取、掌握和使用这一部分原知无须付费，因而这一部分作为生产资料的原知，尽管是劳动生产物却没有劳动对象化的功能；这部分原知尽管被利用和起作用于知识使用价值形成，却没有发生旧价值向产品价值转移，如同物质生产中被利用的和参与使用价值形成的无偿自然力——空气、阳光、温度等——不会有价值向生产品中转移一样。

可见，在作为商品的知识生产中，创造知识产品使用价值的劳动和价值形成劳动是两个不同的范畴。创造知识使用价值的劳动包括直接生产者的劳动以及被合并于生产的原知中体现的他人的和前人的即间接的生产劳动，创造知识价值的劳动只是包括直接生产者的劳动和原知的有偿部分中体现的劳动，而那些在量和比重上往往更大的、被使用原知的无偿部分所包摄的劳动——这部分劳动在新知使用价值的创造中所起的作用还可能是十分重要的——则是被排斥于产品价值形成之外。也就是说，对知识财富来说，价值形成体现的人类劳动耗费小于使用价值形成体现的劳动耗费。

知识产品在本质上是社会化精神生产劳动的成果，是一种特殊的社会共有产品，在知识产品作为商品的条件下，参与科学成果的使用价值创造的是社会化劳动——直接的和间接的劳动，但是只有参与科学成果创造的直接生产劳动和有偿原知中体现的劳动参与价值形成，这就是知识商品生产固有的内在矛盾。市场经济的机制中存在的知识价值形成和知识使用价值形成的矛盾，还将反映在知识产品价值的分配过程中，由此表现为知识共同生产者中一些人的报酬“取过其值”和一些人的报酬“不足其值”的现象。上述关于知识产品价值形成的机制的理论阐述提醒人们：在科学、技术作为商品生产的时代，在评价和弄清科学创新之源和知识生产者的劳动贡献时，不能只是看见参与价值创造的直接智力生产者的劳动及其贡献，还要细心发现、广泛追溯和正确评估间接参与成果创造的众多的科学工作者的劳动和贡献。[①]而在社会主义市场经济体制下，在知识生产领域，努力探索和形成更加完善的分配制度以保证广大知识生产者“劳有所值”，防止过度的“取过其值”和过度的“不足其值”的分配不公的扩大，就成为促使商品性知识生产和高技术经济健康发展的一项重要前提。[②]

3. 知识产品的生产耗费与价值构成

商品的价值是商品生产过程中的社会必要劳动耗费在交换中的表现。作为商品的知识产品，不是智力劳动者“心血来潮”和凭空想象出来的主观的东西，而是作为市场主体进行的知识生产过程的产物，在当代，越来越多的科学知识产品是企业组织的科技研发活动的产物。因此，对知识产品价值决定的分析，要从知识的生产过程及其耗费入手。

知识产品的生产，就科学产品来说，是科技人员利用物质实验手段和知识、信息等精神资料，组织科学实验活动，在此基础上进行创造性思维的成果。一项创新性知识产品的生产，需要有下列的体现为

---

① 斯蒂格利茨在论述知识经济时，指出了知识产品作为商品和知识产品在市场价值机制下的分配，存在着不能充分承认参与知识生产的要素的贡献的问题——这是知识作为商品生产的知识经济时代的新矛盾。他说，创新者“所有的想法都建立在其他人的工作的基础上，从共有思想库中吸取了营养。事实上，基础理论，例如数学理论（为现代计算机提供了基础）通常是不受专利保护的”。见约瑟夫·斯蒂格利茨《知识经济的公共政策》；《知识与发展：21世纪新追赶战略》，胡鞍钢主编，北京大学出版社，2001年。

② 当代资本主义国家高科技经济中商品性知识生产的发展，使智力生产者中的“取过其值”和“不足其值”表现得十分鲜明，特别是创新知识的垄断及垄断收益的分配机制，大大发展了一部分知识生产者的“取过其值”。当代知识经济使财富分配领域的矛盾进一步发展，对分配进行调节的任务更加迫切。对当代知识生产中的复杂的分配问题，需要系统的、全面的、严整的政治经济学的理论阐述。

生产成本的经济耗费：（1）生产过程中使用的物质生产手段，如实验设备及水、电、房租等耗费，我们将它称为c^1。在高科技经济中，实验室物质设备十分复杂，往往需要巨额资金，企业用于购买和形成物质固定资产的投入，被称为“沉没资本”，这项固定资产耗费在产品投产后需要在短期内进行回收，因而企业生产出的知识产品价值，首先是实验室物质手段原有价值的转移产品价值中的部分以及实验室的其他物质耗费。（2）向外购买和使用于生产中的知识资产的耗费。最新科学资料与信息——包括科研资料、购买的专利权、新技术图纸以及生产诀窍等是知识生产的重要手段，也称为企业的知识资产，它的一部分价值要转移到知识产品价值中去，这部分知识资产耗费，我们称之为c^2A。由于知识（信息）产品的共享性，一部分知识资产——包括公开发表的科学知识和技术知识、管理知识和各种有用信息等——是无偿获得。借助于计算机网络，人们就能获得当代多种多样的、最新的自由知识产品，这一部分知识产品本身没有价值，它参加知识使用价值的形成，但没有价值转移和形成的功能，企业在生产中使用这部分知识资产，就像使用无偿的自然力一样。这部分生产中使用的知识资产，我们称之为c^2B。（3）科技人员本人的活劳动创造的新价值。用于知识生产的物质资产和知识资产，都不能自动创造新知，只有科技研发劳动之火与知识生产资产（物质资产和精神资产）相结合，才有新知识产品的产生，也才有知识资产有偿部分价值的向知识产品价值中的转移，而科技研发活劳动不仅实现知识资产中旧价值的转移，而且会创造出一个新的价值量，后者我们将它称为$v+m$，其中v是用来维持科技劳动力再生产费用，m是产品价值扣除各种生产费用和劳动力再生产费用的余额，即剩余价值。

基于上述分析，作为经济的生产过程成果的知识产品的价值构成

的简单公式是：（c^1+c^2A）+（$v+m$）（Ⅰ）

或　　　　（c^1+c^2A）+（$v+m^1+m^2$）（Ⅱ）

公式Ⅰ（c^1+c^2A）+（$v+m$）表明：一项属于科学技术创新知识的新产品设计图纸的价值是（c^1+c^2A）+（$v+m$），即生产中转移到产品中去的有偿的生产手段耗费体现的劳动价值和在生产中科技劳动创造的新价值。

公式Ⅰ和Ⅱ也表明：企业研发创造出的知识产品的价值构成，首先是c^1+c^2A，即生产中物质资产的耗费和知识资产的有偿部分转移的价值，其次就是科研工作者创造的新价值$v+m$。在知识生产者是产品所有者的场合，$v+m$以劳动报酬、专利使用费等形式归科技人员占有；在实行股份制，特别是科技人员持股的分配机制下，m^1以奖金、股份期权等形式归智力劳动者本人占有，m^2归公司其他出资人占有。

上述科学产品价值构成的简单公式和物质产品的价值构成公式是相同的，我们认为，立足于劳动价值论的产品价值形成模式，完全可以阐明当代知识产品的内在价值和市场价格变动的机制。

4. 科技知识垄断与知识产品的垄断价格

第一，知识产品效用价值的表象。当代发达市场经济中，在知识产品以及高知识密集产品的市场交换中，往往呈现出某种产品使用价值大→价格高的因果关联。如特级大师设计的新颖服装的市场价格比普通服装高出若干倍；运算更快、功能更多的新型计算机，比技术性能差的计算机卖得更贵；一项体现最新科学、技术知识和拥有良好效益预期的设计图纸，在风险投资者竞购下价格飙升。此外，在经营中创造出重大业绩的企业总裁的年收入较普通职工高得出奇；其表演技巧能使观众倾倒的名影星、名歌星的票房价值为一般表演者不可比拟。以上的事例表明，在知识产品市场交换中的确是呈现出知识产品价格水平——人们通常称之为市值——和使用价值的状况相对应的现象。

当代西方主流经济学家把价格与价值这两个范畴相混同，把市场价格等同于价值。在此基础上，他们认定商品效用决定价值。例如他们把名歌星一场表演的高票价，认为纯粹是由于表演者提供的高效用的“等价”，从而表演者获得收入统统是“物有所值”。一本论述知识经济的早期著作——堺屋太一的《知识价值革命》，针对当代经济中“有些高级时装和高性能机器的价格往往超出同类商品价格的四五倍”①，以及消费者对特定新型领带图案有个人偏好，领带就高价出卖，而一旦消费者不再喜爱这种图案，领带就大跌价等现象，②提出了知识价值由消费者对知识的主观的产品效用评价决定，而与知识生产的“成本没有必然联系，也不围绕成本上下而波动”的论断。③堺屋太乙认定劳动价值论已经不适用于当代知识产品的价值决定。④

知识产品的价值果真是与成本、与终极“成本”——劳动耗费无关，而只决定于商品的使用价值吗？为要对当代高技术经济中的知识产品高使用价值→高价格的现象予以理论的阐明，我们有必要首先弄清使用价值和价值这一对范畴的含义。

资产阶级古典政治经济学的杰出代表，从威廉·配第到亚当·斯密和李嘉图早已对作为商品的基本属性的使用价值和价值范畴进行了

---

① ［日］堺屋太一：《知识价值革命》，东方出版社，1966年，第204页。

② ［日］堺屋太一：《知识价值革命》，东方出版社，1966年，第218、219页。

③ ［日］堺屋太一：《知识价值革命》，东方出版社，1966年，第219页。

④ 任何一本西方经济学教科书都是重复上述“价值”取决于消费者对产品效用的评价的论题。按照这种经济学理论，知识、文化产品生产者从产品（服务）市场交换获得任何的报酬，不论它是多高还是多低，都是与它的劳动“贡献”相对应，是“劳有所值”，从而是自然而合理的分配。这样的解释是一种将市场机制的一切表现、一切结果都视为完美无瑕的皮相之见，或对现实进行“辩护”的经济学。

有理论深度的剖析，马克思更是在他进一步加以发展的科学的劳动价值论的基础上，对使用价值和价值范畴的内涵，以及商品使用价值创造和商品价值形成关系，作出了最为细致、深入的阐述。

按照马克思的价值理论，使用价值是商品拥有的满足购买者需要的有用性。他说："物的有用性使物成为使用价值。"[①]在物质生产领域这种有用性体现在商品体，即商品物质属性或商品使用价值之中，物质产品的使用价值量可以用物质体来计量，如布多少码，铅笔多少打。马克思阐明了商品价值是"对象化""凝结""物化""结晶"于商品体中的抽象人类劳动，商品的价值量则是"对象化"的抽象人类劳动量，更具体地说是对象化的社会平均必要劳动量。按照马克思的理论分析方法，价值是商品生产关系的体现，从而是看不见、摸不着的，不过这一生产关系是体现在作为使用价值的商品体之中，使用价值体凝结有价值，而价值也离不开使用价值。可见，就价值形成来说，商品体，或使用价值形成是抽象人类劳动"对象化""物化"的前提，如果主体劳动不创造出具有有用性的商品体，不形成对他人的即社会使用价值，即使耗费了大量主体劳动也不能"对象化"和"凝结""体现"为商品价值。

可见，马克思的劳动价值理论并不否认使用价值形成与价值形成间的有机联系，而是认定物的拥有使用价值是价值形成的必要条件，"价值只是存在于某种使用价值中"[②]，"如果物没有用，那末其中包含的劳动也就没有用，不能算作劳动，因此不形成价值"[③]。但是使用价值作为价值形成的前提和载体，并不意味着使用价值的质量决定价

① 《马克思恩格斯全集》第23卷，人民出版社，1972年，第48页。

② 《马克思恩格斯全集》第23卷，人民出版社，1972年，第228页。

③ 《马克思恩格斯全集》第23卷，人民出版社，1972年，第54页。

值量，马克思明确指出："在商品体的价值对象性中连一个自然物质原子也没有。"[①]人们可以清楚地看见：在农业生产中丰年谷物的使用价值量增大，但谷物的价值量并不增加，而且，谷物的价格反而下降了。在工业经济中，产品质量越发精美，有用性更加增大，但价格却是日益走低。当代高技术经济中，信息产品如家用计算机、手机等迅速地升级换代，产品知识含量越发增加，使用效果越加增大，但售价却越来越低。上述事例都表明，商品价值取决于其生产中的社会必要劳动耗费量，而不取决于使用价值的质和量。

需要指出的是：知识新产品或创新的知识密集型产品在推向市场和"热销"时期，存在着价格不受成本约束，而定位于高市值的现象，无论是英特尔的计算机的每一次升级，或是微软Windows视窗每一次的创新，都会有一个高市场价值的时段，表现出价格超过成本，即价格对价值的大偏离。对纯知识产品，如新技术、新工艺的设计图纸来说，在其成为风险投资者抢购对象时，往往是以高昂价格转让，特别是在文化品市场上，大师级的艺术产品更往往以"天价"成交。我们要指出的是，在这些场合，价格运行的真相并不是外表上的高使用价值提升价值，而是稀缺产品交易中的垄断价格机制，即具有垄断性的产品以超过内在价值的市场价格出售，而不是商品使用价值或效用决定价值。

第二，市场经济中竞争的不完全与垄断价格。以上我们设计的知识产品价值构成公式，$(c^1+c^2A)+(v+m)$，揭示了知识产品内在价值本质，从而，阐明了较完全竞争中支配知识产品现实的市场成交价格变动的大趋势。需要指出，在自发性的市场经济中，任何一种交换中

① 《马克思恩格斯全集》第23卷，人民出版社，1972年，第61页。

的商品是经常处在供求失衡之中，在商品供小于求时，价格会上涨和高于价值。此时，在利益驱动下，生产扩大，造成供大于求，价格会下降到价值水准以下，只是在商品供求相均衡时，才会出现价格与内在价值的相一致。在市场经济的竞争机制下，时涨时跌的商品价格总是会回归和定位于内在价值。马克思说，“生产这些产品的社会必要劳动时间作为起调节作用的自然规律强制地为自己开辟道路，就象房屋倒在人的头上时的重力定律强制地为自己开辟道路一样”[①]。

市场价格在波动中回归于价值轴心的大趋势，即价值规律，是以较完全的竞争为前提，这就是：（1）市场上有多数生产者和购买者进行自由的竞卖竞买；（2）各个行业之间资本与要素的自由流动；（3）信息的公开和对称。在市场经济体制下现实的市场结构是多层次的，表现为垄断、垄断性的竞争和较完全的竞争的并存。如果竞争不完全，例如在某些或某一厂商在生产中具有垄断地位的情况下，市场价格表现为不是在多数市场主体的自由竞争中形成一般均衡价格，而是稀缺产品造成的或少数垄断者操纵下形成的、包含着超额利润的垄断价格。市场经济是竞争经济，发达的市场经济是更加开放、更加全面的竞争经济，但是即使在发达的市场经济体制下，在实行高度自由化的制度和反垄断的措施下，实际经济生活中仍然会有垄断或准垄断的存在，从而在某些领域的交换中仍然会存在垄断价格。随着制度创新和竞争机制的引进，垄断价格会被突破，市场价格又会向价值轴心回归。

第三，知识产品交换中的垄断价格机制。当代发达国家的高技术经济中，众多生产主体进行自由竞争，从而价格围绕价值波动的规

---

① 《马克思恩格斯全集》第23卷，人民出版社，1972年，第92页。

律，明显地表现在一般的知识产品的生产与交换中。这里提到的一般的知识产品，指的是大量的、水平一般的知识生产：如一般科技服务，一般经济咨询，一般新闻报道，通俗文学创作，大众化文艺演出，等等。上述面对广大群众的多种多样的一般知识产品的生产，是竞争性的或充分竞争性的生产，从事上述生产的众多的文化工作者，往往只能获得中间阶层以下的生活水平，他们只不过是普通的智力劳动者。普通的艺术家的创作与毕加索的作品不同，它不具有垄断性质，其价格是在市场竞争和供求变动机制中趋向于价值。当然，作为知识产品市场价格趋向的价值中准，要比物质产品的价值中准高，这是由于知识生产劳动具有高熟练劳动从而创造高价值的功能。市场经济中智力劳动的报酬较一般体力劳动的报酬高，如人们支付给家庭教师按小时计的辅导报酬高于支付给家庭清理工按小时计的报酬。对这一现象人们无须大惊小怪和将其视为是知识产品价格背离了价值，而应该看到，那是由于知识生产劳动是熟练劳动，从而使知识产品拥有较高的内在价值。

我们将分析视角转向当代高技术知识产品，如有关信息技术、生物技术的新产品设计图纸和生产、工艺程序软件，这些高技术创新产品是以高内在价值为特征。高技术知识产品中的高内在价值，主要不是来自物质资本耗费带来的转移价值，而是高智力劳动创造的高价值。[①]这在于：高技术创新劳动是一种高度复杂和高强度的劳动。高技术人才，特别是创新人才的培养和成熟需要较高的学习费用——包括学校中以及在实践中的学习，因而高智力创新劳动能创造出加倍的新价值（$v+m$）；加之以科技知识研发时间长，生产产品的社会必要

① 参见本卷第六章《论科技创新劳动》。

劳动量大，这也是科技新产品内在价值大之所在。另外，高科技创新依靠的是智力劳动者群体。当代高技术企业中，科技研发团队往往成为职工的主体，而重大科技成果是企业“结合劳动”的产物和体现。微软新开发的XP视窗，就是厂内5000名职工——绝大多数是智力劳动者——经过3年的研发获得的成果，庞大智力活劳动耗费和对象化，是XP视窗拥有高价值的内在原因，也是其高市场价格的基础。可见，对于当代高技术产品的以高价格出售的现象，人们也不可能简单地说成是价格偏离了价值，而要首先认识高技术产品有其内在的高劳动价值。

知识产品市场价格决定的重要特点，在于它存在着**价格对内在价值的向上偏离**和表现为垄断价格。对于当代高新技术知识产品来说，在知识产权体制保护下，创新者对新知识、新技术拥有垄断权；此外，一些知识生产者通过多样保密方式来维护其科技知识垄断权，①因而新知识产品是以大大超过产品内在价值的垄断价格出售。我们把新知识产品价值构成公式写成（c^1+c^2A）+（$v+m$）$+p$，p是超出产品内在价值的交换价格或者是创新者从市场机制中获得的额外收入。就新技术知识购买者的企业来说，尽管购买这项专利支付了高昂的费用，但是企业使用这项优先获得的新技术知识创造出的高质量的新产品，一定时段会在市场上处于垄断地位并以垄断价格出售，由此给企业带来超出购买和使用专利的费用的额外收入。此外，企业用于开发新技术的高投入，作为“沉没资本”，在新产品投产后，会很快被收回，此后该项高技术产品的扩大生产边际成本几乎为零，企业的额外利润越

① 许多厂商不申请专利，而通过将生产过程分散化和对关键工艺、过程的保密来维护其技术垄断。

来越大。上述知识产品垄断价格形成和生产规模扩大与额外收入增长相并行的机制，被称为高技术经济中的收益递增规律。可见，科技知识的垄断性，是高技术知识创新成果在市场走俏，成为风险资本家追逐对象和以远远高于生产成本的市场价格出售的根本原因。[①]

任何知识包括高科技知识不可能长期被垄断，特别是高科技经济是更加开放、自由竞争的经济。在上述条件下，任何新科学知识、新技术会很快为竞争对手掌握，质量相同的同类产品很快会出现于市场，一旦竞争者获得更新知识，创造出更优的技术，陈旧的技术知识因使用价值急剧丧失，其内在价值也就归于消失。正因为如此，那些强势企业要千方百计保持其技术知识垄断，更主要的是通过加强研发，掌握更新的技术、工艺知识，不断推出质量更优的产品，这是企业能持续维护其产品在市场上的垄断地位的根本前提。

在当代高科技经济中，新技术知识的垄断价格机制，成为知识生产的强经济刺激器，它有力地推动知识创新。当代的科技型企业以及研发机构，通过知识产品的垄断价格，获得丰厚的收入，由此进一步扩大研发投资，聚集研发人力，进行卓有成效的知识扩大再生产，而且，将创新知识转化为新技术和新产品，使企业快速增长。发达国家一大批高技术企业，如微软、英特尔、思科等，都是依靠知识创新、科技创新的机制，成为了快速增长型[②]的企业，它们不仅是技术创新的带头羊，而且是科技知识创新的带头羊。可见，当代创新知识垄断价格机制，起着强化科技研发，增大科技创新成果的功能。

但是知识的垄断并不总是带来积极的效果。和任何垄断一样，

---

① 创新技术折合成企业股权或成为创新者的购股期权，也是知识产品高价格的一种形式。

② 信息产业中拥有技术优势的企业，通过使其产品的制式成为市场标准，由此占领最大市场份额，产品由此拥有更大的优势，形成一种马太效应。

当代的技术知识垄断，造成高技术经济中强者越强，强势企业不仅长期以保持在某一生产领域中的技术垄断地位，控制市场，独占超额利润，还阻碍竞争和技术进步；强势企业通过对社会共有产品——知识的垄断，不仅造成知识经济中分配关系的扭曲和加剧分配不公，还阻碍知识扩散，从根本上抑制和扼杀生产力的进步。①斯蒂格利茨说："在知识经济中，垄断的危险甚至还高于在工业经济中。"②当代发达国家的知识经济中知识垄断的负效应已经有多方面的表现，成为当代资本主义经济中的新矛盾。基于此，我国社会主义制度下，在大力发展高技术经济和知识生产过程中，如何能做到既保持知识创新的强经济激励，又防止知识的垄断，便成为当前需要认真研究的一个重要问题。

上述分析表明，科技知识创新成果的垄断，使创新知识产品价格保持（c^1+c^2A）+（$v+m$）+p的结构，即p成为知识产品价格的要素，甚至是产品价格构成中占有比例最大的要素。只要企业能实现不断的知识创新，p将长期成为企业优势产品价格的组成要素。③

我们已经指出：全面市场化和自由竞争，是发达市场经济和高技术经济的特征，只要这一竞争体制保持不变，个别企业拥有的高技术创新知识的垄断地位不可能长期保持不变。英特尔的芯片创造知识

① 约瑟夫·斯蒂格利茨提出了知识经济时代的知识、技术垄断带来的负面效应：如微软对家用电脑操作系统的垄断，"不仅造成价格保持高水平，而且致使创新进程也远远慢于竞争状态"，斯蒂格利茨指出了"过于严格的知识产权保护的危险"。见《知识经济的公共政策》，载《知识与发展：21世纪新追赶战略》，胡鞍钢主编，北京大学出版社，2001年。

② 微软公司被众多公司指控利用其在电脑操作系统上的控制地位来扩张它在应用软件中的控制力。微软的知识垄断不利于竞争和技术创新是一个客观事实，美国政府却对此迟迟未采取纠正措施，由此表现出资本主义国家的政府屈从于大垄断势力。

③ 英特尔公司在20多年的发展中实现了摩尔提出的18个月使微处理器效率倍增定则，它的产品在技术上、质量上始终保持领先地位，英特尔成为世界微处理器生产的霸主，在市场份额中占有75%，英特尔微处理器由此得以保持垄断价格，并且成为公司获得的超额利润的主要来源。

与技术，一直受到IBM、德州仪器公司、惠普、Cyrix等一大批公司的挑战，微软的视窗与办公室软件技术，当前正面对着众多公司开发的Linux技术的竞争。因而高技术知识产品与知识高密度产品呈现出质量不断提高，价格却不断下降的趋势。尽管现实的产品价格仍然是包含有额外收入的垄断价格，但市场价格却是不断地、有时甚至大幅度地下降，它表明价格回归于价值轴心的趋势仍然在发生作用，只不过是采取了价格在更长时间更大的背离和在更多的波动中接近价值轴心的作用形式，是一种更加发展了的借“不实现而实现”的价值规律作用形式。

以上论述可以用下列图表来说明。

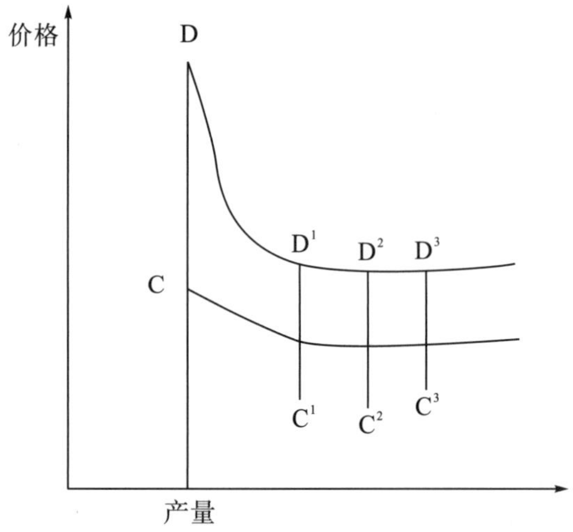

D为对某一商品的需求价格曲线，C为成本+平均利润，即生产价格曲线。DC即垄断利润p。$D^1C^1<DC$，$D^2C^2<D^1C^1$，$D^3C^3<D^2C^2$表明，垄断竞争中，价格在波动中向生产价格接近，但它不会完全回归到价值轴心，市场价格仍然会保持垄断价格性质和包含有垄断利润p。

以上分析可以归结如下：对于知识产品的高市场价格的解读，人们无须诉诸效用价值理论，对当代高技术经济中科技知识产品的高市值这一新现象，人们完全可以在劳动价值论的基础上来加以说明。而马克思的劳动价值论仍然是分析当代经济的新实际、新情况的理论基础。

三、现代科学劳动的生产性[①]

（一）科学知识的快速进步是时代的特征

人作为万物之灵，在于它具有智慧，即认识世界——客观世界和主观世界——的功能。人们认识活动的成果是知识。人在实践中认识，又在认识中实践，实践经验的积累和人们比较、分析、归纳等思维能力的增进，推动人的认识深化和知识进步。

人类认识世界、获得知识要经历一个由浅到深、由片面到全面、由伪知到真知、由一般知识到严整的科学知识的长过程，在人类认识史的长过程中的每一小步可以是以千年、百年计。人类认识的进步是不平衡的。初始人类认识能力十分薄弱，知识的增进十分缓慢，人懂得磨制燧石，即由使用旧石器到使用新石器也经历了上百万年的时间。公元前3000年，世界一些地区——小亚细亚、埃及、恒河、黄河流域——出现了包括冶炼金属，修建宫室、城市建筑以及水利设施等在内的远古型科学知识的萌芽；特别是公元前5世纪和公元前4世纪，在古希腊有几何学、天文学、医学，苏格拉底、柏拉图和亚里士多德的逻辑、人文、历史学等古代科学、文化知识的兴起，在中国则是春秋战国“诸子百家”的产生和争鸣，人们可以将其称为古典型的科学、文化知识的形成。但是，我们应该说，迄至近代大工业经济产生

① 本节载于《江汉论坛》2002年第8期。

以前，知识，特别是科学知识的进步是缓慢的。

人类历史告别了农业经济形态，进入了工业经济形态，标志着知识加快进步时期的到来。机器大工业和市场经济，成为知识进步、现代科学兴起的动力。工业革命前的17世纪，在工场手工业的发展使技术进步成为现实需要的大背景下，出现了以牛顿力学为代表的现代自然科学的兴起。此后自然科学走向广度扩展，即多学科领域的发展，19世纪物理学、化学、生物学、地质学等取得了重大理论突破。20世纪是科学知识快速进步的世纪。20世纪以量子论、相对论两论开篇，自然科学基本理论取得意义重大、影响深远的突破性发展，在20世纪下半叶应用技术科学取得巨大进步。20世纪末，出现了以经济最发达的美国为策源地的更加快速的、被称为“知识爆炸”的科学、技术知识进步的新高潮，信息、生物工程等众多高技术科学领域出现了快速的知识创新。最典型的例证是被称为摩尔定律的家用计算机芯片能力18个月倍增，此外，以克隆技术和人体遗传基因编码为标志的生物技术的快速创新，成为当代科技知识进步的又一重要方面。除此而外，纳米技术、航天技术等领域，都出现了不断的知识创新。科技知识创新，不只是出现在发达国家，而且，在中国和其他发展中国家也通过经济、教育、科技体制创新，启动了科技知识快速进步的进程。

可见，20世纪科学知识进步呈现出一种加速度发展的态势，20世纪末以来的自然科学迈向了知识进步的高峰，当前知识进步势头仍然强劲，正在更广、更深层次上推进，21世纪科学知识进步的前景是更加美好的。

（二）科学劳动规模的扩大和科学成果的增多

科学是人的科学劳动的成果。当代的科技知识不断进步和创新，表明科学劳动规模的扩大。

首先，科学活动投入的增大。在当代企业中科学研究人员大大扩大了。在发达国家的高科技企业中科技人员已占企业员工50%以上，而在知识生产型企业中，科技人员的比重更高，呈现出高智力劳动力结构的特征。在当代，大学、政府设置的以及民间的科研机构不断壮大，吸纳的科研人才越来越多。

其次，用于进行科学劳动的资金投入的增大，大企业研发费用在销售额中的比例普遍得到提高，研发费用占销售额10%以上的企业越来越多，通用、奔驰等大汽车公司的年研发费用往往达数十亿美元，而在高技术企业中研发费用在销售额中的比重更高。

发达国家研发投入在国民总产值中的比重已达到3%，研发奖金投入的增大，意味着进行科学劳动的固定资产和物质条件更加充实，也意味着科学劳动更大规模地开展和科学研发进入对自然世界的深层领域。

科学劳动规模的扩大，直接带来科学成果的增多。在当代经济发达国家，也是科学成果丰硕的国家，一些大企业研发机构和重要科研院所每日取得专利权已经达数十项，重要的科学发现、技术发明频频出现。如果说，农业经济时代的生产是物质生产，工业经济时代，大规模物质生产伴随有科学劳动和科学产品的创造，那么，当代高技术经济中出现了物质生产与科学劳动相并行，物质产品与科学产品同时扩大。上述情况表明，当前的现代大生产，既是物质产品大生产，也是精神产品，首先是科学产品大生产。在高科技经济中，科学产品的创造更加重要，已成为扩大再生产的前提条件。

（三）科学对生产的渗透和科学活动转化为科学生产劳动

科学活动是人的精神领域的活动，它的生产物是科学知识，后者是一种与物质财富相对应的精神存在或精神财富。知识拥有重要的实用功能，特别是应用于生产的功能。即使是远古人类也是自觉、不自觉将所获得的知识应用于生产，而机器大工业生产方式的出现，开创了自觉将科学知识应用于生产的时代，人们（1）按照自然科学揭示的自然物质的性质和力来创造机器；（2）适应机器作业的性质，按照自然规律的要求来确立工艺方法、流程；（3）人们按照机器的性质和机器作业的要求，采取特定的劳动方法；（4）人们按照科学揭示的自然物质的性质来创造工业原材料和培育农作物品种，等等。上述人在生产中对科学知识的应用，马克思称之为科学“合并”“并入生产”“并入劳动过程”[①]。

科学合并于生产的全过程：第一步，科学劳动创造科学产品（知识产品）；第二步，科学产品在物质生产劳动作用下转化为物质生产手段和工艺方法；第三步，物质生产劳动，借助合并有科学知识的生产手段和生产方法，生产出具有科学含量的产品。上述过程还可以表现为下列图式：

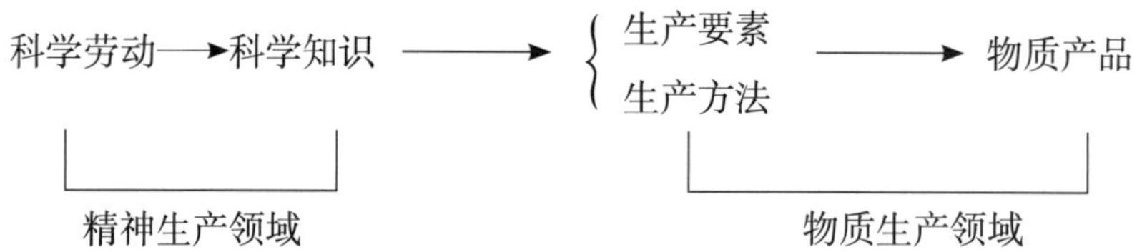

从上述图表中可以看出，科学活动创造出科学知识，介入生产的科学知识，成为生产力的新要素，因此，科学知识成为一种独立的科

① 《马克思恩格斯全集》第23卷，人民出版社，1972年，第708页。

学力，它使直接生产劳动（活劳动）的生产力大大提高。

科学地被“合并”于生产和转化为生产力要素就是科学活动介入物质生产，作用于生产，从而成为总体的生产和全过程的生产（活动）的一项内在要素和力量，介入与合并于生产的科学活动由此也就拥有生产劳动的性质，成为一种具有强大生产力的科学劳动。

（四）科学劳动是社会结合劳动的组成要素

科学活动转化为生产劳动是通过参与企业结合劳动来实现的。以机器大工业为基础的生产，是实行分工和劳动协作的大生产，与之相适应，生产劳动由个人劳动发展成为“结合的”劳动。就一个企业来说，参与使用价值的形成和价值的创造的是企业的“结合劳动”和“总体工人”，此外，还要包括参与劳动协作的企业外的“结合劳动”；因而，从现代社会大生产的角度，生产劳动是一切参与产品生产的“社会结合的劳动”，而介入和参与物质生产的科学劳动，理所当然地是“社会结合劳动”的组成要素。

现代社会大生产把科学劳动直接纳入企业结合劳动之中。大企业把科技开发作为企业生产活动的重要环节，为此，它要雇用科技工作者从事研发活动。现代大企业不仅生产物质产品，而且要创造科技研发成果，将一部分专利权和其他知识产权向外转让也是提高企业效益的手段。随着高科技经济的到来，企业内科技人员的数量还在扩大，比重还在提高。科技劳动不仅是企业内的“结合劳动力”的组成部分，而且是重要组成部分。适应科学活动的企业化和科技成果的商品化、市场化的发展，企业大量的科技研发活动是由企业以外的科研机构——大学、独立的科研院所——来组织，这些科研机构通过投标，承担企业委托的研究课题，另外，企业还通过购买专利权来取得科学知识产品。在当代，公司化的科研机构大量涌现，它们是组织科学、技术研发、生产科学品的市场主体，当代有关信息技术、水稻以及人体遗传基因组排序的技术与知识的研究就是通过公司化的科研机构来组织的，后者获得的可应用的科学产品是通过市场交换转移到投资者手中和用之于生产的。

上述组织科学活动种种方式上的差别，不会改变被使用于生产的科学活动都是“总体的”社会结合劳动的本质，只要是研发成果被应用于具体生产过程之中，就意味着始发的科学劳动介入、参加了现实的生产过程，成为了社会结合劳动的要素。因而，人们不能以科研工作者是否在企业内工作，甚至是否是正式被聘用、上岗、上班等来确认科学活动的生产劳动的性质，也就是说，科学成果的有用性和被使用于生产，是评判科学活动的生产性的唯一标志。

（五）科学合并于生产有不同方式

科学活动包括广泛的领域，人们通常将它分为：自然科学、技术科学与社会科学，按照它应用于生产的状况和方式，人们又将它区分为基础理论科学和应用科学；或是生产、技术科学与社会科学；社会科学中又可以区分为经济科学与人文科学；经济科学中又可以区分为管理科学和基本经济理论（包括学说史）等。显然地，具体的科学活动具有多种多样类别，其经济、社会功能也不相同。就生产性与功能来说，有的科学活动的生产功能较为直接，有的科学活动的生产功能较为间接，有的科学活动具有提升物质技术力的功能，有的科学活动具有提升管理力或提升体制活力的功能，等等。可见，科学的不同门类，被合并于生产的方式和发挥促进经济增长的作用方式是不相同的。

1. 科学成果直接作为生产力的要素

在当代，一项应用技术科学知识的创新，意味着掌握科技创新知识成果的企业能更新其技术手段、工艺方法和创造出科技含量更高的新产品，人们看到，英特尔公司依靠计算机芯片应用技术知识的不断创新，实现了家用电脑不断升级换代。在发达的市场经济及其科学产品有效转化的机制下，任何个人——包括少年科学家、发明家——从事的卓有成效的科学活动都迅速转化为现实的生产力，如最早的苹果计算机，就是一些大学生在汽车房中进行的科技开发的成果。可见，在当代，各种各样方式进行的、在企业生产中获得使用的应用科技活动都具有社会结合劳动的性质，它们从事的智力劳动体现在企业的生产成果之中。

2. 科学成果间接地作用于生产

自然科学的基础理论的研究，由于它的成果是关于有关物质或对象的性质的原理或基础性知识，它揭示对象“是什么”和“为什么”，但是却不直接回答应该“做什么”和“怎么做”。因而，这种科学活动成果，还是一个精神存在，而不具有可以供企业用于生产的使用效果。由于基础理论知识的自由传播性，即“外溢性”，非应用性的“纯科学理论”不具有可交换性，从而，不存在交换价值，市场机制不表现从而不承认基础理论研究活动的生产性。这一情况并不改变基础理论研究活动是“源头性劳动”，赖有这一“源头性”的劳动及其成果，奠定了应用技术研究的基础，为应用技术研究指出具体路径和方法，例如计算机芯片的应用科技的研究成果，是立足于有关单晶硅的物理学与化学性能的基础理论的进步的基础之上。可见，科学知识的创造有其自身的规律，这就是基础理论科学，引发、支撑应用技术科学，每一次重大的基础理论的突破，会引发一轮大范围内的技术科学的创新和发展，在现实经济过程中发生的技术科学向现实生产力的转化，是立足于基础理论向应用技术知识的转化。这也就表明：尽管从微观现实的角度，从事基础研究的、创造“源头理论”的研究人员不参与企业生产过程，但是从生产全过程看，基础理论成果却对社会生产过程和使用价值的形成起着重大而积极的影响。可见，如果基于宏观和长过程（长期）观，有效的基础理论研究活动仍然带有生产劳动的性质，只不过，它是一种无须支付报酬的、不具有价值形成功能的生产劳动。

当代科学，作为实践的科学，它是服务于当代社会大生产——包括生产的物质技术、劳动方式、经营管理、体制创新等——的科学，各项科学活动的具体功能和服务于社会大生产的方式是多种多样的，人们应该基于科学活动发挥经济功能的方式，从社会大生产和总产品创造的角度，来评判和确认科学活动的生产劳动的性质。如人们不能只将自然科学、技术科学作为科学，而否认管理科学、社会科学是科学，人们也不能只将应用科学活动视为生产劳动，而否认基础理论研究活动的生产性。

（六）科学劳动成为生产商品的劳动

科学成果的商品化，越来越多的科学活动被纳入商品交换领域是当代科学发展的特征。人们可以看到：

第一，在当代经济中，由于科技市场的形成，科技新创造、新发明、生产诀窍、产品设计、工程设计都成为市场交易对象，它表明科技成果成为商品。

第二，在市场经济中，科技研发主要采用市场招标，即竞卖方式来进行组织，独立的研发机构，如大学的研究所，实际上是按照购买方订货来进行科学、知识产品的生产和交换。

第三，适应当前高技术经济的需要，出现了以从事多样科学知识研究的公司化的企业，它们不仅仅进行各种工程设计、产品设计以及科技研发，而且，从事科学成果的营销，一些研发、咨询公司还从事经营管理方法与企业战略的研究。科技研发的企业化经营，意味着科学知识大规模商品生产的形成。

第四，当代企业股权制度进一步创新，科技型企业普遍实行科技人员和经营者持股制。科技人员持有股权，实际上是以他们持有的科技知识产品换取股权，或者以科技创新劳动换取股权，它意味着科学劳动产权化，这一知识产权化的制度安排，进一步推进了科学活动商品化。

第五，当代大工业公司，出售技术专利和提供多样科技研发服务，成为增大企业销售收入和谋取盈利的重要途径，它表明，大企业不仅生产物质、实物产品，而且还生产和出售“科技知识产品”。

第六，在市场经济体制下，科技人员以被企业雇用的职工身份从事科学活动，科技劳动力成为在市场出售的商品，当代高科技经济进一步实行职工的自由流动，“跳槽”成为常规，它表明：科技劳动力进一步成为市场交换的对象。

以上情况表明，科学成果的商品化、市场化、资本化是发达的市场经济中的大趋势。不管人们是否已经充分意识到，也不管人们是否情愿，在不可违抗的市场经济法则作用下，出现了更大范围的科学活动被卷入市场交换的领域，更多的科学成果成为商品，更多的科学活动成为创造商品的劳动，也就是说，在当代，人们面对着一轮商品性科学知识生产的兴起。

第五章

文化生产

——现代市场经济的重要生产部门①

一、文化生产是当代社会大生产的新的组成部分

文化、文化“价值”、“文化力”，在当前是一个最热门的话题。报刊上的文章对上述概念有着各种各样充满随意性和混乱的阐释。在本卷中我们不是一般地研究文化，而是从经济学的角度，研究作为经济物品来生产的文化生产，特别是研究文化生产的现代形式：发达市场经济中的商品性文化生产。

我们把文化的内涵规定为一定的人类群体拥有的某种共同的观念、心理、情感，后者表现在人类群体独具特色的生活方式中和行为方式中。用另一种更具体的表述：文化是人类群体关于世界——客观

① 另见《论现代文化生产》（上、下），原载《经济学家》2005年第1、2期，《文化研究》2005年7月转载。

世界和主观世界——的观念，是哲学、法学、道德、美学观念及由这些观念支配的人的行为方式和感情方式。

文化观念和心理体现在人类群体和个人生活的方方面面，从衣食住行，婚丧嫁娶到参与各种社会交往，履行多样社会职责，这一切人的社会行为中，无不体现出某种文化心理特征。文化作为一种支配人类群体行为的观念和心理结构，它是在特定的生产方式中，在特定的经济与社会制度中形成的，属于社会意识的上层建筑，它反作用于政治和经济，起着完善、发展物质生活和维护经济基础的功能。

文化作为影响、塑造人的观念和行为的意识形态，它在促进现代社会由物质富裕走向文化昌明中起着越来越重要的作用。特别是在构建拥有高度物质文明、精神文明和政治文明的中国特色社会主义的伟大历史实践中，需要发挥先进文化育人的功能，培育和塑造有理想、有道德、有文化、有纪律的一代新人，形成人民群众文明的、健康的生活行为和社会行为，增强社会成员相互间的友善、互助、协作精神，促使社会秩序和法纪得到自觉遵守与国民经济和社会生活的协调运行。

在现代发达市场经济中，特别是在当前的信息经济的发展中，文化越来越被合并于生产，成为一项新的生产要素和重要经济资源，文化的生产力功能更加增强。而且，经济发达国家出现了发达的文化生产，形成了生产文化、知识产品的文化产业，商品性文化生产成为当代社会大生产的一个新的组成部分，文化产品成为现代国民财富的重要内容。在当代，文化产品是一种珍贵的经济资源，大力创造和充分发掘文化资源，将它合并、嫁接于生产，就能促进经济增长和财富增值。而重视文化生产，努力发展文化产业，加强文化对经济的推动，已成为一些国家加快经济发展的成功经验。基于当代文化拥有的促进经济发展的重要作用，在我国全面建设小康社会的新时期，在大力发展社会主义文化事业，同时，加快文化产业发展的步伐，充分有效地发挥文化生产力的作用，以促进经济增长，就是一项具有重要现实意义的发展方略。

对当代，文化的重要性不只是在于其经济功能。文化是民族精神的体现，是民族存在与发展之本。在当代世界多极化、经济全球化以及各种文化思想互相交融、互相碰撞的时代，加强中国社会主义文化的建设和中华优秀文化的继承和发扬，关系到我国对文化侵蚀的抵御力的增强，民族凝聚力和国家影响力，即国力的提升，是中国和平崛起和独立自主地发展与世界各国、各民族的交往与文化交融的重要精神条件。

二、市场经济与部分文化生产的商品化

简要地说，人类的文化、精神活动的产出物，表现为以下两类产品：（1）人文理论作品：包括哲学、政治学、伦理学、法学、历史学、经济学，等等；（2）文化、艺术作品：包括文学创作，音乐、舞蹈等文化演出活动和绘画、雕塑，等等。以上两种人类的精神、知识生产活动的成果，在本卷中统称为文化产品，简称文化品[①]。

文化活动，一方面是自发地产生于群众的社会生活实践之中，如原始的歌舞产生于初民的共同生产劳动之中，原始的艺术——壁画、刻骨、刻石——产生于初民的闲暇生活之中；另一方面，是在特定社会组织和国家行政组织安排下，由特定的从事智力活动的人员来创

① 狭义的文化指的是文学、艺术等活动及其作品，本书中考察的是狭义的文化，如果将人文社会科学以及自然科学也包括在内，是大文化的内涵。

造。例如人类早期的精神、文化活动表现为巫师的祭祀和宗教活动，教师的儿童教学活动，以及从事诗歌朗诵的原始公社成员的活动，[①]等等；此外，在古代，有关政治、哲学、宗教、道德的观念和理论的创造活动是由国家给予俸禄的官员——在中国是士大夫——来从事的，高雅的文化、艺术活动，如绘画、书法等的创作是士大夫的“兼业”，通俗的文化活动，如丑角的表演、器乐的弹奏、歌舞，则是由奴婢或是市井的艺人来进行。

文化品作为商品和商品性文化生产的发展，是发达市场经济下的大趋势和客观规律。在本卷中我们业已阐述了市场经济的历史发展，首先在工业化过程中实现了物质生产的商品化，此后，在现代化过程中实现了服务活动的商品化。在经济进一步市场化和发达的市场经济形成中，文学、艺术创作，音乐演唱、戏剧演出、体育表演等众多文化活动，日益作为文化商品来进行生产和交换。[②]

文化品作为商品来生产和经营的大趋势的产生，在于：

第一，作为自由职业的文化、工作者的产生。中世纪末期，在商品经济发展的条件下，已经出现了依靠文化品的市场交换，“鬻文为生”的穷秀才。[③]在资本主义经济发展初始阶段，文化品生产者表现为亚当·斯密和马克思的有关论著中经常提到的酒店歌女、丑角以及穷

---

① 马克思对古代和中古印度的乡村公社的内部分工作出如下描述：“一个婆罗门，司理宗教仪式；一个教员，在沙土上教公社儿童写字读书；一个专管历法的婆罗门，以占星家的资格确定播种、收割的时间……有时还可以看到一个诗人……这十几个人的生活由全公社负担。”《马克思恩格斯全集》第23卷，人民出版社，1972年，第396页。

② 参见本卷第一章及第四章《论知识生产》有关部分。

③ 明末清初在商品经济较发达的江南城市，一批文化人如“扬州八怪”中的郑板桥、金农等已经将出卖书画作为维持生活的补充手段。

困潦倒的诗人、画家，[1]他们是以出卖文化服务劳动——文化品——来维持生计的“自由职业”者。随着社会经济发展和居民收入水平的提高，对文化品的需要日益增大，参加文化生产的劳动者日益增多，在社会分工规律作用下，逐步形成一个由多种专业组成的、自由职业者阶层。[2]他们或者是从事独立生产的“自由撰稿人”，或者是受雇于文化企业，自由职业者的形成和壮大，是文化商品生产发展的重要前提。

第二，科技进步和新技术的应用于文化领域，产生了拥有强大市场开拓力的新的文化商品生产。影视技术、印刷出版技术以及电信、广播技术的革新，产生了有声、彩色电视，及时提供各种信息的新闻、报刊，内容多样，适应于各类读者的书刊和大众化的休闲、知识读物，上述新型文化消费品，以其对广大群众的吸引力，从而拥有强大的市场开拓力，适合于大规模生产，不少名片、名刊、名报拥有巨大的发行量。特别是电影，随着技术不断进步，声、光、色等质量的不断完善，成为了文化消费市场的“热销产品”。20世纪30年代人们看到了好莱坞影片在全球文化市场的扩张以及《时代》等新闻期刊及其他文娱休闲期刊等的大量发行。影视、新闻媒体业的崛起，意味着影视剧本创作、影视音乐、录像、录音以及新闻采访、编辑、报刊文章写作和影视广告制作等文化工作者队伍的壮大。特别是20世纪80年代以来的信息革命，使影视技术、传媒技术、印刷技术出现“质”的变化，产生了高清晰度的影视。信息技术革新了影视、新闻文化品的

---

① 马克思说：“密尔顿出于同春蚕吐丝一样的必要而创作《失乐园》……卖了5镑。”见《马克思恩格斯全集》第26卷Ⅰ，人民出版社，1972年，第432页。

② 亚当·斯密在1776年这样写道：“随着社会的进步，哲学或推想也象其他各种职业那样，成为某一特定阶级人民的主要业务和专门工作。”见《国民财富的性质和原因的研究》上册，商务印书馆，1972年，第10、11页。

内容，产生了在瞬间反映世界最新情况的影视新闻。信息技术革新了出版技术，计算机排版和印刷，大大减少了书刊印刷时间和提高了印刷品质量，增大了文化出版物的数量和品类。信息技术创造了信息文化产品：出现了从事使各种知识数码化和网络化，即从事知识、信息品生产的产业，产生了包括电子游戏、电子乐曲、电子漫画等的信息艺术品和从事信息文娱品生产的新娱乐产业。[①]可见，科学与技术的进步及其被引入文化、精神生产领域，不断拓宽和丰富文化生产的内容，创造了富有吸引力的现代文化品，促使现代大规模文化商品生产出现。现代高科技带来的产品高质量，大批量生产带来的低价格，进一步刺激和扩大了文化品的市场，从而，促进文化大商品生产的进一步发展。

第三，在资本主义市场经济发展的初始阶段，文化服务业多半是属于个体生产与经营。初期的文化生产主要表现于文艺表演，如从事吹拉弹唱的艺人多半是走街串巷进行卖艺，或是为酒店老板雇用，从事餐饮演唱，在那时还很少有像样的经营性的剧院和歌厅。此外，从事文学、艺术创作的人很少；最初的新闻传媒发行量很小。由于市场对文化品需求的有限，以及文化生产者属于较熟练的劳动者，后者的供给是有限的，上述情况使文化、精神生产很难采取企业化形式大规模生产和经营。[②]随着GDP的增长和居民收入水平的提高，对文化

① 网络游戏业正在全球兴起，并成为国民经济中的主导产业之一。在日本和韩国，电子游戏产值已超过传统制造业产值。中国的电子游戏业规模尚小，2004年产值约20亿元。电子游戏业在中国有着巨大的发展潜力。

② 古典经济学和马克思经济著作中提到和加以阐述的文化品主要是歌星、丑角的表演这样的古典文化服务品。在19世纪英国，参与经济流转的文化品和服务品在数量上是有限的，当时英国国民财富中独占统治的是物质产品。马克思说：对于表演艺术家、演说家、演员、教员、医生、牧师等活动，“在这里，资本主义生产方式也只是在很小的范围内能够应用，并且就事物的本性来说，只能在某些领域中应用”。见《马克思恩格斯全集》第26卷Ⅰ，人民出版社，1972年，第443页。

品的市场需求增长，文化品生产领域逐渐成为有利可图的投资场所，因而，从事文化品的生产组织和营运的企业逐渐兴起。[①]当代书刊出版公司，不只是从事书刊印刷和出版，而且，首先是基于市场需求状况，进行精神生产的策划，组织作家创作和进行作品的商业运作和销售；画廊不只是从事书画艺术品的展示，更主要是从事发掘艺术资源，组织艺术创作，进行商业包装和营销艺术产品。在发达的市场经济中，文化品的生产已经和物质生产领域一样，主要采取企业化的经营形式。企业对文化品的生产组织，促进了文化品的生产适应于社会需求；商业营销手段扩大了文化品销路；大规模的产品生产降低了成本；文化、艺术品的专利制度和创作劳动报酬制度的改进，加强了文化精神生产的物质激励；总之，商品化、企业化的机制的引入文化、精神生产领域，有力地促进了文化品的扩大再生产、企业的积累和文化产业的成长，特别是促使当代生产大众文化、娱乐产品（影视、新闻媒体、休闲文学和休闲艺术作品等）的大规模企业集团的出现。以物质生产部门、服务生产部门和以科学产业、文化产业组成的知识生产部门共同组成的三维产业结构，已经成为当代发达国家产业结构的特征，文化产业已成为现代国民经济的支柱产业，成为拉动现代经济增长的重要力量。在当代，快速增长的商品性文化生产，已经成为现代发达市场经济中表现出充沛活力和拥有巨大发展潜力的成分。[②]

---

① 当前美国每周出1000本新书，为1993年的两倍，美国人花在看书上的时间为2小时，上网平均3小时。亚马逊公司图书目录有200万。

② 根据统计资料，美国有5家年销售收入400亿～500亿美元的大媒体公司，迪士尼公司年利润达30亿美元，文化产业产值在美国占GDP的1/5。美国音响业产值仅次于航天工业产值，居出口贸易第二位，占据文化品世界市场40%份额。日本文化娱乐业产值超过汽车工业产值。韩国网络企业KT Freetel提供游戏、音乐下载等服务，2002年销售值达34.8亿美元。中国2000年文化产业（指狭义的文化品）市场销量不到2000亿人民币。

可见，经济市场化，总是会不以人的意志为转移，渗透到文化品生产这一精神生产领域，并且，逐渐改变千百年来深入人心的文化、艺术排斥市场交易的传统观念。市场经济所固有的自由职业从业者自谋生计的体制，特别是文化企业化经营的兴起，更是促进了文化生产的商品化，使文化生产的越来越广大的领域从属于商品生产。

由于文化品属于社会意识形态，后者总是要适应于社会经济形态的性质，体现社会政治结构的需要，因而文化精神生产从来不可能是智力人员为所欲为的“自由的”生产。人们新创的文学、艺术产品在性质上不仅要受到特定社会历史上形成和传承下来的文化观念的制约，而且，文化、精神生产从来要受到政府权力结构的影响，甚至要由国家参与组织生产，精神产品的效果与社会价值要由具有权威的部门来认定。即使是在摆脱了政府权力直接管制精神生产的资本主义“自由国家”，用来形成人的世界观、价值观、人生观，有关哲学、政治学以及道德的基本理论——它们是文化核心产品——也从来不是实行听凭人意的自由生产，政府要采取多种措施，形成有效的社会机制，以培育和维护适应于经济基础的主导思想、观念，并且将其向广大社会成员进行灌输。可见，在这一意识形态性质强的文化生产领域，不可能实行完全的、自由的商品生产。此外，在意识形态性质弱的文化生产领域，例如大众文学、艺术创作以及大众文化娱乐、休闲品生产中，资本主义国家实行自由放任的商品生产，但是政府还要组织公共节日的文化、艺术活动，国家艺术馆、博物馆的民族文化珍藏的展出要实行免费，从而是从属于公共物品生产的机制。可见，在文化生产实行市场经济体制条件下，也需要将一部分文化、精神生产，以社会公共物品的形式来进行生产和分配，从而产品性文化品是文化财富的重要组成部分。

在社会主义建设中，精神文明建设具有重要地位，在社会主义市场经济体制下的文化生产需要贯彻以先进的文化为指导的基本方针，要建立政府主导的文化生产体制，有效地发挥政府在规制、指导、推动文化活动发展中的功能，确保文化生产物的健康的思想内涵。为此，要大力发展多种文化事业，同时，要适应部分文化生产商品化的规律，大力发展商品性文化生产，切实推动文化产业的发展和壮大。在发展我国社会主义文化生产中，为了充分地满足13亿人民的不断增长的文化需要，贯彻“以人为本”，更加需要坚持和搞好文化事业的发展，组织好文化公共物品的生产。

三、文化品是特殊商品

（一）文化品二重性：商品性与意识形态性

发达的市场经济中，一部分文化精神活动成为经济生产活动，其生产物成为商品。作为商品的文化产出物，我们称之为文化品，或文化商品，它具有一般商品的二重属性：使用价值和价值。文化品的使用价值是产品拥有的满足购买者的精神需要的属性。大师级艺术家的表演，高质量的电影，世界杯球赛，均能使观众获得极大的精神享受与心理的满足，这里表现出文化品拥有实在的使用价值和有用性。

多数文化品具有非实物、非固定的形态，表现为一种文化活动，但是文化活动，无论是戏剧演出、歌唱、演奏，毕竟是有声、有色、有形的客观对象和实在的使用价值。这种实在的使用价值是文化工作者的精神劳动的结晶和表现形式，而且，正是这样的文化、精神产出的实在的使用价值使其成为市场上的一种特殊的交换对象，成为交换价值的现实基础。文化企业通过对文化活动的有效组织，通过文化品的市场营销，能获得经济效益，形成企业积累，促进企业发展和经济增长。可见，尽管文化品属于精神生产物和采取非实物形态，但它是参与经济运行的经济产品，何况，一部分文化品从来就具有以实物为载体的表现形式，如绘画、雕塑等“造型艺术”就属于此。此外，随着物质生产力的发展，科技的进步，出现了文化精神产品的物质、实物载体化。印刷术的发明使思想、观念产品取得印刷出版物的形式，当代影视、录音与录像技术使各种即期的、随生随灭的文艺演出活动以胶卷和光碟形式储存，成为可以长期使用的“耐用”消费品①，可见，文化品作为人的精神活动的性质和采取的非固定化的文化“活动”形式，并不妨碍它能具有实实在在的使用价值的性质。

（二）文化品是具有意识形态性的特殊商品

作为商品的文化品，与一般物质商品和一般服务商品是不相同的，是一种特殊商品。我们已经指出，文化品是人类的文化、精神生产物，属于社会意识的上层建筑，它是某种生产关系或经济、社会制度结构在人的思想、意识上的表现。任何一种精神产品，无论是文化、知识产品，或是艺术产品，总是要在其知识、艺术形式与结构中体现出特定的社会人固有的某种政治、社会观念，以及立足于上述观念的有关是与非、善与恶、美与丑的评判方式和爱与憎的情感方式，这些，人们通常称之为作品的政治、思想性，使用科学的表述是作品的意识形态性。

① 在资本主义发展幼年时期，在资本主义生产关系尚未在服务领域确立的18世纪的英国，在关于生产劳动与非生产劳动的讨论中，亚当·斯密强调“固定性”“耐用性”是商品的特征和生产劳动的标志。在当代发达市场经济和信息技术时代，随生随灭的服务也可以表现为“物化”“固定化”形态，将“非固定化”“非耐久性”作为商品的规定性的传统观念已不再适用。

意识形态总是为社会经济基础服务的。在特定的社会形态下形成的特定的占支配地位的意识形态，通过其在群众中塑造、形成特定的思想、观念模式和文化心态的社会功能，塑造出社会的人及其特定社会行为，起着维持经济、社会运行和巩固现存的经济基础的作用。作为意识形态的文化、精神产品所拥有的这种重要功能，决定了任何一种社会形态都要通过特定的社会机制，来形成与其经济、政治制度的要求相适应的文化生产。

文化生产是社会主义精神文明建设的重要组成部分，将社会主义的、积极健康的思想意识贯彻于文化生产之中成为对知识、精神生产部门的重要要求。在社会主义条件下，人们从小说、诗歌、戏剧，以及音乐、艺术等文化消费中得到的不只是“精神的愉悦”，心理的“放松”，而且，内容健康的文艺作品，还以其体现的先进的政治思想、高尚的情操的潜移默化作用，提高群众的精神境界和道德情操，而内容不健康的文艺作品则对群众的思想意识起着腐蚀、败坏的消极作用。我国社会主义建设的实践表明，新的社会主义市场经济的顺利运行以及社会主义民主与法制的健全和发展，需要通过完善精神文明建设机制，包括加强文化育人的机制，大力培育和塑造有理想、有道德、有文化、有纪律的社会新人，因而，对于商品性文化生产来说，不仅仅要强调产品的经济性质和讲求产品的商业、经济价值，而且要重视产品的思想、意识性和将产品的社会效益（社会价值）放在首位。

思想意识性是作为商品的文化品的核心品质与“灵魂”，但是这一商品之魂并不是离开其商品使用价值体而独立存在，而是体现于文化性使用价值体之中，人们可以看见，反封建的人本主义精神体现在莎士比亚的《罗密欧与朱丽叶》《哈姆雷特》等名剧的引人入胜的故事设计、情节安排、人物说词等完美的戏剧形式之中；《长征组歌》

则是把中国红军爬雪山过草地的可歌可泣、坚韧不拔的革命精神，体现在十分完美的歌词和歌曲之中。

可见，与单纯作为使用价值物的一般物质商品不同，用来进行市场交换的文化商品，既具有一般商品的使用价值的性质，又具有社会意识形态的性质，是一个经济物品与社会意识的二重物。①

四、文化产品体是文化商品使用价值的基础

（一）满足人的精神需要属性存在于文化产品体中

文化品的使用价值，即文化品的满足社会的人的精神需要的有用属性，是有效的精神生产劳动的外化、客体化和体现于现实的特殊的产品体中。（1）歌唱家感人的美声，舞蹈家动人的美形，音乐演奏家吸引人的美音，上述文化劳动者创造出的文化品，尽管是非实物化、固定化的“产品”，但却是有声、有形、有色之物，是一个现实的文化对象和特殊的产品体。（2）绘画家、雕塑家创造出的“艺术美”和文化精神意蕴则是体现在特定的物质、实物载体结构中。另外，当代的录音、录像技术使那些“随生随灭”的文化、精神活动，获得了物质载体，表现为物质、实物产品体。可见，作为文化品的商品的有用

① 知识、精神产品有多样类别，科学产品有自然科学和社会科学，社会科学中有理论学科、管理学科；文化品有文学品、艺术品，文学品中有严肃文学、大众文学，等等，上述知识、精神产品的性质具有多样性。自然科学是自然规律的思维形式，不具有意识形态性。具有意识形态性质的知识产品又因不同类别而有不同特点，如文学作品的意识性的强度就不及社会科学作品。文化品中的文学品和音乐品的意识性强弱就不一样；属于休闲、文娱性的文艺品，例如流行歌曲、科幻作品以及生活摄影，等等，其社会功能主要是文娱性，而不是意识性。在我国文化生产发展中，实事求是地区分和估价文化品的意识性，全面把握文化品的功能，由此形成一个使人民群众的文化需要得以充分满足的多样性的文化品结构是十分重要的。

性和使用价值，并不是虚无缥缈的东西，而是体现和存在于其特定的产品体中。

本卷中提出的文化品的产品体论题，在于强调文学艺术品拥有的使读者、观众获得美的感受的功能，在于文化精神劳动创造出某种艺术性和思想性合为一体的内在结构，后者我们称之为美的素质和属性，[①]文化产品体越是具有完美的内在性质和结构，美的素质就越完善。而文化生产，就是要通过有效的艺术创作劳动，形成某种完善的、拥有美的素质的产品体。如画家要致力于绘画产品体中由物的形象、线条、色彩、布局以及特定的诗情、画意等组成的结构的完善；书法家要致力于书法产品中由点画、笔法、墨法、结体以及某种意趣、神韵、气质等组成的结构的完善；小说家要致力于小说产品体中由主题设计、人物刻画、故事情节安排，特别是作为作品灵魂的思想内蕴等组成的结构的完善。上述产品体结构的完善性，不仅在于创作者对有关美学规律的掌握和应用，如有效利用有关对称性、协调性或黄金分割等规律，更重要的是要把积极的思想内容贯穿于美好的艺术形式之中。

可见，如物质实物生产在于创造出能满足人的物质需要的产品物质结构和属性一样，文化品的生产在于创造出产品的“美”的结构和属性，这是使文化品拥有美感和吸引力，成为具有满足人的精神需要的使用价值的现实基础。

① 人们对伟大的艺术精品都会产生发自内心的“愉悦”感，表明适用于广大人类群体的艺术美的一般规律是客观存在的。这种共同的美学规律，是立足于一般的人类文化心理的基础之上，而人类的一般的文化心理结构是人类群体在长期的生产实践——包括对美的事物的欣赏，即美育的实践——和生活实践中形成的并且向下代代传承的。

（二）消费者文化偏好与文化精神产品的使用价值的实现

文化商品的重要特点是：产品使用价值对不同的消费群体表现出很大差别性。在现实生活中，人们会看见某一文化品给甲带来现实的美的感受，产品体内在的使用价值得到实现，但是它并不给乙带来美感，从而不成为乙的消费需求对象，人们会经常看到，一些优质艺术品，如名画，它博得了专业人士的好评，但市场消费群体却并不认为它是美的，乔治·摩尔说："艺术只吸引少数人，而不是很多人。"[①]而另一方面，一些在某些消费群中走俏的文艺品，专家却不屑一顾。通行于文化消费生活中的上述情况，成为美学理论中的有关美纯然是人的主观精神感受的学派的立论基础，而持效用价值理论的经济学家也似乎可以有理由宣称：文化品的使用价值纯然是主观东西，是物品对某一特定购买者的主观的效用。

实际上，对文化精神商品来说，产品体拥有的美的结构和属性，形成商品内在的使用价值，而消费者的文化结构和审美能力则是文化品内在使用价值得以实现，即转化为现实的使用价值的主观条件。

人类拥有某种审美尺度和美感能力，后者一方面来自作为高级智能动物的人类自然生成的感性与理性认识能力，另一方面是在长期的社会生产实践与社会生活实践——包括对美的事物的欣赏，即审美实践——中形成的，它成为人的一种文化精神结构，这种文化、精神结构表现在人对某种美的事物会做出积极的心理反应，人们通常称之为"美感"。

人的文化、精神结构主要是社会形成的。历史地看，物质生产方式、生活文娱方式以及人的行为习惯的发展和变化，会带来人的文化

① ［爱］乔治·摩尔：《十九世纪绘画艺术》，中国人民大学出版社，2003年，第134页。

精神结构的发展变化；现实地看，个人、群体因经济、社会地位的不同以及民族、国家不同，也在文化精神结构上表现出差异性。此外，受教育的状况、个人生活经历等的不同，也会使人的文化精神结构表现出个人的特色。此外，人的文化精神结构和审美能力是在文化生活中不断发展、完善和提高的。只有经常参与吹弹演奏才能知音，经常参与观赏文化艺术演出和展览才能有较高的文化、艺术欣赏能力。可见，美的事物对不同的人类社会群体带来的美的感受会有所不同，我们称之为文化品美的结构与属性的社会效用的差别性。

美的物品的社会效用的差别性表明：在文化商品生产中，只有产品的美的素质与属性与购买者的文化精神结构和消费偏好相对应和耦合，产品的文化、艺术使用价值才能得到实现。我们说，购买者文化精神结构和由其决定的消费偏好，是文化产品使用价值得以实现的主观条件，这并非意味着人的文化消费偏好创造和决定文化品使用价值。文化品使用价值是文化生产劳动的创造物，这一精神性使用价值体现于文化品的美的结构和属性之中，从而是一个客观的实在，也是文化品内在的属性，拥有实在的和内在的艺术使用价值是文化品引起观众的美感和欣赏热情，引发消费者的购买偏好的现实基础。文化市场上一些热销产品不需很长时间，甚至很快就会对消费者失去吸引力和为市场所淘汰，如流行歌曲、电子音乐等当前最时兴的文化品，呈现出一时性的热销，但随着新的乐曲出现，很快失去市场，成为明日黄花，而艺术性和思想性完美结合的经典作品却经得起时间的考验，艺术魅力始终不衰。中国西周时期的青铜鼎鬲，古希腊荷马创作的《伊利亚特》和雅典的人体雕塑、古典建筑物，对当代众多观众仍然富有吸引力，上述情况是文化品拥有内在使用价值的最好的说明。[①]

五、文化品的使用价值的多样性、创新性和时尚性

（一）多样性

文化品是用来满足人的精神需要的对象。人的精神需要具有多样性，包括：（1）休闲享乐需要；（2）学习需要；（3）艺术欣赏与创作需要；（4）旅游观赏需要，等等。人是历史的人，人的精神生活需要是在社会经济发展中，特别是在现代化进程中得到发展的。需要决定生产，人的需要的多样性决定了文化品的多品类和使用价值的多样性。

文化精神需要是因人而异的，职业性质，收入水平，受教育的程度，个人经历，年龄等均会对人的文化需要发生影响，因而，具体的人的文化、精神需要从来是多种多样的。文化需求的差异，要求文化产品具有多样性。

在现代市场经济中，社会分工分业日益发达，经济结构更加复杂，社会阶层越加众多，人们的生产方式、生活方式、文娱方式差异性越来越大，从而人们的精神需要与偏好越加不同，文化需求的多样性进一步发展。市场机制总会调节生产适应于需求，当代商品性文化生产体制中市场机制的作用，促使文化生产高度多样化。如现代文化

① 马克思对希腊艺术和荷马史诗给予了高度评价，他提出了一个人们难解的问题：希腊艺术“它们何以仍然能给我们以艺术享受，而且就某方面说还是一种规范和高不可及的范本”，马克思对这一问题做出了回答，他说，成人都拥有对儿童天真性格的愉快感，希腊神话中展示出人类童年时代人的“发展得最完美的天性”，认为这就是希腊艺术的“显示出永久的魅力”的原因。应该说，在这里，马克思将艺术之所以有吸引力和美感归之于艺术品内在的美的素质。见马克思：《政治经济学批判》导言，《马克思恩格斯选集》第2卷，人民出版社，1972年，第114页。

生产拥有多种多样的品类：艺术品、科学品、闲读品、观赏品、健身品、游戏品、棋弈品、旅游品，等等；而且，同一文化品类，要适应于各个社会群体需要的性质，在产品性质上有不同层次；就不同层次的产品来说，还需要有不同的特色、风格，等等。就文化、艺术品来说，在发达的文化生产中，有高雅品、通俗品；一些文艺作品富有思想性，一些作品长于艺术性；一些作品书写国家兴亡、英烈伟绩，一些作品叙述生活琐事、儿女私情；一些作品使人愉悦欢快，一些作品涤荡人的心灵；一些作品是鸿篇巨制，一些作品是散篇、小品；一些作品是艺术、社会价值双高的精品，一些作品是艺术性、思想性一般之作；等等。文化产品结构中具体作品的差别性的存在，并非人们的失误，而倒是生气勃勃的文化生产的常规，是作品丰富多彩和文化繁荣的具体表现与固有要求。

文化产品的多样性意味着：（1）文化品拥有社会使用价值，从而获得广阔的市场销路，由此实现文化劳动的创造价值功能和促使文化生产的进一步发展；（2）广大文化工作者精神劳动积极性得到充分的调动以及他们的聪明才智和特长的得到发挥，文化精神生产的真正搞活；（3）文化生产充分适应于社会需求和人民群众的多种多样的文化、精神需要的得到满足。

（二）创新性

追求新颖，是现代人的精神需要的特征。基于人的生理的以及社会生活需要的性质，人们日常用餐无须顿顿更换食谱，每日去办公室无须换用新车，但基于新鲜增强感受的心理学法则，满足休闲生活需要的文化品则要讲求新颖。人们不会老是重复看同一部影视片或重复去观赏同一个艺术展出，即使是名家的经典作品，在重复消费中其使用效果也会降低。任何一家歌舞剧院，不会老是演奏贝多芬、巴赫或施特劳斯的名曲，而是要力图推出当代新人的新作。现代社会是迅速变化的社会，生产方式、生活方式、人的观念和审美意识都处在变化之中，越来越在文化消费中起主要作用的青年人，更具有思想活、爱好新的特征，这就要求作为商品的文化品生产要讲求产品创新，不断创造出具有新的品质和属性的产品——创新性的使用价值，这是文化品得以顺利地销售的前提条件。

不断进行文化创新，不只是出于人的精神需要的性质，更主要的是由于市场经济的竞争机制。文化商品经济同样是通行着“强胜弱汰”的规律，[①]竞争机制推动了不断的文化创新。在文学著作、艺术创造、文化演出中新产品不断涌现的条件下，在创作题材、内容、表现形式等方面缺乏新意的“陈品”不再为群众爱好，即使它们是富有艺术创作技巧和拥有健康的思想内容之作，也将因其与现实消费需求的脱节和社会使用价值的削减而不再具有市场竞争力，而在形式和内容上具有创新性，能反映新时代、新生活，贴切体现群众内心要求和时代精神的作品，则能赢得众多消费者的喜爱，从而赢得市场。可见，竞争机制是文化创新的经济动力。

不断进行文化创新，更是时代对文化生产的要求。当代世界，和平和发展成为时代主题。现代化带来了物质生产力的大发展，科技进步的积累，特别是发达的市场经济催化与推动了当前这一轮新的科技革命和不断的科技创新，由此引发了生产方式和生活方式的变革；经

---

① 在文化市场上“强胜弱汰”，指竞争力强的产品排挤、淘汰竞争力弱的产品，但在当前的文化市场上强不等于“优质”，弱不等于“低质”，“强胜弱汰”不等于“优胜劣汰”，恰恰相反，优质文化产品“竞争力弱”而艺术、社会价值不高的文化产品“竞争力强”却是文化市场上习以为常的现象。对这一点将在本章第九小节中加以论述。

济全球化推动了世界范围内的经济变革；中国快速的工业化、现代化和加快向社会主义市场经济体制转型，正在带来社会的物质基础、经济基础、思想观念的深刻变革和创新。文化、精神产品是生活的摹写和生活本质的揭示和积极反映。文化品的满足人民群众精神需要的性质和程度，以及文化品拥有的满足购买者需要的有用性和使用价值，决定于产品反映现实生活的紧密度和深度。因此文化生产，特别是为了市场销售的商品性文化生产，必须创造出反映新时代和广大人民群众丰富多彩的现实生活的作品，这是文化品能为广大群众喜闻乐见和文化品市场销路得以拓宽的前提。

（三）时尚性

追求时尚性是某一些文化品生产的特征。时尚性指的是某种产品的内容与形式，在一定时期具有高的社会使用价值，从而获得某些群体强烈的消费偏好和表现为旺盛的市场需求，但很快它的使用价值就会失去，不再有很多的购买者，原来在市场上的优势地位会为某种新颖的产品所取代。当代的大众文化品中使用价值的时尚性表现得十分鲜明。如流行音乐中，某些音乐流派风靡一时，一些歌曲为人们争相传唱，而其演唱者也在媒体上无限风光，但三五年后就时过境迁，在市场上走红的则是更新颖的音乐流派和新人。上述产品使用价值的时尚性，也表现在当代大众歌舞艺术、绘画艺术及其他造型艺术领域。①

文化品使用价值的时尚性，最鲜明地体现在现代工艺文化品中。

① 托夫勒说：“信息时代加强了不同群体的文化偏好及其变动，产生了一种‘瞬息就变化的文化’。”见《第三次浪潮》，三联书店，1983年，第114页。

我们将工艺文化品视为体现在现代制造品——包括消费品、生产工具、生产场所、城市建筑等——之中的艺术形象和结构，后者是现代发达的、门类众多的、专业的工业艺术设计的生产物。

现代工业艺术设计是一种谋求创新和追求时尚的文化生产，具有典型性的是服装设计。时装的功能不同于一般服装，它主要是用来满足人的文化、精神需要：着装的时尚感。时尚必须创新，服装设计师力求服装款式、衣料，以及附加物的新颖，特别是服装的文化、精神内涵和风格的新颖。时尚性产品的特征是使用价值的短暂性，如妇女服装的流行周期难以超过一年。这种情况决定了时装设计这一文化生产特殊的求新性，要求服装设计必须在产品结构、形式和人文精神内涵上不断进行创新。

当代经济已经在向文化经济迈进，文化越来越向众多消费品——包括日用品、家具、室内装饰品、儿童玩具——以及向机器设备、厂房、建筑物、城市基础设施等生产物进行渗透。在住房建设中越来越讲究文化风格和现代美学意蕴，在都市建设中，特别是标志性建筑物的建造，越来越讲求建筑的文化、艺术内涵的新颖性。[①]总之，在日益发达的工业艺术创作中，讲求新颖，追求时尚已成为时代潮流。

文化品使用价值的创新性、时尚性体现了文化品使用价值的不断变易性。多样性与变易性是文化品使用价值的基本特征，不断推陈出新，自觉在文化生产中适应文化品变易性的规律，是保证和提升文化品社会使用价值的必要条件，也是使商品文化品价值得以实现，文化再生产得以顺利地进行和促使文化生产健康发展的前提。

---

① 文化性已成为当代建筑设计的大潮，出现了文化内涵与艺术风格不同的设计流派，追求创新，讲求时尚成为建筑设计公司的经营之道。

六、文化品价值与价格

（一）文化品的内在价值

本节中分析的文化品，指的是文学、艺术创作物，新闻报道，印刷出版物和文化、艺术演出、影视品以及光碟，也包括文物。

文化品作为商品，它由此获得价值性，后者是作为经济物品的文化品的最重要的禀性，商品性文化生产的最重要的经济功能，如创造与实现产品价值和资本增值，进行积累，促进经济增长等均是立足于文化品的价值性的基础之上。

文化品价值有多样表现形式：（1）文化原品市场交换价值。如文学、艺术原作品的交换价值，歌唱家、舞蹈家的演出以及音乐家的器乐演奏等带来货币价值，人们称之为票房价值。（2）文化附加值。文化嫁接于物质产品产生的有文化含量产品，如名家设计的最新款式的服装，著名大师设计的建筑物，它们以其高文化含量使产品获得很高的新增交换价值，人们称之为文化附加值。上述作品的市场交换值，演出票房价值，文化附加值均是文化品价值的表现形式。

文化精神产品是知识产品的一种具体形式，文化品的价值性具有下述特征：

第一，内在价值性。文化品在市场交换中表现出的价值性，不是“外铄的”，即产生于购买者对产品的主观感受和主观效用，而是文化生产中的主体劳动所创造。任何真正的文化原品——区别于复制品——是文化工作者的精神劳动以及用于绘制、写作、打字等体力性劳动的产出物。在文化品作为商品生产和交换的体制下，上述生产主体的社会劳动耗费——主要是智力和情感力的耗费——“凝结”“体现”和对象化于文化品中，成为文化品固有的价值实体或内在价值。

在竞争性较充分的文化生产领域，由抽象人类劳动构成的价值实体，通过文化生产的“成本”范畴，对从较长时期看的文化产品市场价格变动起着制约作用。[①]

第二，高价值性。文化产品具有高价值性，它表现在：（1）文化名家创作的绘画、书法或是雕塑品的市场价值奇高，与普通工人加工制造的物质产品市场价值不可同日而语。（2）名家的演出，无论是歌唱家、舞蹈家还是戏剧表演家的演出，都拥有很高的票房价值。（3）著名作家的文学、艺术作品版权转让费用高昂。（4）包含有高文化含量的物质产品或服务产品能获得“高文化附加值”，即人们通常说的“文化赋值”现象。（5）文化产品的高价值性表现在文化生产者较之物质生产部门的普通职工有较高的收入。在文化经济发达的国家，作家、音乐家、电影演员多半属于中产者阶层，文化名家则多半属于富裕者阶层。

文化品的高价值来源于文化生产劳动的高价值创造能力。这在于：（1）文化艺术劳动是一种高知识、高技巧的高级熟练劳动，需要有更高的学习费用。固然，文学家、艺术家需要天才，古今中外都不乏早年成名的文化精英，但是任何一个文化名家的成就都离不开艰苦的甚至是较长时期的学校专业学习，进行知识、技能、思想等在内的多方面素质的培育，不仅要经历向名师学习的文化师承劳动，还要经历长期社会生活实践中的学习劳动。作为规律性的是文化名家的精神生产能力是通过长期的多方面的训练与培育而形成，他们的劳动是一种高度熟练劳动，而文学艺术杰作正是这种高度熟练劳动的体现和

---

① 本卷第四章《知识生产》中，已经对知识产品市场价格变动机制中的“成本制约”，即价值规律作用形式作出阐述。

结晶。[①]（2）文化艺术创作劳动是一种精神创新劳动，不仅需要高度专注，而且需要创作激情，为保持创作激情、抓住灵感，需要一气呵成，为此作者往往夜以继日，不眠不休，从而使劳动具有高强度性质。[②]（3）文化艺术作品，特别是文化精品，并不是可以轻易打造而成，而往往是长期艰苦劳作的结果。《红楼梦》的创作，费时十载，数易其稿。[③]历史上的文化艺术大师以及当代严肃的文化工作者，均是在创作中精雕细琢，文学作家对稿本一再修改推敲，书法家“废纸三千”，淘劣选优。[④]（4）文化生产过程，还包括前期生产过程，例如题材选定，主要内容的酝酿，体验生活和素材的收集，草稿创作，等等，上述前期劳动都是生产劳动总过程的一部分。在中国，人们经常说文学、艺术大师“读万卷书”“走万里路”，勤读和勤走在某种程度上都可以视为前期生产过程。因此，文化品生产过程除即期生产外还包括有较长的前期生产，从而具有生产过程长的特点。一些创作，乍一看来是作家凭借“灵感”的触发，在文思如泉涌出中以较短时期完成，实际上这种“短期、快速”生产，是以很长的前期生产过程为基础。文学艺术精品，特别是鸿篇巨制，更是庞大工作日的劳动产出物。可见，文化生产劳动的高熟练、高强度的性质，决定了产品

① 亚当·斯密说：“精巧艺术和自由职业的学习需要更长的时间和更大费用。所以，画家和雕刻家、律师和医生的货币报酬当然要大得多，而实际上也是如此。”《国民财富的性质和原因的研究》上册，商务印书馆，1972年，第94页。

② 在劳动的高强度性上，科学劳动和艺术劳动是一样的，不同的是前者是理性思维的强劳动，后者是激情与感性思维的强劳动。

③ 曹雪芹独处北京西山黄叶村创作《红楼梦》，如他自己所说，“披阅十载，增删5次”，“字字看来皆是血，十年辛苦不寻常”。歌德18岁开始创作《浮士德》，在82岁时完成，历时64年。

④ 达·芬奇的《蒙娜丽莎》也有三个稿本，这是不久前才被发现的。吴冠中在论述这种严谨的艺术创作时说：“……大量创作，大量毁灭，原创作多于毁灭。”吴冠中：《望尽天涯路》，广西美术出版社，2003年，第115页。

中抽象人类劳动含量高，这是文化产品具有高内在价值的根本原因。

（二）文化品价格与价值的经常背离性

价格与价值。马克思政治经济学关于商品价值的科学理论，建立在对价格与价值这一对范畴内涵的严谨的阐明之上，这就是：把价值归结为商品内在的本质，市场价格则是价值的表现形式。在自发性的市场经济中，商品的供求是不断变化的，在供小于求时竞争使价格趋于上涨，而上涨的价格又会诱使供给增加；在商品供大于求时，竞争又会使价格下降，并引起供给减少；波动的价格达到某一市场价格水平时，就会出现商品供求的暂时均衡。可见，一个充分的、自由竞争的市场经济体制会使商品价格通过不断的波动，趋向和定位于某一个价格轴心，这个价格轴心水准是决定于生产中的社会劳动耗费，即价值。英国古典政治经济学鼻祖亚当·斯密区分了价值范畴和价格范畴，阐明了交换价格尽管是不绝变动的，但是它总是要回归于价值，[①] 马克思则是基于唯物辩证法有关现象与本质的分析方法，通过对商品交换关系和价值形式的历史发展变化的缜密的考察，特别是通过竞争中商品市场价格对内在价值的背离和回归的运动形式的理论分析，进一步科学地揭示了商品市场价格不是一贯等同于价值——生产商品的社会必要劳动量，而是在价格不断的波动和对价值的偏离中趋同于价值。马克思说："价格和价值之间的量的不一致的可能性，或者价格偏离价值量的可能性，已经包含在价格形式本身中"[②]，指出价格在

① 亚当·斯密使用市场价格与自然价格这一对范畴，论证了在供求变化中市场价格趋向于自然价格即价值的趋势。亚当·斯密：《国民财富的性质和原因的研究》上卷，商务印书馆，1972年，第52页。

② 《马克思恩格斯全集》第23卷，人民出版社，1972年，第120页。

不断波动中回归于价值正是市场经济交换中价值决定的表现形式，他说："在这种生产方式下，规则只能作为没有规则性的盲目起作用的平均数规律来为自己开辟道路。"①

基于对价值与价格范畴内涵的科学理解，人们就不难发现市场经济中多种多样的价格与价值相背离模式。例如：

第一，有价格无价值。进入市场交换的不完全是劳动生产品，也可以有自然生成物：如土地、自然花木、山鸟奇石等，它们有价格但没有内在价值，②而其市场价格则取决于供求状况。

第二，以价值为轴心的市场价格。在充分的竞争，即不存在对生产、技术的垄断和信息不对称的"完全竞争"势态下，尽管有日常的价格波动，但从长期看市场价格定位于价值轴心。

第三，垄断价格。在不充分的竞争中，即某些市场主体对生产要素拥有垄断性占有条件下，市场价格水平高于价值，而且价格不回归于价值中轴，价格水平对价值的偏离度则取决于市场供求的状况，这种市场价格对价值中轴的高偏，体现了垄断价格形成模式。

文化原品的高市场价格就属于垄断价格。李嘉图未能从垄断价格与价值偏离的角度来认识文物品以及自然垄断物品的高市场价格现象，他把上述产品的市场价格决定作为劳动价值规律不适用的特例。他说："有些商品的价值，单只是由它们的稀少性决定。劳动不能增加它们的数量，所以它们的价值不能由供给增加而减低，属于这一类的物品，有罕见的雕像和图画，稀有的书籍和古钱，以及只能在数量极有

---

① 《马克思恩格斯全集》第23卷，人民出版社，1972年，第120页。

② 马克思说："一个物可以是使用价值而不是价值。在这个物并不是由于劳动而对人有用的情况下就是这样。例如，空气、处女地、天然草地、野生林等等。"《马克思恩格斯全集》第23卷，人民出版社，1972年，第54页。

限的特殊土壤上种植的葡萄所酿制的特殊葡萄酒等。它们的价值与原来生产时所必需的劳动量全然无关，而只随着希望得到它们的人的不断变动的财富和嗜好一同变化。”[①]这里表现出李嘉图不能将他在阐述商品的劳动价值本质中使用的理论分析方法贯彻到底，他还不善于区分价格与价值，他对于价值规律总是要表现为价格与价值的背离，是一种作为趋势的经济规律，而不是精确的自然规律还缺乏理解。

总之，科学认识价值与价格这一对范畴的内涵，用之于分析当代发达市场经济中更加复杂的商品结构和多种多样市场价格模式，人们并不难以劳动价值论原理来对包括文物、文化品及其他知识产品等的价值决定作出科学阐明。[②]

---

① ［英］大卫·李嘉图：《政治经济学及赋税原理》，商务印书馆，1962年，第8页。

② 政治经济学的劳动价值理论，科学规定与区分价格与价值范畴的内涵，这一理论，是深入分析和把握市场经济中复杂的经济关系的本质的钥匙。由于对政治经济学劳动价值论ABC知识的缺乏，当前人们在讨论科学、文化产品的价值时往往混同了商品价值与社会价值，例如，人们往往说，某某艺术大师的一件创作“价值上千万”，等等。马克思、恩格斯在《神圣家族》一书中指出了布鲁诺·鲍威尔及其伙伴，在对普鲁东的批判中混同了诗歌这样的精神产品的价值和交换价值，他们认为：作家的报酬应该和他给予别人的东西相等同，因此，他们要求荷马的稿酬应当和《伊利亚特》的“作为史诗的价值”相等同，后者应该是“无限大的价值”。马克思、恩格斯指出，第一，作家的报酬不是根据他“给予别人的东西”，而是根据他创造的产品的价值。第二，要区分价格和价值。“真正的普鲁东认定《伊利亚特》具有无限大的价格（或交换价值）……真正的普鲁东将《伊利亚特》的价值，即它的政治经济学意义的价值，同它们的交换价值加以对比”，普鲁东是基于生产中花费的劳动时间来评价文化作品的价值，并将它作为确定作品交换价值的标准，因而，即使是《伊利亚特》，它的价值也不是无限大的，他（普鲁东）的观点和鲍威尔之流那种企图使作品的“价格大大超过所谓自然价格（即物品的生产费用）的野心”和“对稿酬的过高要求”的见解根本不同。从上述引证及所作出的分析中，我们可以看出，马克思、恩格斯的早期著作中，已经用劳动价值理论来分析精神生产、精神产品价值，以及精神劳动报酬，他们提出的理论观点和分析方法，对于当代发达市场经济中知识生产的理论分析，仍拥有重要现实意义。参见《马克思恩格斯全集》第2卷，人民出版社，1957年，第61页。

（三）文物品的竞卖和垄断价格

我们首先对文物品的市场价格形成机制进行一些分析，这将有益于我们进一步分析文化品的价值决定。

文物品指的是经过一定历史年代的文化品，如远古人类遗存的器物以及历时久远的前人的绘画、书法、典籍、抄本，以及服饰、器皿，等等。作为文物的文化品尽管也是古人劳动所创造，但它不是现实的商品性文化生产的产物，因而，谈不上产品中体现有古人的劳动价值。文物没有原价值，但在市场经济中文物可以交换，是商品。在这里，初始持有者将文物投入市场，如将他持有的稀有自然奇石投入市场一样，这是一种有价格、无价值的交换对象，它的价格纯然决定于市场需求和供给的状况。

一些文物品如古代人的日用工具、器皿等，它们的数量较多，而一些文物品如古代帝王特制的用于庙堂祭祀的钟鼎，艺术名家的绘画，名书法作品，等等，它们均只是唯一之作，而且是不可复制的。稀有文物被持有者用来交换时，不存在多数售卖者的竞卖，从而产品的市场价格从属于购买者的竞购，更具体地说，是从属于寡头垄断价格机制。

大体说来，文物市场价格的决定因素是：（1）某一文物品本身的社会历史意义和重要性。就绘画、书法、雕塑来说，是其创作者的“知名度”；就器物来说，是它的社会、历史重要性；（2）文物品的艺术价值。文物品本身在艺术品质上有高低，有的是精品，有的是一般之作，大师创作的精品和一般文物品更具有不同的艺术价值；（3）进入市场的文物品的数量。文物市场上，通行着（文）物以稀为贵（价高）的价格规律；（4）有效需求和竞争的状况。文物品的价格，主要决定于文化消费者的数量及其购买能力，以及购买者的竞争状况，特别是拍卖行中使用的博弈式的竞争起着哄抬价格的作用。文物品市场竞争价格决定机制可以用以下数学公式来加以表述：

$AP=（Af+Au）\times（CA\times CM）/An+（AR+AE）$

其中：

AP——文物品A的价格

Af——文物品A的社会、历史价值

Au——文物品A的艺术价值

CA——文物品A的购买者数量

CM——文物品A购买者的购买力，即他们愿意付出的购买价格

An——文物品A或A类产品的数量

AR——文物品A的保藏费用

AE——文物品的交易费用

以上公式表明进入市场交换的文物品的价格，与Af，Au，CA，CM成正比，与An成反比，另外，还需加上追加成本（$AR+AE$）。

上述文物市场价格机制的理论模式的解读是：

第一，应该将文物品的价格和价值予以区分。文物品有价格但它本身无价值，因为，文物品不能再生产，复制品不是文物。尽管文物品是前人的劳动生产物，但在远古、古代、中古时期，文物品是作为产品来生产，文物品创作劳动是非商品性劳动，在非商品交换经济中不存在生产劳动对象化为价值的机制，也不存在文物品价值范畴。即使是对那些曾经是商品交换对象而曾经具有过价值实体性的文物品，由于它的生产发生在千百年前，与现实的生产不相干，文物中曾经拥有但却早已逝去了的价值不会对现实的生产发生作用。

第二，文物品无原始价值，但进入市场交换的文物品含有附加值。经营文物品需要有维持费用，如：（1）文物品的保管、维修费用

以及包装费用。（2）组织销售、进行广告宣传以及拍卖等交易费用。上述费用表现文物为经营中的劳动付出，它构成文物品的附加价值。（3）文物品是稀缺品，在市场交换中它表现为垄断价格。文物是不可再生品。历史上的艺术大师创作的名画、书法名帖、名雕塑等只能是唯一之作，上述名品的持有者在交易中处于独一无二的垄断售卖者地位，这种文物品的市场竞争属于寡头竞卖，其成交价格是垄断价格，后者的价位取决于需求方的购买能力和市场竞卖机制，①从而具有完全**听任于买方市场力量的性质**。

归结起来，进入交换的文物是非价值物，但有市场价格，人们称之为“市值”，文物的市场价格决定，从属于市场竞买机制。②凡·高的《向日葵》，宋徽宗的《写生珍禽图》，古代书法名家如宋代米芾的《砚山铭》等，在拍卖行中以“天价”售出，正是文物的垄断市场价格形成机制作用的表现。③

---

① 拍卖是一种适合于进行文物交换的现代精巧的竞卖机制。

② 人们野游拾取的珍奇美石如雨花石等也可以进入交换和表现为高昂的市场价格。文物品的价格决定和自然原生稀有产品的价格决定是同样的。

③ 在我国20世纪五六十年代，在文化市场、特别是竞争市场尚未形成条件下，文化品以及文物品是以很低价格进行私下转让的。50年代张大千的精品如《临赵孟頫秋林载酒图》价格为100元人民币，60年代徐悲鸿《松鹰图》价格230元人民币。以下是近年来中国书画的拍卖成交价。

2002	赵佶	写生珍禽图	2530万元人民币
2002	张大千	泼墨朱荷屏	2022万元人民币
1995	张先（北宋）	十咏图	1980万元人民币
2000	郎世宁	苹野鸣秋	1764万元人民币
2000	赵子昂	兰蕙图	1379万港元

宋代米芾书法《砚山铭》为中国某一企业以3298.9万元从日本东京博物馆购得。毕加索的油画《拿烟斗的男孩》2004年5月5日在纽约索思比拍卖行拍出1.0417亿美元的高价。

七、文化市场上的名品垄断与垄断价格

（一）文化名品市值奇高

我们要分析的是商品性文化生产及文化品的价格决定机制。当代发达的文化经济和发达的文化市场上，呈现出文化名品市值奇高。文学名家的小说版权转让费十分高昂，绘画大师的创作“一寸千金”，走红的歌手的一场演出要支付极高出场费，剧场票价也极为高昂，上述情况，我们称之为文化“名品市值奇高”。当代西方经济学家继承马歇尔的经济学的均衡价格理论，认为上述文化品的高价格是由于产品效用大，对买方来说是自觉自愿购买；就卖方来说则是他们持有的产品效用大、价值高，从而是“物有所值”。对文化品市值奇高现象的这种经济学的理论阐述，抛弃了亚当·斯密、李嘉图等古典经济学家确立的商品价值范畴，混同了价格机制与价值决定，这些时髦的经济学人的“一曲值千金”“一字值千金”的物有所值的观点，顶多算是现象的描述，而不是对事物本质的揭示，应该说是一种停留在事物“表”层面上的“庸俗”的经济理论，而不是对现代市场经济中高度复杂的价格运行机制的科学阐明。另一方面，人们也不应将上述文化名品市值奇高，简单地归结为文化精神生产劳动的高熟练性，完全归之于由于高级文化劳动力的学习、培养费用昂贵。因为，众所周知，文化市场上，不只是有经过长期专业训练的“大师作品市值奇高”，而且专业训练不足主要依靠包装走红的“明星作品的市值奇高”也越来越常见。此外，不少经过专业训练，拥有深厚功底和熟练技巧的作家的拥有很高艺术、社会价值的“严肃作品市值奇低”也越来越常见。可见，说一切文化品的高市值在于其生产劳动创造出高价值，是不符合实际的，这种论证方式只不过是劳动价值理论的滥用。

商品性文化生产中的名品市值奇高是一个价格现象，其实质是价格偏离价值，更具体地说是稀缺性产品竞争的不完全，从而市场价格偏高，保持和表现为垄断价格。在本卷第四章中提出的知识产品垄断价格公式，也适用于文化品：

$P=(c^1+c^2A)+(v+m)+p$

P是文化名品市场价格，c^1+c^2A是进行文化创作中的各种生产耗费转移到产品中的价值，（$v+m$）是文化劳动者创造的新价值，p是文化产品以垄断价格出售而获得的超额利润，它为文化直接生产者占有，或者为文化直接生产者和企业主二者分享。

可见，文化名品以垄断价格出售，是“名品市值奇高”的根本原因。文化名品以超出生产成本的垄断价格出售，一方面意味着文化生产者，作为熟练劳动力，他的劳动是高度熟练和高强度劳动，创造出较一般劳动力更高的价值。另一方面意味着名品作为稀缺产品，是以超出内在价值（$v+m$）以上的，即包孕有p的垄断价格出售，因而，产品的市场价格超过内在价值。可见，文化名品的垄断价格，不同于文物的垄断价格。文物价格是无内在价值实体的垄断价格，文化名品价格是有内在价值实体的垄断价格，在文化品生产中，文化智力生产劳动物化于文化品使用价值体之中，形成文化品内在价值，后者成为产品垄断价格的基础。

（二）文化生产垄断

文化生产垄断是商品性文化生产的特征。文化生产垄断表现在以下两个方面：

第一，文化名品的稀缺性。“文化名品市值奇高”根本原因在于：文化创作具有个体小生产性质，而且，文化、精神生产需要有人们称之为“灵感”的内在创作欲的启动。因此，文化原品生产不像物质产品那样可以大批量制造和不间断的生产，如果不是粗制滥造，即使是高产艺术家也不可能进行艺术品不间断的大批量生产，特别是鸿篇巨制，更需要长年累月的艰苦劳动。文化精神生产的性质，决定了高质量的严肃作品不能按照订单来完成，更不能以出价高来“提速”；这也就表明，文化品市场供给缺乏价格弹性，对文化精品生产来说是市场失灵的，这也决定富有需求的文化名品的稀缺性。另外，文化名品来自名家，它们是拥有创造高文化使用价值能力的文学、艺术大师或新秀。文化人的特殊精神生产能力的培育，需要很长的时间、特殊的环境以及个人天赋，杰出大师的产生更具有不确定性，甚至是“百年不遇”。如果说，市场经济中市场对普通劳动力的供求有调节作用，在发达市场经济中市场对一般文化劳动者的总量及其专业结构起着影响、调节功能，那么，在科技与文化、艺术大师的形成中市场却是失灵的。文化尖子的稀缺成为文化名品供给稀缺性的重要原因。文化名品稀缺和供不应求，这就决定了文化市场上文化名品价格水平大大高出价值。

第二，文化原作的垄断性。对广义的文化生产来说，[①]其灵魂和核心产品是文化原品。这是由于：（1）有原创稿本，才能有书刊出版物的大规模生产；有原创艺术品——绘画、书法、摄影、雕塑——才有书画摄影印刷品、模拟品以及网络文化品的大规模生产；有高质量的剧本才能有大发行量的影视作品的生产；可见，拥有高质量的原作，成为市场经济中发展文化生产的重要前提。（2）文化品消费中存在取

① 广义文化生产包括：（1）原产品的生产；（2）复制加工品，即印刷出版物及电影胶片、光碟的生产；（3）模拟品的生产；（4）文化高含量的工艺品的生产。

决于人类的文化心理的对原作的自然偏好。人们为求知识可以满足于购买印制的教材，但为了享有高质量的文化欣赏则要求占有文化精制品，特别是原品。人们为了获得高质量的音乐享受，就不会满足于音乐碟片的录放，而要亲身聆听艺术家的演唱；人们为进行艺术欣赏，不会满足于购买印制的绘画，而要求占有或欣赏绘画原作。这种人的占有文化原作的自然偏好，成为文化原作品——包括文物——的社会需求和文化原品市场形成和发展的主观条件。文化、精神产品是一种个人独创性精神活动和个性产品。由于个人精神劳动的特殊性，它具有不可再生性。首先，文化原品是不可模拟的。且不说文化大师高超的创作技巧他人难以掌握，作者个人的精神风貌更不可能仿制，最高明的模拟家也只能做到作品的形似而不能做到作品的神似。而且，文化精神劳动是艺术家在特定条件、特定时间和个人特定心态下的具体精神创造活动，这种具体劳动不可能再次重复，[①]艺术家的新产品不会与旧作品相雷同，即使是作者本人也难以临摹和再度创造出与旧作一模一样的作品。可见，作为商品的文化原品，是一种归创作者独占的垄断产品。[②]

商品性文化生产的垄断具有长期性。当代科技垄断只存在于科技新知识、新技术、新产品尚未扩散开的时间界域内。由于知识的扩散性，即使是专利保护的创新知识、新技术和生产诀窍，不需多久就会为他人掌握；特别是高度竞争性的知识经济，促使知识和技术的不断开发和不断创新，由此使任何一种创新知识和创新技术的领先性及其

① 在物质生产领域，借助于高度精确的现代机器设备和严格的科学管理，人们可以实现不断重复的具体劳动，生产出同样的、在质上无差别的物质产品。

② 市场经济中不仅有特殊自然资源的垄断和经济的垄断，而且还有精神生产的垄断，后者包括科技知识垄断和文化垄断。

在市场上的垄断地位成为短暂的；而文化、艺术原产品则由于其不可复制性，它在占有者手中——不论是创作者本人或是购入者——始终是独一无二的，由此在市场上长期保持着垄断性[①]。此外，文化名品具有强品牌效应，它表现在：文化创作者一旦成为名家，他的产品就成为名品，他的后续产品不论其质量如何都将富有消费吸引力并在市场上保持其垄断地位。[②]

（三）文化品的有效需求与市场价格

以上我们分析了文化品垄断价格形成的供给方面的特点和条件：文化精品的稀缺性和文化原品的垄断性。文化品的垄断价格的形成的另一必要条件是市场需求的充分。（1）居民收入水平的提高是文化有效需求形成的根本前提。物质生活的需求是人的第一需求，“衣食足而后礼义兴”，只有吃、穿、用、住、行等基本生活需要得到满足，人们才会进而谋求有更多的观赏、娱乐等享受性生活需要的满足。在社会发展达到温饱阶段以前，由于群众购买力的限制和有效需求不足，即使是文化精品的市场价格也只能维持在低价位，超出内在价值的额外收益也较低，甚至存在着市场疲软下文化精品过剩引起的文化产品价位偏低，从而产品内在价值也难以实现和文化人贫穷的情况。

---

① 为满足人的物质生活资料的需要和对生产资料的需要，人们可以使用和选择其物质功能不差而价格较廉的代用品，因而，市场上存在优质产品与代用品之间的竞争，如为追求时尚，人们在购买轿车时愿意买宝马，为了省油也许他们会选择本田。但在满足人的精神需要时，特别是满足高层次的精神生活需要，如审美的需要时，代用品是缺乏效果的。齐白石的虾、徐悲鸿的奔马，其效果是任何他人作品所不能替代的。这也是文化市场上原品垄断性的重要原因。

② 文化名家产品的市场价位的高低，与其投入市场交换的产品数量成反比。正由于此，为求得更高售价，不能在同一日拍卖同一画家的多幅作品。另外，名家的作品的价格也因市场上鱼目混珠的赝品充斥而受到影响。

只有物质生产力的发展，群众收入和生活水平的提高，才能有文化需求的稳定增长。一旦社会达到中等发达国家的发展阶段，通常会出现文化有效需求的快速增长，文化精品稀缺和产品市场价格大大超过内在价值，即“市值奇高”将成为文化市场的常规。（2）文化生产的市场制度的完善，是增大文化有效需求的制度前提。文化品需求的形成，需要有文化品作为商品生产和交换的制度安排：包括文化生产者作为市场主体，文化生产的企业化经营体制，发达的文化市场体系（包括出卖文化、艺术品的店、堂、摊、点、拍卖行），知识产权制度，等等。通过大力推进文化生产的商品化、市场化、企业化，建立完整的现代文化市场经济体系，是形成和增大文化品的需求的体制前提。即使在居民现有的收入水平下，提倡文化消费，依靠完善的和发达的文化品市场生产和交换的体制的活力，[①]特别是依靠完善文化品的企业化经营，凭借企业对文化生产有效的组织和经营，也能够大大开拓文化品市场空间，[②]形成更充分的文化需求，为激励和促进文化精品的生产创造出市场前提。

八、商品、市场机制下文化与经济的互相促进

（一）经济兴旺培育出文化昌明

文化立足于经济，文化的性质决定于经济结构的性质，文化活动的发展、成熟更是取决于经济的发展和物质生产力水平的提高。人首

---

① 文学稿本、艺术创作、文物等的拍卖是稀缺品的竞卖，依靠原品的社会价值、艺术价值、经济价值，稀缺性以及竞卖中购买者心理，能使产品以极高的市场价格成交。

② 无论是书刊，或是艺术原品，通过现代营销手段，利用“名品”效应，能够创造出庞大的市场销路。例如，英国女作家J. K. 罗琳写作的魔幻小说《哈利·波特》的全球销售量已经达到2.5亿册。

先必需要致力于食、衣、住、行等物质生活需要的满足，然后再谋求精神生活需要的满足，只有实现物质生产力的发展，经济的发达，然后才能有文化的昌盛，这是经济、社会发展的一般规律。

在人类历史发展的远古时期，与宗教相融合的文化活动——歌、舞、绘、刻等——处在萌芽时期。古代社会，在奴隶制生产方式达到盛年的希腊雅典，[①]曾经出现古代自然科学和人文学科研究以及文化艺术活动的高涨，在东方的中国春秋战国时期则有诸子百家争鸣的文化繁荣盛景。古代社会活跃的科学、文化活动，创造出东西方灿烂的古典文化，后者是在古代社会经济成熟基础上生成的，但又大大超越了经济的发展，马克思和恩格斯着重指出：古典古代文化的杰出成果，就其社会、艺术价值来说，是后人未能超越的。但是古代社会缺乏文化活动转化为生产力的社会、经济机制。古典古代的文化高涨，产生于奴隶制生产方式的经济基础之上，在中国是产生于封建地主制生产方式之上，文化享受的对象主要是贵族奴隶主和封建主；古代物质与精神文明成就集中于城市，古代社会在整体上仍然是经济、文化落后的社会。在西欧，随着日耳曼入侵，希腊、罗马奴隶制经济的瓦解，一度达到极盛的古希腊、罗马文化由此崩解。

西欧中世纪，在基督教神权教义的思想桎梏和领主庄园自然经济占据统治下，曾经有数百年的文化、科学的活动的沉寂。公元10世纪以来逐渐发展和壮大的商业资本对西欧封闭的自然经济起着起搏作用，14、15世纪的意大利的沿海城市，出现了文学、艺术活动的发展和以实验为基础的自然科学研究的活跃，产生了一大批文学巨匠如但

① 公元前8～公元前6世纪雅典进入城邦时代，奴隶制经济日益发达，公元前5～公元前4世纪出现了希腊文化的高涨。

丁、乔丹尼·薄伽丘，绘画巨匠如达·芬奇、拉斐尔、米开朗琪罗，他们创造的杰出的艺术作品，特别是他们倡导的人本主义的精神，冲破了中世纪的神权思想的枷锁，激发出智力生产者从事文学、艺术的自由创造和自然科学学术创新的热情，引发了14、15世纪意大利的文化活动的高潮和文化思想变革：文艺复兴。恩格斯说："意大利出现了前所未见的艺术繁荣，这种艺术繁荣如象是古典古代的反照，以后就再也不曾达到了。"[①]恩格斯将这种文化繁荣归结于生产。他说："如果说，在中世纪的黑夜之后，科学以意想不到的力量一下子重新兴起，并且以神奇的速度发展起来，那末，我们要再次把这个奇迹归功于生产。"[②]15世纪西欧新的生产方式出现这一历史大背景下产生的文艺复兴，我们可以将其归结为如下命题：近代商品经济启动的文化、精神生产大发展。但是应该看到，就整个西欧来说，迄至18世纪工业革命和工厂制度兴起以前的中古时期，是以领主庄园经济的发展滞缓和文化活动不发达为特征。

世界近现代历史发展中，越来越体现出商品经济对文化的推动。工业革命以后的200年，是资本主义经济快速增长时期，也是文化、精神生产日趋活跃和商品性文化生产不断发展的时期，这一时期出现了文化、精神活动向经济生产的转型：（1）文化生产者由供职于宫廷政府的职能人员、贵族、有产者转变为由普通智力劳动者，即主要由自由职业者从事；[③]（2）文化品由贵族和有产者的精神财产和享受对象

① 恩格斯：《自然辩证法》，《马克思恩格斯选集》第3卷，人民出版社，1972年，第445页。

② 恩格斯：《自然辩证法》，《马克思恩格斯选集》第3卷，人民出版社，1972年，第523页。

③ 托夫勒说，当代"音乐家、艺术家、作曲家们，不是为一个雇主而献艺，他们越来越变成为任何消费者的需要而劳动的生产者"。见［美］阿尔温·托夫勒：《第三次浪潮》，朱志焱、潘琪、张焱译，生活·读书·新知三联书店1983年版。见《第三次浪潮》，第77页。

转变为公众享受的文化，消费品；（3）文化活动由单纯意识形态活动转变为经济生产，成为创造经济价值的知识生产。文化在近代和现代之所以能取得加快发展的势头和转变为一种经济生产，在于商品经济的机制的引入。

（二）商品经济体制对文化生产的激励

商品生产赋予文化产品以经济价值，市场机制的引入为文化生产配置了经济利益推进器。实践业已表明，在市场经济发展的历史阶段，即使是人们称为“自由的”文化精神活动，如果完全没有经济利益驱动，只能在少数专业职能人员的狭窄的范围内十分缓慢地发展。在当代社会经济发展阶段，如同物质生产需要有经济激励一样，精神生产同样需要有经济激励，充分而有效的经济激励，是调动智力群体的文化劳动积极性，促进文化繁荣发展的重要杠杆。

在商品经济体制安排下，发达的文化市场以其充分的需求和灵活的供给，为买方和卖方间的竞争和文化产品价格定位于市场价值中准创造了前提；价值规律的高劳（劳动量）高值（价值）高益（效益）机制，鼓励人们从事艰苦的、长年累月才能获得成果的文化、艺术创作；同时价值规律的作用使复杂劳动获得补偿，鼓励人们进行用于提高艺术家素质的教育投资；此外，文化艺术品的垄断价格机制，在被有效利用的前提下[①]可以在鼓励文化精品生产中发挥重要作用。总之，文化品作为商品生产对群众性的文化生产劳动积极性的调动，起着重

① 文化品垄断价格机制既有促进文化创新的积极功能，但垄断价格机制固有的过度的物质刺激，往往会扭曲健康的艺术创作心态，另外，它还会引起收入分配不公，可见，市场性文化生产的负效应也是十分明显的。因此，在实行商品性文化体制下，要求加强政府对文化经济的规制和调控，如对文化品确立社会效益优先标准以及实行恰当的收益调节制度。

要的作用，是用来实现生气勃勃的文化大生产，促进文化经济发展和繁荣，促进现代精神财富创造的重要经济杠杆。

（三）市场的资源配置功能

在人类历史发展的古代和中古时代，文化活动，一方面作为意识形态，是用来为维持特定阶级的政治统治服务的；另一方面，作为文化消闲品的生产，主要是用来为统治者和贵族的文化享受服务的。而在自然经济形态和传统社会结构的文化生产体制下，怎样生产文化品，生产什么样的文化品是按统治阶级的意志，由政府行政权力机制来决定的。

在市场经济初始阶段，一些作家、诗人、艺术家是有产者，或者是政府职员、学校教师，他们有其维持生计的收入来源；一些人只是偶尔将少许文化产品用于市场交换，获取补充的收入；千百年来形成的、根深蒂固的贱商、耻商观念，成为妨碍自觉的文化商品生产行为形成的思想障碍。在这种情况下，文化生产多半是从属于精神动机——个人兴趣或是社会的嘉许，生产什么和生产多少文化产品，取决于生产者的个人的创作意愿。

发达的市场经济改变了文化品生产方式和文化资源的配置方式。文化产品一旦作为商品，它就是一个社会的使用价值，是一个通过产品市场交换来满足社会需求之物，而不是供作者自我欣赏或是供少数人享有的、存于秘府、藏之名山的精神产品。

当代发达市场经济中，文化、精神生产已经发展成为由人数庞大的文化生产者阶层参与、分工细致、专业众多的大产业，绝大多数的文化人成为靠出卖产品获取收入的自由职业者，他们的生产、就业和取得收入的方式和经济机制，使文化工作者有了新的观念。政治经济学的劳动价值理论，阐明了文化品价值形成在于智力生产者劳动的结晶，创作者获取商品收益是实现自身劳动价值的形式，从而是合理的，人们逐步抛弃了文化精神生产领域中根深蒂固的传统观念，不再是耻于智力劳动生产品的市场交易。文化生产者的思想创新，成为文化活动从属于市场的精神条件。再加之以，在生产组织上，从事文化商品生产与营销的企业——出版公司、画廊、文化拍卖行以及经纪人——的产生和发展；在流通组织上，发达的文化市场的形成；这一切，意味着市场性的经济组织结构和运行机制的引进于文化生产与流通之中和文化生产从属于市场调节。

市场调节也就是生产的市场导向和市场配置资源。市场价格机制使分散的个体文化工作者自发的创造活动适应于群众的多种多样的需要，从而促使多样性、多层次性的文化商品生产发展，促使多种多样的文化娱乐行业的出现，形成了分工细致、门类众多、结构复杂的现代文化大产业。在拥有发达的文化服务业，发达的文化产业和以高科技为物质基础的现代经济中，价廉、物美、新型的现代文化品越来越多——如大众游乐场、电子游戏机，以及电子漫画、电子音乐等等——文化消费不再是由少数精神贵族独享，越来越成为大众文化消费品；在当代，大众文化品成为文化产品结构中的主要组成部分。[①]有效发挥市场调节功能，还打破了传统文化计划生产和供给体制下产品结构的单调性，形成丰富多彩的、多种多样的文化产品供给结构，增

① 李泽厚对现代文化大众化有一段很鲜明的描述："现代科技……带来了群众审美的时代，它消灭着千百年来审美上的贵族格局和阶级特权，百万富翁和穷小子基本上（当然不是全部）使用大体同样的日常用品，进同样博物馆，展览厅，看同样电影，听同样的音乐磁带。"见《美学四讲》，天津社会科学出版社，2001年，第103页。［美］《时代周刊》2004年1月5日载的一篇文章说，在当代出现了"成千上万的人听同一个频道，看同一部连续剧，在同一影院内流泪"。

大了文化消费对象的可选择性，从而使广大文化消费者得以“各取其好”。上述文化产品供给结构的形成，对众多的文化生产者来说，则是其专长的发挥和“各得其所”。总之，市场对大众文化供求结构的“调适”功能，优化了文化资源的配置，创造出来的文化财富也将因结构的优化，而使其有用效果得到更大的发挥。①

文化是一种带有意识性的特殊商品，文化品的商品生产中还存在产品的商品性与艺术、意识性的矛盾，对于上述矛盾的调节，市场是失灵的。②因而对文化生产不能实行“全盘商品化”，而对商品性文化生产，则应该采行政府规制、管理和调节模式，实现以先进文化为指导。此外，政府还要承担起有效组织文化公共物品的供给的功能：如

① 对当前文化生产应该提倡“兴雅”（文化）还是提倡“兴俗”（文化）的问题，人们存在着不同的看法。一些人将当前迅速发展的属于现代大众文化的“流行音乐”“校园音乐”，以及地方乐曲等简单视为“俗文化”，并且把当前“高雅文化”的遭到“冷遇”，简单地归结为：市场对高雅“殿堂”文化的冲击和破坏。一些文化名流宿耆持有上述看法是可以理解，但偏爱高雅文化而贬低大众文化的观点则有失偏颇。如果我们大略观察18世纪工业革命以来的世界文化发展，我们会发现一条十分明显的由古典殿堂文化位居主流，到近代市民文化兴起，再到当代大众文化大发展的轨迹。这是一场由市场力量推动的，由以高雅文化为主导，转变为大众文化快速发展的历史性变革，对这一文化大变革，人们不能只是从文化的艺术素质的角度来加以评价，例如，人们不能只是从不少大众文化品表现出艺术、社会价值不高，“粗”“俗”，甚至有“劣”品滋生，就做出文化生产衰败和“走向危机”的结论。最重要的是要进行历史唯物主义的和经济学的分析，在这里，一方面是少数精英、“天才”的垄断文化生产的局面被打破，和众多自由职业者进入文化生产领域，另一方面是少数精神贵族的文化消费垄断的被打破，和众多群众的开始进入文化精神消费领域。归结起来，大众文化的兴起，是一场市场作用下适应现代消费需求的文化产品的扩大再生产和文化财富量的增大。尽管市场机制对文化活动有不少负效应，在资本主义世界，文化负效应表现极为鲜明，但是在社会主义市场经济条件下，人们只能适应客观经济规律的要求，对商品性文化生产进行规制和管理，防止和削减市场失灵，采取多项措施，实行综合治理，大力促进和提高文化产品的质量，但是人们不可能超越商品性文化生产的发展阶段和将一切文化、精神活动置于产品生产和计划分配的制度框架内。

② 对于商品性文化生产的基本矛盾，将在本章第十小节中进一步加以论述。

建立和维持政府出资的国家文化、艺术创作中心，歌剧院、博物馆、文化馆、公共电视台、公共信息网络等公共文化体系。在文化精品的生产中特别要利用公共物品的形式，有效发挥政府的规划、组织、资助的功能。因此，对文化资源的配置，绝不可以听任市场的自发作用，应该有效发挥政府的功能，使市场的“搞活”“调适”功能与政府的管理和指导相结合。特别是在社会主义制度下，为了实现先进文化的发展，做到生产和提供更好、更多的优秀的精神食粮，最充分、最有效地满足广大人民群众多方面的文化需要，更加需要发挥好政府的组织文化公共物品的生产和供给的功能。

当前我国还是发展中国家，文化消费还处在不发达阶段，特别是农村文化消费水平低下，大力发展面向人民群众、面向农村的文化公共产品生产体系，更好地满足城乡广大群众对文化消费的需求，是实现全面建设小康社会的一项重要任务。

九、商品经济机制下文化的合并于生产和成为推动经济发展的新杠杆

商品经济的机制不仅促进文化生产的发展，而且，它还促使文化被大规模地合并于生产，转化为直接生产要素，成为重要的经济资源，从而使文化生产成为促进经济发展和国民财富增长的新的杠杆。

（一）文化精神活动转化为经济生产和文化成为生产要素

文化是社会意识的上层建筑，它主要在思想领域起作用，并且通过迂回、曲折的路径反作用于社会经济。在人类社会经历的漫长的产品经济时代，文化带有与经济相疏远的性质，古代和中古社会文化

知识的进步和精神财富的积累主要是在非生产领域中进行而与物质生产相脱节，人们可以看到，拥有灿烂的古代文化的希腊、罗马社会，奴隶作坊中的生产技术十分落后，生产方法极其粗野，它意味着文化以及科学知识利用度很小，从而文化、科学的经济财富生产效应的低下。[①]文化的与生产脱节和相疏远的性质，不只是古代和中古的现象，从世界近代和现代历史发展中，人们可以看到一些拥有深厚的文化积淀的东方大国（包括旧中国在内），由于资本主义商品经济的不发达和传统的封建政治结构的桎梏，而表现出文化向前发展与经济发展滞后的严重失衡。

文化的积极介入和被大规模地合并于生产是商品经济条件下的新现象。商品经济与市场具有很强的渗透性，它在物质生产中站稳阵地后，就向着服务业的广大领域扩张，此后它进一步向文化、精神生产领域渗透、扩展，一浪又一浪地把文化活动卷入市场交换，从而使文化品成为商品，[②]使作为精神活动的文化生产，转化为经济财富生产：商品使用价值物的生产和价值物的生产。在当代发达市场经济中文化品成为现代国民财富的重要构成因素。

商品、市场机制具有很强的生产扩张能力，现代社会在物质生产的劳动生产率提高的基础上，借助于文化商品化、市场化和企业化的经济机制，加快了文化部门的发展，在经济发达国家出现了以电影、电视、新闻媒体、出版、文娱、休闲阅读物等为代表的大众文化品的

---

① 中国是文化悠久之邦，中国古代和中古有众多科学成果，其出现早于西欧数百年到一千年，李约瑟的《中国科学技术发展史》一书中对此有十分全面的阐述。但是科学、文化生产利用率低下也同样表现在中国古代和中古的经济发展中。

② 作为公共物品的文化品，如公园、免费展出、义演、义务科普活动等，不是商品，不从属于市场机制，但是也可以拥有商品形式。

大生产，形成了发达的文化产业。此后，借助于信息、网络技术和光碟技术，发达国家的文化产业进一步崛起，成为实力强大的支柱产业，并在国民财富的创造和经济增长中起着重要作用。实践表明，商品、市场机制，成为文化、精神活动向经济生产转化的媒介和枢纽，依靠这一经济机制的功能，出现了当代发达市场经济中文化要素被大规模地合并于生产之中，实现了文化活动与经济生产的一体化以及文化、精神产品创造和经济产品创造的一体化。由此，文化不再是与生产相疏远，而是真正成为了生产的要素，成为国民财富增长的新源泉；而文化生产也不再是单纯的精神活动，成为了经济生产的新形式和促进经济发展的重要杠杆。

可见，在当代，人们应该用新的视野来观察文化，要对当代社会文化的经济功能予以充分的估价，要看到当代发达的市场经济制度不仅不断促使科技知识转化为生产要素，而且也促使文化、精神产品转化为生产要素，成为富有财富创造力的新的生产力。在社会主义条件下，通过文化制度的创新，在大力发展文化事业的同时，有效利用商品经济的机制，搞好文化产业的发展，人们就能充分有效地将文化资源转化为经济资源，成为现实的生产力。文化生产也将由此成为促进我国经济发展和财富增值的新的手段。①

（二）文化品提升产品使用价值的功能

文化品具有可移植与可嫁接的性质，它的某些要素、结构和属性可以加以分解、重构和使其融合于物质产品或服务产品之中，形成有

① 1997年亚洲金融风暴后，韩国提出了文化立国的口号和致力于影视业和游戏机软件产业的发展，取得了显著成效，出现了近年来韩国电影与游戏软件出口的快速增长。

文化含量的产品，如：（1）使用名人、名地、名事作为商品品牌。（2）在旅游业中，发掘自然景观中的文化资源，或是配置以高文化含量的设施，如名人书画、艺术长廊等等，从而把自然美质和文化美质相结合。（3）将文化资源整合于消费服务之中，如文化餐饮、“茶道”，把一般消费和服务提升为文化消费和文化服务。（4）将各种文化资源整合于生产品中，不仅是通行于手工艺制造——如藤竹编织、刺绣、金银饰品、器皿制作等——之中，而且越来越流行于各种高级消费品生产之中。例如，将某种关于服式美的新理念、新文化风格，物化和体现在服装新款式——包括面料以及工艺——之中；在贵重饰品——金链、钻戒等——中引进文化内容；此外，当代轿车款式更新也越来越讲求引进某种文化特色，当代各类建筑物——从居民住房、商业大厦到城市整体——的建造均要着眼于赋予文化、艺术的内蕴，而标志性建筑物更是要致力于某种新的文化理念的体现和艺术风格的创造。[①]可见将文化品的某些属性和素质分解、重构和渗透、嫁接、整合于多种多样产品之中，创造出有文化含量（包括高文化含量）产品，已成为当前物质生产和服务生产发展的新趋势。

文化含量具有提升产品使用价值的功能。有文化含量的产品意味着某种文化产品要素和属性的被摄取、渗入、整合于产品体之中，成为“在物质产品或服务产品上实现了的文化”[②]。产品体结构中文化要素的渗入，由此使产品使用价值发生变化：它不仅具有原有物质产品

① 纽约曼哈顿国贸大楼、悉尼歌剧院、巴黎蓬皮杜文化中心和贝聿铭设计的罗浮宫，均是当代文化建筑精品。

② 马克思将作为科学知识的物化的机器称为“在机器上实现了的科学”，基于此，我们也可以将高文化含量产品视为“在产品上实现了的文化”。见《马克思恩格斯全集》第26卷I，人民出版社，1972年，第421页。

或服务产品的属性，而且增添了文化品满足人的精神需要的属性。有文化含量的产品，如名牌时装，不仅可用于保暖，而且给人以美的享受；文化餐饮不仅满足胃的需要，而且能满足休闲性的精神需要。当代某些高文化含量产品，如设计大师生产的服装，名厨制作的菜肴，已经具有文化品的属性。合并有文化要素的产品，意味着使消费者需要得到更充分满足的高品位使用价值的创造。可见，在发展物质生产和服务业中，重视和着力并入文化要素，进行文化的深度嫁接，能带来产品品质的提升，实现一种集物质财富、科技财富与精神财富于一体的更高级的现代文明财富的创造，[①]再加之以文化品生产的发展和文化产业的崛起，这样的国民经济也就更带有文化经济的特色。上述情况表明，在发达的现代市场经济中文化将越来越成为使用财富创造和增长的源泉。[②]

（三）文化生产的创造价值和获取经济效益功能

在市场经济条件下，文化最重要的经济功能在于：文化生产能够创造价值和获得额外收益——通常称为创造经济效益——的功能，是促进积累和经济增长的重要手段。

文化活动一旦转化为经济生产，即成为商品生产，文化劳动也就成为生产劳动，并且对象化为价值，由此创造出价值物。由于文化

---

① 当代时尚服装、影视以及文化游乐园等体现高科技和文化资源相结合的现代消费品，实质是一种集物质财富、科技财富、精神财富于一身的现代新财富，致力于这种高品位使用财富的创造已经是21世纪新时代的要求。

② 迈克尔·波特指出，意大利依靠产品中的文化因素，提升了家具、服装、旅游等产业竞争力。他说："通过世界各地的设计与时尚杂志，意大利设计公司，以及相关产业的提升效果，许多意大利产业往往携带着极高的知名度走入国际市场。"见迈克尔·波特：《国家竞争优势》，华夏出版社，2002年，第428页。

劳动具有高价值创造能力，加之以文化、精神产品垄断能获得额外收益，因此，（1）文化生产越发达，国民总产品结构中文化品比重增大，特别是高级文化品增多，一国的国民生产总值也就越大。[①]（2）换一个说法，一国的文化劳动者队伍——其主体是直接从事文化创造的作家、艺术家、文化设计师等等——在总劳动中的比重增大，特别是拥有庞大的高素质的和富有创造性的文化精英团队，[②]一国的国民生产总值也就越大。当代发达国家，正是由于商品性文化生产发达和文化自由职业者阶层庞大，从而实现了年国民总产品的大规模创造。

（四）文化与生产相嫁接创造附加值的功能

我们已经指出，在市场经济中富有需求的文化品——不论是无价值的文物，还是有价值的文化产品——具有垄断性，借助垄断价格形成机制能给占有者带来额外收益。文化品的这种市场价格（市值）形成机制，驱动了文化作为要素向生产领域渗入，嫁接出有文化含量的产品，以提升产品的文化附加值。[③]文化与生产的嫁接有以下两种情况：

第一，将无偿的文化资源，作为形成有文化含量产品的原料。许多名贵文化资源，如历史名人、名事、名地等和自然物一样是可以无

---

① 国民生产总值这一统计范畴当然不等同于总产品价值的经济学范畴，但是它却可以作为测度总产品价值的工具。

② 从事艺术创作、影视、新闻、广告、设计、出版以及科学研究和咨询等职业的人员被称为具有创造性的阶层。

③ 文化要素带来附加值的典型表现是美国迪士尼游乐园。依靠米老鼠、唐老鸭等标志性文化品的品牌效应，企业获得了持久不衰的高效益。好莱坞的影片《星球大战》总收入达30亿美元，1999年玩具厂商孩之宝公司Hasbromc为利用《星球大战》形象促销，向制片商支付2.63亿美元费用，但仍获得巨额盈利。

偿利用的对象，善于发掘、选择和依法占有和将其作为品牌，产品因获得富有消费吸引力的文化含量和高附加值，由此使生产者获取不菲的额外收益。[①]

第二，利用有偿的文化原材料来增加产品文化含量。利用有偿的文化资源需要支付成本。如：（1）利用当代名人或是利用奥运会会徽作商标需要付费；（2）制造高文化品位的产品，需要雇用设计人员，或向专业工艺设计公司支付设计费用；（3）增大旅游景点文化含量，如建造“锦绣中华文化乐园”更要有巨额投资。创造高文化含量产品，尽管有以上的种种成本支出，但是借助于合并于产品中的优质文化品的特殊市场吸引力和垄断价格形成机制，它仍然能给生产者带来额外收益。[②]

在当代，由于文化品的垄断价格机制，也由于当代社会休闲、文娱生活方式以及消费偏好的变化，也由于产品市场竞争的激烈，出现了**文化资源与生产相嫁接在深度和广度上扩展的大趋势**。在餐饮、文娱、休闲等服务行业，人们竞相引进富有吸引力的文化表演、音乐演奏来充实和提高服务质量。旅游业中在自然景区发掘、修复古代文化遗迹，选择最优文化资源和利用现代技术，构造文化景观，发展文化旅游，已成为振兴旅游业的有效措施。当前正在兴起的信息、网络文娱产业所依托的游戏机软件以及“网画”等信息产品的开发，更是立

---

① 全兴曲酒更名为水井坊和及时实行注册，酒的市价增加一倍，是发挥文化品牌效应的例证。当然企业为创造新品牌，付出了营销成本以及文物复制成本，但水井坊这一文化品牌，却是被无偿使用的。

② 经营珠宝金银首饰品的小商店，顾客数量不如百货公司，而且需要较多流动资本，但是饰品通常能以进价的8～10倍售出。

足于优质文化资源，特别是优质民族文化资源的有效利用之上。[①]

文化、艺术要素向物质生产广泛领域渗透的势头正方兴未艾，嫁接出的有文化含量的物质产品，已不仅仅是生活日用品，而且包括固定消费品、住房，甚至包括生产资料，[②]上述趋势表明文化越来越成为提高经济效益的手段，成为增进企业积累，促进国民经济增长的有力的杠杆。

小结：文化与经济的互动

综上所述，发达的市场经济改变了传统社会结构中文化的地位与作用。

第一，在经济市场化深度发展基础上，实现了更大范围的文化活动转化为经济生产，文化成为生产要素和新的经济资源，产生了新兴的文化产业，出现了知识文化生产[③]、服务生产与物质生产组成的现代三维产业结构和现代经济三种生产并行发展的态势。

第二，在有规制和有调控的、完善的市场体制下，文化资源能够有效而充分地转化为经济资源，成为促进国民财富增长的新杠杆，这意味着文化获得生产力的性质。

① 风靡一时和不断发展的网络游戏和网上文化品，例如“网上动画”，是立足于文化资源的利用之上。2004年在我国出现了一些发行量达数十万张的“网画”碟片，多半是利用我国优质民族文化资源。韩国的网络动画中的富有特色的“网兔”形象，体现了信息文娱品与文化的整合，韩国企业纷纷争购“网兔”使用权作为商品品牌。托夫勒在其名著《第三次浪潮》中说，“计算机的使用”将释放出新的文化能量。见［美］阿尔温·托夫勒：《第三次浪潮》，生活·读书·三联书店，1983年。

② 当代机器设备也要讲求造型美观，从而要求将单纯的技术设计转变为工业、艺术设计。

③ 当代知识生产部门是由文化生产与科学、技术知识生产二者构成，这一部门也可称为知识、文化生产部门，简称知识生产部门。

第三，在知识文化生产、服务生产、物质生产三种生产并行发展格局下的现代经济的快速增长，为文化生产的进一步发展创造了物质基础和经济载体，由此促使文化生产与文化活动进一步兴旺发达。

第四，当代文化生产的发展和经济、社会的文化化，意味着文化的经济功能和社会意识功能的强化。归结到一点：在社会主义条件下，借助于一个政府规制的和有调控的、完善的市场体制，人们能构建起文化与经济的相生相成、良性互动的社会经济机制，有效利用这一机制，既可以促进经济增长，又能够有效实现文化发展和文化育人。①

十、发展商品性文化生产的基本要求

（一）完善的艺术形式与健康的意识相结合——文化生产固有的要求

文化、艺术创作作为人的精神生产物的特殊形式，是具有满足人的审美能力的艺术品。艺术品所以能引起观赏者的美感，首先在于作品的艺术结构和素质，简称艺术性。绘画的艺术性在于其形象、线条、色彩的某种结构；书法的艺术性在于其文字结体、线、点、墨色浓淡，笔法的“活”与“滞”的某种结构；歌曲的艺术性在于音调、音色、节奏、旋律的某种结构。上述结构的完美服从于一定的客观规律，即艺术规律。卓越的文艺作品所以能引起和激发观赏者的强烈的“美感”，首先在于作品具有完美的艺术结构。而不符合艺术规律的

① 在文化消费大众化的当代，文化的耳濡目染和潜移默化的育人功能大大提升，因此“教育育人”的提法已经不够准确。

胡诌、瞎编、废弃规矩、乱纸涂鸦式的创作，不可能有真正的艺术性，也不可能具有真正的艺术魅力。

文化、艺术品的美的内涵除艺术性而外，还包括意识性。《罗密欧与朱丽叶》《战争与和平》《红楼梦》《家》《春》《秋》等作品，以其动人的情节和艺术语言，表述了处在特定社会中的特定社会群体的内心的渴求、进步的社会意识和时代精神；这些体现于作品中的思想、精神，我们称之为作品的社会意识性。文化、艺术作品是特定的社会人，有特定的思想情感的作家的精神活动的体现，因此，任何文艺作品，都有其思想意识内容。文化作品的艺术形式和意识内涵不是相分离的，而是互相交融、紧密结合的，艺术性中体现有意识性，思想意识内容体现于艺术形式之中。文学作品中的故事情节，绘画中的形象、色调，音乐乐章的曲调、旋律、音韵等均是创作者的某种心态、情感和精神内蕴的体现，而作品的精神内蕴正是引发观赏者的“心灵共鸣”的深层触摸。艺术形式很重要，作品缺乏完美的艺术形式就不能使人获得愉悦的感受和为人喜爱，即缺乏艺术的感染力。有完善的艺术形式，但内容庸俗、思想性贫乏的作品，或许能给人以感官的愉悦，但毕竟缺乏震撼人的心灵的力量，基于这一点，可以说思想内容是作品美的结构之魂，它有如蒙娜丽莎的眼睛。

可见，作为文学艺术品的内涵的美的素质，是作品艺术性与意识性的有机结合，而艺术品美的品质的高低在于艺术性与意识性相结合交融的状况。艺术性越是完善——可以称之为真，意识性越健康——可以称之为善，二者相结合的作品具有品位越高的“美的素质”，它不仅能给观赏者带来表层的美感，而更主要是它能引发人们心灵深处的美的享受，形成强烈的美的震撼力，使艺术作品的社会价值和积极的意识功能得到充分的发挥。

社会主义的文化生产是最进步的文化生产，它要求人们将高度艺术性与积极、健康的意识性相结合，特别是要与先进的思想相结合，充分发挥文化精神生产的积极的社会功能。

（二）艺术使用价值的创造和消费者心态相对接

作为艺术性和意识性相结合的美的素质是任何历史时代的文学、艺术品固有的内容，作为商品的文学艺术品则一方面是以美的素质为其使用价值的实在内容，另一方面还具有商品价值。我们图示如下：

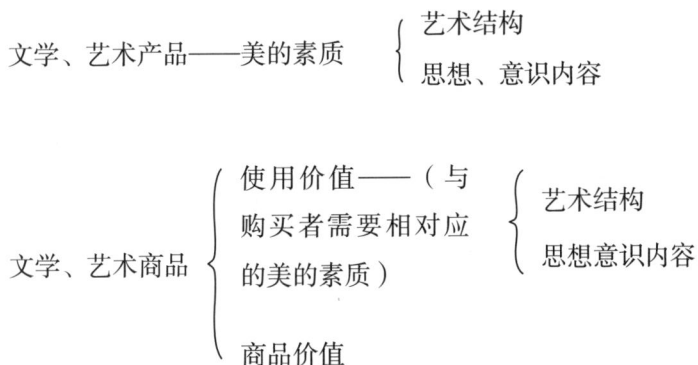

文学、艺术产品——美的素质 {艺术结构；思想、意识内容}

文学、艺术商品 {使用价值——（与购买者需要相对应的美的素质） {艺术结构；思想意识内容}；商品价值}

物质产品的使用价值体现在产品的物质属性上，一般说来，产品完善的物质结构与属性的形成，也就是使用价值的形成。厨师烤出面包，也就形成了面包的使用价值，裁缝制作出衣服也就形成了衣服的使用价值。文学艺术品的商品使用价值，是满足人的审美的精神需要的有用性，因而，首先它是以艺术产品拥有美的结构和属性为**实在前提**。商品的使用价值，是对他人，对购买对象来说的使用价值，是**社会的使用价值**。因此，对作为商品的文学、艺术品来说，它的内在的**美的素质还需要与购买者的现实需要相适应**，**才能成为现实的使用**

价值；如果作品的美的禀性与群众的文化素质与审美能力相脱节，作品未能成为众多消费者的爱好，这样的作品就不可能有广阔的市场销路，它意味着作品内在的美的结构未能实现为现实的使用价值。

在文化市场上存在着曲高和寡的现象，一些具有很高艺术性和思想性的作品，如某些经典作品，一些严肃作品，某些古代乐曲和地方戏剧有很高的艺术、社会价值，但是未必能有广阔市场，特别是当代艺术家创作的某些高雅、严肃作品，由于艺术表现形式和思想内容陈旧，未能体现出现实生活特征和时代精神，尽管它们是拥有艺术、社会价值之作，但由于与当代群众消费心态“不合拍”，从而缺乏现实的“美的效应”，它们表现为“阳春”“白雪”，作品的内在美的结构未能转换和实现为现实的使用价值，艺术家付出的生产劳动也不能体现为商品价值。这种情况意味着人们可能创造出美的素质高的艺术佳作，但却未能创造出和拥有商品性使用价值。凡·高创作出《向日葵》等一系列绝美佳品，画家在世时这些作品从未获得观众的青睐。马克思也说“密尔顿创作《失乐园》得到5镑。”[①]上述文化品的曲高和寡现象，体现了商品性文化生产中的特殊矛盾：艺术美的创造和商品使用价值创造的矛盾。

商品性文化、精神生产的特点是艺术品是商品，产品内在的美的素质要与购买者的消费心态相对应。为此，首先要求作品在艺术形式的塑造上要符合美的规律，其次和特别重要的是要使作品的内容，最充分、最生动地反映生活的真实和本质：作品叙述的事，描绘的物，表达的情感追求，要能贴近欣赏者——现实的人——的心态，也就是

① 当代属于“阳春”“白雪”的艺术、社会价值高的作品创造难以打开市场销路，而属于“下里”“巴人”之作却不胫而走，正是上述矛盾的表现。

说：要使作品美的素质与欣赏者的文化心态相契合，在欣赏者心中形成美的共振。

为了使文化品的品质、属性与消费者心态相对应，首先要坚持多样性。在本文中我们也指出：现代社会阶层结构的多样性，决定了多种多样的、具有不同文化心态和偏好的消费群体的存在，这样就要求文化生产针对不同的消费群体的心理特征和具体需要，搞好和实现产品的多样性，发展多种文化活动门类，形成多层次的文化生产，使产品拥有多种风格和多样特色；也就是说要以生产多样化来促使文化品内在美的素质与各类消费群体的现实需求相对接。当然，各类文化品因其消费对象的不同，其销售状况和市场容量有大有小而不能一律，但是在文化品业已进入千家万户，成为居民日常的文化消费品的当代，在新的传媒技术以及信息技术引进于文化生产，从而文化品更加大众化的时代，搞好文化生产的多样性和努力实现文化、艺术品品质与消费者需求相对接，各种性质不同、层次不同的文学艺术商品都有可能大大拓宽其市场销路。[①]在文化生产中，把美的素质的创造和消费者群众的文化结构和消费心态相契合，也就是将艺术美的形成和商品使用价值形成相统一，[②]这样的文化生产，既创造出美的艺术，又创造了艺术商品。把美的素质的形成和商品使用价值相统一，宏观的文化生产活动就能表现出生气勃勃、异彩纷呈，结出品类多样的艺术硕果，社会文化总产品的结构就能优化和适应于多种多样、千差万别的

① 使用信息技术的现代出版业，大大加快了文学、艺术品的出版；使用现代化商业营销方法也大大扩大了作品发行量；使用现代录音、录像和影视技术以及信息技术，开拓了将文化、艺术品转换为影视、信息文化品的新渠道，由此产生了当代新兴的信息文化产业。电影碟片、音乐碟片以及网画影碟具有很高发行量，国外流行乐曲碟片的发行量动辄以数百万张计。

② 使艺术美的形成和群众的文化消费需求相契合也是产品性文化生产的要求。

社会文化需求结构，这既意味着社会的文化需求得到更充分的满足，也意味着文化资源的优化配置和有效的利用，还意味着众多的文化生产者的聪明才智得到充分的发挥。

3. 确立起文化生产适应于市场需求的观念

把美的素质创造与商品使用价值形成相结合，实现产品的艺术、社会性与商品性的统一，要求从事商品性文化生产的工作者树立市场观念，自觉把文化、艺术创造适应于群众的需要。

在我国当前全面发展文化生产的新时期，应该看到，不少人还存在一种十分顽强的传统思维，这就是文化、艺术活动应该排除经济利益，从而把文化活动与商品生产视为互相排斥和不可兼容的。上述传统思维来自历史上的产品性文化生产模式。在古典的产品性文化生产模式下，文化、艺术家是由宫廷或者政府供养，或者他本人是有产者，这种模式下文化、艺术活动的现实目的是为了博得国君、权贵的青睐，或服从于宫廷教堂的需要，[①]或者是作为个人吟诗赋词的文化自娱活动。上述情况下的精神文化活动的生产物，不进入交换过程，不是商品，创作者也无须关心产品的商业价值。而且，在古典的文化生产模式下，文化精神活动被视为是士人的“雅业”，从事商品性文化生产，即“卖艺”，则是属于“下九流”的庶民的行为，是君子所不屑为的。

古典文化生产模式下，艺术家自己将艺术活动称为“为艺术而艺术”，是纯洁而崇高的。这种鄙薄商品生产和交换价值的观念，是古代与中世纪产品经济形态下的意识形态。显然的，在文化精神活动的许多的领域已经从属于商品生产的发达市场经济条件下，在商品性

① 米开朗琪罗为威尼斯大主教所雇用，他为大教堂进行壁画绘制。

文化品大生产业已形成，在众多文化商品生产者群体和文化市场消费者群体已经出现，商品性文化经济已经强有力地运转和有力地推动经济、社会发展的当代，传统的文化生产观念早已经过时。面对新的实际，人们应该有观念的更新，要正视商品性文化生产的现实，认识被纳入商品生产关系中的文化艺术品的二重属性：社会、意识属性和商品属性。而在社会主义市场经济条件下，在大力发展文化产业的时代，从事商品性文化生产的工作者应该着眼于艺术、社会价值和商品价值相统一，既讲求产品的艺术、社会性，又重视产品的使用价值和商品价值，自觉地把文化生产活动适应于现实的文化经济的性质和要求。

十一、当代商品性文化生产中的市场失灵与庸品排挤良品

（一）文化生产与文化需求的互促

市场配置资源的积极功能，是通过优胜劣汰的竞争规律来实现的。竞争与优胜劣汰的市场规律，鲜明地体现在物质生产领域中，物美价廉的消费品和性能更好的机器设备总是会夺去质次价高的产品的市场。竞争推动技术进步、经营管理完善，促进产品质量提高和升级换代，成为物质财富增值和近代、现代工业文明发展的重要动力。但是在商品性文化生产中往往存在次品重复生产，市场上次品充斥，甚至劣品泛滥的现象。应该说，这是商品性文化生产中的一种难以消除的趋势，它显示出物质产品生产中的优胜劣汰规律对文化生产并不是

充分有效的。[①]

文化品的生产要从属于市场经济中生产创造需求和需求促进生产的一般规律。杰出的文学、艺术品的创造，总会引发消费群体的美的感受，逐步形成现实的市场需求，而市场需求又激发和促进文化产品的再生产，不断拓宽和发展的市场需求则有力地促进文化产品的扩大再生产。

我们已经指出，使文化、艺术品现实需求形成的人身前提是能对作品发生美的效应的消费者的文化心态和消费偏好。市场经济中这种文化、精神需要的形成的社会、经济机制可以归纳如下：

第一，具有美的素质的艺术品A的创造。

第二，A产品在特定消费群体中引起美的效应，表现为市场上A产品的需求，即C^{a}的产生。

第三，多次消费形成消费偏向甚至癖好的法则，决定了消费者中适应于A产品的文化心态的形成，它表现为喜爱A产品的消费群体的形成和A产品的社会需求的形成，即C^{a}的持续化。

第四，A产品畅销条件下，从众心理的消费法则，促使偏好A的消费群体规模扩大；企业的商品营销活动，包括商业包装、炒作，如利用新闻媒体，制造新闻“名人”“名品”，在促进群众消费心态和偏好形成中起着越来越大的作用，其结果是A产品需求进一步扩大，成为一定时期独领风骚的市场主流产品。

第五，由于群众中某种消费偏好的形成，出现了A类风格的产品的生产和畅销，即C^{a-k}基于生产刺激需求扩大的法则，C^{a-k}的持续畅销，

① 在本章第五节中我已将文化市场上的竞争称为“强胜弱汰”，在竞争中获得胜利的强品不一定是优品，被排挤的弱品不一定是劣品，竞争力和发行量以及市场份额等都不能作为测度市场上的文化、精神品的质量的尺度。譬如，以发行量来确定文化产品的质量，那么，就会得出发行量动辄是数十万、上百万的通俗读物和一般大众文艺作品都是“文化精品”的荒谬论断。

进一步促进A类产品生产进一步的扩大，即C^{a-z}的出现。

以上我们概述了文化品生产与消费需求的互生、互促的机制，它表明：文化主流产品以其耳濡目染的作用，影响群众的特定的文化消费心态的形成，由此促使主流产品销量扩大，并且会进一步促进主流产品生产扩张。经过一定的时期，由于文化创新，又会有新的文化、艺术品B的创造出来，在追求新颖和从众等消费心理下，又会有第2轮的从第一到第五的机制的重演和新的主流产品B的形成。在当代商品性文化生产中，一些时兴艺术品迅速在市场“走俏”、畅销，进入千家万户，取代了原有主流产品。弗莱德里克·卡尔在论述19世纪末以来西方绘画中的各种流派的继起和变迁时说：“这一期间沉浮变迁……当一场运动或风格刚刚站稳足跟时，它就已经被其他运动取代了，……有些运动甚至未足5年而只持续3年时间就让位于另一先锋了。”[①]上述现象的产生以及由A、B、C……主流产品的替换，[②]正在于上述文化产品创造市场和市场促进产品生产扩张的社会、经济机制。

（二）文化生产的两种模式：生产与需求良性循环与不良循环

基于上述文化生产与文化需求互促和主流产品形成机制，我们可以概括出文化生产的两种发展模式：（1）文化生产的良性循环模式。在优良文化、艺术品A成为主流产品的场合，会演化出文化良品影响和塑造消费群体健康的文化心态，引起对文化良品需求扩大C^{a-z}，由此又促进文化良品生产扩大。这就是商品性文化经济中的生产与需求的良性互促和良性循环，它意味着文化生产经济效益和艺术、社会效益的

---

① 《时代周刊》2004年1月5日。

② 弗莱德里克·卡尔著：《现代与现代主义》，吉林教育出版社，1995年。

并进，这是一条文化生产健康发展的路径。（2）文化生产的不良循环模式。在文化次、劣品B成为主流产品的场合，会演化出文化次、劣品影响和塑造消费群体的畸形的文化心态与不良偏好，引起对文化次、劣品的市场需求扩大，即B^{a-k}的出现，由此激励和促进文化次、劣品生产进一步扩大，形成次劣品的重复生产，这是商品性文化经济中的生产与需求的不良互促和不良循环，它意味着文化生产经济效益正增长而文化艺术、社会效益零增长或负增长，这种情况表明次、劣品的大肆泛滥和文化生产的偏离正轨。

我们已经指出，由于现代社会中人的文化、精神需求和消费偏好的多样性，决定了文化市场具有广阔的包容性，它既吸纳良品，也吸纳次品，甚至劣品，因而上述公式中作为起点的A产品既可能是优良之作，也可能是平庸之作，甚至会有伪劣之作。在实行自由市场经济的国家，文化市场上特别鲜明地表现出产品优劣交杂、真假难辨、香花与毒草并存的情况。当代文化市场经济的特征是消费者群体难以具有自主的分辨与选择优质品的能力。消费者群众从幼年、青少年起就处在特定的生活、消费方式和社会文化氛围中，长时期的耳濡目染，使他们从幼年起就处在社会流行的文化模式与现行消费偏好的影响和塑造之中。在文化庸品成为市场主流产品，由此严重影响群众的文化、精神结构和消费心态的情况下，必定会有市场上对庸品的旺盛需求。

文化品生产和需求互相创造、彼此推动的机制，在庸品长期成为市场主流产品情况下，会促使消费群体的精神素质和文化心态的畸化，使一些消费群体产生对庸品的偏好甚至痴迷，促使庸品消费群体的范围不断扩大。作为消费者的人的文化、思想素质的变化和下滑，其必然结果是一方面，庸品的畅销和市场份额的畸形扩张，另一方面，良品的市场份额日益缩小，上述现象可以称之为：庸品排斥良品的趋势，[①]它体现了文化生产中的“市场失灵”，这意味着文化低、劣品的重复生产和占领市场。文化生产中的上述“市场失灵”，在实行文化生产自由放任和消费主义的国家，表现得极其鲜明。

十二、实行商品性文化生产，要加深对商品性文化生产的内在矛盾的理论认识

商品性文化生产中出现的庸品排挤良品现象和“市场失灵”，其深层根源是商品性文化产品的内在矛盾：艺术、社会价值与商品价值的矛盾。这一矛盾表现在：文化生产中一些创作者把对商业价值追求艺术、社会价值创造的非理性行为，如粗制滥造，而不是艰苦创作、精益求精；追求数量，忽视质量；一心在形式上标新立异，缺乏积极思想内容；胡编乱侃，脱离生活实际；“以贴近现实”为名，行“媚俗”之实，迎合某些消费群的低级趣味和不健康心理；特别是一些人热衷于强感官刺激的“黄色”“黑色”产品的制造。上述现象表明：（1）文化生产偏离了艺术、社会价值创造这一精神生产的本质目标，而从属于对商业价值的追逐。（2）文化工作者陷入“市场陷阱”，失去和抛弃了人类灵魂工程师的崇高职责，将严肃的精神生产变成了一般的营利活动。文化生产由此出现“畸化”，偏离了正轨。

文化生产的偏离正轨，在当代实行文化自由主义的西方发达国家有最为鲜明的表现。20世纪发达国家在商品化大潮下，一方面文化产业迅速崛起，带来了大众文化的兴起，推动了现代文学、艺术的发

① 西方文化学者提出了文化品市场中由格雷欣法则——金银货币流通中劣币驱逐良币律——支配，但他们未能从市场机制的作用下文化生产的不良循环的视角，来对商品性文化生产中的“市场失灵”现象作出深入的经济学理论阐明，更不能揭示当代西方文化危机的制度根源。

展，但是另一方面，也出现了畸化的文化生产盛行，如在影视中，宣扬色情、暴力、宗教迷信的作品成为制片商的首选；在大众文学读物中，情节怪诞、趣味低级、思想庸俗的作品充斥；在艺术领域中，一些所谓“先锋派”、野兽派、达达派、人体艺术等“时髦作品”不胫而走；等等。尽管在品类上不断多样、在数量上日益庞大的当代文化、艺术创作物中也不乏优秀、健康之作，但由于文化生产缺乏先进思想的指导；也由于艺术家遭受到消费享乐主义、极端个人主义、虚无主义等主流意识的侵蚀，因而造成生产质量滑坡，精神垃圾滋长，呈现出低质产品扩大再生产的趋势；在文化市场上则呈现出平庸作品充斥，优秀作品少和滞销，低劣品却不乏销路；总的情况是在文化产业壮大和繁荣发展中出现了文化衰败。

当代西方文化的平庸化发展和腐朽文化的恶性膨胀，引起了有识之士的严重担忧和谴责，在媒体上人们随时可以读到关于当代西方“文化危机”的论述和“产生巨人时代已经过去”的哀叹。①

文化生产中的畸化现象，其最深的根源是商品性文化生产中客观存在的文化品商品性与艺术、社会性的矛盾，在缺乏政府科学规制、有效管理和先进思想指导的自由主义的市场性文化生产制度下，上述矛盾就会激化：

第一，片面的物质刺激体制。文化经济是强激励经济。商品经济

---

① 不少西方学者对当代资本主义国家的文化、艺术的现状和发展前景表现出忧心忡忡，美国的学者D. 贝尔和英国史学家汤因比等撰写的许多有名的著作中，从不同方面揭示了西方文化的“痼疾”，不少的论著中表现出对“西方文化未来”的悲观主义，但是这些论著未能把文化意识作为社会形态的上层建筑，并从社会的经济结构的性质来分析当代西方文化意识的特征，因此，尽管他们的论著中指出和谴责了西方文化的畸形发展和“文化危机”，但却未能找到造成这种文化畸形的制度根源，也不能寻找出摆脱“文化危机”的对策。

中文化、艺术熟练劳动的价值创造和实现机制，赋予文化活动以强物质利益激励；商品经济中固有的文化垄断及垄断价格机制，倍数式地放大了强经济激励，这样的生产和分配关系必然对文化生产中传承下来的古典的自由艺术创造精神形成强烈的冲击，促使一些人内心滋生经济利益偏好，甚至产生经济利益至上的价值观念。在实行文化自由主义，放弃对文化工作者的思想教育的体制下，市场机制的强经济激励，必然会使一些文化生产者把社会人固有的物质利益关心，转换为对金钱利益的渴求，从而产生畸化的文化生产行为。

第二，在实行文化自由主义条件下，既缺乏对文化品的有效社会评价体制，也缺乏禁堵伪劣品生产的制度制约和政府管理；在文化、精神产品的自由生产和自由交换体制下，文化庸品和劣品成为主流产品，群众遭受精神污染和文化素质的逆退是难以避免的，由此消费者文化心理和消费偏好也会受到不良影响，从而形成庸品畅销和进一步自由泛滥的社会心理前提。

可见，市场机制对文化生产来说，是一把双刃剑，它既是促进文化生产发展的有力杠杆，但也有诱发文化艺术创作畸化的负效应。马克思早就对资本主义的精神生产方式的局限性作出了精湛的说明，他说："资本主义生产就同某些精神生产部门如艺术和诗歌相敌对。不考虑这些，就会坠入莱辛巧妙地嘲笑过的18世纪法国人的幻想。既然，我们在力学等等方面已经远远超过了古代人，为什么我们不能也创作出自己的史诗来呢？于是出现了《亨利亚特》来代替《伊利亚特》。”[①]

我们需要指出：尽管商品性文化产品固有的商品价值与艺术、社会价值的矛盾，突出地表现在某些发达国家的全盘商品化和自由化的文化生产实践中。[②]但是，当代实践，特别是我国实行社会主义市场经济的实践表明，上述矛盾并非不可克服。在社会主义市场经济条件下，实行以先进的文化为指导的方针，借助于加强社会主义文化制度建设，确立起社会共同的文化生产行为规范，建立对文化优质品的科学评价制度和奖励制度，形成完善的文化市场交易制度——包括文物和重点文化精品的市场准入制度，特别是加强创作者的政治思想教育，切实提高文化工作者的思想、道德素质和社会责任感，人们可以做到将商品性文化生产纳入健康发展的道路。

作为社会的上层结构的文化，它的发展总是从属于社会发展，特别是从属于经济发展的需要，因此，人们不能脱离社会经济发展的客观规律，孤立地谈论文化发展和孤立地论述文化应该怎么样发展。

---

① 《亨利亚特》是法国文豪伏尔泰写的关于法国国王亨利四世的长诗，于1723年出版。马克思不仅用他创造科学的政治经济学揭示了资本主义经济固有的矛盾，而且他把精神生产放在经济、物质生产的基础上来进行理论分析，深刻地观察到受到资本主义制度及其经济机制的制约的精神生产的局限性。马克思基于19世纪末英国和西欧的实际，针对资本主义市场经济制度下物质生产的快速发展和精神生产的发展的滞后，提出了文化艺术发展“不是同社会一般发展成比例”的命题，他指出了希腊艺术具有“在世界史上划时代的古典的形式”“同现代人相比”的“高不可及”的性质，马克思上述深刻的论述，为我们观察和分析当代资本主义文化、艺术的走向，提供了理论工具。当代人们关于“现代西方文化危机”和“生产思想、艺术巨人时代业已过去”的困惑，完全可以从马克思、恩格斯著作中阐述的有关资本主义与文化、艺术发展的许多精辟深邃的理论分析中找到答案。

② 近20年来我国一些文化艺术领域中“小品”“通俗品”发展出现旺盛势头，但鸿篇巨制稀缺，精品匮乏和平庸作品多，数量增长快而质量提高慢，文化发展不均衡势态表现得十分鲜明。实践表明，在实行商品性文化的体制下，采取有效措施，防止文化生产的畸化，不仅十分必要，而且也十分迫切。

市场经济是生产力发展的不可能超越的一种历史形式，部分文化生产的商品化是时代的大趋势。在我国进一步发展和完善社会主义市场经济，推进文化体制改革，促进文化产业发展的当前，我们提出商品性文化生产中文化品商品性与艺术、社会性矛盾的论题，不是要提倡废弃文化生产的商品性，回归古代和中世纪田园式的文化自然生产和传统计划体制下僵化的文化生产，而是旨在指出：在发展商品性文化生产中需要搞好兴利除弊，其关键是构建能实现社会效益优先、经济效益与社会效益相结合的完善的社会主义文化体制。

十三、结论：构建完善的社会主义文化生产体制和良性文化经济互动机制

在社会主义建设中文化建设起着十分重要的作用，大力发展和繁荣社会主义文化，有效地发挥文化的培育、塑造新人的功能和有效发挥文化力的经济功能，文化建设将成为推进社会主义物质文明、精神文明、政治文明建设的重要杠杆。在文化与经济密切互融、互动的当代，促进文化与经济的良性互促、互动，充分发挥文化生产力的功能，更是优化和壮大我国产业结构，加快中国经济发展，增强中国经济在世界的竞争力的一项有效的战略选择。

搞好社会主义文化建设，要大力发展各类文化事业和文化产业；在当前经济转轨期，要大力发展商品性文化生产，积极而有效地推进文化产业的快速、健康发展，努力创造中国现代文化经济。

在社会主义条件下，在实行商品性文化生产中，人们应该自觉运用生产与需求的互相创造和互相促进以及文化市场主流产品形成的规律，构建一种良性的文化与经济互动机制。这就要求:（1）大力发展

先进文化，支持有益文化，改造落后文化，抵制腐朽文化；通过打响主旋律，搞好多样化，实现中华文化园的百花齐放、万紫千红。（2）认识商品性文化产品的二重性，正确树立市场观念，按照产品的艺术、社会属性和商品属性的要求，自觉地在文化生产中坚持社会效益优先，把讲求产品艺术、社会价值和讲求商品价值相结合，努力创造艺术、社会质量高，经济效益好的文化产品和文化财富。（3）文化精神产品毕竟是具有意识性的特殊产品，文化生产者需要确立以优美的精神作品塑造人的观念，在文化艺术劳动中把高质量的文化、艺术产品的创造作为自身崇高的社会职责和“艺术家的良心”的表现，自觉地将商品价值创造立足于艺术、社会价值的基石之上。为此，文化工作者要努力提高思想政治素质，加强品德修养，警惕文化经济中的“市场陷阱”[①]。（4）文化企业要按照市场经济的规律，搞好文化商品的生产与市场营销，特别要有效组织和激励优质品的生产，采取多种措施，切实扩大优质文化品的市场销路，大力形成优质品市场的主流地位，发挥优秀文化产品在提高群众思想文化素质、塑造人的优美的情操的功能，由此培育广大消费群众积极、健康的文化心态和消费偏好，为文化优质品的取得市场主流地位创造主观条件。（5）提倡文明的、健康的文娱生活方式，加强精神文明建设，培育和提高群众的

---

① 恩格斯高度赞美文艺复兴时代产生的那些“处在时代运动中，在实际斗争中生活着和活动着……”“用舌和用笔”进行斗争的文学、艺术家是“在思维能力、热情和性格方面”“在多才多艺和学识渊博方面”的“巨人”和“英雄”，他说：“那时的英雄们还没有成为分工的奴隶，分工所具有的限制的，人片面化的影响，在他们后继者那里我们是常常看到的。”恩格斯指出，文艺复兴时代的艺术家，他们参与的为迎接新时代的斗争，使他们“有了使他们成为完人的那种性格上的完整和坚强”，从而使他们能在文化和科学事业上做出巨大的贡献，创造出古代希腊罗马时期，即“古典古代”那样的“艺术繁荣”。《马克思恩格斯选集》第3卷，人民出版社，1972年，第446页。

审美观，特别是加强青少年的美育，提高他们的文化修养，增强他们分辨美丑和自觉抵制精神垃圾的能力。（6）社会主义条件下，政府对文化生产应实行分类管理，对一般的文化生产，特别是大众化层次的文化艺术活动，充分利用商品市场机制将其搞活，加快文化产业的发展，培育重量级的文化产业集团，大力推动中国大众文化生产的发展，有效发挥文化的经济价值创造功能；对于高级的、特殊的文化艺术活动，如严肃的、高雅的艺术生产，以及中华文化遗产的发掘和抢救，少数民族优秀文化的发扬，则大力发展和加强文化事业体制，因此，社会主义文化体制是有利于文化生产全方位发展和繁荣的、包括产品性生产和商品生产在内的大文化体制。（7）基于商品性文化生产中的“市场失灵”，要扩大和加强文化公共物品的生产，形成完善的文化公共物品生产体系，为此要加强包括国家歌剧院、图书馆、博物馆、文化馆等文化基础设施的建设，开展各种面向公众，特别是面向广大农民群众的文化活动和社区文化娱乐活动。要采取有效措施，加强公共影视媒体的发展和发挥其功能，大力扶持从事精品创造的文化事业单位的发展，并把组织能成为市场主流产品的精品生产，特别是不逊于和超越“古典古代”[①]品质的和无愧于当前伟大时代的“经典”作品的创作，作为某些文化事业单位的中心任务。（8）强化政府在文化生产中的规制指导和推动的功能，构建起切实有效的文化市场管理机制，努力创造和形成鼓励和培育优秀、健康文化，抵制腐朽文化的新闻舆论阵地和社会氛围，在当前特别要认真注意防止媒体成为不良文

① 恩格斯在《自然辩证法》中，阐述西欧的科学、文化发展时，将曾创造出古代文化繁荣的古希腊雅典文化、科学发展盛年称为“古典古代”。应该说，创造出灿烂的早期东方中华文化的春秋战国时代，也属于“古典古代”的范畴。见《马克思恩格斯选集》第3卷，人民出版社，1972年，第445页。

化的催化剂和培养基。（9）确立文化兴国的观念，增大对文化的财政资金投入，鼓励社会资金投入文化生产，在当前，政府要采取有效措施切实加强文化事业的发展，特别是面向农村的文化事业的发展。

总之，文化生产，特别是商品性文化生产，它的健康发展离不开制度的约束、政策的规制、政府的管理和思想的指导，如果说，在物质财富生产中，人们也不能单纯依靠“看不见的手”，那么，为了求得文化财富最大最好的生产和增值，以服务于社会主义事业，在商品性文化、精神生产领域，应该实行政府主导的和有规制的文化商品生产模式。

实行“看不见的手”，“看得见的手”和先进思想指导作用相结合，这样，我们将能够有效防止和减少市场负效应，形成生气勃勃，“活而不乱”，“管而不死”的市场性的文化生产。在当前，精心构建和有效利用文化生产的这一新杠杆，我国文化生产将由此获得新的动力，从而加快发展。这不仅仅将促进我国社会主义文化的发展和繁荣，而且，借助于文化的生产力功能和文化与经济的互动，将有力地促进我国经济的发展和增大人民财富的积累。

第六章

社会主义市场经济条件下的商品生产劳动及其价值创造功能

一、深化对社会主义劳动和劳动价值理论的研究

江泽民同志在《庆祝中国共产党成立八十周年大会上的讲话》中提出，“应该结合新的实际，深化对社会主义社会劳动和劳动价值理论的研究和认识”。因此，开展社会主义市场经济条件下的商品生产劳动及其价值创造功能的研究既具有重要现实意义，又具有重大的理论意义。

20多年来，我国生气勃勃的改革开放，不断推进了社会主义制度的创新，使我国经济社会关系出现了许多新事物和新情况。其中，以多种形式参与和介入生产劳动的各种社会群体的出现，就是我们当前面对的新情况和新事物。为了正确认识这些新情况、新事物，我们需要以马克思主义理论为指导，结合我国当前实际，进行社会主义社会劳动和劳动价值理论的研究。

有关劳动及劳动价值的理论，是马克思创立的科学的政治经济学的基础理论。马克思结合19世纪资本主义的实际，深入分析研究了资本主义市场经济条件下劳动的性质，通过对生产商品的劳动如何创造价值和剩余价值的创造性的理论阐述，揭示了资本主义生产关系和分配关系的本质特征。劳动价值理论还贯穿在马克思对资本主义流通过程与再生产过程的分析之中，它是阐明资本主义市场经济形态的本质及其运行规律最重要的理论工具。马克思有关商品生产和劳动价值的理论，包含有对商品经济的许多一般范畴和一般规律的科学阐述，不仅仅适合于对资本主义市场经济的分析，也适合于对历史上一切商品经济形式的分析，这一理论是我们研究社会主义市场经济和社会主义劳动的性质及其价值创造功能的理论基础。

我国正在从事社会主义市场经济体制的构建，经过20多年的改革开放，我国社会主义经济制度发生了新的变化：（1）由工人阶级和农民阶级组成的基本阶级结构没有改变，但是出现了由民营科技企业创业人员和技术人员、受聘于外资企业中的管理技术人员、个体户、私营企业主、中介组织的从业人员、自由职业人员等组成的新社会群体和阶层。上述群体所依托的经济组织和生产关系不尽一致，但均参与了或者说不同程度地参与了物质生产、服务生产和文化、知识生产，从而参与了社会财富的创造，他们都是我国社会主义社会的建设者。（2）在社会主义市场经济条件下，众多的商品生产部门，无论是物质、实物产品生产部门，还是商业、金融及其他服务部门以及科学、文化产品生产部门，它们的广大从业和职能人员都参与了商品的形成和价值的创造。（3）社会主义市场经济条件下，多样性的生产主体相互之间通过商品交换，在市场机制作用下参与价值分配。

可见，在我国出现了新型的生产劳动关系和价值创造与分配关系，这种经济关系是在进行中国特色社会主义建设中出现的新事物。以马克思的商品理论和劳动价值理论为指导，对我国社会主义社会中的新经济关系进行深入的理论分析和实事求是的阐明，将有助于揭示社会主义市场经济中劳动者利益关系的性质及其变动的规律，并为党和政府调节经济运行和生产、分配关系，正确处理社会主义社会人民内部的利益矛盾，协调社会群体、社会成员之间的关系，增强和塑造利益的一致性、共同性，为构建社会主义和谐社会提供理论指导。

此外，经过20多年的改革开放，中国特色的社会主义市场经济体制框架已经形成，在当前我们迫切需要创作出完整的、作为我国社会主义新经济体制的理论表现的社会主义政治经济学。

以马克思的商品理论和劳动价值理论为指导，以实事求是的精神，科学地分析我国社会主义市场体制结构下各个不同的生产部门之间以及生产部门与流通部门之间的特征，深入研究社会大生产体系和社会结合劳动中，各种职能不同的劳动的性质及其在商品价值创造中的功能，剖析和阐述社会主义市场经济体制中的生产劳动、价值创造劳动、社会有益劳动等经济学范畴的科学含义，通过上述研究，将为构建中国社会主义政治经济学提供坚实的价值理论基础。

二、劳动价值理论与现代多样性的商品生产①

（一）从分析商品开始

我国的改革开放和市场经济的发展，各种工农业产品突破了计划体制下的调拨产品的桎梏，成为了真正的商品，并在市场交换中体

① 本节发表于《宏观经济研究》2001年第8期。

现出其固有的、内在的劳动价值性。我国第三产业的发展，商贸和金融业的快速增长，从事各种专业流通服务的人员越发众多，意味着生产的流通服务产品的增多。此外，各种财产凭证——股票、债券——以及企业使用权与土地使用权、专利权等均成为市场交易的对象。另外，各层次的劳动力——从一般职工到科技人员——也越来越多地参与就业市场的流转，或在企业间流动起来，从而具有了商品形式。随着信息和知识经济的发展，信息、一部分科学知识产品与一部分文化产品成为商品，并进入市场流通。可见，我国市场化改革，既把物质生产物转变为商品，还把更多的经济活动——服务活动以及知识、文化生产活动——纳入市场交换之中，使这些活动本身表现为商品，并且具有价值形式，我国社会主义市场经济越来越表现为多类型的商品生产的综合，而社会总产品则表现为多类型的商品结构。而就国际来说，当代资本主义已经进入了新的发展阶段，发达国家形成了高度发达的市场经济，其特征是国民经济——包括一部分政府管理活动——的高度商品化。经济的高科技化和知识经济的到来，更加有力地促进了技术和知识的商品化。技术和知识商品不仅在商品世界中扮演了重要角色，而且在运行中又展示出其特有的价值决定机制。

可见，当前我们面对着的客观世界，无论是资本主义世界还是社会主义世界，其“社会的财富，表现为‘庞大的商品堆积’，单个的商品表现为这种财富的元素形式”[①]，更重要的是，我们面对着一个多样类别的现代商品结构。对这一商品经济形态进行理论阐述的政治经济学，应该采用“从分析商品开始”[②]的方法。政治经济学的基本范

① 《马克思恩格斯全集》第23卷，人民出版社，1972年，第47页。

② 《马克思恩格斯全集》第23卷，人民出版社，1972年，第47页。

畴是商品，基本理论是价值理论。科学的政治经济学理论体系就是建立在科学的商品、价值理论的基石之上，而形形色色非科学的经济学也是以各种表象的和庸俗的商品、价值理论为其出发点。尽管马克思已经阐述和创立了极严整和全面的有关商品和劳动创造商品价值的理论，但是在当前我们仍然需要将这一科学理论与当代实践，特别是与社会主义市场经济的新实践相结合，要对人们面对多类别的现代商品结构及其价值形成机制予以马克思主义的新阐明。

改革开放以来我国经济学理论讨论中，对商品、价值、创造价值的劳动等范畴的学术研讨一直在进行中。在当前我国加快社会主义市场体制构建的新时期，结合新实践来对商品、价值等经济学基本范畴、内涵再次进行探讨，不仅具有实践意义，而且具有重要的理论意义。对马克思主义的科学的商品、价值、生产劳动等范畴进行再学习和结合新实际对劳动价值论进一步加以阐述和发展，是一项经济学的基础理论建设，人们只有通过深化、丰富和发展劳动价值理论，夯实这一理论基石，才有可能对社会主义市场经济中的生产、交换、分配，以及经济运行进行科学的分析和揭示其规律。

本文只就市场经济发展中商品类型多样化与多样类型商品的价值形成两方面的问题，进行一些初步的探讨。

（二）商品类型的多样性

1. 商品类型多样性是市场经济发展的必然趋势

按照马克思的经济学理论，商品是一个表现商品经济生产关系的范畴，它指的是一个具有使用价值和价值的物或对象，“是一种二重的东西”[①]，使用价值和价值这二要素，构成商品一般的内涵。商品一般只是一个理论的抽象，现实的商品世界结构十分复杂，是多种多样商品品类的总和。马克思不仅分析了工业品、农产品等物质产品形态的基本商品的性质，还把在市场上交换的劳动力作为“特殊商品”[②]，把商人经营的商品资本作为商品，也把银行家经营的货币资本，包括金银、支票、信用凭证、纸币等作为商品或货币商品，他对这些不同于简单商品的多样的特种商品进行了十分细致的理论分析。

马克思将唯物辩证法的一般到特殊的分析方法，用于分析工业化初始阶段的资本主义商品经济，形成了广义的，即表现为多样类型的商品范畴，建立了一个多样性商品结构的理论模型，并通过对不同类型商品范畴内涵的分析，揭示了诸如一般物质产品、服务，以及劳动力、货币、资本等特殊商品在使用价值和价值性上的特点。

我们当前面对着的新情况：一方面是发达的资本主义市场经济，另一方面是正在形成和完善中的社会主义市场经济。当代市场经济的实践进一步表明：高度发达的市场拥有十分巨大的包容力，它把一切拥有使用价值的对象或“物”，不管后者的具体形态——物质形态或非物质形态、固定形态或非固定形态、可贮存形态或不可贮存形态、可感觉形态或不可感觉形态——是如何之多，统统纳入现代市场流通之中，使之具有价值形式，成为了商品，从而进一步发展了商品具体形式的多样性。

2. 现代商品结构的五种类型

本文把现代商品结构划分为五种具体类别来加以分析：

---

① 《马克思恩格斯全集》第23卷，人民出版社，1972年，第54页。

② 《马克思恩格斯全集》第23卷，人民出版社，1972年，第197页。

第一，物质产品越加丰富。商品是具有使用价值和价值的劳动生产品。最基本的商品是物质生产领域所产出的具有实物形态的产品，通常被称为物质产品，或物质、实物产品，如食物、衣服等一般的日用消费品，以及机器、工具、原材料等一般生产资料或资本品。物质产品是用于满足人的基本生活需要和一般生产需要的，不论商品经济处在发展的初期阶段还是发达阶段，最基本的商品都是物质产品，但是在经济发展不同阶段主要物质产品具有不同的形式。如果说工业经济初期的基本物质产品的代表是纺织品、蒸汽机、轮船、电灯等实物产品，这些产品在物质技术性能上属于低层次，是浅采掘或初步加工的工业产品，在品种上也是有局限性的，那么，20世纪的现代工业经济，创造出的却是加工精、科技含量高的现代产品，如汽车、喷气客机、家电产品等。当代信息经济时代更创造出如计算机、网络、软件及其他物质信息产品以及基因产品、航天器等高科技产品。现代物质产品不仅技术含量更高，而且迅速横向衍生，品类更多。①现代物质产品不仅在使用价值上具有新的内容，而且在其价值形成上也有新特征，例如，就高科技产品来说，智力劳动成为其价值形成的主体。

第二，服务产品多种多样。服务是人类劳动的一种形式，市场经济中服务是交换的对象。服务从业人员提供服务换取货币，服务由此取得交换价值形式，因而，我们可以说服务从业人员生产服务产品。但是，在这里，生产和消费具有同时性，这是服务的不同于一般物质产品生产的特征。

---

① 对19世纪的工业经济来说，可以把物质产品主要归结为实物形态产品，对现代工业对经济来说，非实物形态的电力、热力、风力、光能，以及数码信息、电影、电视、音响、非实体的医疗方法、手段等等，都属于物质产品。因而物质产品范畴内涵不只是实物形态产品，也包括非实物形态的物质产品。

在现代市场经济中服务业是一种综合性的生产门类。我们在这里将服务业划分为：（1）商业、金融服务；（2）生产性服务，如生产性通信、运输等基础性生产服务以及维修、安装、仓储，以及管理、经营咨询服务；（3）休闲、文娱和消费生活服务，如旅游、餐饮、健身、影视等；（4）公共服务，如医卫、保健、教育、城市交通、供水电气等。发达的市场经济中服务主要以商品形式由企业和个人来提供和生产。在工业化和市场经济的初始阶段，商业服务尚未充分专业化，金融服务处于不发达状态，一般生活服务尚未产业化，旅游、休闲、健身、医疗等多样生活服务还未出现或尚未充分发展，更不存在信息、网络、快递等现代服务，服务业在国民总产值中占的比重很低。但是在当代经济发达国家服务业已占总就业70%以上，在GDP中的份额也达70%，即使除去物质生产性质的货物运输以外，新兴的旅游、餐饮、保健、教育等产业也已经成为国民经济的支柱产业，从这一点来说，现代经济已成为人们称为的“服务经济”。当代市场交换领域的主要内容已经是提供服务和购买服务，服务事实上是商品世界中数量最大的组成部分。作为商品的服务，在使用价值上和价值形成机制上都有其特征，因而是一种特殊的商品类别。

第三，信息和技术产品越发众多。20世纪末发达国家由工业经济时代进入了以信息与网络技术为基础的信息经济时代，信息成为一般的生产与经营要素，是生活交往的工具，是管理，包括企业、家庭、政府管理的手段。信息产业不仅增长率最快，而且对国内外经济的拉动力和影响力日增。信息向传统制造产品、服务产品渗透，不断形成有信息内涵的新型产品。在当前，信息正在成为每一个现代人不可须臾离开的日用品，而进行信息生产——收集、整理、传输——和交换的企业也就成为国民经济中的大产业，信息产品已经是当代商品世界中越来越重要的组成部分。除信息产品而外，生物工程、新物质合成、纳米技术、航天技术、核能技术等高新技术产品正在快速增长。信息与高科技产品，不仅表现在可消费的最终产品形态上，也表现为新知识、新思想（创意）所引发和造成的新工艺、新产品的设计图纸上，在专利权制度下，越来越多的图纸形式的技术产品成为可交换的商品。可见，信息、高科技产品，特别是作为生产手段的科技产品，包括图纸形式的科技产品，在商品总产值中所占比重日益增大，成为当代高科技经济的新特征，这种崭新的高科技产品，在使用价值和价值形成机制上都有其不同于一般物质产品的新特点。

第四，文化、精神产品大量涌现。在发达的市场经济中出现了文学艺术产品的商品化，相当大部分的上述文化、精神产品是以商品形式来进行生产和交换的。

文化、精神产品是用于满足人们的精神生活需要的对象，如小说、诗歌、音乐、影视、戏剧表演等文学艺术产品，拥有多种多样的精神使用价值，可以满足人多方面的休闲享受需要。文化、精神产品还拥有提高人的思想品德的使用价值，可以满足人的素质提高和全面发展的需要。越是成熟的、进步的社会，不仅仅人的物质生活需要不断扩大，而且，健康的精神生活需要也越加发展，文化、精神产品的扩大再生产，特别是商品形式的文化、精神产品扩大再生产就成为经济的必然。因此，文化、精神产品也就成为当代市场经济商品的又一重要类型。

第五，劳动力商品——商品世界的特殊组成部分。劳动力商品是现代商品世界的一个重要组成部分。劳动力是体现在人的身体中的劳动生产能力，它是基本的生产要素。古代商品经济中作为奴隶的人是商品，劳动能力不是商品，而现代资本主义商品经济运行中劳动力成为了商品，在发达的现代市场经济中，出现了更广泛的劳动力商品化。

劳动力是一种特殊商品，这一特殊性首先在于：劳动力使用价值是提供活劳动，后者拥有创造价值的能力；劳动力的价值是维持劳动力再生产，即维持劳动者个人及其家庭成员的日常生活的费用。马克思指出，劳动力商品的特殊性表现在其独特的使用价值中，这种使用价值“是价值的源泉，并且是大于它自身的价值的源泉”[①]。

其实，作为人身材料的劳动力商品的特殊性，还表现于劳动力价格围绕价值而变动的机制中，如，现代资本主义经济与政治的发展，采取了规定劳动最低工资以及失业保障的立法，这些制度安排对劳动力价格对价值的**向下偏离**都起着某些抑制作用。

在社会主义市场经济条件下，一般劳动力仍然具有商品的形式，社会主义所有制赋予劳动力商品以某些新的特点，这些新特点表现在劳动力价值决定的新机制中。

可见，把劳动力作为商品的一种特殊类型，并且从理论上把握这一特殊人身商品在使用价值和价值上的特征，是政治经济学的商品、价值理论的组成内容。马克思在劳动价值理论上的伟大创新和他创立的剩余价值理论，也是以这一独具特色的劳动力商品和劳动力价值理论为基石。

把当代发达市场经济的商品分为物质产品、服务产品、信息知识产品、文化精神产品、劳动力，这就是商品类型的五分法。需要指出的是，我们对商品分类的理论分析，主要之点不在于“五分”，而在于指出：在现代发达市场经济和社会大生产中，社会分工越加发达，

① 《马克思恩格斯全集》第23卷，人民出版社，1972年，第219页。

具体劳动越发多样，商品类型的多样化是必然的趋势。

（三）价值体现于各类型商品之中

发达市场经济中商品类型具有多样性，是否用于生产多样类型商品的劳动都形成价值？

马克思有关商品和劳动创造商品价值的思想，可以简括如下：（1）具体的有用劳动创造出各种各样的使用价值，即能“满足人的某种需要的物”[①]，后者是价值的“物质承担者”[②]或物质载体。（2）撇开劳动的有用性，生产物中剩下的是抽象人类劳动，是体现在使用价值体之中的价值，或“价值的实体”[③]。马克思使用从具体形式到一般内容的分析方法，撇开商品体的多样具体形式和属性，而抽象出它们的共同的社会内容。不论商品在使用价值形态上是小麦、鞋油、绸缎，或是金银，但作为价值，它们都“只是无差别的人类劳动的单纯凝结”或“结晶”[④]，“这些物，作为它们共有的这个社会实体的结晶，就是价值——商品价值”[⑤]，他使用“抽象人类劳动体现或物化”这样的词来说明价值的形成。

对于人类劳动怎样“物化”“体现”为价值，学术界存在着“宽”的或“窄”的解说。较为流行的和国内多数政治经济学教材持的是“窄”的解说，即认为真正的商品只是物质、实物产品，商品使用价值也只是实物形态的使用价值，而价值形成和劳动的“物化”也

---

① 《马克思恩格斯全集》第23卷，人民出版社，1972年，第47页。

② 《马克思恩格斯全集》第23卷，人民出版社，1972年，第48页。

③ 《马克思恩格斯全集》第23卷，人民出版社，1972年，第51页。

④ 《马克思恩格斯全集》第23卷，人民出版社，1972年，第51页。

⑤ 《马克思恩格斯全集》第23卷，人民出版社，1972年，第51页。

就是劳动物质化、实体化，即“凝结”于实物形态的使用价值之中。按照这样的理解，经济生产中那些非“物质”性的活动以及非实体形态的产品，劳动就不会“物化”于其中，从而它们不具有价值。而且，按照上述理解，还会得出下述结论：（1）市场经济中劳动创造了一个商品大世界，但只有实物形态商品才具有价值。在发达市场经济中劳动创造更庞大的商品世界，比重上更大的服务商品不存在价值，只拥有价格，如土地等自然原生产物一样。（2）在发达的市场经济中有价值的产品越来越小，没有价值的产品越来越多，从而呈现出社会劳动的非对象化，以及价值实体的稀薄化。

按照上述分析，在商品“堆积”越来越大和商品类别越加多样的发达市场经济中，劳动创造商品价值的功能却日渐削弱，这是一种劳动价值消亡的悖理的论题。假如人们的分析是以劳动“物化”=“物质化”或“实物化”为前提，人们将难以回避地得出上述论断，人们想坚持“物化”劳动创造价值的理论，但却陷入了现代发达商品经济中劳动价值稀薄化和消亡的逻辑困境。

我们要指出，把劳动“物化”命题的含义解释为劳动“物质形态化”和“实物形态化”是不确切的。在我看来，劳动“物化”指的是抽象人类劳动这一商品关系的“对象化”，即“体现”“依托”于某一“东西”或“对象”中，从而使这一看不见、摸不着的生产关系或“社会规定性”“体现”于一个劳动生产“物”或“对象”之中，并表现为这一个“物”或“对象”所固有的性质。

马克思经济学的价值范畴，指的是抽象的人类劳动，即众多生产者付出的个别劳动经过商品经济的社会平均化机制后形成的“无差别的人类劳动”，后者实质上是一种看不见的商品生产关系。例如，熟练裁缝用10小时劳动制作一件名牌服装，但这件服装中实际体现的是20小时社会平均必要劳动。不像物质生产中工人浇灌出的水泥板中体现了看得见、摸得着、测得出的水泥分子那样，工人生产出的衬衫体现的价值实体却是看不见、摸不着、测不出的，“即使把它穿破了也是看不出来的”①。尽管人们看不见商品的价值实体，但是作为商品的名牌服装，它是确确实实的人类劳动的“生产物”，是一定数量的——即社会平均必要的——人的脑、肌肉、神经等生理耗费结出的果实。

既然人类劳动A→引起、带来“生产物”B，那么，B中就“体现”有A，是A“对象化”于B中；若生产物是实物产品，如服装，A就“物化”或“对象化”于B，即服装中。

可见，马克思的劳动“物化”原理，简单地说就是主体的“对象化”，就是劳动“体现”“表现”“依附”于一个“物”或“产品”中；说商品价值是“物化”劳动，也就是把价值归结为取得“对象化”形式的劳动。马克思就是这样用“物化”“对象化”劳动的哲学命题，科学地揭示了：（1）社会生产过程中主体劳动转换和表现为客体生产物的内在关系；（2）经济生产过程中主体劳动转换和表现为商品价值的内在关系。由此，第一次对经济学理论中难解的商品价值作出了科学的、最有说服力的理论分析。

由于社会生产的基础是物质生产，最基本产品是实物形式的产品，因此，对这一领域来说，基于上述价值理论的逻辑，劳动的对象化就是“物质化”“实物化”。例如，裁缝劳动“对象化（物化）”在服装中，而“价值实体”在这里也寓于物质使用价值之中。

由于市场经济生产的多样性和产品的多类型，除了物质产品以

① 《马克思恩格斯全集》第23卷，人民出版社，1972年，第66页。

外，还有服务产品、文化知识精神产品、科技产品和劳动力。因此对这些众多产品领域来说，按照上述理论的逻辑，“劳动的物化（对象化）”，就不只是“物质化”或“实物化”，还应该包括“有用的效果化”或非实物的使用对象化。例如，在服务领域，歌唱家以其劳动创造出非实物形态的使用价值——具有“审美效果的音乐演唱”；在商业领域，商业从业人员既提供柜台商品的展示、性能介绍、使用方法的解说等服务——非实物形态的使用价值，又提供包装、送货等服务——带有物质生产性的使用价值。而在科技生产领域，科技工作者提供一项新技术思路、新产品设计蓝图形式的科技知识产品，这些都属于非实物形态的使用价值。在这些场合，是劳动对象化于服务产品和科技知识产品之中，可见，非实物的产品或有用效果，作为劳动的生产“物”，人的一般劳动也“对象化”在“物”的有用效果和非实物形态的使用价值中。

总之，马克思价值理论的精髓是把商品、价值作为一种生产关系来把握，特别是把“价值实体”看作社会生产关系实体或“社会实体”，只不过这一生产关系是体现在劳动的生产“物”之中，从而具有“物”的性质的外观。但是，只要人们能在分析丰富多彩商品世界中，自始至终坚持把“价值实体”作为社会生产关系来认识，特别是只要能摆脱价值是“物质实体”的模糊观念对思维的干扰，[①]就会顺理成章地得出：物质生产领域寓于物质、实物形态的使用价值中的“对象化”劳动以及其他经济生产领域中的寓于非实物形态使用价值中的“对象化”劳动都形成价值的认识。我认为，这样的认识更符合马克

① 把价值当作生产品的自然物质属性是一种十分流行的、从事物表象出发的、似是而非的习常观念，马克思将其称为“商品拜物教”，并且在《资本论》第一卷第一章中用一个专节来详尽地阐述了价值体现的是商品经济的生产关系，而与商品的“物质”性无关。

思的"物化""对象化"劳动命题的含义，这样的认识也更能说明商品经济的现实。

为了进一步阐述本文中提出的劳动"物化""对象化"命题不等同于劳动"物质化""实体化"的论点，在这里还需要对《资本论》第一卷译本中有关"物""物化"等词，对照德文原版和英译本来进行一些阐述。

《资本论》在分析商品和使用价值概念时，在许多地方都提到商品是一个"物"，例如，"商品首先是一个外界的对象，一个靠自己的属性来满足人的某种需要的物"①，"物的有用性使物成为使用价值"②。这里中译本的"物"一词，德文原文为"ein Ding"③，英文译为thing④，中文版在另一些段落也将其译为"东西"。原著Ding一词，是指满足人的某种需要的东西或"对象"，既可以是铁、纸等"物质"形态的"东西"，也应该包括演员提供给观众的演唱，医生提供给病人的医疗等称之为服务的东西或对象，只不过后者是不同于铁和纸等具有固定的、"物质实物"形态的对象，但是它们确实是消费者能购买，加以支配、使用或享受到的"外界的东西"或"对象"。《资本论》提到"使用价值总是构成财富的物质内容"⑤，即将它作为物质实物形态的使用价值，但有时又使用"使用价值或财物"⑥等

① 《马克思恩格斯全集》第23卷，人民出版社，1972年，第47页。

② 《马克思恩格斯全集》第23卷，人民出版社，1972年，第48页。

③ 《资本论》第1卷，德文版，奥托·麦士纳出版社，1922年，第1页。

④ 《资本论》第1卷，英文版，莫斯科外文出版社，1941年，第35页。

⑤ 《马克思恩格斯全集》第23卷，人民出版社，1972年，第48页。

⑥ 《马克思恩格斯全集》第23卷，人民出版社，1972年，第51页。

提法。在德文版“财物”一词是Gut[1]，英文译为useful article[2]，article和thing含义相同，均可译为“东西”。《资本论》在论述劳动物化为价值时说，“使用价值或财物具有价值，只是因为有抽象人类劳动体现或物化在里面”[3]，“人类劳动体现”或“物化”的德文原文是menschliche Arbeit in ihm vergegenstandlicht oder materialisirt ist[4]确切的译文应是“人类劳动对象化或物化”。

可见，在《资本论》有关商品和使用价值是一个“物”的语句中，“物”也就是“一个对象”或“东西”，是泛指一切生产物和交易对象。而有关人类劳动“物化”的含义，不是指劳动实物化，而是指人类劳动“对象化”或“体现”，既可以体现于物质实物形态的使用价值之中，也可以体现在多种多样非实物形态的使用价值之中，即有人类劳动寓于其中。

在从上述译文与德文原文及英文译文的对照中，我们可以看出，马克思使用了从一般到特殊的科学抽象法，（1）分析了商品一般的规定性，而不只是分析物质商品的规定性；（2）分析了使用价值和创造使用价值的有用劳动一般，而不只是分析物质、实物形态的使用价值和物质生产劳动；（3）论述了劳动体现或对象化，即价值形成一般，而不只是物质生产劳动“物化”于实物对象之中。马克思十分严整的有关劳动创造商品使用价值和对象化为商品价值的原理足以说明：市场经济中诸多生产部门的生产物，不论是物质产品，还是精神产品，不论是实物形态的产品或是非实物形态的产品，不论是固化的产品或

① 《资本论》第1卷，德文版，奥托·麦士纳出版社，1922年，第5页。

② 《资本论》第1卷，英文版，莫斯科外文出版社，1941年，第38页。

③ 《马克思恩格斯全集》第23卷，人民出版社，1972年，第51页。

④ 《资本论》第1卷，德文版，奥托·麦士纳出版社，1922年，第5页。

是流动形态的产品，只要它是使用价值，具有满足人的需要的属性，为创造使用价值投入的社会劳动就会“体现”“对象化”于其中和形成价值。基于这种理解，我们就会得出下述结论：只要是劳动创造了商品，即使是非实物形态的商品，投入劳动也就创造和形成了商品价值，只不过在这里，“价值实体”是寓于非实物化的载体之中。因而，在服务产品、知识产品越发众多，实物产品在GDP中所占比重趋于下降的当代发达市场经济中，劳动仍然起着形成“价值实体”的功能，并不存在劳动的价值创造功能削弱和消亡问题。可见，劳动价值论完全可以说明当代发达市场经济中多样化商品的价值形成，因此，人们完全不必另辟蹊径，例如试图以效用创造价值的陈旧理论来说明服务产品和精神产品的价值性。

三、论商业服务劳动

为了深化商业流通领域的改革，要求人们按照社会主义市场经济体制的性质，构建多样所有制结构的社会主义商业体系，明晰商业企业的产权，搞好公司法人治理，健全商业企业的营运行为，提高效率和经济效益。为此，广大商业领域从业人员需要增进理论认识，调动劳动积极性，树立社会主义主人翁责任感。因此，结合我国社会主义改革的新实践，研究和探索社会主义社会商业劳动的性质，特别是进一步弄清流通领域的劳动创造财富和价值的功能，是一项有益的并具有重要现实意义的理论建设。本文将就商业流通领域的劳动的性质、功能及其在价值形成中的作用进行一些探索。

（一）马克思关于生产过程创造价值、流通过程实现价值的命题提出的背景及其理论意义

马克思立足于资本主义市场经济形态的实际，在分析社会资本运动总过程时，提出了价值和剩余价值创造于生产过程、实现于流通过程的论断。他阐述了流通过程是商品形态的变化，即商品—货币（W—G）和货币—商品（G—W），指出：基于上述理论，“在流通过程中，不生产任何价值，因而也不生产任何剩余价值。在这一过程中，只是同一价值量发生了形式变化”①。尽管实现这一商品形态变化也需要有各种不变资本和可变资本的支出，即纯粹流通费用，但是马克思认为这些支出“既不创造价值，也不创造产品”②，“他本身属于生产上的非生产费用”③。基于这一理论，在流通领域发挥商品形态变化功能的商业企业的业主或从业人员，他的收入不是来自商业流通领域劳动形成的价值，而是占有了生产部门生产物价值的一部分，“社会产品有一部分转移给他了”④。马克思提出的生产过程创造价值、流通过程实现价值，即商业买卖劳动实现和占有物质生产部门创造的商品原生价值的论断，是他严整的劳动价值理论的一个重要组成部分，这一论断具有重要的理论意义，揭示了资本主义市场经济中价值形成和财富创造的基本源泉，为我们建立了一个分析资本主义市场经济形态中复杂的价值形成过程和价值在不同部门间进行分配过程的方法论。

马克思阐述的商业服务劳动收入来自物质生产部门创造的价值的理论，体现了19世纪资本主义时代特征，也是对19世纪中叶经济学

---

① 《马克思恩格斯全集》第25卷，人民出版社，1974年，第311页。

② 《马克思恩格斯全集》第24卷，人民出版社，1972年，第149页。

③ 《马克思恩格斯全集》第24卷，人民出版社，1972年，第149页。

④ 《马克思恩格斯全集》第24卷，人民出版社，1972年，第149页。

界还流行的萨伊的商业“严格地说是一种生产行为”的陈旧的商人资本意识形态的否定。当时英国和欧美的资本主义尚处于发展的初始阶段，商业资本尚未充分从属于产业资本，为工业资本家提供有效的购销服务的商业体系尚未形成，工业资本家采购原材料和推销产品还要依靠和利用对他们来说一定程度上还是“异己力量”的初期的商业。而在那时，“买贱卖贵”“假冒伪劣”，既掠夺消费者又掠夺生产者是商业领域的常规，“商业利润就不仅表现为侵占和欺诈，而且大部分是从侵占和欺诈中产生的”[①]。这种制度下，机制上不完善的商业导致了生产领域剩余价值的“过度转让”，阻碍了产业领域中资本的积聚和发展。繁荣的商业和衰落的工业在当时的英属和荷属殖民地经济中表现得十分鲜明。作为先进工业资本主义的理论代表的古典经济学家威廉·配第和亚当·斯密，已经批判和摒弃了重商主义理论，提出和阐述了劳动特别是从事制造业的劳动创造价值和国民财富的理论。马克思在资本主义生产关系由生产领域向商业流通领域全面渗透和对前资本主义商业进行全面改造的历史大背景下，进一步强调了物质生产劳动的价值创造功能，阐述了资本主义商业流通中发生的纯粹“流通费用”是“生产上的非生产费用”，提出了商业企业收益和商业领域各类人员收入纯粹是来自物质生产领域创造的剩余价值的再分配的论题，上述商业理论不仅具有现实针对性，也具有重要的理论意义，适用于对当代的复杂商业体系中的某些商业活动的性质的分析。

纯粹的商品流通企业是提供商品买卖服务的。市场经济和分工的发展，使承担买卖服务职能的商业企业更加发达，成为一个大产业。生产部门从事产品生产、商业部门从事销售成为常规，而生产部门在

① 《马克思恩格斯全集》第25卷，人民出版社，1974年，第369页。

和商业部门进行活动交换中，生产部门要为商业部门提供的服务支付报酬，向商业部门“让利”，即转让一部分剩余价值，这样的剩余价值转让是通过工商部门间的竞争和在生产价格形成中实现的。在商业部门具有某些垄断优势，而工业企业依附于商业企业的场合，商业利润侵吞工业利润现象和剩余价值的“过度转让”会经常发生；在自发性的商业扩张和虚拟商业繁荣出现的场合，生产部门剩余价值向商业的“过度转让”表现得更为明显。

在我国当前体制转轨时期，适应于市场经济的完备的商业体系尚未形成，国有商业机构包括供销合作社在内的改革还远未到位，一些国有商业企业及供销社依靠不合理的价格和“零批差价”，维持着机构臃肿、效率低下的状态；布局重复的大商场间的恶性竞争，造成企业两败俱伤却仍然在亏损中经营；此外，商业领域市场秩序混乱，交换中“假冒伪劣”猖獗，这样的商业活动既侵蚀生产者利益又损害消费者利益。可见，在我国当前商业服务领域价值的“过度转让”也是客观存在的。因而，马克思阐述的流通不创造价值而只是引起劳动价值转让和重新分配的理论仍然有着重要的现实意义，人们应该基于这一理论，深化商业体制改革，不断对工商关系进行调节，形成一种协调的价值生产和价值实现的经济结构，实现资源在生产与商业流通中优化配置，争取财富形成的极大化。

（二）流通从来是大流通，流通领域也存在着物质生产

如果我们不是停留在纯流通，即纯粹商品价值形态变换的理论抽象上，而是立足于当代发达的流通，就会看到现实的商品流通过程是在商业企业、仓储业、物流业以及信息业等多个部门的功能发挥下实现的，因而现代的流通是一个大流通。马克思在19世纪已经从大流通

的角度，对多样流通劳动的性质和特点进行了细致的分析。他提出了一个重要论点：仓储业、运输业的劳动会在商品的“使用价值上发生作用”[①]或是促使使用价值发生空间变化，或是使使用价值得到有效“保存”[②]，在这里，马克思指出了某些流通环节发生的追加劳动是“作用于使用价值的”，这样的劳动耗费既创造价值又创造剩余价值。

1. 运输、仓储劳动具有物质生产性

马克思对运输业的分析是极其精辟和富于启发性的，他把货物运输明确规定为生产过程在流通领域中的继续，指出运输劳动尽管并不会带来生产品实物形态或“产品总量”的变化，但是引起了产品空间上或位置上的变化。马克思提出：产品位移是“劳动对象发生某种物质变化”[③]，“商品，确实发生了某种变化，它的位置改变了，从而它的使用价值也起了变化，因为这个使用价值的位置改变了……”[④]，“虽然在这里，实在劳动在使用价值上没有留下一点痕迹”[⑤]。

如果说，马克思在《资本论》第一卷阐述商品生产和分析商品使用价值时，较多地论述了表现为实物形态的，看得见、摸得着的使用价值，但是在分析商品运输的场合，他却把商品“位置变化”视为是一种“使用价值……变化”[⑥]。如果我们把生产出来的、尚未运输到消费场所的商品的使用价值称之为未实现的使用价值，那么，经过运输劳动的“加工”，运输到消费场所的产品的使用价值，就转变为即将实现的使用价值，此时此地的产品，才是消费者随时随地有可能购

① 《马克思恩格斯全集》第24卷，人民出版社，1972年，第157页。

② 《马克思恩格斯全集》第24卷，人民出版社，1972年，第157页。

③ 《马克思恩格斯全集》第26卷I，人民出版社，1972年，第444页。

④ 《马克思恩格斯全集》第26卷I，人民出版社，1972年，第445页。

⑤ 《马克思恩格斯全集》第26卷I，人民出版社，1972年，第445页。

⑥ 《马克思恩格斯全集》第26卷I，人民出版社，1972年，第445页。

得的现成的消费品。马克思由此论证了经过运输转移到销售地的产品“确实发生了某种变化……它的使用价值也起了变化”①。

马克思不同意亚当·斯密的下述观点：生产劳动创造的产品及其使用价值都表现为实物形态，从而劳动物化为价值也就是物化在实物形态的使用价值中，他说，“对劳动的物化等等，不应当象亚当·斯密那样按苏格兰方式去理解”②，在某些场合，生产劳动并不表现为产品实物性质、状态的变化，从而在产品中留下一个痕迹。“从制造业商品来说，这个痕迹保留在原料所取得的外形上。而在农业等等部门，例如小麦、公牛等等商品所取得的形式，虽然也是人类劳动的产品，而且是一代一代传下来、一代一代补充的劳动的产品，但这一点在产品上是看不出来的”③。此外，“还有这样的产业劳动部门，在那里，劳动的目的决不是改变物的形式，而仅仅是改变物的位置”④。

可见，马克思阐述了一个包括产品位置变化的，更为广义的使用价值概念，基于这一使用价值概念，他找到了说明运输劳动和其他直接生产劳动也一样地创造价值的理论依据。

在对仓储劳动分析上，马克思采用了劳动引起使用价值变化的分析方法，从而指出仓储劳动拥有创造价值的功能。仓储保管劳动，也不在其“加工”对象的实物使用价值形态上留下痕迹，它不仅不增大储藏产品量，而且要发生自然损耗和人为损耗。“在这里，使用价值既没有提高，也没有增加，反而减少了。但是它的减少受到了限制，

---

① 《马克思恩格斯全集》第26卷I，人民出版社，1972年，第445页。

② 《马克思恩格斯全集》第26卷I，人民出版社，1972年，第163页。

③ 《马克思恩格斯全集》第26卷I，人民出版社，1972年，第164页。

④ 《马克思恩格斯全集》第26卷I，人民出版社，1972年，第164页。

它被保存下来。”①例如农产品年生产总量1万吨，不经过粮仓保管的粮食会损耗10%，即损耗1000吨，而在对粮仓进行科学保管下，粮食损耗只有3%，即300吨，这意味着仓库保管劳动减少了700吨的使用价值的损失，它等于为社会增加了700吨的年粮食供应量。现代科学仓储技术和专业保管劳动，不仅使需要大量储存的粮食等产品的使用价值的损失减少到最低程度，而且冷冻技术使那些容易损坏的肉食、菜品、果品在一定时期内得以保鲜。人们在现代冷柜运输和超市中就会切身感觉到仓储保管劳动在保存、延续对象的使用价值中所起的重要作用。

在这里，我们还没有提到有一些产品使用价值的形成需要有一个自然生产周期，如好酒需要一定时期的窖藏，烟叶也要经过发酵过程，对这些特殊产品来说，储藏劳动更是起着使用价值的创造和增大的作用。

基于储藏保管会引起使用价值积极的变化，因此，应该把储藏保管劳动视为和直接生产劳动一样，都具有价值创造功能。马克思指出，在商品储藏中“商品中存在的预付价值，也没有增加。但是，加进了“新的劳动——物化劳动和活劳动”②。

如果从社会生产总过程来看，特别是从社会主义市场经济总产品的形成和再生产过程来看，人们更应该看到直接生产过程中使用价值的创造和仓储保管劳动的使用价值的保管是互相配合，互相促进的，只有在两种劳动有机结合下才能实现使用价值的最大化。因而，就社会总产品使用价值的形成来说，仓储保管劳动和直接生产劳动的作用

① 《马克思恩格斯全集》第24卷，人民出版社，1972年，第157页。

② 《马克思恩格斯全集》第24卷，人民出版社，1972年，第157页。

是同质的。

2. 信息的提供和交换是一种物质生产

不只是运输、仓储劳动等能够在商品使用价值上发生作用。现代市场经济的流通日益以信息技术为基础，无论是商品流通、资金流通，还是物流、仓储，以及其他多样的服务业，都大力采用信息、网络技术，发展电子商务、电子银行，依靠信息进行管理。信息化使信息的生产和传输被引进于企业生产与营销活动之中，更具体地说：信息流贯穿于商流、物流、资金流之中，成为推动现代大流通的技术手段。

以商业企业来说，为实现商品形态变化W—G、G—W所需要的产品展示、业务洽谈、转账支付、组织送货、产品调试、维修等服务，都表现为商业从业人员使用、操纵计算机和网络系统的活动；在现代大商业企业中，信息部门已成为企业的重要生产部门，信息劳动者已成为企业结合劳动的重要组成部分。上述情况也表明，现代流通过程不仅从事商品和资金流通，而且还生产和交换信息产品。

第一，信息产品实质是消息和知识。信息产品的使用价值是知识、消息的有用性、准确性、及时性等等。这种有用知识和消息是具有满足生产需要和消费需要的产品。

第二，信息产品是采取数码形式和在网络传输的物质产品。计算机技术把各种信息转化为数码，尽管数码是看不见、摸不着的，但它是一种物质形式的生产物。信息的处理和传输表现为在计算机和网络中进行的光电作用和物质运动，是一种人和自然之间的物质变换和新型物质生产。

可见，在引入信息技术的现代商品流通和货币、资本流通过程中，出现了一种作为工具和中介的物质性的信息产品的生产和流通，从事这一新型物质生产的从业人员的劳动是创造价值的劳动。

综上所述，流通领域的劳动从来不只是从事和承担商品买卖和货币、资本交换功能的“纯流通”劳动。资本主义的流通一开始就包括运输、仓储等具有价值创造功能的劳动；现代发达的流通体系的形成，特别是当代信息技术的普遍使用，更给流通领域注入了一种附加的、新型的物质生产，即信息生产，它具有价值创造功能，并且增大了商业和金融服务产品的内生产价值。

3. 商业从业人员的劳动包括物质生产

承担商品流通职能的现代商业服务业劳动在多数场合都具有综合性。一些商业从业人员主要从事商品买卖劳动，而另一些则从事带有物质生产性的劳动，如百货公司既出卖衣料也从事剪裁和服装生产，现代的超市主要从事商品销售，也经营供应冷热饮料和小食。现代流通企业还要送货上门以及提供产品安装、维修等售后服务，特别是现代商城还提供文化、娱乐、影视、休闲以及托儿等多方面的消费、休闲服务。现代市场经济的发展，使商业劳动的功能超越了“纯流通”，商业领域引入了物质生产和休闲服务生产，实现了商品买卖、物质生产、饮食、休闲服务相结合。上述情况表明，商业流通领域的从业人员包括物质生产劳动者和消费休闲服务产品提供者，商业流通领域的劳动不仅实现原有商品价值，而且创造出新的使用价值和价值。

就以实现商品形态变化所必要的簿记劳动来说，它也具有物质生产劳动的性质。商品买卖需要搞好记账、核算，从而要有记账员、事务员，即会计人员、统计人员的劳动。马克思指出了“簿记”劳动具有二重性，一方面，它“是由这个生产过程是商品的生产过程而产生”①，起着价值形态变化的功能。但是另一方面，这种簿记——财务核算——劳动，又是社会化生产中的组织和控制职能所必要的，“过程越是按社会的规模进行，越是失去纯粹个人的性质，作为对过程的控制和观念总结的簿记就越是必要；因此，簿记对资本主义生产，比对手工业和农民的分散生产更为必要，对公有生产，比对资本主义生产更为必要”②。

马克思指出不能把簿记仅仅当作是小商品生产者的计账、算账，而要看出它所拥有的社会化生产的“过程的控制和观念总结”的功能。而当代发达市场经济中的企业簿记员的劳动，已经发展成为财务成本管理和企业计划管理的部分，服务于企业生产与经营状况的科学评估和战略决策，成为现代化企业的组织和管理劳动的一部分，这种组织和管理对提高生产的效率，增大使用价值和价值的创造，起着越来越重要的作用。簿记劳动作为企业组织和管理劳动，它是企业生产“总劳动”的一部分，是一种物质生产劳动的追加，起着创造产品价值的功能。

4. 现代买卖劳动也不可能纯粹是“买卖”，也具有使用价值创造的作用

现代商业企业中从事售货的营业员，不仅要进行柜台售货、开票、包装、介绍商品性能和使用方法，还要从事售货环境的创造，如柜台布置、环境的美化以及其他增添商场文化气氛和创造企业形象的活动。现代市场经济中，商业营业员不只是简单地买卖商品，还向顾客提供使人愉悦的文明商业服务，而消费者到现代商城，实际上也不

① 《马克思恩格斯全集》第24卷，人民出版社，1972年，第152页。

② 《马克思恩格斯全集》第24卷，人民出版社，1972年，第152页。

是单纯地为了购买商品，不管是否意识到，他还同时购买和享受使人赏心悦目的商业文化。此外，营业人员的劳动，包括有目的的商品宣传、柜台的展销，还起着启发、培育消费者消费欲的功能，它影响消费偏好，创造现实的消费需求，使待售商品满足人的需要的有用性——使用价值——真正地显示出来和实现于商品的畅销中。可见，更深入的分析表明，现代买卖活动不仅起着实现价值的功能，而且还拥有对商品“使用价值发生作用”的功能。

总之，在市场经济流通过程的现实中，很少有纯粹的买卖。特别是对当代发达的市场经济来说，主要从事商品日常买卖的售货员的劳动，其性质也超出了纯粹买卖劳动，而带有提供综合服务、添加新的使用价值的功能。这样的商业从业人员不是从事纯粹的买卖——商品形态变化——活动，他的劳动实际上带有某些价值创造的功能。

基于上述分析，我们认为：现代商业营业员劳动已经不是纯粹的买卖劳动，而是包括有文化服务，甚至物质生产，从而在不同程度上具有增进和创造商品使用价值的功能和创造价值的功能。

5. 社会主义条件下纯流通劳动也具有价值创造的功能

马克思有关商业职能的论述——商人劳动实现价值而不创造价值，商业利润是占有产业资本家让与的剩余价值的一部分，商业从业人员的劳动不创造价值，他们的收入是从产业资本领域的直接生产者所创造的价值中支付的——阐明了资本主义商品流通生产关系的本质，揭示了资本主义制度下资本和雇佣劳动的对抗以及商业资本和产业资本之间的对抗，也揭示出前资本主义的商业资本对农业和手工业部门剩余劳动的占有，这一流通理论和商业劳动理论，对于研究当代资本主义商业的性质也有着重要意义。马克思说：“以上我们是从资本主义生产方式的角度，并且在资本主义生产方式的界限内，来考察商人资本的”[1]。如果我们将研究的视角转向社会主义市场经济的商品流通，特别是我们采用抽象法来考察社会主义公有制内部的流通，在这个领域内商业流通中所体现的私人资本和雇佣工人之间，以及工业资本和商业资本之间的对抗性矛盾就不再存在。资本主义物质生产部门和商业部门之间在社会总商品价值的形成和价值转让、分配中的对抗性关系，在社会主义条件下变成了一种分工不同的经济部门之间的劳动交换关系。在社会主义市场经济条件下，我们应该采用社会大生产的新视角，实事求是地分析生产部门和流通部门的关系以及使用价值创造劳动和价值实现劳动的关系，应该着眼于分析和阐明创造财富的“社会结合劳动”诸要素之间的关系，如果仍然把工业劳动和商业劳动之间的关系视为前者创造价值而后者占有和分享价值就是不恰当的。

马克思把能够在商品的“使用价值上发生作用”，即起到使用价值的“保存”和“位置变换”等功能的劳动视为创造价值的劳动。阐述了广义的生产劳动理论，马克思对流通劳动性质的上述理论，为我们分析和认识社会主义流通劳动性质，开拓了新视角。人们可以看到，社会主义商业不仅起着实现商品价值的功能，而且，也会在“使用价值上发生作用”，借助于有效的流通劳动，人们可以减少因流通功能不全造成的商品积压和储藏损失，从而增加可消费的商品总量，也就是有效的商业能够在使用价值上发生积极作用。

可见，如果我们以社会主义市场经济为对象，使用动态的方法和总量分析方法，从社会商品使用价值总体的运行这一角度进行考察，那么，社会耗费的必要的买卖费用，即纯流通费用，也会在商品的经济意义的使用价值上“发生作用”，即起一种实际效果等同于“使用

① 《马克思恩格斯全集》第25卷，人民出版社，1974年，第363页。

价值增大”的功能，而商业从业人员所从事的纯买卖劳动也就具有形成商品价值的功能。[①]事实上，在社会耗费了有效的和必要的商业买卖劳动的场合，实现的总商品价值是增大了的。

综上所述，在当前关于价值创造于生产过程，实现于流通过程的政治经济学论题并未过时，但是，社会主义市场经济条件下，在新的市场经济制度和新的工商部门关系以及新的商品生产与商品流通业已产生的条件下，我们应该确立必要的商品流通劳动也对象化于商品之中和给总产品带来一个附加值这一新的命题。提出这一命题并非是烦琐的理论争辩，而是有着现实意义的。这一理论的进一步明确，将有助于人们认识社会主义条件下商业从业人员劳动的生产性，看清商业工人和产业工人“一个样”，是生产人员和商业从业人员之间平等的劳动协作和劳动互换；这样的理论认识将使人们更加重视商业流通，更自觉地组织有效的流通劳动，使商品流通劳动与直接生产劳动互相匹配和互相协调，实现使用价值生产和价值生产的最大化。另外，有关商业流通劳动创造附加价值的论点，将有助于人们对社会主义条件下创造财富的生产劳动性质作出更全面的和更加合情合理的阐明。

---

① 能使总商品使用价值和实现的总价值增大的纯流通费用，必须是社会必要的纯流通费用。在我国由计划经济向市场经济的转型中，一方面在总体上存在商业流通体系发育不足和功能不足，后者是当前我国市场不旺和产品积压的原因之一；另一方面，一些商业机构的低水平重复、流通人员的臃肿、流通企业效率低，其结果是纯流通费用过度扩张，它意味着流通领域收入形成中包含有对国民财富的过度分配的现象。

四、论金融服务劳动

（一）金融商品流通是流通的一种特殊形式

金融活动是金融机构及其从业人员为企业、机构和个人提供诸如储蓄、融资、保险、投资以及证券、外汇买卖等服务，在这里我们称之为出售金融（服务）产品或金融商品。马克思说，“货币不仅是一般商品，而且也是特殊商品”[①]，金融商品，当然，也是一种特殊商品。人们之所以要购买金融服务，就在于金融商品拥有买方所需要的特殊使用价值。例如，储蓄商品的使用价值是还本带息的价值保值和增值功能，保险商品的使用价值是超过保费的赔偿功能，股票的使用价值是收取红利和通过出售占有股票市值的功能，等等。一般地说，金融商品具有价值保值和增值的使用价值，它的交换价值是购买者的货币付出额+增值额（货币），可以写成BG+bg。人们购买金融商品，就是用一个货币价值额SG，购买具有价值增值功能的对象BG，即SG—BG。经过金融机构的业务运作——或是向企业提供信贷，或是买卖国债、股票，或是进行同业货币拆借等——这一金融商品转化为发生了增值的现实的货币价值额，即SG—BG+bg。

乍一看来，上述SG—BG—BG+bg都是发生在货币和资本流通过程中。金融商品交易中的增值额，即bg的来源是什么？这是政治经济学必须加以研究和回答的重要理论问题。

马克思阐述了资本主义市场经济条件下商品生产创造价值、商品流通实现价值的命题，他把商品流通作为商品形态变化来分析，认为商品形态变化，即W—G和G—W，前者是商品原有价值的实现，后者

① 《马克思恩格斯全集》第46卷上，人民出版社，1979年，第149页。

是货币转化为购买者所需要的商品，二者都不会发生价值的增值。金融流通是资本流通的一个层面，它属于货币商品、资本商品的形态变化。按照马克思的流通理论，各种金融商品如股票、债券等在金融市场流通中，只是发生货币商品与资本商品形态的变化，例如由手持现金转变为银行储蓄存款（带利还本的储蓄凭证），或手持现金转变为有价证券（股票、债券等）。在这里，购买储蓄给存款者带来利息，购买股票给股票持有者带来一个价值增量红利，但是，一切金融产品在市场流通中发生的价值增值额，即Σ bg，均是来自流通过程之外对生产领域创造的价值和剩余价值的再分配。马克思对流通——包括金融流通——中实现价值形态变化而不创造价值的论题，是针对资本主义经济流通的，这一论题清晰地揭示出资本主义金融流通的性质。

（二）消极的金融活动与积极的金融活动

金融流通是特殊的流通领域，是资本主义流通中矛盾最集中，盲目性、投机性最强，金融泡沫和金融风暴最易于发生的领域。就以信贷资本来说，且不说前资本主义高利贷资本市场交易中的“驴打滚”的价格，即使是现代银行业在危机或信贷紧缺时，也存在隔日“天价式”的拆借利息。此外，作为现代主要金融市场的股市，不仅仅表现出高投机性，而且表现出商品价格高波动性，股票市值飙升与暴跌不断轮回。金融业获得的高利润和那些“弄潮儿”获得的暴利，显然地是与价格机制有关，带有社会已创造价值再分配的性质。

在19世纪中叶的英国，金融业还很不发达，金融活动还很不规范，银行业与资本市场还未能充分从属于产业资本。当时，高利贷资本猖獗，虚拟资本繁荣，买空卖空与金融诈骗盛行，股票市值崩盘不断发生，一些金融弄潮儿猎取滚滚暴利，侵蚀产业领域创造的财富，

"周期地消灭一部分产业资本家"[①]。在这样的制度背景与历史条件下，马克思在分析商品流通时所阐述的流通领域实现和占有生产领域创造的价值的论断，对当时的金融流通领域有特别的适用性。

金融业体制的不成熟，行为的不规范，运行的无序和由此造成周期性金融市场大动荡——我们将此称为消极的金融活动。这种消极金融活动中金融机构获得的价值增值额，不属于价值创造，而是以金融产品虚拟的价值占有生产领域创造的价值。

马克思在《资本论》中有时称金融业获得利润是"窃夺"，称一些银行家是"骗子"，种种分析正是针对这种消极的或破坏性的金融活动而言的，可以说，他十分准确地剖析了资本主义初始阶段尚未充分从属于产业资本的消极金融服务活动无偿占有业外生产成果的性质和特征。

当代发达资本主义市场经济中消极的金融活动仍然存在。即使是在管理较严格、行为较为规范的资本市场上，财务上违反会计准则，弄虚作假，对企业进行"包装"，做大纯利，以此抬高股票市值，交易中互相串通，买空卖空，操纵股市等欺诈行为仍然屡见不鲜。特别是大国垄断金融资本，人为地和有计划地在他国制造股市和汇市的大波动，通过"抛了就走"以攫取暴利的金融扭曲行为在1997年东亚金融危机中表现得十分鲜明。消极的金融活动，不仅在现代市场经济中继续存在，而且它还会随着金融经济的发达和虚拟资本活动的活跃而愈演愈烈，并成为大国垄断资本破坏小国、弱国经济的工具。

消极的金融活动只是经济生活的一个方面。我们还需要看到积极金融活动在当代市场经济中所起到的重要作用。

---

① 《马克思恩格斯全集》第25卷，人民出版社，1974年，第618页。

在这里我们提出积极的金融活动这一概念，是用来从理论上概括金融服务业在形成、推动货币商品、资本商品流通，实现货币、资本良性循环，促进货币资本集聚和有效使用，推动社会再生产实物产品和非实物产品的再生产中所起到的作用。更具体地说，其作用有：

第一，吸收储蓄，发放信贷以及出卖有价证券等服务，使社会闲置的货币转化为银行借贷资本和企业生产资本，从而起着充分动员社会金融资源，积聚借贷资本和将储蓄转化为投资的功能。

第二，银行信贷、票据贴现以及再贴现等机制产生信贷乘数效应，意味着银行服务使借贷资本多倍地扩大，并转化为增大的投资或增大的消费，从而扩大了有效需求。

第三，良好的金融机制、健全的金融服务和有效的金融监管，既能发挥创造信用、增大流通中的货币数量和增大信贷资本的功能，又能通过利率变动机制以及资本市场的机制，促使企业对投资活动进行自我调节，抑制虚拟资本的过度活跃，保持金融的稳定运行，减少金融风险。

第四，良好的、全方位的金融服务，包括银行业、保险业、证券公司、投资公司、证券交易所以及各种金融中介业的服务，形成一种货币、资本流通的良性循环，促进了产业资本的顺畅流通，有效地发挥了金融对经济增长的支撑作用。

可见，积极的金融服务，是市场经济发展的客观需要，也是市场经济中社会资本运行机制的组成要素。依靠健全的金融体制和完善的金融机制，充分发挥积极的金融服务的作用，市场经济将由此获得新的活力和加快增长。应该说，现代市场经济，就是这样地依靠金融机制的推动力的金融经济。金融活动对经济增长的推动力，在20世纪末发达国家高技术经济的崛起中，有最鲜明的表现。当然，市场性的金融和金融流通有其固有的矛盾，金融业的公司治理结构、运行方式和金融监管也难以做到充分完善，消极的金融活动不可能完全消除，特别是资本主义制度框架的局限性，决定了西方发达国家现代金融体制下积极的金融与严重的消极金融长期并存。

在市场经济体制下，人们应该对金融活动兴利除弊，有效发挥积极金融的功能，最大限度减少消极金融的负效应。我国建立社会主义市场经济体制的实践表明，依靠完善的社会主义市场体制，建立健全的社会主义金融体制，最充分发挥积极金融活动的功能，尽可能地消除消极的金融活动是有可能做到的。

（三）社会主义市场经济中表现为积极金融活动的劳动具有创造价值的功能

经过20多年的市场取向的改革，特别是近10年来以社会主义市场经济为目标的金融体制的建设和改革，我国已经初步形成了包括银行业、证券业、保险业、各种基金、投资银行等在内的社会主义金融体系。经过20世纪90年代中期以来的加强整顿，国有银行资产质量得到了提高，商业银行的功能正在增强，特别是资本市场近年来在为企业融通资金、促进增长中作用显著。我国经济持续的高增长中，鲜明地体现了积极金融活动的作用。在这里，我们要研讨的是社会主义市场经济中，体现在积极的金融活动中的劳动是否具有创造价值的功能。

马克思的劳动价值论阐明了：形成价值的劳动，是那种生产商品，创造出使用价值的人类劳动，是“对象化”在商品使用价值中的抽象人类劳动，或“对象化”劳动。我在前面论商业流通劳动中，提出和从理论上阐述了社会主义条件下商业流通劳动也形成价值的论题。我认为，严整的经济学分析要求我们把社会主义条件下，金融从业人员提供的服务，视为是创造金融产品，把金融服务劳动视为“体现和对象化”在产品的使用价值中，从而形成金融商品价值的劳动。

市场经济中银行储蓄是商品，是银行提供和卖给储户的金融商品。现代发达市场经济中储蓄是多种多样的，包括活期、定期、保值，以及住房、教育等不同品类，它们有着不同的功能和不同的价格。在经济生活中人们进行某种储蓄，也就是购买一种金融商品，和人们购买衣服、食品不存在经济上的差别。储蓄作为金融商品，它具有如下的使用价值：

第一，货币价值保值和增值效用。银行为储户提供特定的储蓄服务，也就是银行从业人员生产和提供出某种能满足储户需要的货币价值保值和增值的有用效果和使用价值。

第二，信用和安全性。储户购买储蓄，向银行转让手持现金的使用权，除了考虑利息大小外，更重要的是还要考虑银行的资信和存款的安全性。银行采取措施，提高资信，创造安全感，也就是提高储蓄的使用价值。

第三，银行还要对储户提供其他金融服务，例如提供贷款、汇款、转账、换汇，以及个人理财等方面的优质服务和优惠，这种相连带的服务，是储蓄服务的延伸，它体现了储蓄的使用价值的增大。

第四，现代银行还以富丽堂皇的建筑、高价值的美术作品和精美的营业大厅、洽谈会议室，以及营业员对客户的热情周到服务等手段，把金融服务和休闲服务相结合，并由此增大储蓄的使用价值。

总之，现代银行的储蓄服务和信贷服务不同于中世纪金融经纪人在街头板凳上进行的简单的货币存放，而是一项企业化的、复杂的金融商品的生产和金融性使用价值的精心、全面打造。发达国家的那些实力强大的著名银行，之所以得到储户欢迎，能吸纳到大量存款和拥有大批具有偿债能力的优良借款人，也正在于它生产和提供的金融商品，拥有能满足客户需要的多方面、高质量的使用价值，或使用价值束。而银行的竞争力，也是以金融商品的优质，即使用的价值大为先决条件。

我们在这里还需要指出现代市场经济中金融高度发育，形成了功能众多的现代金融产品，例如投资组合，后者是基金管理公司创造出的一种最优投资结构，以减少风险，获得较稳定、安全的收益。这种投资组合是对各类金融资产——股票、债券、期权——的精心搭配。此外，基金管理公司还要适应市场状况，对组合内的金融资产进行营运，适时抛出前景不佳的资产，不断调整和优化资产结构，以保持和提高投资组合的价值增值性和安全性。可见，投资组合是一种复杂的金融产品，它是依靠高级金融专业人才的设计、大量信息的收集与分析、致密的研究与精确的运算而形成的，是在熟练的金融专业劳动中形成和增大其使用价值的。可见，现代金融产品是一种知识密集型产品，是高智力金融创新劳动的结晶，这种金融产品已经不同于一般的银行储蓄。

既然金融从业人员的劳动创造了金融产品，创造了金融商品的使用价值，那么，我们也有理由认为：金融从业人员所付出的社会平均的必要劳动也“对象化”“体现”和“凝结”在金融商品之中和形成了价值。对于现代发达的市场经济来说，应该说金融业服务劳动参与了金融商品价值形成，而对社会主义市场经济来说，更应该持如是观。

（四）对银行从业人员的服务劳动在价值形成中的作用的具体剖析

这里，我们进一步就我国社会主义市场体制中银行的储蓄与信贷服务劳动进行剖析，来阐述金融服务劳动在价值形成中的功能。

储蓄和信贷，是商业银行的主要职能。银行提供储蓄和信贷的整个过程可以表述为：

SG—BG—PG…P…PG+pg—BG+bg—SG+sg

1. SG—BG

SG是储户的现金，BG是银行的存款，SG—BG是储户现金转化为银行存款。银行开展储蓄和信贷服务，首先要出卖金融产品，即开展存款业务，为此，从业人员要进行多种多样吸收储蓄的活动，付出为储户办理存款的劳动，如介绍存款品类方法、书写存单、点钞等。

2. BG—PG…P

这是银行第一次信贷服务。PG是企业从银行获得的贷款，BG—PG是银行的存款（包括资本金）转化为企业的贷款。继SG—BG之后是BG—PG…P，即银行对企业提供信贷服务。除了对企业发放贷款以外，信贷人员的主要工作是进行跟踪调研，经常了解企业经营状况和财务状况，提供业务和财务监督服务，还经常为企业提供信息服务以及搞好投资与经营的建议，即提供多方面咨询服务。对那些银行资本与产业资本相交织的企业，更是需要主办银行以多种方式提供生产、经营上的有效服务。以上是银行的第二次信贷服务。

3. BG+bg—SG+sg

BG+bg—SG+sg，是银行从业人员向企业收回本息，SG+sg是银行从业人员向储户的到期存款，支付本息，这是银行的第三次信贷服务。银行通过第三次服务，完成了出售储蓄商品开始的金融循环，即SG—BG—PG…P…PG+pg—BG+bg—SG+sg。银行经营吸收储蓄和发放信贷业务是互为表里的，储蓄是信贷的前提，信贷是储蓄的目的。通过信贷，银行获得存贷利息的差额，再扣除经营成本，实现银行利润，上述公式中bg是产生于PG…P，即来自企业生产获得的利润，这一银行资金循环过程清楚地表明银行利润是使用借贷资本的企业创造的利润的一部分。

但是不应该把银行利润bg的来源，只完全归结为运用信贷资金的生产企业创造的价值。我们在上面对第二次银行服务劳动BG—PG…P的分析表明，银行从业人员不仅仅提供存、贷等实现货币、资本流通功能的服务，他们还要深入到生产、经营过程之中，为企业提供附加的经营、管理、投资以及资产重组等方面的咨询服务，这是一个金融服务束。在信贷、投资、股票上市、证券交易、资产重组等业务大大发展的现代金融经济中，银行——特别是承担综合服务的银行——对企业的服务日益多样化，在金融活动对企业生产加强渗透的条件下，出现了金融服务劳动与企业管理劳动、物质生产劳动更密切的相联结，从而使“社会结合劳动”的内在要素进一步扩大，它意味着创造产品价值劳动的拓宽，使用贷款的企业的物质生产劳动、经营管理劳动和金融服务劳动共同体现和对象化在企业的产出物——物质、实物商品与非实物商品——之中和共同参与企业生产品价值形成。按照我们对马克思的对象化劳动创造价值的理解，第二次银行服务劳动会创造价值，并且以附加值形式体现在取得银行信贷服务的企业创造的商品价值中，即货币PG+pg中。也就是说，那些有效地利用了金融信贷服务的企业所生产产品的新增价值，不完全是企业生产劳动结晶，其中包含了有效的金融服务劳动的成果。

为了表现上述银行信贷劳动的价值创造功能，银行信贷资本形成与循环的公式应该写为：SG—BG…p…PG+pg^1+pg^2—BG+bg^1+bg^2—SG+sg。上述公式表明，使用银行信贷BG的企业获得的利润pg=pg^1+pg^2，pg^1是企业生产劳动创造的价值，pg^2是银行服务劳动（包括第一次服务劳动）创造的价值。PG=pg^1+pg^2，表明金融服务劳动耗费加入到企业的生产劳动耗费之中，成为体现在企业产品中的新价值的构成要素。

我们还需要再考察银行储蓄信贷活动中的第一次服务劳动，即SG—BG和第三次服务劳动，即BG+bg^1+bg^2—SG+sg。SG—BG是居民手持现金转化为银行储蓄存款，这一货币商品的形态变化需要有银行从业人员的劳动耗费BZ，剩余劳动为BZD。BG+bg^1+bg^2—SG+sg是银行将企业还贷后形成的收入对储户还本付息，储蓄存款重新转化为居民的手持现金（包括本和息），这一货币资本形态变化需要有银行从业人员的劳动耗费BK剩余劳动为BKD。

考虑到第一次与第三次银行服务劳动，银行资金循环过程可以用下列组图来表示：

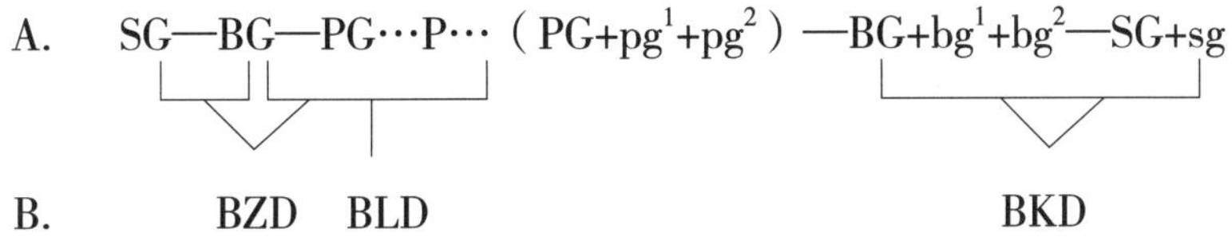

A.　SG—BG—PG…P…（PG+pg^1+pg^2）—BG+bg^1+bg^2—SG+sg

B.　BZD　BLD　BKD

上图B表明，银行为实现货币商品的储存和信贷资本的流通，耗费了从业人员三次服务劳动BZ、BL、BK（其中包含剩余劳动BZD、BLD、BKD）创造的价值。上述银行从业人员的劳动耗费，只要是在社会必要的耗费范围内，都应该加入和形成金融产品的价值，也就是说银行通过提供三次服务获得收入bg^1+bg^2，bg^1是借款人让渡的企业利润，即pg^1，其中体现有信贷从业人员在企业生产过程的服务劳动所创造的价值，bg^2是银行从业人员的流通服务创造的价值。sg是支付给储户的存款利息，bg^1+bg^2-sg是银行获得的利润，银行利润不仅包含用贷企业转让给银行的利润，也包括银行从业人员自身创造的价值。

总之，通过进一步研究马克思阐述的劳动价值论的精神实质和使这一理论与社会主义市场经济的现实相结合，我们将有理由认为：社会主义市场经济条件下的积极的金融服务劳动，只要它是在社会必要劳动的范围内，是具有创造价值功能的生产劳动。

五、论当代科技创新劳动①

（一）当代科技创新与当代科技创新劳动的性质

1. 高层次的科技创新

20世纪是现代大工业蓬勃发展、技术迅速进步、科技创新高潮迭起，一浪高过一浪的时代，科技进步成为时代的鲜明亮点。20世纪末在发达的资本主义国家，特别是在美国出现了一场以信息技术的飞速发展为标志的新高技术革命。时至今日，这一科技创新浪潮仍然方兴未艾。20世纪末期的高科技领域的科技创新，我们称之为当代科技创新，这是正在走向知识经济新时代所遇到的新情况和新事物。

就一般意义来说，科技创新是指人对客观事物及其规律认识深化基础上实现的生产技术革新，它发生于劳动过程中，是人类劳动的特征。这种一般意义上的科技创新活动，在人类社会经济发展的初始时期就已经出现，如火的发明、弓矢的制作，旧石器、新石器以及青铜器、铁器的出现，中国古代指南针、印刷术、火药的三大发明等，均属于科技创新活动，但它是原始经济和农业经济时代的低层次的科技创新。18世纪末至19世纪，以瓦特蒸汽机为起点的多种多样机器的发明，以及此后火车、轮船、电灯等的出现，是近代工业经济初期的

① 本节发表于《经济学家》2001年第3期。

科技创新。20世纪，内燃机、福特汽车和机器制造业中的精密机床、大型的机械加工设备、大功率发电机、大型运输机等新产品、新技术的出现，体现了现代工业经济时代的科技创新。在20世纪末出现了新一轮的技术创新，表现为信息技术、生物工程、核技术、纳米技术、宇航技术等高科技的进步与创新，这是人类历史上前所未有的高层次的科技创新。核动力技术，使人类能有效利用最强大的核能来发电，它使人类获得了永不枯竭的能源，是动力技术进步中的重大质变和革命，可以称之为飞跃式创新。信息网络技术、生物工程技术、纳米技术、航天技术等高科技的出现，均是体现了科技进步的重大质变和革命，都是飞跃式的创新，是人类历史上迄今为止的科技创新的最高层次。

2. 现代科学知识是科技创新的源泉

科技创新可分为经验积累型和知识积累型。农业经济时代能工巧匠的技术创新，如工具的改进、生产技术上日常的革新，可以凭借劳动经验的总结而做出，这就是所谓“熟能生巧”。工业经济时代的机器体系和生产技术的进步，是以自然科学理论和应用技术科学知识的进步为基础，任何工业机器都是科学的结晶和知识的物化，科学知识的积累和创新成为技术进步的源泉，现代技术创新由此成为真正的“科学、技术创新”。当代高科技时代，技术创新立足和源于科学知识的进步表现得更为明显。例如，信息技术是以物理学的光子、电子理论的新进步和单晶硅制作技术知识的进步为基础；人类遗传基因组排序技术是在20世纪中叶生物基因理论和此后的生物工程知识进步的基础上产生的；人们完全可以说，如果没有20世纪量子论、相对论、基因论等现代自然科学新理论和新的应用技术科学知识，就不可能有当代科技创新。而20世纪末的20多年中在发达国家所以能出现一轮科技创新的大潮，其根本原因在于实现了科学知识的快速进步。

3. 科学快速进步体现了当代科技创新劳动的力量

科学是科技工作者的知识创新劳动取得的成果，20世纪科学知识的快速进步，体现了当代科技创新劳动的力量。当代科技创新劳动具有以下特征：

第一，高度专门化的智力劳动。科学劳动是智力劳动的特殊形式。现代自然科学分化为众多学科，科学活动是专业化的智力劳动，当代最新科学更是高度专业化的智力劳动，能够在理论上和技术上取得重大突破的当代科技创新劳动，需要拥有创造性思维能力，这种创新能力是立足于长时期专门化教育和训练，以及科学实验经验的积累的基础之上。因而，科技创新劳动的主体是熟练科技人才，特别是以科技精英为骨干。

第二，高度社会性的劳动。在信息经济时代的科学进步中，多学科的互相促进表现得越发鲜明，重大技术创新的出现，体现了多种科学、技术知识的互相推动和交织。如果说，初始期的科学发现、技术发明，更多地体现了个人的智慧和努力，那么，当代科技创新的社会性十分鲜明，由个别人或研发小组作出的创新成果中，往往体现了其他单位或其他领域的研发人员的劳动成果。因而，应该把现代信息社会的科技知识创新视为直接以及间接参与的多个研究工作者“总劳动”的成果，而科技总体劳动者水平越高，相互协作越好，科技创新劳动生产力就越高。

第三，市场机制作用下的劳动。20世纪末在经济发达国家出现科学的快速进步，体现出市场性的科学生产体制的力量；这就是将科学研发成果作为商品，实行科学产品的交易化；赋予科学生产者以知识产权，形成和强化生产者对生产成果享有物质利益的机制；实行科学生产组织的企业化和产业化；等等。历史和当代世界经济和我国近年来推行科技体制改革的实践表明，在物质生产力和社会发展的现阶段，要有效而充分地激发广大科技工作者群体的积极性和研发热情，形成蓬勃的和持久不衰的科学创新劳动热潮，以实现科学快速进步，离不开将科技知识产品作为商品来生产和交换的完善的市场经济体制和机制。而在上述经济机制作用下当代科技创新劳动，也就体现有某种市场性劳动的特点。

可见，当代科技创新劳动，是体现于和创造出科学产品的劳动，是以拥有深厚科学知识功底和创造性思维能力的科技人才来进行的生产劳动，是高度社会化的劳动，是由市场经济机制来激活的知识生产劳动。

（二）创造高知识含量使用价值的功能

当代科技创新劳动，结出科学知识之果，后者物化和体现在众多的高科技性的新产品、新工艺、新设备，即高科技产品之中。

当代高科技产品的特征是知识含量高，从而富有使用价值，即单位产品具有更大的有用性或效用。使用价值是物拥有的能满足人的需要的有用性。生产手段的使用价值，首先表现在其生产产品的能力上。例如，某一蒸汽机拥有200马力的拉力，某一内燃机有1000马力的拉力，某一喷气动力机有100万马力的拉力，从这一视角，我们说，上述动力机在使用价值上有大小之别。工业经济时代的机器设备，较之农业经济时代的手工工具和水碾、风车，已经使人类劳动生产力得到了巨大的提高，由于传统工业的生产设备，毕竟在性质上是对自然物质的一般的加工和其表层自然属性的利用，因而生产能力是有限的。而高科技的生产手段，是对自然物质属性的深度开发和利用，例如，核能发电不同于水力发电，它是利用自然物质深层结构中核子撞击释放的能量；信息技术是对单晶硅深层结构的能力的开发和利用；网络技术是对光子和光纤的数码信息传输功能的开发和利用；而航天和宇宙技术则是对宇宙空间的物质结构和多种能力的开发和利用；纳米技术是对自然物质分子和生物分子深层结构能力的开发和利用。可见，高科技生产手段的使用价值的特点在于它通过对自然物质和自然力的深度开发和利用，创造出较之传统工业生产工具高千百倍的生产能力。如果说，传统的机器生产，是对自然物质和自然力的加工，高科技生产手段则是对自然物质的重新塑造，后者意味着人类能够利用它创新和释放出的更强大的自然力，由此使劳动生产力几何级数式的提高。此外，高科技生产手段能够减少自然资源损耗和对生态环境的破坏。可见，高科技生产手段具有劳动生产率高和使用成本低的特征，它是当代社会新型物质财富大规模生产的技术基础。

富有使用价值也是高科技消费品的特征。传统工业消费品的使用价值，是立足于对自然物质的表层属性的开发和有限的利用；高科技消费品的使用价值则是对自然物的深层属性的开发和更充分的利用，它是一种全新的使用价值的创造。例如，作为消费品的家用计算机，具有数字计算、信息收集、传输、文字处理、学习、通信、文娱、多媒体等众多功能。家用电脑的升级换代中，它的运算速度越来越快，功能越来越多，体积越来越小，当前应用软件的改进以及多媒体的开发，正在进一步增添和扩大电脑的使用价值。高技术产品通过对自然物质的深度开发和重塑，正在带来一场消费品性能的质变。例如，满足儿童、老人、运动员等不同的人的特殊需要的各种绿色食品，满足不同人的生理与病理需要、富有疗效和少有副作用的基因药品和新医疗技术，以及信息、信息家用设备等，意味着前所未有的崭新使用价值的创造。

可见，当代科技创新劳动，结出丰硕的科学知识之果，后者转化为崭新的科技产品——高科学知识含量的生产资料和消费品，这种高科技产品是我们正在进入的新时代国民财富的主要内容。这种现代新型的财富较之传统的物质财富，拥有能满足现代文明生产和现代人的文明消费的使用价值；再加之高科技的强大生产能力，使这种新型财富有了大规模生产和造福于广大居民的可能性。特别是在解除了所有制制度桎梏的社会主义社会，高科技的强大生产能力，完全可以充分发挥它的富国裕民的功能。

（三）创造高价值的功能

市场经济中由市场主体来生产的科技产品表现为商品，它不仅具有使用价值，而且还有价值。当代科技创新劳动的另一重要特点在于它拥有创造高价值的功能。奔腾电脑机比486卖得更贵——我们暂时舍弃因劳动生产率提高和竞争加剧条件下出现的降价现象，如果单就奔腾电脑的机体、屏幕、液晶、键盘、鼠标等物质部件来看，它所值无几。奔腾电脑核心部件的芯片价格高昂，而单晶硅的成本却极其低下。分析这一现象，首先不应认为家用计算机是由于其效用大从而提高了价值，也不应该将奔腾电脑的高价格简单地归结为市场机制中的价格超过价值。深究其实质，应该基于马克思的劳动价值理论，首先肯定当代科技创新劳动创造了更大的价值。

马克思批判地继承了古典经济学家亚当·斯密和李嘉图的劳动价值论，创立了科学的劳动价值论。马克思劳动价值论的核心内容为：

（1）他把商品价值归结为生产中“人类劳动力的耗费的单纯凝结”[①]即“对象化”的或“物化的劳动”。（2）把形成价值的劳动归结为社会平均必要劳动，即“在现有的社会正常的生产条件下，在社会平均的劳动熟练程度和劳动强度下制造某种使用价值所需要的劳动时间”[②]。（3）使用“简单劳动”和“复杂劳动”的范畴来分析多种多样的劳动力，如纺织工人、工程师、机械师在商品价值形成中的不同的功能。他把简单劳动规定为“每个没有任何专长的普通人的机体平均具有的简单劳动力的耗费”[③]，而复杂劳动是“自乘的”“多倍的”简单劳动[④]。（4）马克思把复杂劳动与简单劳动的换算，视为由商品生产到流通的“社会过程决定的”[⑤]，而不是由人们的主观评价和好恶来决定的。马克思阐明了普通工人和有专长的工人，一般工人和工程师、机械师等在价值形成中的作用是不一样的，明确指出了工程师这一类“高级工人”，在生产中形成的价值是“多倍的”。可见，马克思阐述的有差别的具体劳动，即不同职能的劳动者，在同样的劳动时间内创造不相等的价值的劳动价值理论，是我们分析当代新情况下商品价值形成的科学方法论。

马克思使用简单劳动和复杂劳动两个基本范畴，来分析100多年前的工业资本主义——马克思称之为发达的资本主义，以别于18世纪的初始的资本主义——的劳动分工和各类劳动者所具有的不同的价值形成能力。而20世纪以来的现代资本主义条件下，工业物质生产技术越

① 《马克思恩格斯全集》第23卷，人民出版社，1972年，第57页。

② 《马克思恩格斯全集》第23卷，人民出版社，1972年，第52页。

③ 《马克思恩格斯全集》第23卷，人民出版社，1972年，第57、58页。

④ 《马克思恩格斯全集》第23卷，人民出版社，1972年，第58页。

⑤ 《马克思恩格斯全集》第23卷，人民出版社，1972年，第58页。

发复杂，科技人员的作用越发重要；现代发达市场经济竞争的加剧，经济运行的变数更多，使得企业管理职能更加重要。在现代市场经济的商品价值形成中，不仅复杂劳动所起的作用更大，而且呈现出一种最复杂的劳动是倍加的一般复杂劳动的价值形成机制。特别是在20世纪末以来的经济高科技化时代，一方面传统经济中劳动力的多层次性仍然存在，另一方面，科技精英（以及管理精英）成为科技和经济活动的弄潮儿。针对当代劳动的差别化和多层次化进一步发展的新情况，笔者认为确立简单劳动、复杂劳动、高度复杂劳动这三个范围将有益于对当代价值形成的经济机制的阐明。

当代科技创新劳动的高价值形成能力来自这种科技劳动力再生产和使用的下述特点：

1. 学习费用高

劳动能力的形成需要有一定的学习和受教育的费用，劳动过程中提供复杂劳动的劳动力“比普通劳动力需要较高的教育费用，它的生产要花费较多的劳动时间，因此它具有较高的价值”[①]。具有当代科技创新能力的劳动力的形成，需要有：（1）科学基础理论和专业知识的积累；（2）运用信息手段与操纵复杂的技术手段的能力；（3）参与生产实践和科学实验的较丰富经验。从而，需要有较高的学习和受教育的费用；（4）卓越的科技创新能力的培育还需要有发达的教育体系和适应尖子成长的社会、文化氛围，即它还与各种间接的社会支出和家庭支出有关。可见，这样一种特殊的价值较高的劳动力，在同样劳动时间内自然会物化为较多的价值。

---

① 《马克思恩格斯全集》第23卷，人民出版社，1972年，第223页。

2. 强度大

劳动强度是劳动的一种激烈进行方式，如劳动节奏加快、负重加大，意味着单位时间内更多劳动量的耗费，这常见于体力劳动中。从历史上看，依靠提高劳动强度来增产，是由于生产的物质手段落后，也是对抗性经济形态生产的特征。知识经济时代的科技创新劳动往往具有强度大的特点。这不仅是由于竞争经济中对科技开发的时间要求急迫，而且，“专心致志”“冥思苦想”“反复验证”等本身就是科技创新思维的一般特征，更是高难度的科学创新思维的需要。因为，创新往往产生于持续和密集的思维态势中，思维一旦进入“创新状态”就有如已发动的马达，它不能经常停下来，又再次发动。特别是“创新的火花”爆发的时间、场所具有不确定性，往往不产生于“上班”时间，这也就要求研究工作夜以继日、不眠不休、梦寐以求，而突破正规劳动日的界限，则成为创新劳动的常规。[1]这种情况意味着创新者在某一阶段内要在大脑计算机中持续进行极大量思维演算，这是一种高强度的劳动力耗费。夜以继日的长劳动日，也意味着人的智力和体力的过度耗费，“殚精竭虑”的劳动有如提前折旧，会损害身心健康。这种过度的强劳动需要有较高的劳动力的补偿费用，例如，需要更多的医疗、保健费用以及休闲费用，等等，这也决定了科技创新劳动力本身拥有更高的价值。

以上两点表明，当代科技创新劳动是科技创新者的机体所具有的特别复杂的劳动力的耗费，是一种高密度的“创新脑力耗费”，包括劳动能力形成过程中的高生产耗费和即期的更大的劳动耗费。如果以

① 微软科技骨干往往“夜以继日每天工作18小时，圣诞节、元旦也不休息”。雪尔·尚：《微软精英》，海天出版社，2000年，第13页。

一个劳动日计，这种创新脑力的耗费，具有简单劳动力耗费的“许多倍”的性质，而且是一般复杂劳动的“倍加”，从而，是一种高度复杂的劳动。当代科技创新活动就因为它体现了上述高密度劳动耗费的特征，从而比一般白领劳动能形成更高的价值。

马克思的劳动价值论把价值作为商品价值，是体现商品经济的社会生产关系的范畴，而不是一个自然生产范畴。而经济生产中投入劳动和形成价值的过程，是一个商品经济的复杂的交换和生产的过程，是各种有差别的个体劳动“平均化”为无差别的社会必要劳动过程，是在各种商品的价值形成、各种劳动力市场的竞争和各类劳动报酬形成中实现的。马克思说：“各种劳动化为当作它们的计量单位的简单劳动的不同比例，是在生产者背后由社会过程决定的。”[①]高度复杂劳动之所以是一般复杂劳动的“倍加”，在于市场经济中客观存在的劳动换算机制的作用。发达的市场经济中的劳动力自由流动机制、灵活的工资制度，以及科技人员股票期权制等构成复杂的经济机制，实现了高度复杂劳动的换算，使科技创新者获得了高报酬。

可见，科技创新劳动的高价值形成能力从而使它有较高劳动报酬是市场经济中价值规律作用的表现，是劳动力——包括科技劳动力——商品化、市场化机制的必然结果，是市场经济的必然产物。当然，在资本主义企业中，由于科技复杂劳动创造的新价值中一部分还转化为企业利润而归资产者占有，科技劳动力报酬的价值规律并不改变资本占有的性质。在社会主义市场经济中，组织于公有制经济中的科技工作者获得较高报酬，既是体现商品经济价值规律的要求，又是体现社会主义按劳分配的要求。

---

① 《马克思恩格斯全集》第23卷，人民出版社，1972年，第58页。

总之，高度复杂劳动的作用日益增大和高度复杂劳动拥有高价值的创造能力，是当前科技进步、劳动方式现代化，以及发达的市场经济条件下的新情况和新特征。我国社会主义市场经济的发展也越来越需要应对这一新情况，而对科技复杂劳动创造价值的功能加以科学的、更有说服力的阐明，不仅更加使人们明白贡献大的科技人员取得较高收入的合理性，而且也将有助于我们加深对社会主义按劳分配的具体实现形式的认识。

（四）让科技创新者“酬应其值”

在社会主义市场经济中，按劳分配表现为劳动者创造的新价值在扣除上缴国家各种社会基金，包括储备基金、社会保障基金、科技发展基金、生态环境建设基金、国防基金以及企业积累后的剩余部分以后，在劳动者之间按劳动的数量和质量进行分配。更具体地说，是根据劳动创造的价值多少进行分配，创造价值多的劳动报酬多些，创造价值少的劳动报酬要少些，这种分配性质和机制，我们称之为（报）酬（适）应其（价）值。实行按劳分配，对于科技创新者来说，就应该适应于他投入劳动形成的更高价值而赋予他更多报酬，做到“酬应其值”。

社会主义市场经济中的收入分配，在大多数场合是通过市场主体的企业收入和劳动报酬机制来实现的。由于市场机制下企业的收入变动不定和收入分配方式多种多样，例如，在高科技企业中不仅给职工以工资、奖金、福利，甚至还要给科技人员与经营管理者以资产（股权），因而现实的收入分配方式十分复杂。

为了简化理论分析，我们假定了一个高度市场化的工资模式，即科技人员受聘于公有制（或以公有制为主）的科技型企业，他们为企业进行科技开发、科学实验、新产品设计、制作技术图纸、制定生产工艺流程、进行生产管理等。在上述情况下，科技创新劳动创造的价值体现在企业生产出的高科技产品的价值中，是产品价值体减去不变资本转移的价值后的余额。企业从新创造的价值中，根据科技人员创新劳动的性质，特别是他对企业效益的贡献，予以包括工资、奖金、股权以及其他福利在内的劳动报酬。劳动报酬是科技创新劳动创造的新价值扣除上交各种社会公共基金以及企业留利后的余额。由于市场经济条件下，高科技企业因科技创新而会在一定时期通过垄断价格享有超额利润，因此科技人员除了从新创价值中获得劳动报酬而外，也会分取一部分超额利润，这二者构成科技工作者劳动收入范畴的内容。

基于上述假定，不论科技尖子得到多么高的报酬，这一报酬都是他从事的复杂劳动所创造的价值的一部分，是创新劳动能力的再生产费用，这一收入表现为劳动或工资收入。如果科技人员是为私人企业主所雇用，则他创造的价值一部分要转化为资本收入，因而科技人员仍然未得到充分的劳动报酬。[①]在价值的生产和分配关系上，科技人员和一般蓝领工人没有差别。但是在社会主义公有制企业中，不存在对抗性的剩余价值占有关系，劳动者创造的新价值在扣除国家占有的各类公共基金以及企业留利后，作为劳动报酬基金，在劳动者之间按劳动数量和质量进行分配。

市场经济体制下，给创造了较高价值的科技创新人员以较高的报酬，对突出的创新人才以高工资、高奖金，或其他福利以及政府给杰

① 由于资本主义制度下劳动者只获得创造的新价值中的一部分（v），剩余价值大部分由资本家占有，因而资本主义的分配不存在科技工作者劳动收入符合其劳动贡献，“按劳分配”的关系和性质。

出科学家以高的奖励，是完全合理的。如果说传统的平均主义分配，使科技人员未得到应有的充分报酬，那么给创新者以较高物质鼓励的做法，正是承认了复杂劳动在创造财富和价值中的功能，既贯彻了社会主义按劳分配又适应了价值规律的要求。因此，在大力发展社会主义市场经济和促进高科技经济发展中，我们应该面对新时期的收入分配新情况、新趋势，要适应和承认分配中的客观经济规律。在观念上要将在物质生产和精神生产中做出了重大贡献、取得了显著的经济效益和社会效益的创新者收入的提高与转型期制度缺损下的“暴富”区别开来。

市场经济中科技产品价格处于不断的变动中，会出现价格高于或低于价值的变动，科技人员的劳动报酬也是如此，它会随着企业经济效益的变动而变动。高科技经济，是技术不断创新的经济，高科技生产的特征是快速推出具有某种垄断性的新产品以获取垄断利润。而知识密集型产品又具有在批量生产下物质成本低、边际成本几乎为零（例如软件光碟）、垄断利润巨大这一特征，企业在购买科技知识成果，或聘用科技人员时就有可能支付较高的价格。另一方面，高科技投资风险大，科技产品周期短，市场竞争激烈，一项新技术不可能长期有竞争力，在企业绩效下滑时，科技人员的收入也会随之减少。因而在社会主义市场经济中，科技产品的价格与价值的偏离以及科技人员的劳动报酬变动中酬不应值的情况会经常发生。

1. 科技新产品供求均衡下的收入分配模式

我们首先设想科技新产品供求均衡条件下的工资分配模式。由于科技产品的市场供求是均衡的，科技人员和各种创新技术供应是充裕的，不存在产品稀缺和供应不足，因此科技产品按相应于其内在价值的价格出售，而科技工作者则得到与其新创价值中归自己部分相当的工资收入，价值剩余部分则归国家和企业占有，这就是科技劳动者“酬应其值”和充分的按劳分配的模式。如果形成了一个完善的社会主义市场体制和企业体制，建立起科技产品商品化和顺利地转化为生产力的经济机制，又形成了一个良好的市场性的工资制度，以及一个能保证人才培养与社会需求相适应的教育制度，就有可能在一般的科技产品和科技人才的领域中保持供应和需求的大体均衡，从而实现科技人员的“酬应其值”，做到较充分的按劳分配。当然，上述条件很难具备，因此上述分配模式只能是一个理论模式。

2. 科技新产品供不应求条件下的收入分配模式

由于科技进步本身是不均衡的；科技创新人才特别是创新尖子的育成需要长时间，从而其供给通常是不足的；同时，高科技经济再生产进程也同样具有市场经济固有的周期性，存在快速发展与减速甚至衰退的交替。以上情况决定了产品价格在经济快速增长期会因需求旺盛而售价高昂，科技人员的报酬也由此提高。特别是高科技创新劳动力是一项稀缺性的资源，在一个教育发达、科技人力资本较为丰富的国家，企业用较高的报酬可以延揽到优秀的科技人才，但是像比尔·盖茨，以及摩尔、虞有澄等①科技精英的供给却不可能任意增加。在信息经济发展的黄金时期，信息、网络新产品在开发投产的初始阶段，其价格往往高于甚至大大地高于内在价值，例如，英特尔家用电脑及微软视窗每一次创新的售价均大大高于其价值，有如珍贵的宝石的价格高于内在价值一样。在按照工作者的绩效付酬的市场性机制下，企业获得的额外利润的一部分有可能转化为科技创新者的附加收

① 摩尔以及中国台湾电脑专家虞有澄分别是英特尔公司的创始人和企业主管，均是英特尔家用电脑的研发组织者。

入。上述分析也适用于名演员、名歌星、名球星等的报酬。可见，社会主义市场经济中的按劳分配主要是通过市场机制作用来实现的，正常的市场机制也会使劳动者收入出现高于劳动所值或低于劳动所值的偏离现象，如人们可以看到，在高科技经济的发展中，出现新技术、新产品供不应求时，企业获得高额超额利润，科技创新者获得的附加收入高，甚至奇高，出现收入和劳动所值的向上偏离；而在产品过剩、技术过时、企业业绩下滑时，又会有科技工作者收入下降；特别是在具有重大社会效益但尚未能转化为经济效益的条件下，会有科技创新者收入奇低。

对社会主义条件下科技创新劳动实现的附加收入应有正确的认识。第一，尽管创新者得到一笔超过“创新劳动所值”的附加收入，但是科技新产品中仍然有创新者高度复杂劳动创造的价值，这是产品交换价格和附加收入的基础。也就是说，附加收入有其内在价值本源，而不是来自“买空”“卖空”。第二，科技新产品垄断价格的性质，是由于创新劳动能力的稀缺。这种稀缺的科技创新能力毕竟是依靠后天长期的艰苦的学习劳动和实践经验的积累——其中也与个人天赋有关，但天赋也主要是由个人后天努力所发掘，这是一种劳动育成的稀有人才资源，它不同于政府性的垄断和纯自然原生的垄断，如特殊质量的泉水、矿产资源、植物资源。因而创新劳动在得到较高报酬时，它也具有劳动报酬的性质，它和人为的垄断，以及欺行霸市、操纵市价、假冒欺诈等破坏市场准则行为而获得的“暴利”有本质的不同。

我国20世纪90年代以来，由于大力贯彻科技兴国方略，提倡尊重知识、尊重人才，因此科技人员的收入有较大提高。当前改革深化和高科技经济发展中出现了一些科技人员“富起来”的可喜现象，这是收入分配体制改革的积极成果，有利于调动高难度的科技劳动者的积极性，有利于智力精英的培育和形成。但是还应该看到，创新劳动报酬偏低现象在我国当前学校、科研院所及国有企业中还普遍存在。

我国科技体制和收入分配体制的市场化改革还处于起步阶段，科技产品商品化、市场化水平还低，技术市场和科技劳动力市场发育还十分幼弱，我们面对的主要问题是科技成果充分作价和科技创新者报酬不应其值问题。当然，转型期制度缺陷导致的收入过高问题也是存在的，如歌星的“走穴”，个别球星的高酬或被炒热的艺术作品的高拍卖价，但这些毕竟是个别的现象。值得注意的是我国科技体制尚未理顺，知识产品产权模糊，不少科技型企业所有制性质尚未界定，企业中积累的许多发明创造成果的归属远未弄清，上述情况普遍存在于中关村的民营企业中，或是在一些改制后的科研院所中。因而，当前更主要的是应该着力于提高科技创新者的收入，解决好科技成果创造者产权主体地位不落实和主体难以从科技成果交易中“换取所值”的问题。另外，对于当前市场经济机制运行中所产生的个别人员的收入畸高现象，政府还应加强制度建设，规范市场秩序，并通过税收手段——如征收个人所得税和企业所得税——来加以调节，使其保持在合理范围内，而不能采用科技产品国家定价和僵硬的工资制度等计划经济的方法来加以管制。

（五）股票期权制与创新者收入性质

在当代新经济中科技创新者因占有股票期权（option）而致富的现象十分引人注目。我国新颁布的有关政策法规也允许股份制企业科技人员持有购股期权。如何看待科技创新者占有股票期权而获得的收入的性质？它是资本收入还是劳动收入？对上述问题进行一些理论分析是十分必要的。

股票期权是指购买者在一定有效期内，按契约规定的价格买进股票的权利。给予稀缺的科技创新人才以股票期权，是当代高科技经济创业中十分流行的方式，高级科技人员（以及高级经营管理人员）在公司创业成功，股票上市后，因持有较低价格购股权而能从股票市值上涨后获得可观的资产收入。由于高科技投资风险大、创业艰难，股票期权获得的高收入，对投资者来说，能对投资失败的损失起弥补功能，有利于风险资本的成长和鼓励技术投资；对企业来说，它有利于延揽、争夺稀缺的高级人力资源和稳住人才，并以通过期权拥有的将个人利益与企业利益相捆绑的机制，有效地促进技术创新成功和企业创业成功。因而，股票期权制是适应市场经济中高科技发展的一项制度创新。在社会主义市场体制下，为了加强、鼓励科技创新，促进高科技经济的发展，也有必要实行股票期权制。

购股期权持有者获得的收入是股票这一金融资产的价格上升后的收益，从而是一项资本（证券）收入。但是对科技创新者来说，股权的占有不是由于他在企业中投入了创始货币资本，而是因为他投入了科技创新劳动，后者创造了知识产品和科技产品的新价值。可见，创新劳动创造的价值是股票上市后分得的红利的源泉，也是作为虚拟资本价值的股票市值增值的现实基础。高科技经济中，如果科技创新和企业创业未能成功，企业谈不上股票上市，科技人员持有的股票期权也就一钱不值。可见创新者持有的期权，是作为创新劳动的“价格”或企业支付给他的“工资”。也有一些创新者为了防止创业风险损失而自愿放弃占有股票期权而选择高工资。因而，科技人员持有的股票期权，实际上是他的劳动报酬的一种特殊形式。

严格地说，占有股票期权而获得的收入，包括有创新劳动创造的价值，但也包括有股票在虚拟资本运行中出现的市值增值超过实际价值而获得的额外收入。按照马克思的资本市场理论，在信息制度发展和证券市场出现后，股份公司的资本，既表现为现实的物质资本，又表现为证券形式的资本。证券形式的资本在资本市场流通，不断地发生价格上涨或下降。这种“市值”不断涨跌的价值凭证，即是虚拟资本。当代高科技经济的特征，往往是出现虚拟资本的过度繁荣和股票市值更急剧的升降，不时出现市值飙升或猛挫，甚至股市会发生崩盘，本文不拟对这一问题进行分析。

需要指出的是在虚拟资本运行机制下，创新劳动报酬在股票期权形式下，既可以表现为零收入，即企业创业失败时，科技人员劳而无酬，也可以表现为企业创业和上市成功后股票市值上扬时的收入高于劳动所值。利用股票（以及其他证券）市值变动的机制来获取投机收入，是虚拟资本运行中客观存在的现象，也是资本市场运行所必要的一种机制。对经济发展中的这一新情况，我们首先不必从某种道德原则上来加以谴责，而应该进行经济学的冷静分析。在这里我们将研究限制在社会主义经济中科技人员的股票期权所获得的收入这一范围内。首先，科技创新劳动者通过购买和转让公司股票，可以充分实现他在科技创新和企业创业中付出的复杂劳动所创造的价值。在社会主义条件下，这一金融资产占有和交换过程实质上体现了按劳分配。其次，由于这一占有和分配过程，是发生于虚拟资本的运行机制即资本流通过程之中，因此由于证券市场价格波动，即在市值涨落中所产生的收入，是价格再分配功能的结果，而不是价值的新创造。因此，科技创新者股票期权形式的报酬，既有按劳动分配的因素，但也有来自金融资产要素分配的因素。因而，对科技劳动者来说，股票期权形式，这是一种市场体制下的具有劳动收入和资产收入的二重性的分配方式，它也存在着二重性收入固有的矛盾，在某些情况下会出现主体收入性质由劳动收入向资本收入的转换和引起收入悬殊与分配不公这些问题。这种情况在美国新经济中已经表现得十分鲜明，它暴露了新经济中资本主义制度的基本矛盾。

但是也应该看到，发达的资本市场在支撑高科技经济发展中的不可缺少的作用。一项极有开发前景的高科技向现实生产的转化，要经过中试、新技术和产品的成熟、大量投产取得盈利和上市这一系列程序。这一过程中存在着许多不确定因素，通常是进行一项高技术风险投资，有20%取得高盈利，20%得到通常盈利，60%得不到盈利。这样的高科技投资，一旦技术创新和产品开发完成，风险投资就要退出，风险资本由此完成一度营运和进入另一度营运，而创业板市场及其运作正是风险资本的最为灵活的不可缺少的退出机制。尽管创业板市场极其活跃，具有难以驾驭的性质，会增大资本市场运行的不稳定，滋长经济泡沫，甚至有引起股市崩盘等负效应，但是虚拟资本机制，毕竟使风险资本得以有效地介入企业的创业和充分发挥它对高科技经济的促进作用，而且，借助于虚拟资本运行中的证券市值增值机制，可以使科技创新这样的高度复杂劳动创造的价值有了一种实现的新方式。在股票市值尚未形成天价，从而期权持有者售股收入尚未形成暴利的场合，人们应将这一额外收入视为以科技创新劳动为基础，由市场机制派生的收入，由此将它与一般炒股者的单纯投机收入相区别。

综上所述，对社会主义条件下的收入应该区别情况，具体地加以分析。在社会主义市场经济体制下，需要对股票期权制度不断加以完善，以兴利除弊，有效地发挥这一产权制度和分配制度对科技创新劳动的鼓励作用。同时，政府要采用完善的税收制度，加强对收入分配的调节功能，防止新的收入分配失衡。

六、论当代服务劳动的性质——正确认识马克思“物化劳动”范畴的内涵

在市场经济中产出物表现为非实物形态的服务劳动是否创造价值的问题，迄至今日在马克思主义政治经济学教科书中未曾得到充分阐述，其理论的障碍正是长久流行的对“物化劳动”范畴的传统的理解。按照这种见解：只有创造物质、实物产品的劳动才能“物化”为价值，而一切提供非实物的有用效果的劳动均是不创造价值的。而市场经济的发展却又是伴随着生产品的非实物化，特别是现代服务经济的发展和当代经济的信息化和高科技化，非实物形态的产品已经在国民生产总值中占据主导地位。在当代的新的方式和现代三维产业结构逐步形成的条件下，如果经济学的劳动理论和价值理论仍然停留于并非马克思原意的“物化”观念，就会不可避免地得出诸多现代劳动不再创造价值、“商品劳动价值消亡了”的悖理的论题，这岂不是意味着马克思的劳动价值理论不再适用于分析现代财富的生产和分配？其实，马克思价值理论中的劳动“物化”范畴的实质是劳动“对象化”，而且，对象化并非限定于物质、实物产品之中，也包括非实物形态产品以及精神产品之中，也就是说，劳动对象化包括物质、实物化，但不等于劳动物质实物化。明确劳动“物化”这一含义十分重要。本文针对现代社会大生产，特别是我国社会主义市场经济的新情况，从分析当代服务劳动的性质入手，对非实物化劳动也具有创造价值功能的论题进行探讨。

（一）服务生产是现代大生产中有机组成部分

我们这里所要考察的是市场经济中的服务，是作为带来经济产出或服务品的服务。纯服务是直接以活劳动来满足他人的需要，或者说是一种具有有用效果的非实物形态的“效用产品”，可以称之为“软产品”。在当代，非实物形态的服务已经不是亚当·斯密时代的“家仆的服务”[①]，也不只是用来满足现代人的多方面生活需要——家庭生活、休闲、健身、医疗、学习、社交等——的新型服务，而且，包括现代日益发达的生产服务，如技术咨询、产品图纸设计、软件程序编制、科技研发、信息提供等。当代服务劳动的性质，已经突破“为富人享乐服务”和“为个人消费生活提供便利”的狭窄界限，在社会再生产中起着：（1）为物质生产和其他产业部门提供劳务协作的功能；（2）实现商品价值，启动资本流通，推动积累，促进经济增长的功能；（3）保障劳动力的再生产的功能；（4）增进广大居民的生活享受和生活质量，促进人的发展的功能。在发达的市场经济中，服务业已经成为国民经济中产值最大、就业量最多的经济部门，是现代社会大生产中的可以称之为服务（产品）生产，或“软产品”生产部分。当代世界经济，正在进入提供有用效果或“软产品”生产大发展的新时期，服务品越来越成为社会财富的重要成分，服务劳动和实物化劳动一样，成为现代生产劳动的一种具体形式。

（二）服务劳动从来是“厂内协作劳动”的一种具体形式

在个体生产方式下产品表现为个人劳动的产出物，在实行厂内分

---

① 亚当·斯密在《国民财富的性质和原因的研究》中分析的古典的服务，是厨师、家仆之类的家庭服务和演员、医生、教师之类商品性服务。

工和劳动协作的工厂制度下，服务性劳动从来存在和被包孕于工厂生产总过程之中，是马克思论述的工厂“总劳动”的有机组成部分。工厂生产除了车间的直接加工劳动而外，在第一线还需要有进行车间运输、照明，水、电、气供应和管理，机器设备日常维修，场地清扫等等生产服务劳动。另外，还需要有会计、统计员以及其他管理人员和经理层提供的管理服务，此外，一些工厂还需要有应急的医护服务。这些众多服务保障了直接加工制造劳动的顺利进行和机器等物质生产手段得以发动和正常运作，正是多种必要的服务劳动和制造、加工劳动相结合，形成“工厂总劳动”。可见，机器大工业生产的工业品是“工厂总劳动”的产出物。

20世纪以来，现代化大生产的进一步发展，厂内管理服务越发重要，高度专业化的生产管理劳动，特别是科技人员对机器设备的调试、维修和对机器运行的调节，成为工厂物质生产正常运作的决定因素。在走向知识经济的当代，对人力资源的管理以及对知识的管理，组织厂内各个职能部门间信息的交流，等等，都成为厂内结合劳动的一部分。特别是在社会主义市场经济制度下，劳动具有更加社会化的性质，更应该将厂内必要的多样生产服务劳动，包括必要的医卫、后勤等服务劳动，纳入厂内结合劳动的范畴。

可见，现代大生产，特别是社会主义条件下现代大生产，进一步推动了工厂内直接生产过程的分工与协作，使直接从属和作用于物质生产的、提供有用效果的服务劳动进一步发展和多样化，多样性的服务劳动越加成为厂内结合劳动的不可缺少的组成部分，成为现代生产劳动的一种具体形式。

（三）生产性的服务劳动的发展和取代非生产性的服务

并非任何服务都是生产劳动。英国工业化的初始阶段，在社会结构尚未完成由封建主义向资本主义的转型以前，大量劳动力尚未被纳入物质生产领域。19世纪初的英国，以家仆等形式受雇于富有者的劳动力大大超过受雇于工厂主的劳动力；加之以当时资本主义服务业的不发达，以商品形式提供服务的劳动者在就业结构中比重极小，因而，服务在社会总产出中的份额微不足道。此外，还存在着一个由贵族、官僚、军队等组成的，被庸俗经济学家吹嘘为提供“服务”，实质却是效劳于旧政权和阻碍新兴资本主义发展的寄生阶级，因而，在资本主义经济发展的初始阶段，服务主要是非生产领域的劳动，在那时，不仅旧政权的官员和其他人员是依靠巧取豪夺资本主义的生产方式创造的财富维生，即使是提供家庭服务的家仆，他们的收入也是来源于商品性工业生产的剩余价值，从而家仆的服务，是非生产劳动，它不生产商品和增值商品财富。

工业化、现代化的演进，是与商品性的服务业的兴起相并进的。在商品性服务业不发达的阶段，无力雇用家仆的居民，自己从事做饭、清扫等家庭服务，为工厂主雇用的劳动者除了进行生产劳动而外，在工余时间还要承担繁杂的非生产的家庭服务。

随着经济的进一步商品化、市场化，以及居民收入水平的提高，商品性服务不断发展，带来了包括提供多种多样的生活消费服务以及提供生产、经营服务的服务业的兴起。

第一，大规模的商品生产和有限的市场的矛盾，要求有更发达的商业，以发挥原商品的价值实现和保证使用价值的真正实现，商业、流通服务业由此不断发展。在当代，商业已成为一个高度发达的产业，它不仅提供纯粹流通服务，而且现代商城还把商品流通和饮食服务相结合，和文化、休闲、观光相结合。现代商业已经将一部分物质生产纳入商品流通之中。

第二，在发达市场经济中，发达的商流需要有发达的物流，以实现产品的“位移”——空间的变化——和产品的储存。

第三，在发达的市场经济中，企业自己不从事水电气等生产与供应，而由独立的生产厂商对企业提供服务。

第四，在发达的市场经济中，原先由企业自身雇用的专业人员从事的会计、律师也从其职能中分化出来，进一步发展成为包括会计师、律师及咨询、公证等的独立的中介组织，并由后者对厂商和个人提供多样的中介服务。

第五，在发达的市场经济中，原先由个人和家庭成员负担的家庭劳动为社会化服务取代。如做饭成为第三产业提供的商品性服务以及店堂饮食服务和送餐服务；洗衣成为洗衣店的服务；房屋清扫成为家庭后勤公司提供的服务。

第六，在发达的市场经济中，休闲产业（包括饮食、文化、娱乐、旅游等）成为新兴大产业，在发达国家休闲产业产值已占GDP的50%，休闲服务的性质不只是用于满足人的享乐需要，而且是用来满足现代人的生存即劳动力再生产的需要，也是用来满足现代人的体能和精神素质提高的需要。休闲服务的这一性质决定了休闲服务产品质量的提高，逐步演变为富有文化、精神内涵的文化服务品，这也意味着一部分文化、精神生产被纳入服务之中。

第七，发达的市场经济中，人的身心健康不仅为个人所关心，而且成为进步社会的重要标尺。人身机器的修理和健康运转，是劳动力的再生产和素质提高以及人的生活质量的提高的首要条件。因此对健身、医卫服务产品的需求也就迅速增长，成为现代社会必然趋势。

第八，当代发达的市场经济中的令人注目的现象是经济咨询、科技研发和多样管理、经营服务业的兴起，产生了提供旅店管理、物业管理等服务的企业，不少政府管理职能也由企业的管理服务取代，如原先城市市政性的公共卫生、绿化承包给专门从事管理的企业经营。

第九，发达的市场经济中出现了教育的企业化。除了国民教育是采取政府提供社会公共产品的形式而外，广泛的技术职业教育，一部分高等教育、老年人再教育等越来越采取商品性服务形式来提供。

第十，发达的市场经济是金融经济，从事货币的存储支取、信贷融资以及个人理财、企业重组、保险等服务的金融行业迅速兴起。在社会主义市场经济体系中的积极的金融服务，对经济运行和加快增长起着极其重要的作用。

可见，多种多样的服务行业的兴起、服务业的大发展和服务产品在GDP中比重的提高，是市场经济和现代大生产发展的必然结果。在发达的市场经济中，服务成为一个大产业，非实物形态的服务商品已成为总商品中比重最大的部分，它意味着产品表现为非实物形态或“软产品”的服务生产劳动（以及知识生产劳动）的进一步兴起，而另一方面，社会用于农业和制造业的劳动在比例上则日益缩小。如果考虑到每周工作日的缩短，那么，出现了经济现代化发展中物质、实物形态生产劳动缩减，而非物质形态的服务劳动扩大的趋势。

社会主义市场经济也将遵循物质生产、服务生产和知识生产共同发展的规律。服务业和知识生产的快速发展，使我国总产品中非实物、非固定化的“软产品”的比重日益增大。我们需要在新的社会经济条件下，对政治经济学有关商品生产和价值规律的基本理论作出新的阐述，要确立多种形式的“对象化”劳动创造价值的观念，要摆脱只有体现于实物化、固定化形态产品中的劳动才创造价值的狭隘的眼界与传统的经济学思维方式。

（四）将对象化劳动锁定于实物化劳动的理论溯源

资本主义生产方式是以商品为社会财富的元素形态。旨在阐明资本主义生产的经济规律的近代西方古典政治经济学的一开始将注意力集中于什么是商品、什么是商品价值等基本经济范畴的阐明，特别是集中于什么样的劳动才是增值国民财富的生产劳动。17世纪的重商主义者提出了开采金银的劳动是生产劳动的论旨，重农主义者魁奈阐述了只有农业劳动以其更高的劳动生产率创造“纯产品”的理论，从而将农产品这一自然物质形态作为价值的表现形式。无论是重商主义或是重农主义都未能区分商品使用价值和价值，他们将商品价值归结于某一种物质、实物形态的使用价值体。马克思说：“重农学派只要接触到价值实体，就把价值仅仅归结为使用价值（物质、实物），正如重商学派把价值仅仅归结为价值形式，归结为产品借以表现为一般社会劳动的那种形式即货币一样。”[①]英国古典经济学家威廉·配第也持有上述劳动“物化”观，他“把价值仅仅归结为使用价值（物质、实物）”[②]，他说“财富是按照它不会毁坏的程度、耐久程度来计量价值的”。古典政治经济学的鼻祖亚当·斯密，对什么是商品、什么是价值等经济学的基本范畴作出了深入的阐述，斯密的贡献是他区分了使用价值形态与价值，阐明了价值是商品中体现的一般人类劳动，他“同重农学派相反，重新提出产品的价值是构成资产阶级财富的实质的东西；但另一方面，又使价值摆脱了纯粹的幻想的形式——金银的

① 《马克思恩格斯全集》第26卷I，人民出版社，1972年，第166页。

② 《马克思恩格斯全集》第26卷I，人民出版社，1972年，第166页。

形式，即在重商学派看来价值借以表现的形式”[①]，但是斯密也仍然和威廉·配第一样把商品价值说成是只是创造和体现在固定的、实物形态的耐久的产品中的劳动，即实物化劳动，他认为家仆、厨师、演员的劳动，由于不具有“固定的”“实物化”形态，因而不创造价值，是非生产劳动。

尽管亚当·斯密对商品、价值和生产劳动的理论阐述，存在着见解的不一致和诸多矛盾，但是以斯密为代表的关于体现在固定化、实物化商品中的劳动创造价值和是生产劳动的古典政治经济学观念，在当时却是具有重大现实意义。斯密从事创作《国民财富的性质和原因的研究》的18世纪，英国正处在工业革命和资本主义经济发展的幼年时期，一方面新兴的机器工业开始显示出物质生产的强大的生产力，另一方面，社会还处在由封建主义向资本主义的转型之中，封建国家机器尚未被新兴国家取代，贵族、官吏和一大批政客、牧师等进行寄生消费，大量挥霍国库，侵蚀新生产方式创造的财富。斯密的商品学说中对产品的“实物性”“固定性”“耐久性”的强调和关于生产劳动的第二种见解，就是在这一历史条件下产生的。

马克思高度评价斯密对劳动价值理论做出的重大贡献，指出了斯密对商品、价值、生产劳动等范畴含义的阐述中存在局限性和狭隘眼界。但是马克思把斯密的实物化、固定化的“物化劳动”观，放在由封建主义到资本主义社会大转换的历史背景下来加以评价，指出了这种有失偏颇的经济理论观念，不过是“政治经济学在其古典时期，就象资产阶级本身在其发家时期一样，曾以严格的批判态度对待国家机

① 《马克思恩格斯全集》第26卷I，人民出版社，1972年，第166、167页。

器……”[1]，它体现出处在上升时期的资产阶级的要求。马克思指出，在当时那一场生产劳动与非生产劳动的大讨论中，反对斯密的“物化劳动”观的经济学家，如加尔涅、费里埃、加尼耳以及麦克洛赫之流，他们对“服务”的生产性的辩解和推崇，不过是体现了“经济学上的阿谀奉承的侍臣们”[2]对作为旧制度的残余的国家官吏、牧师、军人等“无所事事的人”对国民财富的侵吞和寄生消费行为制造理论根据罢了。

（五）把价值作为生产关系——马克思的劳动价值理论的精髓

斯密的劳动价值理论上的局限性在于他将商品价值范畴限制在“固定化”“实物化”“耐久性”的具体劳动形式中，他还未进一步把握到形成商品价值的劳动是“无差别的抽象人类劳动”，是一个社会生产关系的范畴，是“抽象化”“对象化”的劳动。马克思创造和全面阐述了科学的劳动价值理论，这一理论的精髓在于把商品、价值、生产劳动等范畴都作为特定的社会生产关系来把握。马克思指出了斯密将劳动“物化”和“实物化”的混同，他基于黑格尔哲学中的“外化”和“对象化”的概念，论证了即使是服务中的“固定化”劳动，也不一定是“对象化”为价值的劳动。马克思以家仆的服务劳动作为例证，在当时为富人雇用的大部分家仆的劳动是用来满足人的消费享乐，他们不生产商品和创造价值，也不带来剩余价值，是属于斯密的第一种解释中已指明的“不生产劳动”，但家仆服务劳动缺乏创造价值的功能的原因，并不是如斯密所认定的：是由于家仆劳动不产

① 《马克思恩格斯全集》第26卷I，人民出版社，1972年，第168页。

② 《马克思恩格斯全集》第26卷I，人民出版社，1972年，第169页。

生“固定化”和“实物化”的产品。因为，“叫到家里来缝制衬衣的女裁缝，或修理家具的工人，或清扫、收拾房子等等的仆人，或烹调肉食等等的女厨师，他们也完全和在工厂做工的女裁缝、修理机器的机械师、洗刷机器的工人以及作为资本家的雇佣工人在饭店干活的女厨师一样，把自己的劳动固定在某种物上，并且确实使这些物的价值提高了。他们所生产的使用价值，从可能性来讲，也是商品：衬衣可能拿到当铺去当掉，房子可能卖掉，家具可能拍卖等等。因此，……从可能性来讲，也生产了商品，把价值加到了自己的劳动对象上”①。马克思认为，尽管这种缝补衣物修理家具的家仆劳动，也是具有“固定化”“实物化”的性质，但是它毕竟是和收入相交换的，而不是与资本相交换的，因而是不表现为商品价值形成和带来资本价值增长的，因而不具有生产性和价值创造劳动的性质。马克思另一方面指出，被资本家雇用的演员、作家、教师、医生，尽管他们生产的是非实物化、固定化的服务，但是由于在这里，“服务就是商品。服务有一定的使用价值（想象的和现实的）和一定的交换价值”②，这种服务“劳动同资本交换……创造剩余价值”③，“作家所以是生产劳动者，并不是因为他生产出观念，而是因为他使出版他的著作的书商发财，也就是说，只有在他作为某一资本家的雇佣劳动者的时候，他才是生产的”④。

马克思阐述了一个重要的政治经济学命题：有关商品价值形成以及生产劳动等范畴的科学定义，“不是从劳动的物质规定性（不是

① 《马克思恩格斯全集》第26卷I，人民出版社，1972年，第156页。

② 《马克思恩格斯全集》第26卷I，人民出版社，1972年，第149页。

③ 《马克思恩格斯全集》第26卷I，人民出版社，1972年，第148页。

④ 《马克思恩格斯全集》第26卷I，人民出版社，1972年，第149页。

从劳动产品的性质，不是从劳动做出具体劳动所固有的特性）得出来的，而是从一定的社会形式，从这个劳动借以实现的社会生产关系得出来的”[①]。马克思在分析实行以分工和协作为基础的工厂的商品生产劳动时，使用了厂内“结合劳动”“工厂总劳动”等范畴。马克思曾作出如下论述：“许多工人共同生产同一个商品……这些或那些工人的劳动同生产对象之间直接存在的关系，自然是各种各样的。例如，前面提到过的那些工厂小工，同原料的加工毫无直接关系；监督直接进行原料的加工的工人的那些监工，就更远一步；工程师又有另一种关系，他主要只是从事脑力劳动，如此等等。但是，所有这些……劳动者的总体进行生产的结果——从单纯的劳动过程的结果来看——表现为商品或一个物质产品。所有这些劳动者合在一起，作为一个生产集体，是生产这种产品的活机器。资本主义生产方式的特点，恰恰在于它把各种不同的劳动，因而也把脑力劳动和体力劳动，或者说，把以脑力劳动为主或者以体力劳动为主的各种劳动分离开来，分配给不同的人。但是，这一点并不妨碍物质产品是所有这些人的共同劳动的产品，或者说，并不妨碍他们的共同劳动的产品体现在物质财富中……所有这些人不仅直接从事物质财富的生产，并且用自己的劳动直接同作为资本的货币交换，因而不仅把自己的工资再生产出来，并且还直接为资本家创造剩余价值。”[②]在这里，马克思实际上把加工劳动、管理劳动和机械师的维修调试等技术劳动都纳入创造使用价值和价值的劳动之中，马克思指出：“对劳动的物化等等，不应当像亚当·斯密那样按苏格兰方式去理解。……说商品是劳动的化身，那仅

① 《马克思恩格斯全集》第26卷I，人民出版社，1972年，第148页。

② 《马克思恩格斯全集》第26卷I，人民出版社，1972年，第443、444页。

仅是指商品的一个想象的即纯粹社会的存在形式，这种存在形式和商品的物体实在性毫无关系。”[①]可见，马克思十分明确地对劳动“物化”为价值的政治经济学古典命题作出了科学的阐明。

马克思的重大贡献是他提出了一种崭新的分析商品使用价值和价值的方法，这是一种制度分析方法，这种方法把商品、价值作为一种社会生产关系。按这种分析方法，商品就是用来作为市场交换的劳动生产物，是有使用价值和交换价值的市场交易对象。商品的本质和灵魂是价值，后者是生产中耗费的以商品使用价值（体）为载体的抽象人类劳动。换一个说法，耗用于生产的抽象人类劳动“外化”“客体化”“对象化”于使用价值（体）中和表现为商品价值。

马克思坚持从生产关系，即从经济规定性来分析商品和价值，他批判和揭示从生产物的某种自然物质形态来定义商品和定义价值，以及定义生产劳动的早期政治经济学观念和分析方法的缺陷。处在19世纪工业化和制造业大发展的“生产物质化”大潮流下，马克思在分析商品和价值形成时，也十分强调劳动的物质、实物性，但是作为辩证法大师的马克思把“一般”与“特殊”，“抽象”与“具体”的辩证法，贯彻于经济学范畴内涵的分析之中，他实际上提出和阐述了广义的商品理论。马克思提出了特殊商品的范畴和把劳动能力作为特殊商品。此外，他把金银、货币以及股票、债券等资本价值凭证称为“特殊商品”[②]，此外，他将进入市场交换的服务也视为商品[③]，马克思实

① 《马克思恩格斯全集》第26卷I，人民出版社，1972年，第163、164页。

② 马克思说：“货币不仅是一般商品，而且也是特殊商品。”见《马克思恩格斯全集》第46卷上册，人民出版社，1979年，第149、159页。

③ 《马克思恩格斯全集》第26卷I，人民出版社，1979年，第149页。

际上阐述了广义的产品观[①]、商品观和生产观[②]，由此对商品使用价值范畴含义作出了广义的解释。首先，他把商品使用价值归结为商品体的现实物质属性，他说“商品体本身，例如铁、小麦、金刚石等等，就是使用价值”[③]，“在考察使用价值时，总是以它们有一定的量为前提，如几打表、几码布、几吨铁等”[④]。但是在对待使用价值范畴上，马克思没有囿于物质固定化形态，他还将某些人类劳动活动的功能视为使用价值。例如，他认为劳动力商品的使用价值是劳动的价值增值功能，马克思指出，劳动能力的使用价值，“不在于它的实际使用价值，不在于某种具体劳动的效果，不在于这是纺纱者的劳动……劳动的使用价值在他看来就是：他收回的劳动时间量大于他以工资形式支付的劳动时间量”[⑤]。马克思还将使用价值区分为“实物形式”和“运动形式”两类[⑥]，他在分析服务的使用价值时说：“只要我花费收入是为了消费它的（劳动的）使用价值，不管这个使用价值是随着劳动能力本身活动的停止而消失，还是物化、固定在某个物中。”[⑦]马克思提到“唱歌的使用价值”，他明确提出：“服务有一定的使用价值（想象的和现实的）和一定的交换价值。”他说：服务业劳动者提供的随生随灭的服务也是一种“直接使用价值”[⑧]。马克思在1859年的《政治

---

① 马克思将活劳动称为“活劳动产品”，他说：“过去劳动和活劳动产品之间的交换”。《马克思恩格斯全集》第26卷I，人民出版社，1979年，第183页。

② 马克思提出和阐述了服务生产和“精神生产”命题。

③ 《马克思恩格斯全集》第23卷，人民出版社，1972年，第48页。

④ 《马克思恩格斯全集》第23卷，人民出版社，1972年，第48页。

⑤ 《马克思恩格斯全集》第26卷I，人民出版社，1972年，第147页。

⑥ 《马克思恩格斯全集》第26卷I，人民出版社，1972年，第147页。

⑦ 《马克思恩格斯全集》第26卷I，人民出版社，1972年，第157页。

⑧ 《马克思恩格斯全集》第26卷I，人民出版社，1972年，第165页。

经济学批判》一书中指出，发达的分工“直接表现在使用价值的多种多样上，这些使用价值作为特殊商品彼此对立并包含着同样多种多样的劳动方式”[①]，显然，马克思将劳动者生产出来的满足各种类社会需要的多品类体的属性，都作为使用价值，因而，马克思阐述了一个内涵更为广泛的使用价值范畴。[②]

马克思以其唯物辩证法的科学思维，在产业结构高度“物质化”的工业化初始阶段，就已经着眼于分析多样性的商品形态，提出和阐述了广义的使用价值的范畴，并且基于商品使用价值的多样性，阐述了多样具体形式的商品生产劳动“物化”和“对象化”为价值的极其严谨、十分周全的劳动价值理论，这一理论既认定制造业中生产实物产品的劳动对象化为价值，还指出服务业中生产和提供非实物形态的服务劳动也形成价值；论述了劳动既可以在“有痕迹的”实物产品中对象化为价值，也可以在农业劳动生产的“无痕迹”的实物产品——

① 《马克思恩格斯全集》第13卷，人民出版社，1962年，第41页。

② 马克思克服了亚当·斯密的“劳动必须固定在一个比较耐久的产品中”的“物化价值”观念，阐述了一种更加广泛的劳动“对象化”观念。按照马克思的劳动对象化在“商品体”中的理论，从当代发达的服务生产与知识生产的实际出发，我们可以提出既包括物质、实物产品又包括非实物产品的广义的商品体命题，例如音乐厅中举办的歌唱演出，表现为经办者出售音乐商品，如名歌星的独唱，尽管提供的是个人演唱效果，但它也是一个活生生的使用价值体，包括：（1）歌唱家个人特有的声学效果；（2）个人形象表达的感情、精神气质和个人表演风格；（3）音乐伴奏；（4）舞台布景和声、光；（5）整场演出的组合效果；等等。一场歌唱演出是一组有目的的独特的艺术活动和安排，它是一个非实体的，却是有声有色的商品体，表演者以及歌剧院就是生产和创造这样的音乐商品体的主体。基于广义的商品体命题，提供“有用效果”、创造非实物产品的服务劳动，也是对象化于商品体之中和形成价值。

如牛——中对象化为价值；[①]除此而外，运输业中的劳动只是使产品“发生位置变化”，但仍然也对象化为价值。[②]马克思在批判重农学派把创造价值限定于具有农产品实物形成功能的农业劳动的狭隘观念时，提出了“决不能象上面所说的那样去理解劳动在商品中的物化”[③]和不能将“劳动物化”仅仅归结为劳动在产品中能“留下”“痕迹”和发生商品“形体变化”，可见，马克思实际上阐述了多样性生产劳动抽象化、对象化为价值的广义的和全面的劳动价值理论。

（六）应用马克思的科学方法论，阐明现代生产劳动和价值形成的新特征

深化对马克思劳动价值论的认识，科学阐明现代社会大生产和当代发达市场经济的新特点，特别是深入揭示社会主义市场经济条件下的生产和分配的规律，是中国社会主义政治经济学理论研究中的重大课题。

在当代发达国家，服务业已经高度发达，成为产业结构的主要组成部分；现代服务的性质也已经和早期服务不同，特别是生产性服务已经成为社会化大生产的一个组成部分。此外，新的科技革命和高技术经济的发展，迎来了知识生产的大发展和知识产业的兴起。现代社会大生产已经表现为物质生产、服务生产和知识生产的三大生产齐头并进。在当代中国，社会主义建设正在迈向全面建设小康社会的新的发展阶段，在有效发挥市场作用和政府的规制和调控功能下，一个更

---

① 马克思说具体劳动在一商品上，“可能不留下任何痕迹”，“从制造业商品来说，这个痕迹保留在原料所取得的外形上。而在农业等等部门，例如小麦、公牛等等商品所取得的形式，虽然也是人类劳动的产品，而且是一代一代传下来，一代一代补充的劳动的产品，但这一点在产品上是看不出来的。”见《马克思恩格斯全集》第26卷I，人民出版社，1972年，第164页。

② 《马克思恩格斯全集》第26卷I，人民出版社，1972年，第164、445页。

③ 《马克思恩格斯全集》第26卷I，人民出版社，1972年，第164页。

加合理的、由物质生产、服务生产和精神生产组成的三维生产结构正在我国形成。

我们面对着的是：社会大生产进一步形成，生产劳动的多样性、产品多样性进一步发展的社会主义市场经济，特别是面对着提供非实物形态产品的新生产部门和新产业的兴起以及国民经济中主导作用的增强。马克思主义政治经济学的基本理论必须立足于当代实际，特别是要对当代中国社会主义市场经济的新情况、新的生产形式、新的生产关系予以有说服力的理论阐明。在现代化、信息化、高科技化的现代市场经济中，劳动仍然具有使用价值创造和价值创造的功能，生产劳动仍然要“对象化”于商品体之中，商品的价值规定没有消失，但是无论是在劳动产品、生产劳动形式和价值形成方式上都出现了新的特征。特别是社会主义条件下的商品生产和价值形成更有其制度结构所赋予的特色。发展和变化着的实践，迫切地需要政治经济学理论的创新。为了深入阐明现代经济的新情况，特别是为了对我国社会主义市场经济条件下的生产形式、劳动形式、产品使用价值形成和价值创造等经济学基本范畴作出合乎实际的理论阐明，我们需要深化对马克思劳动价值理论的认识。在当前进一步发掘和深入研究马克思对生产、商品、价值等范畴内涵所作出广义的、多角度的理论阐释，有着重要意义，它将有助于克服和摆脱那些脱离当代实际，也不符合马克思经济思想的将“劳动的物化”等同于“实物化”“固定化”的习以为常的观念，更重要的是它将有助于我们掌握马克思分析生产、商品、劳动、价值等范畴所使用的科学方法，并将其应用于当代实际，在探索和发展中坚持马克思的劳动价值理论。

主要参考书目

1.《马克思恩格斯全集》第1卷，第2卷，第3卷，第23卷，第24卷，第25卷，第26卷I，第26卷Ⅱ，第42卷，第46卷上册，人民出版社，第一版。

2. 恩格斯：《自然辩证法》，载《马克思恩格斯文选》第Ⅲ卷，人民出版社1972年版。

3.《资本论》第一卷，德文版，奥托·麦士纳出版社1922年版。

4.《资本论》第一卷，英文版，莫斯科外文出版社1941年版。

5.［英］亚当·斯密：《国民财富的性质和原因的研究》，郭大力、王亚南译，商务印书馆1972年版。

6.［英］大卫·李嘉图：《政治经济学及赋税原理》，郭大力、王亚南译，商务印书馆1962年版。

7.［法］萨伊：《政治经济学概论》，商务印书馆1963年版。

8.［美］W. W. 罗斯托编：《从起飞进入持续增长的经济学》，贺立平等译，四川人民出版社2000年版。

9.［美］罗伯特·M. 索洛等著：《经济增长因素分析》，史清琪等译，商务印书馆1991年版。

10. [英] 马克斯·韦伯：《新教伦理与资本主义精神》，于晓等译，三联书店1987年版。

11. [美] 保罗·萨缪尔森：《经济学》下册，中国发展出版社2003年版。

12. [美] 达尔·尼夫主编：《知识经济》，樊春良、冷民译，珠海出版社1998年版。

13. [日] 堺屋太一：《知识价值革命》，金泰相译，东方出版社1986年版。

14. [美] 熊彼特：《经济发展理论》，何畏译，商务印书馆1990年版。

15. [美] 保罗·克鲁格曼：《萧条经济学的回归》，中国人民大学出版社1999年版。

16. [美] 保罗·巴兰：《增长的政治经济学》，商务印书馆2000年版。

17. [美] 斯蒂格利茨：《经济学》，姚开建等译，中国人民大学出版社，1997年版。

18. [美] 保罗·巴兰：《增长的政治经济学》，蔡中兴等译，商务印书馆2000年版。

19. [美] 杰夫·马德里克：《经济为什么增长》，乔江涛译，中信出版社2003年版。

20. [美] D. 贝尔：《第二次世界大战以来的社会科学》，中国社会科学院情报研究所出版1982年版。

21. [美] J. 奈斯比：《大趋势：改变我们生活的十个新方向》，梅艳译，中国社会科学出版社1984年版。

22. [美] 阿尔温·托夫勒：《第三次浪潮》，朱志焱、潘琪、张焱译，生活·读书·新知三联书店1983年版。

23.［美］甘哈曼：《第四次浪潮》，林怀卿等译，中国友谊出版公司1984年版。

24.［美］赫尔曼·E. 戴利：《超越增长》，诸大建、胡圣译，上海译文出版社2001年版。

25.［美］加勒特·哈丁：《生活在极限之内》，戴星翼、张真译，上海译文出版社2001年版。

26.［美］雪尔·尚：《微软精英》，吕乔译，海天出版社2000年版。

27. 于东林著：《新技术革命与经济科学》，辽宁人民出版社1990年版。

28.［英］J. D. 贝尔纳：《科学的社会功能》，陈体芳译，商务印书馆1982年版。

29.［美］伯纳德·科恩：《科学中的革命》，鲁旭东等译，商务印书馆1999年版。

30.［法］布鲁诺·雅科米：《技术史》，蔓君译，北京大学出版社2000年版。

31.［美］迈克尔·波特：《国家竞争优势》，李明轩、邱如美译，华夏出版社2002年版。

32.［美］迈克尔·波特：《竞争论》，高登第、李明轩译，中信出版社2003年版。

33.［英］W. C. 丹皮尔：《科学史——及其与哲学和宗教的关系》，李珩译，广西师范大学出版社2001年版。

34.［美］米奇欧·卡库：《远景——21世纪的科技演变》，徐建等译，海南出版社2000年版。

35.［英］李约瑟：《中国科学技术发展史》第1～5卷，科学出版社1975年版。

36. 虞有澄：《我看英特尔》，生活·读书·新知三联书店1995年版。

37. [美]迈克尔·怀特：《牛顿传》，陈可岗译，中信出版社2004年版。

38. [美]鲍桑葵：《美学史》，张今译，广西师范大学出版社2001年版。

39. [美]威尔·杜兰：《文艺复兴》，东方出版社2003年版。

40. [爱]乔治·摩尔：《十九世纪绘画艺术》，孙宜学译，中国人民大学出版社2003年版。

41. [美]弗莱德里克·R·卡尔：《现代与现代主义》，傅景川、陈永国译，吉林教育出版社1995年版。

42. [美]詹姆逊：《文集》，王振逢主编，第一卷、第二卷、第三卷，中国人民大学出版社2004年版。

43. 李泽厚：《美的历程》，天津社会科学出版社2001年版。

44. 李泽厚：《美学四讲》，天津社会科学出版社2001年版。

45. 周绍珩著：《当代西方文化思潮》，辽宁人民出版社1989年版。

46. 胡鞍钢主编：《知识与发展：21世纪新追赶战略》，北京大学出版社2001年版。

47.《金融文献》（2003～2004年），西南财经大学出版社2004年版。